ひと目でわかる

労災保険給付

の実務

令和**6**年版

労働新聞社

はじめに

　労災保険給付は、労働者が、業務中や通勤途上において災害を被った場合に、労働者災害補償保険法の規定に基づいて給付を行うものですが、災害の多様化に伴い保険給付の請求手続も多岐にわたっています。

　本書は、業務災害・複数業務要因災害・通勤災害・第三者行為災害等、労災保険給付に関する諸手続について、要点を平易に解説、請求書等の様式〈記載例〉については提出先の経路を図解して、実務的に使いやすい形に編集しています。

　本書が、実務担当者をはじめ関係者の方々の実務の一助になることを心から願っております。

　令和6年3月

株式会社　労働新聞社

ひと目でわかる　労災保険給付の実務　目次

【付録】

凡例

法	………………………………………………	労働者災害補償保険法
則	………………………………………………	労働者災害補償保険法施行規則
特別支給金支給規則	………………………………	労働者災害補償保険特別支給金支給規則
労働局	………………………………………………	都道府県労働局
監督署	………………………………………………	労働基準監督署
㊝	………………………………………………	業務災害
㊢	………………………………………………	通勤災害
㊵	………………………………………………	特別加入

※　手続の経路図解の①②③等は、基本的な手続の順番の例を示すものであって、必ずしもこれに拘束されるものではありません。

労災保険給付の仕組みと実務

事故が発生したら…

　職場の安全については、各事業場でも細心の注意を払っていると思いますが、それでもなお不幸にして災害が発生した場合、事業主をはじめ事故目撃者は、まず人命救助を第一に事故処理に当たることが必要です。

　そこで、業務上あるいは通勤途上で、瀕死の重傷又は死亡事故が発生した場合、現認者、担当者は、事故の重大性を認識して、直ちに救急車（119番）の出動要請及び110番への通報を行うほか、必ず事業場の所在地を所轄する労働労基準監督署へ連絡をし、その後の処置についての指示を仰いでください。

　事故現場は、発生時の状態のまま一切手を触れずに保存することとし、この現場保存の重要性に留意してください。後刻、監督署・警察署の現場検証が行われた場合に、現場が保存されていたか否かが、労災認定の判断に大きく影響するからです。これらの基本的な処理が終わりましたら、監督署の指導に従って各種届出をはじめてください。

各種様式に記載する前に

1　（注意）の項目について

　記載する前に、各様式に印刷されている（注意）欄をよく読んで、記載する内容を十分に理解してから書きはじめてください。

2　記載する文字について

イ　略字、あて字、なぐり書きでは受理されないことがありますので、十分に注意の上、記載してください。

ロ　必ず、楷書で書いてください。

3　押印の廃止について

　労災保険の請求書等に係る事業主の氏名(法人のときは代表者氏名)の記入欄、請求者（申請者）の氏名記入欄及び診療担当者等の氏名記入欄については、政府の「規制改革実施計画」に基づき、原則として押印不要となっています。

　誤って記載したときの訂正についても、訂正印等は不要で、二重線による訂正で可となっています。

　電子申請で提出する際も、電子署名・電子証明書の添付は不要で、入力フォーマットに提出する者の氏名を記載することで足ります。

業務上の死亡事故及びかなりの重傷事故の対処法

★事故現場は必ず保存しておく

事故発生
・死亡事故
・かなりの重傷

事業主
（担当者）

至急一一九番すること

現場検証する

現場検証する

至急電話で知らせること

事後処置について指導する

至急一一〇番すること

監督署の指導に従って各種届出をする

警察署

労働基準監督署

労災（指定）病院（救急病院）

現場を管轄する監督署

12

4　労災保険給付の流れ

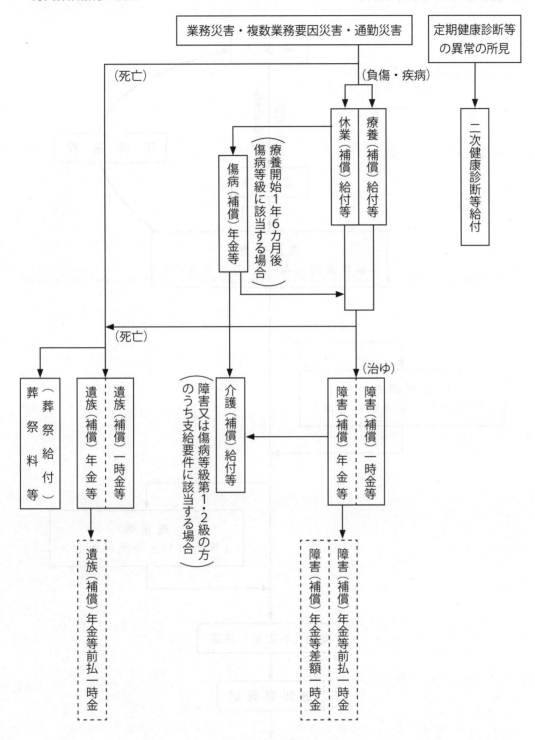

※　令和２年９月から、複数業務要因災害に対する保険給付が創設されていますが、その内容は業務災害に対する給付に準じます（ただし、保険給付の名称は、複数事業労働者療養給付、複数事業労働者休業給付等に変わります）。なお、業務災害に関する手続きと複数業務要因災害に関する手続きは、共通となっています（使用する様式も共用）。

5 監督署における事務の流れ

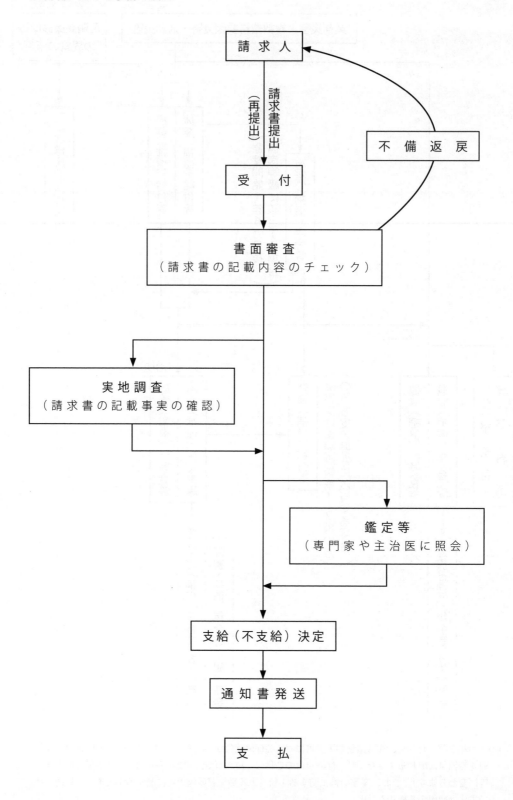

6　労災保険休業（補償）給付支払システムの仕組み

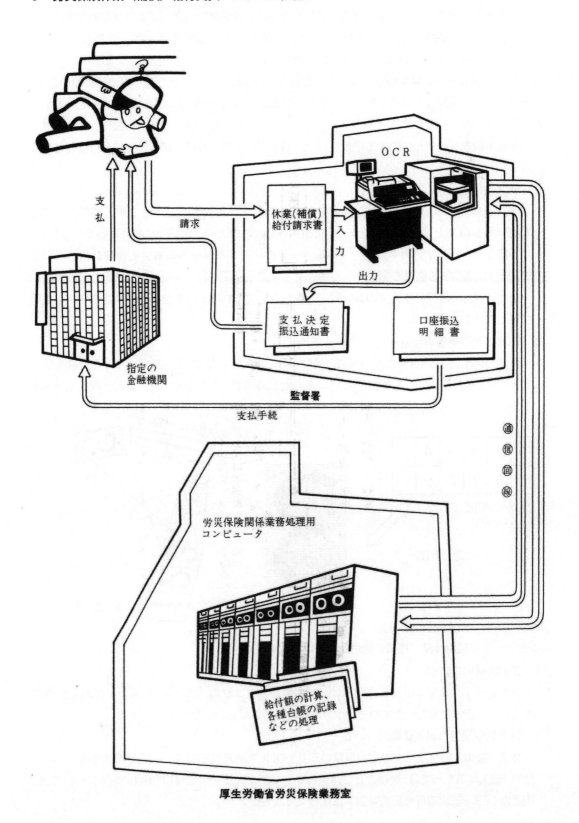

厚生労働省労災保険業務室

（1）事務処理の流れ

イ　請求者から提出された休業（補償）給付請求書は、監督署に設置してある光学的文字読取装置（OCR）で直接読み取り、そのデータを通信回線で、厚生労働省労災保険業務室のコンピュータに送ります。なお、現在は、行政手続き全般について電子申請への切替が推進されています。

ロ　厚生労働省労災保険業務室では、入力されたデータについてコンピュータで給付額の計算、各種台帳への記録などの処理を行い、その処理結果を通信回線により監督署に送り返します。

ハ　監督署では、必要な審査・調査などを行った上、支給決定、振込通知書の郵送、金融機関への振込手続など、支払に関する事務を行い、請求者に休業（補償）給付の支給を行うことになります。

（2）OCRとは

　　OCRとは Optical Character Reader の略で光学的文字読取装置のことです。このシステムで使用するOCRとは、休業（補償）給付請求書などの記入枠（□□□で構成されている部分）に手書きされた数字、カタカナを読み取り、そのデータを厚生労働省労災保険業務室のコンピュータに送信する装置です。

　　厚生労働省労災保険業務室のコンピュータから返信されるデータをプリンタで印字する機能も備えています。

（3）OCRの読取機能の仕組み

　　休業（補償）給付請求書などの帳票の読取部分に記入された文字に光をあて、その反射光を電気信号に変換し、これを認識部において、あらかじめ用意された字形パターンと比較して読み取ります。

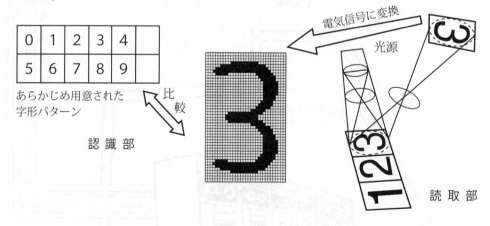

コンピュータ処理用休業（補償）給付請求書の記載の仕方

1　筆記用具について

　　黒のボールペンを使用してください。この場合、インクの「ポテ」「カスレ」があるとOCRの読取りに支障を来たしますので、十分に注意してください。

2　OCR読取項目の記入要綱について

　　休業（補償）給付請求書の記載事項のうち、OCRで読み取る項目（□□で構成されている部分）の記入に当たっては、次のことに注意していただくほか、それぞれの項目の記入については、表面のOCR「読取項目の記入要領」に従ってください。

イ 「負傷又は発病年月日」などの各種年月日の「月」「日」それぞれが1桁のときは、例のようにそれぞれ右づめに記入してください。

令和6年4月1日

ロ 休業（補償）給付を金融機関預金口座により受領する場合は、口座番号などを記入しますが、初回の請求時に口座番号などを記入していただければ、その次から請求書にはそのつど記入しなくても初回の請求時に指定された口座に振り込まれることになります。

3 文字について

文字は数字、カタカナで下図の標準字体にならって枠からはみださないようになるべく大きくていねいに書いてください。

促音、拗音の記入方法等

促音、拗音について記入する場合も、例のとおり大きく書いてください。また、濁点、半濁点は1文字と同様1つの枠を使って記入してください。

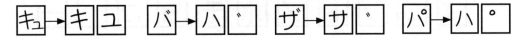

労働保険番号の記入方法

労働保険番号を記入する場合は、枠すべてを使って、例のように記入してください。

04-3-01-930010-001

13-1-01-000001-000

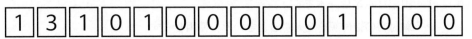

4 書き損じた場合の訂正方法について

イ 例のように、その記入枠の上下をややはみだすように縦に1本線を引いた上、正しい文字を記入枠の中の右上隅に書いてください。1項目すべてを書き損じた場合は右図を参照。

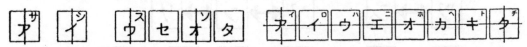

ロ 上の方法で文字を訂正したときは、訂正した箇所に訂正印を押印せずに、請求書裏面の所定の欄に「削○○字」「加○○字」と記載してください。

標準字体

日本工業規格（ＪＩＳ）光学文字認識のための手書き文字です。

（1）数字の標準字体

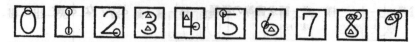

（2）カナ文字の標準字体

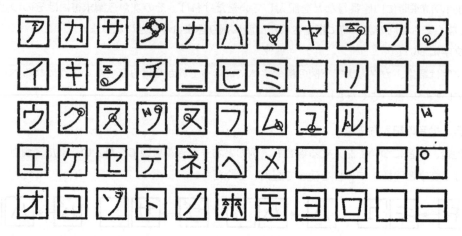

（注）　1　空欄に該当する文字（ヰ、ヱ、ヲ）は、ＯＣＲでは読み取らない文字です。

　　　　2　○印は特に注意して記入するところです。

　　　　3　△印は空ける部分です。

記号の標準字体

（注）　1　円記号の￥は一本です。

　　　　2　納付書の納付額を記入するときのみ、使用します。

誤読され易い文字

字形の似たものはＯＣＲが誤って読み取らないよう、その特徴に注意し、記入してください。

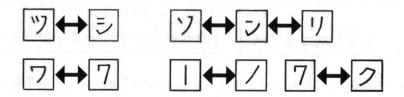

労災保険の給付に関する様式一覧

⊛ 業務災害様式（複数業務要因災害含む）　㊗ 特別加入様式
通 通勤災害様式　▱ 二次健康診断様式

種　類	様式番号		様式（請求書等の種類）	どんなとき
全給付	様式第4号	⊛ 通	未支給の保険給付支給請求 未支給の特別支給金支給申請書	未支給の保険給付があるとき。
療　養	様式第5号	⊛	療養補償給付及び複数事業労働者療養給付たる療養の給付請求書	労災指定病院等にかかったとき。
〃	様式第6号	⊛	療養補償給付及び複数事業労働者療養給付たる療養の給付を受ける指定病院等（変更）届	転医しようするとき。
〃	様式第7号 （1）	⊛	療養補償給付及び複数事業労働者療養給付たる療養の費用請求書	労災非指定病院等にかかったとき。
〃	様式第7号 （2）	⊛	療養補償給付及び複数事業労働者療養給付たる療養の費用請求書	労災非指定薬局から薬剤の支給を受けたとき。
〃	様式第7号 （3）	⊛	療養補償給付及び複数事業労働者療養給付たる療養の費用請求書	柔道整復師から手当を受けたとき。
〃	様式第7号 （4）	⊛	療養補償給付及び複数事業労働者療養給付たる療養の費用請求書	はり師、きゅう師及びあん摩マッサージ指圧師から手当を受けたとき。
〃	様式第7号 （5）	⊛	療養補償給付及び複数事業労働者療養給付たる療養の費用請求書	非指定訪問看護事業者から訪問看護を受けたとき。
休　業	様式第8号	⊛	休業補償給付支給請求書 複数事業労働者休業給付支給請求書 休業特別支給金支給申請書	傷病の療養のため休業し賃金を受けない日が4日以上に及ぶとき。
〃	様式第9号	⊛ 通	平均給与額証明書 　平成2年9月30日以前にその額が改訂されたことのない休業（補償）給付については提出の必要なし	労働者数 1,000 人以上でスライド制の適用される休業（補償）給付を請求するとき。
障　害 （年金 又は一 時　金）	様式第10号	⊛	障害補償給付支給請求書 複数事業労働者障害給付支給請求書 障害特別支給金支給申請書 障害特別年金支給申請書 障害特別一時金支給申請書	治療を受けて治ったときに障害等級表に定める身体障害が残ったとき。

提出先	保険給付額	特　別　支　給　金	
		定率・定額支給	特別給付（賞与等）があるとき
所 轄 監 督 署	未支給分の額を支給する。		
病院等を経由して所轄監督署	無料で診療が受けられる。		
病院を経由して所轄監督署			
所 轄 監 督 署	政府が必要と認めた額を支給する。		
〃	〃		
〃	〃		
〃	〃		
〃	〃		
〃	1日について給付基礎日額の60％	1日について給付基礎日額の20％	
〃			
〃	給付基礎日額の 第 1 級＝ 313 日分 第 2 級＝ 277 日分 第 3 級＝ 245 日分 第 4 級＝ 213 日分 第 5 級＝ 184 日分 第 6 級＝ 156 日分 第 7 級＝ 131 日分の年金 第 8 級＝ 503 日分 第 9 級＝ 391 日分 第10 級＝ 302 日分 第11 級＝ 223 日分 第12 級＝ 156 日分 第13 級＝ 101 日分 第14 級＝ 56 日分の一時金	第 1 級＝ 342 万円 第 2 級＝ 320 万円 第 3 級＝ 300 万円 第 4 級＝ 264 万円 第 5 級＝ 225 万円 第 6 級＝ 192 万円 第 7 級＝ 159 万円 第 8 級＝ 65 万円 第 9 級＝ 50 万円 第10 級＝ 39 万円 第11 級＝ 29 万円 第12 級＝ 20 万円 第13 級＝ 14 万円 第14 級＝ 8 万円 （傷病特別支給金を受けていたときは減額される）	算定基礎日額の 第 1 級＝ 313 日分から第 7 級＝ 131 日分の年金 第 8 級＝ 503 日分から第 14 級＝ 56 日分の一時金

種　類	様式番号		様式（請求書等の種類）	どんなとき
障　害	年金申請 様式第10号	業 通	障害補償年金前払一時金請求書 複数事業労働者障害年金前払一時金請求書 障害年金前払一時金請求書	前払一時金の支給を受けたいとき。
〃	様式第11号	業 通	障害補償給付変更請求書 複数事業労働者障害給付変更請求書 障害給付変更請求書 障害特別年金変更申請書	年金受給権者の障害の程度に変更があったとき。
遺　族	様式第12号	業	遺族補償年金支給請求書 複数事業労働者遺族年金支給申請書 遺族特別支給金支給申請書 遺族特別年金支給申請書	労働者が死亡したとき。
〃	年金申請 様式第1号	業 通	遺族補償年金前払一時金請求書 複数事業労働者遺族年金前払一時金請求書 遺族年金前払一時金請求書	前払一時金の支給を受けたいとき。
〃	様式第13号	業 通	遺族補償年金転給等請求書 複数事業労働者遺族年金転給等請求書 遺族年金転給等請求書 遺族特別年金転給等申請書	受給権者に変更が生じたとき。
〃	様式第14号	業 通	遺族補償年金支給停止申請書 複数事業労働者遺族年金支給停止申請書 遺族年金支給停止申請書	受給権者の所在が1年以上明らかでないとき。
〃	様式第15号	業 通	遺族補償一時金支給請求書 複数事業労働者遺族一時金支給請求書 遺族特別支給金支給申請書 遺族特別一時金支給申請書	労働者が死亡したとき（年金受給権者がいない場合）
葬　祭	様式第16号	業	葬祭料 又は複数事業労働者葬祭給付請求書	葬祭を行ったとき。
傷　病	様式第16号 の2	業 通	傷病の状態等に関する届	療養の開始後1年6カ月を経過しても治っていないとき。

提出先	保険給付額	特別支給金	
		定率・定額支給	特別給付（賞与等）があるとき
所轄監督署	第1級から第7級の等級に応じてそれぞれ給付基礎日額の1,340、1,190、1,050、920、790、670、560日分を限度として支給する。		
〃			
〃	遺族数等に応じて1年間に給付基礎日額の245日分〜153日分の年金	300万円	遺族数等に応じて1年間に算定基礎日額の245日分〜153日分の年金
〃	給付基礎日額の200、400、600、800、1,000日分の中から希望する額を選択		
〃			
〃			
〃	給付基礎日額の1,000日分の一時金（法第16条の6第1項第2号に該当する場合は、1,000日分から受給した年金を控除した額）	300万円	算定基礎日額の1,000日分の一時金（法第16条の6第1項第2号に該当する場合は、1,000日分から受給した年金を控除した額）
〃	給付基礎日額の30日分プラス315,000円と給付基礎日額の60日分を比較していずれか高い額		
〃	傷病の程度に応じ、給付基礎日額の313日分からの245日分の年金 第1級　313日分 第2級　277日分 第3級　245日分	傷病の程度により114万円から100万円までの一時金	傷病の程度により算定基礎日額の313日分から245日分の年金

種　　類	様式番号		様式（請求書等の種類）	どんなとき
介　　護	様式第16号 の2の2	業 通	介護補償給付支給請求書 複数事業労働者介護給付支給請求書 介護給付支給請求書	障害、傷病（補償）給付を受けているものが、一定の障害により現に介護を受けているとき。
通勤災害に 関する給付	様式第16号 （別紙）	通	通勤災害に関する事項	通勤による負傷、疾病、障害や死亡に対しての各種の保険給付の請求を行うとき。
療　　養	様式第16号 の3	通	療養給付たる療養の給付請求書	労災指定病院等にかかったとき。
〃	様式第16号 の4	通	療養給付たる療養の給付を受ける指定病院等（変更）届	転医しようとするとき。
〃	様式第16号 の5（1）	通	療養給付たる療養の費用請求書	労災非指定病院にかかったとき。
〃	様式第16号 の5（2）	通	療養給付たる療養の費用請求書	労災非指定薬局から薬剤の支給を受けたとき。
〃	様式第16号 の5（3）	通	療養給付たる療養の費用請求書	柔道整復師から手当を受けたとき。
〃	様式第16号 の5（4）	通	療養給付たる療養の費用請求書	はり師及びきゅう師、あん摩マッサージ指圧師から手当を受けたとき。
〃	様式第16号 の5（5）	通	療養給付たる療養の費用請求書	非指定訪問看護事業者から訪問看護を受けたとき。
休　　業	様式第16号 の6	通	休業給付支給請求書 休業特別支給金支給申請書	療養のため休業し賃金を受けない日が4日以上に及ぶとき。

提出先	保 険 給 付 額	特 別 支 給 金	
		定率・定額支給	特別給付（賞与等）があるとき
所轄監督署	①　常時介護を要する者 　介護の費用として支出した額（177,950円を上限）を支給する。 ただし親族等の介護を受けていた者で、介護の費用を支出していない場合又は支出した額が81,290円を下回る場合は一律定額として81,290円を支給する。 ①　随時介護を要する者 　介護の費用として支出した額（88,980円を上限）を支給する。 ただし親族等の介護を受けていた者で、介護の費用を支出していない場合又は支出した額が40,600円を下回る場合は一律定額として40,600円を支給する。 ※金額は令和6年4月1日以降のもの		
〃			
病院を経由して所轄監督署	無料で診療が受けられる。		
〃			
所轄監督署	政府が必要と認めた額を支給する。		
〃	〃		
〃	〃		
〃	〃		
〃	〃		
〃	1日について給付基礎日額の60%	1日について給付基礎日額の20%	

種　類	様式番号		様式（請求書等の種類）	どんなとき
障　害 （年金又は 一時金）	様式第16号 の7	通	障害給付支給請求書 障害特別支給金支給申請書 障害特別年金支給申請書 障害特別一時金支給申請書	治療を受けて治ったときに障害等級表に定める身体障害が残ったとき。
遺　族	様式第16号 の8	通	遺族年金支給請求書 遺族特別支給金支給申請書 遺族特別年金支給申請書	労働者が死亡したとき。
〃	様式第16号 の9	通	遺族一時金支給請求書 遺族特別支給金支給申請書 遺族特別一時金支給申請書	労働者が死亡したとき（年金受給権者がいない場合）。
葬　祭	様式第16号 の10	通	葬祭給付請求書	葬祭を行ったとき。
二次健康 診　断	様式第16号 の10の2	一	二次健康診断等給付請求書	定期健康診断等の結果、脳・心臓疾患を発症する危険性が高いと判断されたとき。
傷　病	様式第16号 の11	業 通	傷病の状態等に関する報告書	療養開始後1年6か月を経過しても治っていない場合毎年1月1日に。
年　金	様式第17号	業 通	年金証書	年金たる保険給付の支給決定の通知をするとき。
〃	様式第18号	業 通	年金たる保険給付の受給権者の定期報告書	傷病（補償）年金、障害（補償）年金、遺族（補償）年金を受けているとき。
〃	様式第19号	業 通	年金たる保険給付の受給権者の住所・氏名変更届 年金の払渡金融機関等変更届	①受給権者の氏名・住所に変更があったとき。 ②払渡を受ける金融機関又は郵便局を変更しようするとき。
〃	様式第20号	業 通	厚生年金保険等の受給関係変更届	厚生年金保険等他の社会保険の受給関係に変更を生じたとき。

提出先	保 険 給 付 額	特 別 支 給 金	
		定率・定額支給	特別給付（賞与等）があるとき
所轄監督署	給付基礎日額の 第 1 級＝ 313 日分　第 2 級＝ 277 日分 第 3 級＝ 245 日分　第 4 級＝ 213 日分 第 5 級＝ 184 日分　第 6 級＝ 156 日分 第 7 級＝ 131 日分の年金 第 8 級＝ 503 日分　第 9 級＝ 391 日分 第10 級＝ 302 日分　第11 級＝ 223 日分 第12 級＝ 156 日分　第13 級＝ 101 日分 第14 級＝　56 日分の一時金	第 1 級＝ 342 万円　第 2 級＝ 320 万円 第 3 級＝ 300 万円　第 4 級＝ 264 万円 第 5 級＝ 225 万円　第 6 級＝ 192 万円 第 7 級＝ 159 万円　第 8 級＝ 65 万円 第 9 級＝　50 万円　第10 級＝ 39 万円 第11 級＝　29 万円　第12 級＝ 20 万円 第13 級＝　14 万円　第14 級＝　8 万円 （傷病特別支給金を受けていたときは減額される）	算定基礎日額の 第 1 級＝ 313 日分から 7 級＝ 131 日分の年金 第 8 級＝ 503 日分から第 14 級＝ 56 日分の一時金
〃	遺族数等に応じて 1 年間に給付基礎日額の 245 日分〜 153 日分の年金	300 万円	遺族数等に応じて 1 年間に算定基礎日額の 245 日分〜 153 日分の年金
〃	給付基礎日額の 1,000 日分の一時金（法第 16 条の 6 第 1 項第 2 号に該当する場合は、1,000 日分から受給した年金を控除した額）	300 万円	算定基礎日額の 1,000 日分の一時金（法第 16 条の 6 第 1 項第 2 号に該当する場合は、1,000 日分から受給した年金を控除した額）
〃	給付基礎日額の 30 日分プラス 315,000 円と給付基礎日額の 60 日分を比較していずれか高い額		
病院等を経由して都道府県労働局	無料で診断が受けられる。		
所轄監督署			
所轄監督署			
所轄監督署又は住所を管轄する監督署			
所轄監督署			

種　類	様式番号		様式（請求書等の種類）	どんなとき
遺　族	様式第21号	業通	遺族補償年金受給権者失権届 複数事業労働者遺族年金受給権者失権届 遺族年金受給権者失権届	受給権者が失権したとき（本文様式第21号の解説参照）。
〃	様式第22号	業通	遺族補償年金額算定基礎変更届 複数事業労働者遺族年金額算定基礎変更届 遺族年金額算定基礎変更届	遺族（補償）年金受給権者と生計を同じくしている遺族の数に増減が生じたとき等（本文様式第22号の解説参照）。
特別加入	様式第34号の7	特	特別加入申請書（中小事業主等）	特別加入の承認申請をするとき。
〃	様式第34号の8	特	①特別加入に関する変更届 ②特別加入脱退申請書 （中小事業主等及び一人親方等）	①変更が生じたとき。 ②特別加入を脱退したいとき。 （本文様式第34号の8解説参照）
〃	様式第34号の10	特	特別加入申請書（一人親方等）	特別加入の承認申請をするとき。
〃	様式第34号の11	特	特別加入申請書（海外派遣者）	特別加入の承認申請をするとき。
〃	様式第34号の12	特	①特別加入に関する変更届 ②特別加入脱退申請書 （海外派遣者）	①変更が生じたとき。 ②特別加入を脱退したいとき。 （本文様式34号の12解説参照）
	様式第1号		労働者災害補償保険法適用事業場検査証	行政庁が立入り、質問、検査を行うとき。
	様式第2号		労働者災害補償保険法診療録検査証	行政庁が、診療に関する事項について検査等を行うとき。
障　害	様式第37号の2	業通	障害補償年金差額一時金支給請求書 複数事業労働者障害年金差額一時金支給請求書 障害年金差額一時金支給請求書 障害特別年金差額一時金支給申請書	受給権者が死亡したとき支給済の年金の合計額が一定の額に満たないとき。
損害賠償	様式第37号の3	業通	事業主責任災害損害賠償受領届	損害賠償を受けたとき。
休　業	様式第38号	業通	特別給与に関する届	休業特別支給金の支給の申請をするとき。

提出先	保険給付額	特別支給金	
		定率・定額支給	特別給付（賞与等）があるとき
所 轄 監 督 署			
〃			
所 轄 監 督 署経 由 労 働 局			
〃			
〃			
〃			
所 轄 監 督 署			
〃			
〃			

種　　類		様式番号		様式（請求書等の種類）	どんなとき
労働福祉事業	障　　害	様式第1号	業通	外科後処置申請書	失った労働能力の回復をするため、一定の処置を受けようとするとき。
	〃	様式第1号（1）	業通	義肢等補装具購入・修理費用支給申請書	義肢等の支給や修理を受けようとするとき。
	〃	様式第5号（1）	業通	外科後処置旅費支給申請書	外科後処置の支給を受けるため旅費の支給を受けようとするとき。
	〃	様式第10号（1）	業通	義肢等補装具旅費支給申請書	義肢等の支給を受けるため旅費の支給を受けようとするとき。
	傷病　障害　遺族	年金、一時金システム様式第1号	業通	労災就学等援護費支給・変更申請書	死亡労働者の子等が学校等に在籍している場合であって学資等の支払が困難であると認められるとき。
	傷病　障害　遺族	年金、一時金システム様式第1号	業通	労災就学等援護費支給・変更申請書	死亡労働者の遺族が就労のため子を保育所、幼稚園に預けており、その保育に要する費用の援護を必要とするとき。

提出先	保 険 給 付 額	特 別 支 給 金	
		定率・定額支給	特別給付（賞与等）があるとき
所轄監督署経由労働局	外科後処置の治療が受けられる。		
〃	義肢等の支給や修理が受けられる。		
〃	鉄道賃、船賃、車賃、日当等が支給される。 車賃1kmにつき37円、日当1日850円		
労 働 局	鉄道賃、船賃、車賃、日当等が支給される。 車賃1kmにつき37円、日当1日850円		
所轄監督署	小学校等　　　月額　15,000円 中学校等　　　月額　21,000円 （ただし、通信課程に在学する者、月額18,000円） 高等学校等　　月額　20,000円 （ただし、通信制課程に在学する者、月額17,000円） 大学等　　　　月額　39,000円 （ただし、通信課程に在学する者、月額30,000円） ※金額は令和6年4月1日以降のもの		
〃	要保育児1人につき月額9,000円 ※金額は令和6年4月1日以降のもの		

特別加入の手続一覧

	中 小 事 業 主 等	一人親方その他の自営業者
	法第33条第1〜第2号	法第33条第3〜第4号
特別加入者の範囲	イ 中小事業主（事業主が法人その他の団体であるときは代表者）及びその家族従事者 ロ 法人その他の団体の役員であるときは代表者以外の役員のうち労働者でないもの 中小事業主の企業規模 | 業種	労働者数
---	---
金 融 業 保 険 業 不 動 産 業 小 売 業	50 人以下
卸 売 業 サービス業	100 人以下
上記以外の業種	300 人以下		一人親方その他自営業であって下記の事業を行う者及びその家族従事者 イ 自動車を使用して行う旅客若しくは貨物の運送の事業または原動機付自転車若しくは自転車を使用して行う貨物の運送の事業 ロ 建設の事業 ハ 漁船による水産動植物採捕の事業 ニ 林業の事業 ホ 医薬品の配置販売の事業 ヘ 再生利用の目的となる廃棄物等の収集、運搬、選別、解体等の事業 ト 船員法第1条に規定する船員が行う事業 チ 柔道整復師の事業 リ 高年法に規定する創業支援等措置に基づき、委託契約その他の契約により高年齢者が行う事業 ヌ あん摩マッサージ指圧師、はり師又はきゅう師が行う事業 ル 歯科技工士が行う事業 ※令和6年に上記に加え、「フリーランス法に規定する、特定受託事業者が業務委託事業者から業務委託を受けて行う事業」が追加される予定です。
手続を行う者	事業主（労働保険事務組合に労働保険事務を委託しなければなりません）	一人親方等で構成する団体
	労災保険法第34条、徴収法第33条	労災保険法第35条
	イ 事業主から事務委託されている労働保険事務組合が、労働保険関係事務手続を行う。 ロ 事業主は労働保険事務組合に事務委託しなければならない。	イ 団体の代表者が労働保険関係事務手続を行う。 ロ 団体は労働保険事務組合に事務委託することもできる。
様式	特別加入申請書　様式第34号の7 給付基礎日額変更申請書　特様式第2号 特別加入に関する変更届・特別加入脱退申請書 様式第34号の8	特別加入申請書　様式第34号の10 給付基礎日額変更申請書　特様式第2号 特別加入に関する変更届・特別加入脱退申請書 様式第34号の8
届出先	所轄監督署経由労働局	

特 定 作 業 従 事 者	海 外 派 遣 者
法第 33 条第 5 号	法第 33 条第 6 号～第 7 号
イ　農業関係特定作業従事者 　（イ）特定農作業従事者 　（ロ）指定農業機械作業従事者 ロ　国又は地方公共団体が実施する訓練従事者 　（イ）職場適応訓練従事者 　（ロ）事業主団体等委託訓練従事者 ハ　家内労働者及びその補助者 ニ　労働組合等常勤役員（一人専従役員） ホ　介護作業従事者及び家事支援従事者 ヘ　芸能関係作業従事者 ト　アニメーション制作従事者 チ　情報処理システムの設計等の情報処理に係る作業 　　従事者	イ　独立行政法人国際協力機構等開発途上地域に対する技術協力の実施の事業（継続事業に限る）を行う団体から派遣されて、開発途上地域で行われている事業に従事する者を派遣するとき。 ロ　日本国内で行われる事業（継続事業に限る）から、海外支店、工場、現場、現地法人、海外の提携先企業等、海外の事業に従事する労働者を派遣するとき。 ハ　日本国内で行われる事業（継続事業に限る）から派遣されて海外支店、工場、現場、現地法人、海外の提携先企業等海外で行われる 300 人（金融業、保険業、不動産業、小売業にあっては 50 人、卸売業又はサービス業にあっては 100 人）以下の労働者を使用する事業に従事する事業主等（法人の場合にはその代表者）、その他労働者以外の者を派遣するとき。
特定作業従事者で構成する団体	派遣元である事業主又は団体
労災保険法第 35 条	労災保険法第 36 条
イ　団体の代表者が労働保険関係事務手続等を行う。 ロ　団体は労働保険事務組合に事務委託することもできる。	イ　団体又は事業主が労災保険関係事務手続を行う。 ロ　団体又は事業主は労働保険事務組合に事務委託することもできる。
同左	特別加入申請書　様式第 34 号の 11 給付基礎日額変更申請書　特様式第 2 号 特別加入に関する変更届・特別加入脱退申請書 様式第 34 号の 12
同左	

I　労災保険の基礎知識

基 礎 用 語

基礎用語　その1

（　　）内は通勤災害に係る給付です。

遺族補償給付 複数事業労働者遺族給付 （遺族給付）	労働者が業務上の事由、複数業務を要因とする事由又は通勤により死亡した場合に、その遺族に支払われるもので、年金給付（遺族補償年金又は遺族年金）と一時金給付（遺族補償一時金又は遺族一時金）との二種類に分かれている。
遺 族 補 償 年 金 複数事業労働者遺族年金 （遺族年金）	労働者の死亡当時その収入によって生計を維持していた遺族のうち一定の受給資格のある者に支給される年金給付で、年金の額は、受給資格者の数に応じ、給付基礎日額の153日分から245日分とされている。
遺 族 補 償 一 時 金 複数事業労働者遺族一時金 （遺族一時金）	遺族補償年金又は遺族年金の受給資格者がいない場合等に、年金受給資格のない遺族に支給され、その額は、給付基礎日額の1,000日分（既に遺族補償年金又は遺族年金として支払ったものがある場合には1,000日分からその分を差し引いた額）以内とされている。
遺 族 特 別 支 給 金	死亡した労働者の遺族（遺族補償給付又は遺族給付を受ける権利を有する者）に対し、一時金として300万円が支給が支給される。
遺 族 特 別 年 金	遺族補償年金又は遺族年金の受給権者に支給される年金給付で、遺族の数に応じ、算定基礎日額の153日分から245日分の額とされている。
遺 族 特 別 一 時 金	遺族補償一時金又は遺族一時金の受給権者に支給される一時金で、その額は算定基礎日額の1,000日分以内とされている。
延 滞 金	保険料を滞納した事業主に、年14.6％の率で課される徴収金
介 護 補 償 給 付 複数事業労働者介護給付 （介護給付）	業務上の事由、複数業務を要因とする事由又は通勤による負傷又は疾病で、障害・傷病等級1級又は2級の精神・神経・胸腹部臓器に障害を残している者が現に介護を受けている場合に支給される。障害の状態により、常時介護を有する状態と随時介護を有する場合に区分される。
概 算 保 険 料	労災保険の見込保険料で、当該年度中に支払う賃金総額の見込額に労災保険率を乗じて算出する。
確 定 保 険 料	労災保険の精算保険料で、当該年度中に実際に支払った賃金総額に労災保険率を乗じて算出する。
給 付 基 礎 日 額	療養補償給付以外の保険給付の額の算定に用いられる日額で、原則として平均賃金相当額であるが、例外的に別に定める方法で算出することもある。
休 業 補 償 給 付 （休業給付）	労働者が業務上の事由又は通勤による傷病の療養のため労働できずに賃金を受けない場合に、その第4日目から支給され、原則として、休業1日につき給付基礎日額の60％の額とされている。
休 業 特 別 支 給 金	療養のため労働することができずに賃金を受けない場合に、その第4日目から、原則として、給付基礎日額の20％に相当する額が支給される。
求 償	保険給付の原因である事故が第三者の行為によって生じた場合に、政府が保険給付をした価額の限度で受給権者が第三者に対して有する損害賠償請求権を取得し、直接第三者に対して請求すること。

強 制 適 用 事 業	事業が開始され、又は事業が所定の要件を満たすに至ったときに、法律上当然に保険関係が成立する事業で、事業主は保険関係が成立してから、10日以内に「保険関係成立届」を提出しなければならない。
協 定 平 均 賃 金	労使間において協定された平均賃金。請負給制の漁・林業労働者に限る平均賃金算定方法の特例の際に用いる。
継 続 事 業	事業の期間が予定されない事業で、保険加入者は原則として毎年7月10日までに概算保険料の申告及び納入をしなければならない。
継 続 事 業 の 一 括 扱 い	二つ以上の事業で、その事業主が同一人であり、それぞれの事業が継続事業等の一定の要件を満たす場合、政府の認可により一つの保険関係とすることができる。
算 定 基 礎 年 額	障害特別年金等特別給与を基礎とする特別支給金の算定基礎に用いられる年額で、原則として被災日以前1年間に事業主から支給された特別給与の総額であるが、例外的に厚生労働省労働基準局長が定める基準によって算定される場合もある。
算 定 基 礎 日 額	算定基礎年額の365分の1である。
支 給 制 限	労働者に故意又は重大過失がある場合等、特定の事由がある場合に保険給付の全部又は一部を支給しないことをいい、労働者の責に帰すべき事由に基づくものと、特別加入者の責に帰すべき事由に基づくものとがある。
死 傷 病 報 告	労働者が労働災害で死亡したり休業した場合に、所轄の労働基準監督署長に提出すべき報告書。ただし、休業4日未満の災害については、四半期ごとに取りまとめて提出すれば足りる。正規には「労働者死傷病報告」という。
障 害 等 級	障害（補償）給付の対象となる障害の区分で、各種の障害をその程度に応じ14等級に分類している。
障 害 補 償 給 付 複数事業労働者障害給付 （障害給付）	業務上の事由又は通勤による傷病が治ったあと、身体に一定の障害が残った場合に支給され、年金給付（障害補償年金又は障害年金）と一時金給付（障害補償一時金又は障害一時金）との2種類がある。
障 害 補 償 年 金 複数事業労働者障害年金 （障害年金）	障害等級第1級から7級までに該当する障害が残った場合に支給される年金給付で、給付基礎日額の313日分から131日分までとされている。
障 害 補 償 一 時 金 複数事業労働者遺族給付 （障害一時金）	障害等級第8級から第14級に該当する障害が残った場合に支給される一時金で、その額は給付基礎日額の503日分から56日分までとされている。
障 害 特 別 支 給 金	身体に残った障害の程度（1級～14級）に応じ、342万円から8万円の一時金が支給される。
障 害 特 別 年 金	障害等級第1級から第7級までに該当する障害が残った場合に、算定基礎日額の313日分から131日分の年金が支給される。
障 害 特 別 一 時 金	障害等級第8級から第14級の障害が残った場合に、算定基礎日額の503日分から56日分の一時金が支給される。

傷 病 等 級	傷病補償年金又は傷病年金の給付の対象となる障害の区分で、その程度に応じ第1級から第3級までに分類される。
傷 病 補 償 年 金 複数事業労働者傷病年金 （傷病年金）	業務上の事由、複数業務を要因とする事由、又は通勤による傷病が、療養開始後1年6カ月以上を経過しても治らず、かつ、傷病等級の第1級〜第3級に該当する場合に支給され、その内容は傷病等級に応じ、給付基礎日額の313日分から245日分の年金とされる。
傷 病 特 別 支 給 金	傷病補償年金又は傷病年金を受ける権利を有する者に対し、傷病等級に応じ114万円から100万円の一時金が支給される。
傷 病 特 別 年 金	傷病補償年金又は傷病年金を受ける権利を有する者に対し、傷病等級に応じ算定基礎日額の313日分から245日分の年金が支給される。
審 査 請 求	行政庁の処分に対し異議がある場合、上級官庁や、審査機関に対して行う不服の申立てで、保険料の賦課徴収等の処分について厚生労働大臣に対して行うものと、保険給付の決定について都道府県労働局の審査官に対して行うものとがある。
ス ラ イ ド 制	災害発生後に、賃金水準が一定の限度を超えて変動した場合に、それに応じて休業補償給付又は休業給付及び年金給付等の額を改定して支給するもの。
葬 祭 料 複数事業労働者葬祭給付 （葬祭給付）	労働者が業務上の事由又は通勤により死亡した場合に、葬祭を行う者に支給されるもので、その金額は、315,000円に給付基礎日額の30日分相当額を加算した額。ただし、その額が給付基礎日額の60日分に満たない場合は、給付基礎日額の60日分。
待 期 期 間	労働者が業務上の傷病により休業した最初の日から3日間をいい、この間は休業（補償）給付は支給されないので、使用者が直接労働基準法上の休業補償を行わなければならない。ただし、通勤災害については使用者責任がない。
第 三 者 の 行 為 に よ る 災 害	保険加入者及び被災労働者以外の者の加害行為によって生じた保険事故。この場合、求償、控除の方法により、保険給付と損害賠償とを調整することとなる。
複 数 業 務 要 因 災 害	複数事業労働者（事業主が同一人でない2以上の事業に使用される労働者。特別加入者等も含みます）の2以上の事業の業務を要因とする災害をいう。その補償内容は、業務災害に準じる。
通 勤 災 害	通勤中に通勤によって労働者が被る災害のことをいい、業務災害と異なり使用者責任はないが、業務災害に準じた保険給付が受けられることとなっている。
追 徴 金	政府が調査に基づいて決定した確定保険料又はその不足額を納入すべき場合に徴収される徴罰金で、その額は納付すべき額の1割。
特 別 加 入	労働者以外の者が労災保険に加入できる制度で、その対象は厚生労働省令の要件を満たす中小事業主等、一人親方等、一定の種類の作業に従事する者、海外派遣者とされている。
特 別 保 険 料	特例給付の費用にあてるため、特例給付を受ける労働者に係る保険加入者から特別に徴収する保険料。
特 例 給 付	保険加入者の申請により、保険関係成立前の業務上又は通勤災害による傷病について給付される保険給付をいう。

治 ゆ	労災保険でいう「治ゆ」とは、負傷又は疾病の症状が安定し、医学上一般に認められた医療を行ってもその医療効果が期待できなくなったときをいい、いわゆる「症状固定」の状態になったときをいう。
暫定任意適用事業	労災保険の強制適用事業以外の事業で、労災保険に加入するか否かが任意とされている事業。使用労働者5人未満の一定の農林水産の事業が該当する。
二 次 健 康 診 断 等 給 付	労働安全衛生法に基づく定期健康診断等のうち、直近のものにおいて、「過労死」等（業務上の事由による脳血管疾患及び心臓疾患の発生）に関連する血圧の測定等の項目について異常の所見が認められる場合に、労働者の請求に基づき、二次健康診断及び特定保健指導が給付される。
年金給付基礎日額	障害補償年金、遺族補償年金、傷病補償年金、複数事業労働者障害年金、複数事業労働者遺族年金、複数事業労働者傷病年金、障害年金、遺族年金及び傷病年金の額の算定の基礎として用いる給付基礎日額をいい、年齢階層別に最低限度額及び最高限度額が毎年告示される。
年 金 証 書 番 号	労災年金の受給権者ごとに振り出される固有の番号であり、9桁又は11桁の数字で表わされる。
保 険 加 入 者 か ら の 費 用 徴 収	事業主に、成立届未提出についての故意又は重大過失、保険料の滞納、事故発生についての故意又は重大過失等一定の事由がある場合に、保険給付に要した費用に相当する金額の全部又は一部を事業主から徴収する制度。
平 均 賃 金	原則として災害の発生した日以前3カ月間に支払われた賃金の1日当たり平均額。労災保険では、給付基礎日額の算定の際に用いられる。
保 険 関 係	政府が事業主から保険料を徴収し、労働者の業務災害、複数業務要因災害及び通勤災害について保険給付を行うという権利義務関係のもととなる法律関係。
保 険 給 付	労働者の業務上の事由、複数業務を要因とする事由又は通勤による負傷、疾病、障害及び死亡に対して支給される給付。金銭給付を原則とするが、療養の給付のように現物給付もある。
社会復帰促進等事業	労災保険において、保険給付とともに政府が行う労働者の社会復帰促進等に必要な事業、被災労働者の社会復帰促進の事業、被災労働者及びその遺族の援護の事業、安全衛生の確保及び賃金支払の確保等適正な労働条件の確保の事業がある。
保 険 料	政府が、労働保険事業に要する費用にあてるため保険加入者から徴収する負担金。賃金総額に一定の保険料率を乗じて算出する。一般保険料、第一種特別加入保険料、第二種特別加入保険料、第三種特別加入保険料、印紙保険料、特例納付保険料の6種がある。
保 険 料 の 延 納	概算保険料を法定の各期に分割して納入すること。継続事業においては納付すべき保険料が40万円（労災保険の保険関係のみ成立している事業については20万円）以上、有期事業においては75万円以上で、事業の全期間が6カ月以上の場合に認められる。また、労働保険事務組合に労働保険の事務処理を委託している事業については納付すべき保険料の額等にかかわらず、延納が認められる。
保 険 料 率	保険料を算出する場合に用いる率。事業の種類ごとに、過去3年間の保険給付等に基づき算定した保険給付に要する費用の予想額を基礎とし、過去3年間の災害率、社会復帰促進等事業として行う事業の種類及び内容、労働者災害補償保険事業の事務の執行に要する費用の予想額その他の事情を考慮して定めるものとされている。非業務災害率（複数業務要因災害、通勤災害、二次健康診断給付に関する部分）については全業種一律に$\frac{0.6}{1000}$である。

メ　リ　ッ　ト	個々の事業場の災害防止努力の結果を保険料負担に反映させるため、一定規模以上の個々の事業について、その事業の労働災害の多寡により一定範囲内で労災保険率を引き上げ又は引き下げる制度のことをいう。複数業務要因災害、通勤災害及び二次健康診断等給付については、適用されない。
有　期　事　業	事業の期間が予定される事業。建設・林業に多く、保険関係成立後10日以内に成立届を提出し、20日以内に概算保険料を申告書に添えて納付しなければならない。
有期事業の一括取扱	建設業及び林業において、一定の要件を具備する二つ以上の小規模有期事業を一つの事業として取り扱う制度をいう。
療養補償給付複数事業労働者療養給付（療養給付）	労働者が、業務上の事由、複数業務を要因とする事由又は通勤により負傷し、又は疾病にかかった場合に支給され、現物給付としての療養の給付と現金給付としての療養の費用の支給とがある。
療　養　の　給　付	労働者の業務災害、複数業務要因災害又は通勤災害による傷病について支給される現物給付で、労災病院や労災指定病院等において無料で療養を受けさせるという形で行われる。
療養の費用の支給	療養に要した費用についての現金給付で、療養の給付が受けられない事情のある場合に支給される。
労働者健康安全機構	労災保険の社会復帰促進等事業の運営を適切かつ能率的に行うための独立行政法人労働者健康安全機構法によって設立された法人。
労　災　援　護　金	社会復帰促進等事業の一環として被災労働者やその遺族の救済を目的とする制度で、療養援護金と生業援護金がある。
労　災　病　院	社会復帰促進等事業の一環として、労働者健康安全機構が設置経営する病院で、療養の給付や外科後処置等を行う。
労　災　指　定　病　院	療養の給付を行うため、都道府県労働局長が一般の病院や診療所の中から指定したもの。
労働保険事務組合	政府の認可を受けて、団体の構成員たる事業主の委託により、労働保険事務を処理することができる事業主の団体。
労　働　保　険　番　号	労働保険の適用事業ごとに振出される固有の番号であり、14桁の数字で表わされる。
労　務　費　率	請負による建設事業であって賃金総額を把握できないものについて、賃金総額とみなす額を算定するために請負金額に乗ずる率。

基礎用語　その2

労働保険番号

　現在、労災保険法は、農林水産業のごく小規模の事業を除き、労働者を使用する事業には当然に適用されます。

　ところで、業務災害、複数業務要因災害又は通勤災害のいわゆる保険事故が生じた場合に、被災労働者又はその遺族等が、保険者である政府に対して保険給付を請求する権利をもち、これに対応して、保険加入者である事業主は、保険者に保険料を納付する義務を負うという権利義務関係の基礎となる継続的な法律関係を「保険関係」といいます。この保険関係は、「事業」を単位として成立しますが、この場合の「事業」とは、工場、事務所、商店、建設工事など、一つの経営体、すなわち、一定の場所において、一定の組織のもとに有機的に相関連して行われる一体的な経営活動をいい、会社そのもの、企業そのものを指すものではありません。

　以上のように、労災保険法の適用事業となる、すなわち、保険関係が成立しますと、各適用事業ごとに、「労働保険番号」が付与されますが、この「労働保険番号」は、次のようなしくみになっています。

府　県　　　所　掌　　　管　轄　　　基　幹　番　号　　　枝　番　号
○　○　　　　○　　　　○　○　　○○○○○○　－　○○○

1　府　県

　　当該事業の所在地（事務組合委託事業にあっては事務組合の主たる事務所の所在地）の属する都道府県を示すもので、2桁の数字で表します。

2　所　掌

　　当該事業にかかる労働保険料の徴収事務を、労働基準監督署又は公共職業安定所のいずれで所掌するかを示すもので、次のコードで表すこととされています。

　　　　労働基準監督署が所掌する事業……………………………… 1
　　　　公共職業安定所が所掌する事業……………………………… 3

3　管　轄

　　当該事業の所在地を管轄する労働基準監督署又は公共職業安定所を示すもので、2桁の数字で表します。

4　基幹番号及び枝番号

　　当該事業の労働保険の事業単位を示す固有番号で、6桁の数字で構成する基幹番号及び3桁の数字で構成する枝番号で表します。

年金証書の番号

　労災保険における年金たる保険給付、すなわち、傷病補償年金、障害補償年金、遺族補償年金、複数事業労働者傷病年金、複数事業労働者障害年金、複数事業労働者遺族年金、傷病年金、障害年金及び遺族年金の受給権者については、これらの保険給付の支給決定が行われた場合には、「年金証書」が交付されますが、この「年金証書」に付されている番号が「年金証書番号」といわれるものです。

　年金証書番号の構成は、次のようになっています。

管轄局	種別	西暦年	番号	枝番号
○○	○	○○	○○○○	○○

1　「管轄局」は、所轄の都道府県労働局の該当するコードで表します。

2　「種別」は、

傷病（補償）年金　………………………　1（2）

障害（補償）年金　………………………　3（4）

遺族（補償）年金　………………………　5（6）

となっています。

3　「西暦年」は、年金証書が交付された西暦年の下2桁とされています。

4　「番号」及び「枝番号」は、受給権者特有の番号です。

平均賃金

　労災保険における保険給付のうち、療養（補償）給付を除く各保険給付については、その額の算定を、「給付基礎日額」をもとに行うこととされています。

　この「給付基礎日額」は、労働基準法第12条の平均賃金に相当する額とする（労災保険法第8条第1項）とされており、さらに、労働基準法第12条の平均賃金に相当する額を給付基礎日額とすることが適当でないと認められるときは、厚生労働省令で定めるところによって政府が算定する額を給付基礎日額とする（同法第8条第2項）とされています。

　そこで、労働基準法第12条の「平均賃金」とはいかなるものをいうのか、以下に説明することにします。

　まず、労働基準法第12条においては、次のように規定されています。

1　この法律で平均賃金とは、これを算定すべき事由の発生した日以前3カ月間にその労働者に対し支払われた賃金の総額を、その期間の総日数で除した金額をいう。但し、その金額は、次の各号の一によって計算した金額を下ってはならない。

① 　賃金が、労働した日若しくは時間によって算定され、又は出来高払制その他の請負制によって定められた場合においては、賃金の総額をその期間中に労働した日数で除した金額の100分の60

② 　賃金の一部が、月、週その他一定の期間によって定められた場合においては、その部分の総額をその期間の総日数で除した金額と前号の金額の合算額

2　前項の期間は、賃金締切日がある場合においては、直前の賃金締切日から起算する。

3　前2項に規定する期間中に、次の各号の一に該当する期間がある場合においては、その日数及びその期間中の賃金は、前2項の期間及び賃金の総額から控除する。

① 　業務上負傷し、又は疾病にかかり療養のために休業した期間

② 　産前産後の女性が労働基準法第65条の規定によって休業した期間

③ 　使用者の責めに帰すべき事由によって休業した期間

④ 　育児休業、介護休業等育児又は家族介護を行う労働者の福祉に関する法律（平成3年法律第76号）第2条第1号に規定する育児休業又は同条第2号に規定する介護休業をした期間

⑤ 　試みの使用期間

4　第1項の賃金の総額には、臨時に支払われた賃金及び3カ月を超える期間ごとに支払われる賃金並びに通貨以外のもので、支払われた賃金で一定の範囲に属しないものは算入しない。

5　賃金が通貨以外のもので支払われる場合、第1項の賃金の総額に算入すべきものの範囲及び評価に関し必要な事項は、厚生労働省令で定める。

6　雇入後3カ月に満たない者については、第1項の期間は、雇入後の期間とする。

7　日日雇い入れられる者については、その従事する事業又は職業について、厚生労働大臣の定める金額を平均賃金とする。

8　第1項乃至第6項によって算出し得ない場合の平均賃金は、厚生労働大臣の定めるところによる。

　以上のように、労働基準法第12条において規定する平均賃金の算定方法はかなり複雑なものとなっていますが、これは、平均賃金の算定を必要とする場合は、できるだけその時点における現実の収入に近い状況で労働者の生活を保障する必要があることから、やむを得ないことであるわけです。

　いずれにしても、この平均賃金の算定方法を要約しますと、算定すべき事由の発生した以前3カ月間にその労働者に対して支払われた賃金の総額を、その期間の総日数で除すという技術的なものであるといえます。労災保険における「給付基礎日額」を求める必要から平均賃金を算定する場合の「算定すべき事由の発生した日」とは、業務上、複数業務要因災害又は通勤における負傷若しくは死亡の原因である事故が発生した日又は診断によって疾病の発生が確定した日とされています（労災保険法第8条第1項）から、言い換えますと、平均賃金とは、原則として、平均賃金を算定すべき事由の発生した日以前3カ月間における「1生活日当りの賃金」ということになります。

　賃金の支払形態、算定すべき事由の発生した日（すなわち平均賃金の算定期間のとり方）、あるいは雇用形態等が労働者によって千差万別であり、これら、千差万別のいかなる場合にあっても平均賃金の算定が可能であるためには、このように複雑な規定になることはいたしかたないことですが、以下に、典型的な場合の平均賃金の計算例を掲げておきます。

　〈例〉労働者Aさんの場合

①　平均賃金の算定事由発生日（例えば業務上の負傷をした日）…………令和6年7月9日

②　賃金締切日及び支払日…………毎月月末締切、翌月10日払い

③　雇入年月日………………………平成28年4月1日

④　賃金の支給方法

　　　　基本賃金………………………日給制

　　　　家族手当
　　　　　　　　　………………………月給制
　　　　通勤手当

　以上を例にして計算しますと、次のページのようになります。

平均賃金算定内訳　　　（労働基準法第 12 条参照のこと）

雇入年月日	平成 28 年 4 月 1 日		常用・日雇の別	(常用)・日雇	
賃金支払方法	(月給)・週給・(日給)・時間給・出来高制・その他請負制		賃金締切日	毎月　末日	

A 月・週その他一定の期間によって支払ったもの		賃金計算期間	4 月 1 日から 4 月 30 日まで	5 月 1 日から 5 月 31 日まで	6 月 1 日から 6 月 30 日まで	計
		総　日　数	30 日	31 日	31 日	㋑ 91 日
	賃金	基 本 賃 金	円	円	円	円
		家 族 手 当	20,000 円	20,000 円	20,000 円	60,000 円
		通 勤 手 当	16,000 円	16,000 円	16,000 円	48,000 円
		計	36,000 円	36,000 円	36,000 円	㋺ 108,000 円

B 他の請負制によって支払ったもの日若しくは時間又は出来高払制その		賃金計算期間	4 月 1 日から 4 月 30 日まで	5 月 1 日から 5 月 31 日まで	6 月 1 日から 6 月 30 日まで	計
		総　日　数	30 日	31 日	30 日	㋑ 91 日
		労　働　日　数	20 日	19 日	22 日	㋺ 61 日
	賃金	基 本 賃 金	240,000 円	228,000 円	264,000 円	732,000 円
		時 間 外 手 当	22,500 円	28,125 円	24,375 円	75,000 円
		手　当				
		計	262,500 円	256,125 円	288,375 円	㊁ 807,000 円

総 額	298,500 円	292,125 円	324,375 円	㋭ 915,000 円
平 均 賃 金	賃金総額㋭ 915,000 円÷総日数㋑ 91 = 10,054 円 94 銭			

　このAさんの場合、労働基準法第 12 条第 1 項第 1 号及び第 2 号に基づく平均賃金の最低保障額を念のために計算してみますと、

$$108,000 \div 91 = 1,186 \text{円} 81 \text{銭} \cdots\cdots\cdots\cdots\cdots\cdots\cdots\cdots\cdots\cdots ①$$
$$807,000 \div 61 \times 60 / 100 = 7,937 \text{円} 70 \text{銭} \cdots\cdots\cdots\cdots\cdots ②$$
$$①+② \quad 1,186 \text{円} 81 \text{銭} + 7,937 \text{円} 70 \text{銭} = 9,124 \text{円} 51 \text{銭}$$

となり、同条第 1 項本文の規定により計算した額（10,054 円 94 銭）の方が大きくなります。

したがって、Aさんの平均賃金は、10,054 円 94 銭となるわけです。

給付基礎日額

1　原則としての給付基礎日額

　　給付基礎日額は、原則として平均賃金相当額とされ、１円未満の端数がある場合には切り上げられます。

（１）月給制の場合

$$\frac{災害発生日以前３カ月間の賃金総額}{災害発生日以前３カ月の暦日数}$$

　　（賃金締切日がある場合には、災害発生日の直前の賃金締切日から遡って３カ月間。３カ月を超える期間ごとに支払われる賃金、臨時に支払われる賃金は含まれない）

（２）日給制や出来高払給の場合

　　（１）の算式によって得た額と次の算式によって得た額のいずれか高い方を給付基礎日額とする。

$$\frac{災害発生日以前３カ月間の賃金総額}{災害発生日以前３カ月間の稼働日数} \times \frac{60}{100}$$

　　（賃金締切日がある場合には、災害発生日の直前の賃金締切日から遡って３カ月間。３カ月を超える期間ごとに支払われる賃金、臨時に支払われる賃金は含まれない）

（３）日給・月給制の場合

　　（１）の算式によって得た額と次の算式によって得た額のいずれか高い方を給付基礎日額とする。

$$\frac{災害発生日以前３カ月間の月ぎめの賃金総額}{災害発生日以前３カ月の暦日数}$$

$$\frac{災害発生日以前３カ月間の日給、出来高払給等の総額}{稼\ 働\ 日\ 数} \times \frac{60}{100}$$

　　（賃金締切日がある場合には、災害発生日の直前の賃金締切日から遡って３カ月間。３カ月を超える期間ごとに支払われる賃金、臨時に支払われる賃金は含まれない）

（４）日雇労働者の場合

　　日雇労働者の給付基礎日額は、原則として、災害発生日前１カ月間におけるその労働者の一労働日当たりの賃金額の 100 分の 73 となります。

　　この場合にも、１円未満の端数がある場合には、切り上げた額が給付基礎日額とされます。したがって、日給 6,000 円、諸手当はないとした場合には、4,380 円が給付基礎日額となります。

　　なお、この方法により算定し得ない場合は、別の算定方法がとられます。

2　特例による給付基礎日額

　　労災保険における保険給付のうち、療養（補償）給付以外の保険給付の額の算定の基礎となるもので、原則として、労働基準法第 12 条に規定する平均賃金とされています。ただし、労働基準法第 12 条に規定する平均賃金に相当する額を給付基礎日額とすることが適当でないと認められる場合には、政府が算定する額を給付基礎日額とすることとされています（給付基礎日額の特例）が、この給付基礎日額の特例については、次のとおりとされています。

① 平均賃金算定期間中に業務外の事由による負傷又は疾病の療養のために休業した労働者の平均賃金に相当する額が、当該休業した期間及びその期間中に受けた賃金の額を平均賃金の算定期間及びその期間中の賃金の額から控除して算定することとした場合における平均賃金に相当する額に満たない場合には、その算定することとした場合における平均賃金に相当する額を給付基礎日額とする。

② じん肺にかかったことにより保険給付を受けることとなった労働者の平均賃金に相当する額が、じん肺にかかったため粉じん作業以外の作業に常時従事することとなった日を平均賃金を算定すべき事由の発生した日とみなして算定することとした場合における平均賃金に相当する額に満たない場合には、その算定することとした場合における平均賃金に相当する額を給付基礎日額とする。

③ 1年を通じて船員法第1条に規定する船員として船舶所有者に使用される者であって乗下船により変動する賃金を受ける場合は、基本となるべき固定給に係る平均賃金に相当する額と変動がある賃金に係る平均賃金に相当する額とを基準とし、厚生労働省労働基準局長が定める基準に従って算定する額とする。

④ 前3号のほか、平均賃金に相当する額を給付基礎日額とすることが適当でないと認められる場合は、厚生労働省労働基準局長が定める基準に従って算定する額を給付基礎日額とする。

⑤ 労働基準法第12条の平均賃金に相当する額又は①〜④により算定した額が4,020円に満たない場合には、給付基礎日額は、4,020円とする。

　ただし、スライド制が適用される場合に、平均賃金に相当する額にスライド率を乗じて得た額が4,020円を超えるときは、平均賃金に相当する額を給付基礎日額とし、4,020円に満たないときは、4,020円をスライド率で除して得た額を給付基礎日額とする。

⑥ 複数事業労働者の給付基礎日額を決定する際には、複数事業労働者を使用する事業ごとに平均賃金相当額を給付基礎日額とし、これらを合算します。その際、原則として、日給制や出来高払給の場合の特例（前ページの（2）（3））や上記⑤の特例（給付基礎日額の最低保証）は適用しません。ただし、特例の適用がないとして計算し、合算した額が不適当なときは、例外が設けられています。

　現在、④に該当するとして示されているのは、振動障害のために保険給付を受けることとなった者及び、親族の看護のために休業した期間がある者の場合があります。

　なお、給付基礎日額に1円未満の端数がある場合はこれを1円に切上げることとされています。

《平均賃金の算定期間中に私傷病の療養のため休業した期間がある算定例》
　労働者　石田健太郎さんの場合
　　① 平均賃金の算定事由発生日（例えば業務上で負傷した日）……令和○○年6月10日
　　② 賃金締切日及び支払日……毎月月末締切、翌月10日払い
　　③ 雇入年月日……令和○年4月1日
　　④ 賃金の支給方法
　　　　基本手当……日給制
　　　　通勤手当……月給制
　　　　私傷病のため休業した期間……4月21日から4月30日の10日間（急性胃炎）
　4月21日から4月30日の10日間急性胃炎のため休業した期間の日数及び金額（月によって支払ったもの、本例では通勤手当）を控除して計算します。

控除される金額は、（9,000円÷30日）×10日＝3,000円となります。したがって、給付基礎日額）は、（657,000円－3,000円）÷（92日－10日）＝7,975円60銭となります。

様式〈算定例〉は、下記を参照してください。

様式第8号（別紙1）（表面）

労　働　保　険　番　号												氏　　　　　名	災害発生年月日
府県		所掌	管轄	基　幹　番　号					枝番号			石田　健太郎	○○年 6月10日
1 2		1	0 1	4 9 6 5 4 3					0 0 0				

平均賃金算定内訳

（労働基準法第12条参照のこと。）

雇　入　年　月　日			令和○年　4月　1日		常用・日雇の別		常用・日雇
賃　金　支　給　方　法			月給・週給・日給・時間給・出来高払制・その他請負制		賃金締切日		毎月　末日

		賃　金　計　算　期　間		3月　1日から 3月 31日まで	4月　1日から 4月 30日まで	5月　1日から 5月 31日まで	計
A	月・週その他一定の期間によって支払ったもの	総　日　数		31 日	30（20）日	31 日	(イ) 92（82）日
		賃 金	基 本 賃 金	円	円	円	円
			通勤 手 当	9,000	9,000	9,000	27,000
			手 当				
					(6,000)		(24,000)
		計		9,000 円	9,000 円	9,000 円	(ロ) 27,000 円
B	日若しくは時間又は出来高払制その他の請負制によって支払ったもの	賃　金　計　算　期　間		3月　1日から 3月 31日まで	4月　1日から 4月 30日まで	5月　1日から 5月 31日まで	計
		総　日　数		31 日	30（20）日	31 日	(イ) 92（82）日
		労　働　日　数		24 日	16 日	23 日	(ハ) 63 日
		賃 金	基 本 賃 金	240,000 円	160,000 円	230,000 円	630,000 円
			手 当				
			手 当				
		計		240,000 円	160,000 円	230,000 円	(ニ) 630,000 円
総		計		249,000 円	169,000 円	239,000 円	(ホ) 657,000 円
平　均　賃　金			賃金総額(ホ)657,000円÷総日数(イ) 92 ＝			7,141 円 30 銭	

最低保障平均賃金の計算方法
Aの(ロ) 　27,000 円÷総日数(イ) 92 ＝ 　293 円 47 銭(ヘ)
Bの(ニ) 　630,000 円÷労働日数(ハ) 63 × 60/100 ＝ 6,000 円 00 銭(ト)
　293 円 47 銭+(ト)6,000 円00銭 ＝ 6,293 円 47 銭 (最低保障平均賃金)

日日雇い入れられる者の平均賃金（昭和38年労働省告示第52号による。）	第1号又は第2号の場合	賃金計算期間	(ル) 労働日数又は労働総日数	(ヲ) 賃金総額	平均賃金((ヲ)÷(ル))×73/100
		月　日から 月　日まで	日	円	円 銭
	第3号の場合	都道府県労働局長が定める金額			円
	第4号の場合	従事する事業又は職業			
		都道府県労働局長が定めた金額			円
漁業及び林業労働者の平均賃金（昭和24年労働省告示第5号第2条による。）	平均賃金協定額の承認年月日	年　月　日	職種	平均賃金協定額	円

① 賃金計算期間のうち業務外の傷病の療養等のため休業した期間の日数及びその期間中の賃金を業務上の傷病の療養のため休業した期間の日数及びその期間中の賃金とみなして算定した平均賃金
　（賃金の総額(ホ)－休業した期間にかかる②の(リ)）÷（総日数(イ)－休業した期間②の(チ)）
　（ 657,000 円－ 　3,000 円）÷（ 92 日－ 10 日）＝ 7,975 円 60 銭

48

様式第8号（別紙1）　（裏面）

| ② | 業務外の傷病の療養等のため休業した期間 |
| | 及びその期間中の賃金の内訳 |

賃 金 計 算 期 間	月　　日から 月　　日まで	4月 1 日から 4月30日まで	月　　日から 月　　日まで	計
業務外の傷病の療養等のため 休業した期間の日数	日	10 日	日	㋑ 10 日
業務外の傷病の療養等のため休業した期間中の賃金 基本賃金	円	円	円	円
通勤 手当		3,000		3,000
手当				
計	円	3,000 円	円	㋺ 3,000 円
休 業 の 事 由				

③ 特 別 給 与 の 額	支 払 年 月 日	支 払 額
	5 年 12 月 20 日	850,0000 円
	5 年 6 月 20 日	800,0000 円
	4 年 12 月 20 日	800,0000 円
	4 年 6 月 20 日	750,0000 円
	年 月 日	円
	年 月 日	円
	年 月 日	円

［注 意］
　③欄には、負傷又は発病の日以前2年間（雇入後2年に満たない者については、雇入後の期間）に支払われた労働基準法第12条第4項の3箇月を超える期間ごとに支払われる賃金（特別給与）について記載してください。
　ただし、特別給与の支払時期の臨時的変更等の理由により負傷又は発病の日以前1年間に支払われた特別給与の総額を特別支給金の算定基礎とすることが適当でないと認められる場合以外は、負傷又は発病の日以前1年間に支払われた特別給与の総額を記載して差し支えありません。

3　年金給付基礎日額

　労災年金の額の算定の基礎として用いる給付基礎日額を「年金給付基礎日額」といいます。

　この年金給付基礎日額には、被災労働者（遺族（補償）年金の場合は、死亡労働者が死亡しなかったと仮定する）の8月1日における年齢に応じ、最低限度額及び最高限度額が前年の「賃金構造基本統計」の調査結果に基づき一定方法で定められることとなっており、具体的には、次の①～③により年金給付基礎日額を決定します。

① 　法第8条の給付基礎日額（スライド制の適用がある場合は、当該スライド率を乗じて得た額（以下同じ））が最低限度額以上最高限度額以下の場合は、法第8条の給付基礎日額を年金給付基礎日額とする。

② 　法第8条の給付基礎日額が最低限度額未満の場合は、最低限度額を年金給付基礎日額とする。

③ 　法第8条の給付基礎日額が最高限度額を超える場合は、最高限度額を年金給付基礎日額とする。なお、労災年金の額をスライド制により改定すべき場合であっても、最低限度額又は最高限度額が年金給付基礎日額とされるときには、年金給付基礎日額（すなわち、最低限度額又は最高限度額）に所定給付日数を乗じて得た額を労災年金の額とし、これに重ねてスライド率が乗じられることはありません。

　令和5年8月から令和6年7月までの月分の年金たる保険給付の額の算定の基礎として用いる年金給付基礎日額の年齢階層別最低・最高限度額

令和5年8月1日～令和6年7月31日に適用される最低・最高限度額

（単位：円）

年　　齢	～19	20～24	25～29	30～34	35～39	40～44	45～49	50～54	55～59	60～64	65～69	70～
最低限度額	5,213	5,816	6,319	6,648	7,011	7,199	7,362	7,221	6,909	5,804	4,020	4,020
最高限度額	13,314	13,314	14,701	17,451	20,453	21,762	22,668	24,679	25,144	21,111	15,922	13,314

スライド制

1　休業（補償）給付のスライド制

　休業補償給付等の額の算定に用いる給付基礎日額（以下「休業給付基礎日額」という）のスライドとして、算定事由発生日（新法第8条第1項の算定事由発生日をいう。以下同じ）の属する四半期（スライドされた場合にあっては、スライド改定時の四半期の前々四半期）の平均給与額（毎月勤労統計における調査産業計の毎月きまって支給する給与の労働者一人当たり1カ月平均額をいう）の100分の110を超え、又は100分の90を下るに至った場合に、その比率を基準として厚生労働大臣が定める率を法第8条の給付基礎日額（スライドされた場合にあっては、スライド後の額）に乗じて得た額を、当該四半期の翌々四半期の初日以後に支給事由が生じた休業補償給付等に係る休業給付基礎日額とすることとなります。

2　障害（補償）給付などのスライド制

　障害補償年金、遺族補償年金、傷病補償年金、複数事業労働者障害年金、複数事業労働者遺族年金、複数事業労働者傷病年金、障害年金、遺族年金、傷病年金についてもスライド制がとられていますが、この場合におけるスライドの方法は、年金たる保険給付のスライドについては、算定事由発生日の属する年度の翌々年度以後は、その年度の8月から翌年度の7月までの月分の年金たる保険給付に関し、当該年金たる保険給付の額の算定の基礎となる給付基礎日額（以下「年金給付基礎日額」という）に、算定事由発生日の属する年度の平均給与額と当該その年度の前年度の平均給与額との比率を基準として厚生労働大臣が定める率（以下「スライド率」という）を乗じて得た額を年金給付基礎日額とすることとして、毎年、年金給付基礎日額を算定することとなります。なお、障害補償一時金、遺族補償一時金、葬祭料、複数事業労働者障害一時金、複数事業労働者遺族一時金、複数事業労働者葬祭給付、障害一時金、遺族一時金、葬祭給付についても年金給付の場合と同様の方法によるスライド制がとられています。

3　特別支給金のスライド制

　休業特別支給金については、休業補償給付、複数事業労働者休業給付又は休業給付と同様の方法によりスライドが行われます。

　また、障害特別年金、障害特別一時金、遺族特別年金、遺族特別一時金及び傷病特別年金についても、年金給付の場合と同様の方法によることとなっていますが、その場合、スライド率を乗じて得た額が 150 万円を超えるときは、150 万円を算定基礎年額とします。

○　受給資格者（遺族補償年金、複数事業労働者遺族年金、遺族年金）

　遺族補償年金、複数事業労働者遺族年金、遺族年金の受給資格者とは、受給権者となり得る遺族をいい、その範囲は、「労働者の死亡の当時その収入によって生計を維持していた配偶者、子、父母、孫、祖父母及び兄弟姉妹」とされていますが、妻以外の遺族については、「夫、父母、祖父母は 55 歳以上」であること、「子、孫は 18 歳に達する日以後の最初の 3 月 31 日までの間」にあること、「兄弟姉妹は 18 歳に達する日以後の最初の 3 月 31 日までの間にあるか又は 55 歳以上」であることが必要であり、この年齢制限に該当しない夫、子、父母、孫、祖父母又は兄弟姉妹については、労働者の死亡当時に厚生労働省令で定める「障害」の状態にある者に限られます。つまり、妻以外の遺族については、独自の稼得能力がある者にまで年金を支給する必要はないというわけです。なお、55 歳以上 60 歳未満の者については支給停止の対象になります（次ページ参照）。

　なお、「労働者の収入によって生計を維持していた」とは、労働者の収入によって何らかの程度において生計を維持していたことをいい、もっぱら又は主として労働者の収入によって生計を維持していたという意味ではありません。例えば、共働きの夫婦も互いにその収入によって生計を維持しているのですから、遺族（補償）年金の受給資格者となり得るわけです。

　また、「配偶者」には、いわゆる内縁関係にある者も含み、「子」には、労働者の死亡の当時に胎児であった子が含まれます。この場合は、胎児は出生のとき以降受給資格者となります。

○　受給権者（遺族補償年金、複数事業労働者遺族年金、遺族年金関係）

　　遺族補償年金、複数事業労働者遺族年金、遺族年金は、その受給資格者の各人に支給されるのではなく、そのうちの最先順位にある者に支給されます。つまり、最先順位者が受給権者となるわけです。

　　受給権者となる順位は、法律上、配偶者、子、父母、孫、祖父母、兄弟姉妹の順とされていますが、受給資格者についての年齢制限の関係から、実際には次のような順位になります。

①　妻又は 60 歳以上若しくは厚生労働省令で定める障害の状態にある夫

②　18 歳に達する日以後の最初の 3 月 31 日までの間にあること又は厚生労働省令で定める障害の状態にある子

③　60 歳以上又は厚生労働省令で定める障害の状態にある父母

④　18 歳に達する日以後の最初の 3 月 31 日までの間にあること又は厚生労働省令で定める障害の状態にある孫

⑤　60 歳以上又は厚生労働省令で定める障害の状態にある祖父母

⑥　18 歳に達する日以後の最初の 3 月 31 日までの間にあること若しくは 60 歳以上又は厚生労働省令で定める障害の状態にある兄弟姉妹

⑦　55 歳以上 60 歳未満の夫

⑧　55 歳以上 60 歳未満の父母

⑨　55 歳以上 60 歳未満の祖父母

⑩　55 歳以上 60 歳未満の兄弟姉妹

○　支給停止（遺族補償年金、複数事業労働者遺族年金、遺族年金）

　　受給資格者のうち 55 歳以上 60 歳未満の者（前述の⑦～⑩）については、たとえその者が第一順位者であっても、60 歳になるまで年金の支給が停止され、60 歳になってはじめて年金の支給が開始されます。また、この 55 歳以上 60 歳未満の者は、たとえ受給権者と生計を同一にしている場合でも、その者が 60 歳に達するまでは遺族（補償）年金の額の計算根拠となる遺族の数には算入されません。

○　失権・失格（遺族補償年金、複数事業労働者遺族年金、遺族年金）

　　遺族補償年金、複数事業労働者遺族年金、遺族年金の受給権者は、受給権者が次に掲げる事項のいずれかに該当するに至った場合には消滅します（失権）。また、遺族（補償）年金の受給資格も次の事項のいずれかに該当する場合は失われます（失格）。

①　死亡したとき。

②　婚姻したとき（内縁を含む）。

③　直系血族又は直系姻族以外の者の養子（事実上の養子を含む）となったとき。

④　離縁により、死亡労働者との親族関係が終了したとき。

⑤　子、孫、又は兄弟姉妹については、18 歳に達した日以後の最初の 3 月 31 日が終了したとき（労働者の死亡当時から引き続き厚生労働省令で定める障害の状態にあるときを除く）。

⑥　障害のため受給権者又は受給資格者となっていた夫、子、父母、孫、祖父母、又は兄弟姉妹の障害状態がなくなったとき。

　受給権者の受給権が、上記のような事情により消滅した場合には、その者は遺族（補償）年金を受けることはできなくなりますが、年金給付はそのことによって打ち切られるわけではなく、次の順位の者が受給権を取得することとなります。

○　**受給資格者及び受給権者（遺族補償一時金、複数事業労働者障害一時金、遺族一時金関係）**

　遺族補償一時金、複数事業労働者遺族一時金、遺族一時金の受給資格者となる遺族は、次に掲げる者であって、遺族補償年金、複数事業労働者障害年金、遺族年金について受給資格のないもの、あるいは失権又は失格したものです。

①　配偶者

②　労働者の死亡の当時その収入によって生計を維持していた子、父母、孫及び祖父母

③　その他の子、父母、孫及び祖父母

④　兄弟姉妹

　なお、受給権者となるのは、もちろん、これらの者のうちの最先順位者となります。その順位は、上記に掲げた順序によりますが、②と③については、子、父母、孫、祖父母の順序とされています。

労災保険給付のＱ＆Ａ

療養に対する給付

療養補償給付等の範囲とは

労災保険給付の全体図

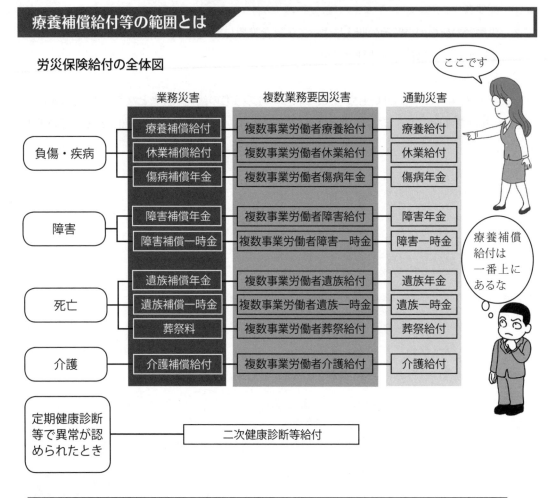

	業務災害	複数業務要因災害	通勤災害
負傷・疾病	療養補償給付	複数事業労働者療養給付	療養給付
	休業補償給付	複数事業労働者休業給付	休業給付
	傷病補償年金	複数事業労働者傷病年金	傷病年金
障害	障害補償年金	複数事業労働者障害給付	障害年金
	障害補償一時金	複数事業労働者障害一時金	障害一時金
死亡	遺族補償年金	複数事業労働者遺族給付	遺族年金
	遺族補償一時金	複数事業労働者遺族一時金	遺族一時金
	葬祭料	複数事業労働者葬祭給付	葬祭給付
介護	介護補償給付	複数事業労働者介護給付	介護給付

ここです

療養補償給付は一番上にあるな

定期健康診断等で異常が認められたとき ── 二次健康診断等給付

Q 療養補償給付等の「療養の給付」の範囲についてご教示ください。

A

　労災保険においては、労働者が業務上、複数業務を要因とする事由により負傷し、又は疾病にかかった場合には、その請求に基づき療養補償給付、複数業務労働者療養給付、療養給付（以下「療養補償給付等」といいます）を行うこととしています（※）。

　この療養補償給付等は、原則として現物給付である「療養の給付」として行われ、労災病院又は都道府県労働局長の指定する医療機関において、被災労働者に無料で療養を受けさせるという形で行われます。

　療養の給付の範囲については、具体的には、次に掲げるもののうち政府が必要と認めるものとされており（労災保険法第13条）、まだ一般に治療効果があると認められていないような治療方法や、客観的に必要性の認められない看護などについては、この「療養の給付」の範囲に該当しないとして、保険給付されません。

- ・診察
- ・薬剤又は治療材料の支給
- ・処置・手術その他の治療
- ・居宅における療養上の管理及びその療養に伴う世話その他の看護
- ・病院又は診療所への入院及びその療養に伴う世話その他の看護
- ・移送

　なお、労働者が通勤による傷病を被った場合に請求に基づき支給される療養給付の「療養の給付」についても、その範囲は、業務災害の給付と同一となっています。

（※）従来、療養に対する給付は、業務上災害に対する療養補償給付と通勤災害に対する療養給付の2種類でした。しかし、令和2年9月施行の改正労災法で、複数事業労働者（事業主が同一人でない2以上の事業に使用される労働者。特別加入者等も含みます）の2以上の事業の業務を要因とする災害（複数業務要因災害）に対する保険給付が創設され、療養に関する給付は複数事業労働者療養給付と呼ばれます。つまり、給付の種類は3種類に増えました。

　　次ページ以降、休業・傷害・遺族・介護に対する給付についても、給付の種類は、業務上災害に対するもの、複数業務要因災害に対するもの、通勤災害に対するものの3種類に分けられます。

「療養の費用」の支給とは

療養の給付

現物給付

（無料で療養を受ける）

療養の費用の給付

現金給付

（労災病院等がなかった場合等）

原則は
療養の給付
です

僕は現金の
方がいいかも

Q 療養の費用の支給とは、どのような場合に行われるのでしょうか。

A

　労災保険では、労働者が業務上の事由、複数業務を要因とする事由又は通勤により傷病を被った場合には、請求に基づき、療養補償給付、複数事業労働者療養給付又は療養給付を行うこととしていますが、療養補償給付等は、原則として労災病院又は労災保険の指定する医療機関において、無料で療養を受けさせるという形で行う（現物給付）「療養の給付」を原則としています。

　しかしながら、療養を必要とする労働者の居所又は勤務の地域に、たまたま労災病院や労災指定医療機関がおかれていなかった場合、又は特殊な医療技術や医療施設を必要とする傷病であって、近くの労災指定医療機関にこれらの医療技術や医療施設が整っていない場合など、「療養の給付」が行い得ないような事情がある場合には、「療養の給付」にかえて「療養の費用の給付」として行われます。この「療養の費用の給付」は、その診療等に要した費用に相当する額を現金で支給するという形で行われます。

　療養の費用の支給の対象となる療養の範囲は、現物給付たる療養の給付の場合と全く同じです。

　なお、労災病院や労災指定医療機関で診療等を受ける場合であっても、通院に要する費用等のように当該指定医療機関が負担しない費用については、療養の費用の給付として受給することとなります。

治療費等の返還請求とは

Q 仕事中の事故により骨折し、近所の医院にかつぎこまれました。健康保険証を提示して治療を続けていましたが、健康保険は適用されないとして、これまでに要した治療費約80万円の返還請求が保険者からありました。貯えがありませんので困っています。どうしたらよいでしょうか。

A

　健康保険は業務外の事由による傷病について適用され、また、労災保険は業務上の事由、複数業務を要因とする事由又は通勤による傷病等に関して必要な保険給付を行っています。

　文面からだけでは断定できませんが、仮に仕事中にその仕事が原因で骨折をしたものであれば、業務上の事由による負傷なので、健康保険は適用されないことになります。したがって、保険者から既に支払った治療費等について返還請求があるのは、当然のことであるわけです。

　そこで、既に健康保険において支払済の約80万円の治療費について、どのような手続の方法があるか、簡単に説明することにしましょう。このような場合の手続に関しては、労災保険法等には具体的に規定されていませんが、原則的には以下の方法を取っています。

　すなわち、保険者から返還請求のあった分について、「療養補償給付たる療養の費用請求書」（様式第7号）により、保険者からの返還請求書又は診療機関から保険者に提出されている「診療報酬明細書（写）」等の額等を証明できる書類を添付して、所轄の労働基準監督署長に請求することになるわけです。

　なお、返還を要する金額の受領について、本人から保険者に委任する旨の申し出があり、返還通知書等を添えて労災請求があった場合には、保険者の金融機関の口座に、療養の費用の振込みを行う方法により調整を行って差し支えないとされています。

休業に対する給付の請求

Q 休業に対する給付は、休業第4日目から支給されるそうですが、休業初日から3日間は、どのようになるのでしょうか。

労災保険では、労働者が業務上の事由、複数業務を要因とする事由又は通勤により傷病を被った場合で、当該傷病による療養のため労働することができないために賃金を受けない場合には、これらの要件を満たす日の第4日目から請求に基づき、休業補償給付、複数事業労働者休業給付、休業給付（以下「休業補償給付等」といいます）を支給することとしています。

ところで、休業初日から3日間については、業務災害・複数業務要因災害の場合と通勤災害の場合とで、次のようにその取扱いが変わります。

○ 業務災害・複数業務要因災害の場合

労災保険における業務災害に関する補償制度は、労働基準法第8章に規定する個別事業主の災害補償責任の履行を確実にするために保険制度化したものです。

ところで、労働基準法第76条第1項においては、労働者が業務上の傷病の療養のため、労働することができないために賃金を受けない場合においては、使用者は、労働者の療養中、平均賃金の100分の60の休業補償を行わなければならない、と規定しています。

一方、同法第84条第1項においては、この法律に規定する災害補償の事由について、労災保険法に基づいてこの法律の災害補償に相当する給付が行われるべきものである場合においては、使用者は補償の責を免れる、と規定しています。

以上のことから、業務災害の場合の休業第4日目以降の休業補償については、労働基準法第84条第1項の規定により事業主は補償の責任を免責されますが、休業初日から3日間については、労働基準法第76条の規定による休業補償を当該事業主が行わなければならないことになります。

○ 通勤災害の場合

通勤災害に関しては、労働基準法上、事業主にその補償責任が課されていません。したがって、通勤災害の場合の休業初日から3日間の休業損失のてん補については、業務災害の場合と異なり、事業主には、労働基準法上の休業補償の義務はない、ということになります。

休業補償給付等の請求権と時効

 休業補償給付等は、最後にまとめて請求すべきものでしょうか、それとも、何日目かごとに請求すべきものでしょうか。

A

　労災保険の休業補償給付等は、業務上の事由又は通勤による傷病の療養のため労働することができないために賃金を受けない日の第4日目から、以上に述べた要件に該当する日について請求に基づき支給されるものです。

　したがって、その請求は、例えば1週間分、1カ月分あるいは3カ月分程度をまとめて請求することも可能ですし、負傷等を被った日以降支給事由を満たさなくなるまでの全期間（もっとも、いわゆる待期期間3日分については支給の対象となりませんが）について請求することも可能です。

　ただ、休業補償給付等の請求権には時効の制度が定められており、2年を経過すると請求権が消滅することになりますので、非常に長期間分をまとめて請求する場合には、この時効によって請求権が消滅して受給できなくなる場合もありますので注意が必要です。

　また、休業補償給付等そのものの目的が、傷病の療養のため労働することができないために賃金を受けないという休業損失をてん補することにあること、及び賃金は毎月1回以上一定期日に支払わなければならないこととされていること（労働基準法第24条）等から、通常は、1カ月分ごとにまとめて請求する方法がとられているようです。

所定労働時間の一部休業の場合

 退院後も毎日午前中出勤、午後は仕事を休んで通院を続けていますが、このような場合でも休業補償給付を受けることができるのでしょうか。

A

　労災保険の休業補償給付は、業務上の傷病の療養のため労働することができないために賃金を受けない場合に、請求に基づき支給されます。

　ご質問のように、所定労働時間の一部分のみ労働した場合、言い換えますと、業務上の傷病の療養のため所定労働時間の一部を休業した場合には、平均賃金と実労働時間に対して支払われる賃金との差額の100分の60未満の金額しか支払われていなければ、その日は一部休業日として休業補償給付の支給事由に該当する日となります。

ただし、この場合の休業補償給付の額は、給付基礎日額から実際に労働した部分（または賃金が支払われる休暇の部分）についての賃金額を差し引いた額の 100 分の 60 が支給されることになります。

（参考）

$$\begin{array}{c}\text{一部休業日について}\\\text{の休業補償給付の額}\end{array} = \left(\text{給付基礎日額} - \begin{array}{c}\text{一部休業日の労働に対し}\\\text{支払われる賃金の額}\end{array}\right) \times \dfrac{60}{100}$$

受給中に会社が倒産した場合は

Q 労災保険の休業補償給付を受給中に、会社が倒産しました。継続して休業補償給付を受給できるでしょうか。

A

　結論から先に申しますと、労災保険の保険給付を受ける権利は、雇用関係の解消によって変更されることはありません（労災保険法第 12 条の 5 第 1 項参照）。したがって、傷病の療養のため労働することができないために賃金を受けない、という休業補償給付の支給事由を満たす限りは、たとえ会社が倒産しようが、あるいは労働者の意思によって退職しようが、請求を行えば、休業補償給付を受給できるということになります。

　なお、休業補償給付等の請求書には、事業主の証明を要しますが、会社が倒産した場合などは、この事業主の証明が受けられない場合もあると思われます。その場合には、事業主証明が受けられない理由等を話して、所轄の労働基準監督署にご相談下さい。

転職後に前勤務先での傷病が再発した場合

 転職後、前の勤務先での業務上の負傷が再発しました。休業補償給付や療養補償給付はどうなるのでしょうか。また、どういう手続をとれば良いのでしょうか。

　傷病が治ったあと、症状が悪化して再び療養を要する状態になり、かつ、当初の傷病と療養を要する状態に至った傷病との間に相当因果関係が認められる場合を、一般に当初の傷病の「再発」といいます。

　業務上の傷病が治ったあと、再発しますと、再び療養を要する状態に至ったときから、当初の業務上の傷病の連続として、所定の保険給付が行われることとなります。したがって、療養補償給付はもちろんのこと、休業補償給付の支給事由を満たす場合には休業補償給付が、また、傷病補償年金の支給事由を満たす場合には傷病補償年金が支給されることとなります。

　ところで、再発の場合だからといって特別な手続を必要とするものではなく、療養補償給付請求書、休業補償給付支給請求書等の所定の請求書を所轄の労働基準監督署に提出することになります。

障害に対する給付の請求

身体に2以上の障害が残った場合の障害等級

① ○月○日負傷

② その2カ月後負傷

ひゃ～
こういう場合は
どうなるんだろう？

これは
レアケースね

③ 更にその1カ月後負傷

Q 同一の負傷や疾病により、身体に2以上の障害が残った場合の障害等級は、どのようにして決定されるのでしょうか。

A

　労災保険における障害に対する給付（障害補償給付、複数事業労働者障害給付、障害給付。以下「障害補償給付等」といいます）は、業務上の事由、複数業務を要因とする事由又は通勤による傷病が治ったとき、身体に障害が存する場合に、その障害の程度に応じて行うこととされており、その障害の程度は、労災保険法施行規則別表第1「障害等級表」（P109参照）に第1級から第14級までの14段階に区分して定められています。

　この障害等級表では、身体をまず解剖学的観点から眼、耳、上肢、下肢等の部位にわけ、次にそれぞれの部位における身体障害を機能の面に重点を置いた生理学的観点から、例えば、眼における視力障害、運動障害、調節機能障害及び視野障害のように一種又は数種の障害群に分け（これを実務上「障害の系列」と呼んでいます）、さらに、各障害は、その労働能力の喪失の程度に応じて一定の順序のもとに配列されています（これを実務上「障害の序列」と呼んでいます）。

　障害の系列を表にしますと、次のようになります。

障害系列表

部	位	器質的障害	機能的障害	系列区分
眼	眼球（両眼）		視力障害	1
			調節機能障害	2
			運動障害	3
			視野障害	4
	まぶた 右	欠損障害	運動障害	5
	まぶた 左	同上	同上	6
耳	内耳等（両耳）		聴力障害	7
	耳かく（耳介）右	欠損障害		8
	耳かく（耳介）左	同上		9
	鼻	欠損及び機能障害		10
	口		そしゃく及び言語機能障害	11
		歯牙障害		12
	神経系統の機能又は精神		神経系統の機能又は精神の障害	13
	頭部、顔面、頸部	醜状障害		14
	胸腹部臓器（外生殖器を含む）	胸腹部臓器の障害		15
体幹	せき柱	変形障害	運動障害	16
	その他の体幹骨（鎖骨、胸骨、ろく骨、肩こう骨又は骨盤骨）	変形障害		17

部	位	器質的障害	機能的障害	系列区分
上肢	上肢 右	欠損障害	機能障害	18
		変形障害（上腕骨又は前腕骨）		19
		醜状障害		20
	上肢 左	欠損障害	機能障害	21
		変形障害（上腕骨又は前腕骨）		22
		醜状障害		23
	手指 右	欠損障害	機能障害	24
	手指 左	同上	同上	25
下肢	下肢 右	欠損障害	機能障害	26
		変形障害（大腿骨又は下腿骨）		27
		短縮障害		28
		醜状障害		29
	下肢 左	欠損障害	機能障害	30
		変形障害（大腿骨又は下腿骨）		31
		短縮障害		32
		醜状障害		33
	足指 右	欠損障害	機能障害	34
	足指 左	同上	同上	35

なお、次の如く、同一部位に系列を異にする身体障害を生じた場合は、同一若しくは相関連するものとして取扱うことが、障害等級認定実務上合理的であることから、具体的な運用に当たっては、同一系列として取り扱うこととされています。

①　両眼球の視力障害、運動障害、調節機能障害、視野障害の各相互間

②　同一上肢の機能障害と手指の欠損又は機能障害

③　同一下肢の機能障害と足指の欠損又は機能障害

　ところで、例えば、ある業務災害により、身体に2以上の障害が残った場合の障害等級の認定に関しては、労災保険法施行規則第14条に、次のように規定されています。

1　別表第1（障害等級表）に掲げる身体障害が2以上ある場合には、重い方の身体障害の該当する障害等級による。

2　次の各号に掲げる場合には、重い方の身体障害の該当する障害等級をそれぞれ次の各号に掲げる等級だけ繰り上げた障害等級による。

①　第13級以上に該当する身体障害が2以上あるとき ………………………… 1級

②　第 8 級以上に該当する身体障害が2以上あるとき ………………………… 2級

③　第 5 級以上に該当する身体障害が2以上あるとき ………………………… 3級

　この場合の「障害等級表に掲げる身体障害が2以上ある場合」とは、前に説明しました「障害の系列」を異にする身体障害が2以上ある場合のことをいいます。

　例えば、せき柱に運動障害を残し（第8級の2）、かつ1下肢を4センチメートル短縮した（第10級の7）場合には、重い方の等級を1級繰上げ、第7級となります。このように、系列を異にする身体障害が2つ以上ある場合の障害等級の認定方法を、実務上は、「併合」と呼んでいます。

　一方、2以上残存した身体障害が系列を同じくするものである場合には、上で説明しました「併合」により障害等級を認定することにはなりませんが、一般的には、この「併合」の方法を利用して障害等級を認定することとしています。

　例えば、「1上肢の3大関節中の1関節の用を廃し」（第8級の6）、かつ、「他の1関節の機能に著しい障害を残す」（第10級の9）場合には、併合の方法を用いて第7級となります。この併合の方法を用いて障害等級を認定する方法を、認定実務上は、「準用」と呼んでおります。

　以上、身体に2以上の障害が残った場合に限って説明しましたが、他に例えば、嗅覚障害のように、障害等級表上のいかなる障害の系列にも属さない場合に、その労働能力の喪失の程度により、その障害が最も近似している系列の障害における労働能力の喪失程度に相当する等級を用いる場合にも、一般に「準用」と呼んでいます。

　なお、以上の「併合」、「準用」いずれの場合であっても、その結果の障害等級が「障害の序列」を乱す場合には、修正されることとなります。

障害の程度に軽重の変更が生じた場合

 身体障害の程度が、重くなったり、あるいは軽くなったりした場合は、何か手続をする必要があるのでしょうか。

A

　労災保険における障害補償給付等は、労働者が業務上（又は複数業務を要因とする事由、通勤により）負傷し、又は疾病にかかり、治ったときに身体に障害が存する場合に、その障害の程度に応じて行うこととされており、障害補償給付等の対象となる障害の程度は、労災保険法施行規則別表第1「障害等級表」に、第1級から第14級までの14段階に区分して定められています。

　ところで、障害補償給付等は、障害による労働能力の喪失に対する損失てん補を目的とするものですから、傷病が治ったときに残存する、当該傷病と相当因果関係を有し、かつ、将来においても回復が困難と見込まれる精神的又は身体的なき損状態であって、その存在が医学的に認められ労働能力の喪失を伴うものが、障害補償給付等の対象となるということになります。

　ご質問の身体障害の程度が変更した場合の取扱いに関しては、労災保険法第15条の2に、次のように規定されています。

　すなわち、障害補償給付等を受ける労働者の当該障害の程度に変更があったため、新たに他の障害等級に該当するに至った場合は、新たに該当するに至った障害等級に応ずる障害補償給付等又は障害補償一時金等を支給するものとし、その後は、従前の障害（補償）年金は、支給しないというものです。したがって、身体障害の程度が障害等級第1級から第7級までのいずれかに該当するとして障害補償給付等を受給している者の当該身体障害の程度に変更があった場合にかぎり、変更後の障害等級に応ずる障害補償給付等が支給されることとなり、身体障害の程度が障害等級第8級から第14級までのいずれかに該当するとして障害（補償）一時金を受給した者にあっては、その後における障害程度の変更は、保険給付に何ら影響しないということになります。なお、ここにいう「障害程度の変更」とは、新たな傷病又は傷病の再発によらず、自然的に変更することをいいます。

　次に、障害（補償）年金を受けている者の障害の程度に変更があった場合の手続についてですが、障害等級の変更による障害（補償）給付の変更に関する決定は、所轄の労働基準監督署長が行うこととされていますので、この決定を受けようとする者は、労災保険法施行規則第14条の3第2項及び第3項（及び第18条の8第4項）の規定に基づき、関係資料を添付した「障害補償給付・複数事業労働者障害給付・障害給付請求書・障害特別年金変更申請書」（様式第11号）を所轄の労働基準監督署長に提出しなければなりません。また、労災保険の年金たる保険給付の受給権者は、労災保険法施行規則第21条の規定により、毎年1回、受給権者の生年月日に応じ6月末日又は10月末日までに、一定の事項を記載し関係資料を添付した「定期報告書」を所轄の労働基準監督署長に提出することとされていますが、この定期報告書等により、所轄の労働基準監督署長が、身体障害程度の変更を知り得たときは、職権によって障害等級の変更による障害（補償）給付の変更に関する決定を行うことがあることは、いうまでもありません。

既存の身体障害に新たな災害による障害が加わった場合

 Q 既に身体に障害がある者に、新たな災害により障害が加わった場合の障害補償給付は、どのようになるのでしょうか。

A

　既に身体に障害があった者が、業務災害、複数業務要因災害又は通勤災害によって同一の部位について障害の程度を加重した場合の取扱いについては、労災保険法施行規則第14条第5項（及び第18条の3の10、第18条の8）に次のとおり規定されています。

　すなわち、既に身体障害のあった者が、負傷又は疾病により同一の部位について障害の程度を加重した場合における当該事由に係る障害補償給付等は、現在の身体障害の該当する障害等級に応ずる障害補償給付等とし、その額は、現在の身体障害の該当する障害等級に応ずる障害補償給付等の額から、既にあった身体障害の該当する障害等級に応ずる障害補償給付等の額（現在の身体障害の該当する障害等級に応ずる障害補償給付等が障害補償年金等であって、既にあった身体障害の該当する障害等級に応ずる障害補償給付等が障害補償一時金等である場合には、その障害補償一時金等の額を25で除して得た額）を差し引いた額による、としています。

　この場合の「既に身体障害のあった者」とは、新たな業務災害、複数業務要因災害又は通勤災害の発生前において、既に身体障害のあった者をいい、その身体障害が、当該事業場に雇用される前の災害によるものであると、当該事業場に雇用された後の災害によるものであるとを問うところではありませんし、また、先天性のものであると、後天性のものであると、業務上の事由によるものであると、業務外の事由によるものであると、現実に給付を受けたものであると否とにかかわらず、障害等級表に定められている程度の身体障害が既に存していた者をいいます。

　また、「加重」とは、業務災害、複数業務要因災害又は通勤災害によって新たに身体障害が加わった結果、障害等級表上、現存する身体障害が既存の身体障害より重くなった場合をいいます。

　「同一の部位」とは同一の障害の系列の範囲内をいいます（障害の系列については系列表P 63参照）。したがって、既存の身体障害とは異なる系列に身体障害を残した場合は、「加重」ではなく、その新たな身体障害の該当する障害等級に応ずる障害補償給付等が支給されることになります。

　「加重」の場合の障害補償給付等の額の計算例を以下に掲げます。

　　例1：既に右示指の用を廃していた（第12級の9）者が、新たに同一示指を亡失した場合には、現存する身体障害に係る障害等級は第11級の6となりますが、この場合の障害補償給付等の額は、現存する身体障害の該当する障害等級に応ずる障害補償給付等の額（第11級の6給付基礎日額の223日分）から既存の身体障害の該当する障害等級に応ずる障害補償給付等の額（第12級の9、給付基礎日額の156日分）を差し引いて、給付基礎日額の67日分となります。

　　例2：既に1上肢の手関節の用を廃していた（第8級の6）者が、新たに同一上肢の手関節

を亡失した場合には、現存する身体障害は、第5級の2（障害補償年金等）となりますが、この場合の障害補償給付等の額は、現存する身体障害の該当する障害等級に応ずる障害補償給付等の額（第5級の2、当該身体障害の存する期間1年につき給付基礎日額の184日分）から、既存の身体障害の該当する障害等級に応ずる障害補償給付等の額（第8級の6、給付基礎日額の503日分）の 1/25 を差し引いて、当該身体障害の存する期間1年について、給付基礎日額の163.88日分（障害補償年金等）となります。

遺族に対する給付の請求

受給資格者の範囲

 遺族補償給付の受給資格者の範囲や受けることができる順位をご教示ください。私の妻は、業務上の事故で死亡しましたが、夫婦としての法律上の手続はまだしていませんでした。2人とも天涯孤独で、お互いに残った方が面倒を見合おうと約束して、共同生活をしてきましたが、生活費は折半でした。葬式は私が出し、今後の年忌法要などは私が行おうと思っていますが、私は遺族として認められるでしょうか。

A

労災保険の遺族補償給付は、労働者が業務上の事由により死亡した場合に、その遺族に対し、請求に基づき支給されるもので、労働者の死亡に伴う遺族の被扶養利益の喪失をてん補する目的の保険給付です。

この遺族補償給付には、遺族補償年金と遺族補償一時金とがありますが、被扶養利益の喪失が続く限りてん補していくという保険給付の目的から、年金給付を原則とし、年金給付を受けるにふさわしい遺族がいない場合等に限って一時金給付を行うこととされています。

○　遺族補償年金

遺族補償年金を受けることができる遺族は、労働者の配偶者、子、父母、孫、祖父母及び兄弟姉妹であって、労働者の死亡の当時その収入によって生計を維持していたものであり、かつ、妻（婚姻の届出をしていないが、事実上婚姻関係と同様の事情にあった者を含む）以外の者にあっては、労働者の死亡の当時次の各号に掲げる要件に該当した場合に限ることとされています。

①　夫（婚姻の届出をしていないが、事実上婚姻関係と同様の事情にあった者を含む）、父母又は祖父母については、60才以上であること。

②　子又は孫については、18才に達する日以後の最初の3月31日までの間にあること。

③　兄弟姉妹については、18才に達する日以後の最初の3月31日までの間にあること又は60才以上であること。

④　上記①〜③の要件に該当しない夫、子、父母、孫、祖父母又は兄弟姉妹については、一定の障害の状態にあること。

以上の要件に該当する者を、遺族補償年金の受給資格者といいますが、遺族補償年金は、この受給資格者の各人に支給されるのではなく、受給資格者のうちの最先順位にある者に支給されます。この最先順位にある受給資格者を、遺族補償年金の受給権者といいます。

　受給権者となる順位は、原則的には、配偶者、子、父母、孫、祖父母、兄弟姉妹の順とされていますが、受給資格者についての年齢制限、暫定措置等の関係から、実際には、次のような順序になります。

①　妻又は60才以上又は一定の障害状態の夫

②　18才に達する日以後の最初の3月31日までの間にあること又は一定の障害状態の子

③　60才以上又は一定の障害状態の父母

④　18才に達する日以後の最初の3月31日までの間にあること又は一定の障害状態の孫

⑤　60才以上又は一定の障害状態の祖父母

⑥　18才に達する日以後の最初の3月31日までの間にあること若しくは60才以上又は一定の障害状態の兄弟姉妹

⑦　55才以上60才未満の夫

⑧　55才以上60才未満の父母

⑨　55才以上60才未満の祖父母

⑩　55才以上60才未満の兄弟姉妹

　なお、受給資格者のうち55歳以上60歳未満の夫、父母、祖父母及び兄弟姉妹については、たとえその者が第一順位者となっても、60歳に達するまでは年金の支給は停止され、60歳に達してはじめて年金の支給が開始されます。

○　遺族補償一時金

　遺族補償一時金は、

　　①　労働者の死亡の当時遺族補償年金を受けることができる遺族がないとき、

又は、

　　②　遺族補償年金を受ける権利を有する者の権利が消滅した場合において、他に当該遺族補償年金を受けることができる遺族がなく、かつ、当該労働者の死亡に関し支給された遺族補償年金の額の合計額が給付基礎日額の1,000日分の額に満たないとき

に支給されます。

　この遺族補償一時金を受けることができる遺族及びその順序は次のとおりです。

　　①　配偶者

　　②　労働者の死亡の当時その収入によって生計を維持していた子、父母、孫及び祖父母

　　③　②に該当しない子、父母、孫及び祖父母

　　④　兄弟姉妹

　なお、上記②と③に掲げる者の順序は、それぞれ、子、父母、孫、祖父母の順序とされています。

　ところで、ご質問の文面からだけでは断定することはできませんが、以上でおわかりのように遺族補償給付を受給することができる遺族には、婚姻の届出をしていないが、事実上婚姻関係と同様の事情にあった者も含むこととされていますので、あなたの場合、他に特段の事情がない限りは、「遺族」に該当するものと思われます。

受給資格者の要件「障害」とは

障害要件には
このような
条件があります

労働の高度の制限

完全な労働不能で長期間にわたる
高度の安静と常時の監視又は介護
を要するものよりは軽いが、労働
の著しい制限よりは重く、長期間
にわたり中等度の安静を要する。

難しい

Q 遺族に対する年金（遺族補償年金、複数事業労働者遺族年金、遺族年金。以下「遺族補償年金等」といいます）の受給資格の要件にいう「障害」とは、どのような状態にある場合をいうのでしょうか。

　労災保険における遺族補償年金等を受けることができる遺族に該当するためには、妻以外の遺族にあっては、一定の範囲の年齢にあるか又は厚生労働省令で定める障害の状態にあることが必要です。

　この「厚生労働省令で定める障害の状態」については、労災保険法施行規則第15条（及び第18条の9）に、身体に障害等級の第5級以上に該当する障害がある状態又は負傷若しくは疾病が治らないで、身体の機能若しくは精神に、労働が高度の制限を受けるか、若しくは労働に高度の制限を加えることを必要とする程度以上の障害がある状態とする、と定められています。

　この場合の「労働の高度の制限」とは、完全な労働不能で長期間にわたる高度の安静と常時の監視又は介護を要するものよりは軽いが、労働の著しい制限よりは重く、長期間にわたり中等度の安静を要することをいいます。

「生計を維持していた」とは

Q 死亡した労働者の妻が、パートタイマーとしてある程度の収入を得ている場合、「生計を維持していた」と認められるのでしょうか。

　労災保険における遺族補償年金等の受給資格は、一定の範囲にある遺族であって労働者の死亡の当時その収入によって生計を維持していた者であることを要しますが、この場合の「労働者の死亡の当時その収入によって生計を維持していた」か否かは、おおよそ、次のような基準で判断することとされています。

①　死亡の当時には、負傷又は発病後死亡まで相当期間が経過していても、その労働者が業務災害、複数業務要因災害又は通勤災害を被らなかったならば、その死亡の当時においてもその収入で生計を維持していたであろう場合を含みますが、死亡の当時労働者を遺棄しているような場合は含まれません。

②　労働者の収入には、賃金収入はもちろん、休業補償給付等その他各種保険の現金給付その他一切の収入が含まれます。

③　もっぱら又は主として労働者の収入によって生計を維持されていることを要せず、労働者の収入によって生計の一部を維持されていれば足ります。したがって、いわゆる共稼ぎもこれに含まれます。

　したがって、ご質問の場合のように、労働者の死亡の当時、その妻がパートタイマーとして就労しており、収入があったとしても、一般には、互に生計を維持していたことになるわけですから、遺族補償年金等の受給資格の要件たる「労働者の死亡の当時その収入によって生計を維持していた」妻に該当することになります。

介護に対する給付の請求

Q 私の夫は1カ月前に仕事中にせき髄を損傷する事故に遭い、現在入院加療しています。担当医師の話によるとかなりの障害が残るのではないかということで、そのときは、私が夫の世話をしなければならないと考えています。
ところで、聞くところによると、労災保険では介護にかかる制度があるとのことですが、制度の内容について教えてください。

A

　近年の高齢化や核家族化などにより、重度被災労働者は家庭で十分な介護を受けることが難しくなり、民間の介護サービスを受ける必要が高まっています。他方、近年の民事損害賠償の動向をみると介護損害が著しく高額化しています。

　このような状況を踏まえ、労災保険では介護に対する給付を設けています。その概要は、以下のとおりです。

1　支給要件について

（1）給付の対象となる障害

　　　介護に対する給付（介護補償給付、複数事業労働者介護給付、介護給付。以下「介護補償給付等」といいます）は、障害・傷病等級第1級の者すべてと、第2級で精神神経・胸腹部臓器に障害を有する者が対象となり、障害の状態に応じ、次表のとおり常時介護を要する状態と随時介護を要する状態に区分されます。

	該当する者の具体的な障害の状態
常 時 介 護	①　精神神経・胸腹部臓器に障害を残し、常時介護を要する状態に該当する者（障害等級第1級3・4号、傷病等級第1級1・2号） ②　・両眼が失明するとともに、障害又は傷病等級第1級第2級の障害を有する方 　　・両上肢及び両下肢が亡失又は用廃の状態にある方 　　など①と同程度の介護を要する状態である者
随 時 介 護	①　精神神経・胸腹部臓器に障害を残し、随時介護を要する状態に該当する者（障害等級第2級2号の2・2号の3、傷病等級第2級1・2号） ②　障害等級第1級又は傷病等級第1級に該当する者で、常時介護を要する状態ではない者

（2）現に介護を受けていること。

　　　民間の有料介護サービスや親族又は友人等により現に介護を受けていることが必要です。

（3）特定の施設に入所していないこと。

　　病院、診療所、老人保健施設、障害者支援施設（生活介護を受けている場合に限る）、特別養護老人ホーム及び原子爆弾被爆者特別養護ホームに入所している間は、当該施設において十分な介護サービスを受けていると考えられることから支給対象にはなりません。

2　支給額について（金額は令和6年4月1日以降のもの）

　①　常時介護の場合

　　　介護に要する費用として支出した額（177,950円を上限）が支給されます。

　　　ただし、親族等により介護を受けており、かつ、介護費用を支出していない場合又は支出した額が81,290円を下回る場合は一律定額として81,290円が支給されます。

　②　随時介護の場合

　　　介護に要する費用として支出した額（88,980円を上限）が支給されます。

　　　ただし、親族等により介護を受けており、かつ、介護費用を支出していない場合または支出した額が40,600円を下回る場合は一律定額として40,600円が支給されます。

　　　介護（補償）給付は支給すべき事由が生じた月から月単位で支給されますが、月の途中から介護を開始される場合は次のとおりとなります。

　　①　介護費用を支払った場合は上限額の範囲内で介護に要した費用が支給されます。

　　②　親族などによる介護を受けた方は翌月から定額支給となります。

第三者行為災害

Q 製薬会社の営業員Aさんが、薬品を病院に納めに行く途中で交通事故にあい重傷を負いました。

事故はB運送会社の運転手が、わき見運転をしたため、赤信号に気付かず発生したものです。Aさんは、業務上の災害として労災保険の給付を受けようと考えているとのことなのですが、自賠責保険とか損害賠償とかの関係はどうなるのでしょうか。ご教示ください。

A

　自動車事故によって災害を被った場合でも、業務上の災害であれば、労災保険の給付の請求ができます。しかし、自動車事故によって災害を被った場合には、相手方に損害賠償の責任が生ずるのが通常です。

　また、自動車には強制保険の制度として自動車損害賠償責任保険（P 91 参照）が課せられておりますから、これらの損害賠償と労災保険の給付とが同一の損害に対して支払われることのないように調整が行われます。調整の方法としては、労災保険から先に保険の給付が行われたときは、被災労働者が加害者から受けられる損害賠償請求権のうち労災保険が給付した分を、政府が被災者に代わって（代位取得）、加害者に対し、その価額の限度で請求（求償）します。

　次に、被災者が加害者から既に損害賠償を受けているときは、労災保険で給付すべき額から損害賠償を受けた分を控除して給付を行います。さて、労災保険の給付と調整される損害賠償請求権には、まず第1に、加害者に対する不法行為による損害賠償請求権と、第2に、加害者が業務を行うに当たって事故を起こした場合は、その使用者に対する損害賠償請求権があります。

　自賠責保険から支払われる保険金も、被災者が第三者から得ることのできる損害賠償の一部であり、もちろん労災保険の給付と調整されます。したがって、Aさんの場合は、労災保険、自賠責保険及び、加害者やその使用者に損害のてん補を求めることができますが、いずれを先に請求しなければならないという義務付けはありません。したがって、同時にすべてに対して請求することもできるわけです。しかし、労災保険における調整の基本は、最終的には事故について直接的な責任を持つ者が損害のてん補を行うべきものであるとの考えから、厚生労働省ではできるだけ自賠責保険の保険金等を先に受けるように指導しています。ただし、先に述べましたように被災者が特に労災保険から先に給付を受けることを希望する場合はそれはそれで一向に差しつかえありません。

石綿ばく露作業に従事したために発生した疾病について

石綿（アスベスト）による疾病の認定基準

 中皮腫や肺がんといった石綿による疾病が社会的に問題となっていますが、具体的にはどのような場合に業務上の事由によるものとして労災補償がなされるのでしょうか。

　石綿による疾病に関しては、厚生労働省が定める「石綿による疾病の認定基準」に定める要件を満たす場合に、石綿ばく露作業が原因で発生した疾病として認められることとなります。

　この石綿による疾病の認定基準は、平成18年に当時の最新の医学的見地からの検討を踏まえて全面改正され、その後も、数次の修正が行われています（詳しくは「石綿による疾病の認定基準」（次ページ）を御覧ください。

　石綿との関係が明らかな疾病には、次のものがあります。

① 石綿肺

② 肺がん

③ 中皮腫

④ 良性石綿胸水

⑤ びまん性胸膜肥厚

　認定の対象となる石綿ばく露作業の代表例は、「石綿の製造工程における作業」「石綿製品の切断などの加工作業」「石綿製品が被覆材・建材として用いられている建物等の補修・解体作業」などですが、上記と同程度以上に石綿粉じんのばく露を受ける作業や上記作業の周辺などで間接的なばく露を受ける作業も該当します。

　労働基準監督署では、

① 疾病を発症した労働者の石綿ばく露作業の従事期間・作業内容の調査

② 疾病が石綿ばく露によることを裏付ける医学的資料の収集などを行い、労働者に発生した疾病が、この認定基準を満たすか否かについて調査、確認を行った上で、業務上の疾病として認められるかを判断しています。

石綿による疾病の認定基準について（抄）

基発 0329 第 2 号
平成 24 年 3 月 29 日
改正：基発 1001 第 8 号
平成 25 年 10 月 1 日
改正：基発 0301 第 1 号
令和 5 年 3 月 1 日

〈中略〉

第1　石綿による疾病と石綿ばく露作業

　1　石綿による疾病

　　　石綿との関連が明らかな疾病として次のものがある。

　（1）石綿肺

　（2）肺がん

　（3）中皮腫

　（4）良性石綿胸水

　（5）びまん性胸膜肥厚

　2　石綿ばく露作業

　　　石綿ばく露作業とは、次に掲げる作業をいう。

　（1）石綿鉱山又はその附属施設において行う石綿を含有する鉱石又は岩石の採掘、搬出
　　　　又は粉砕その他石綿の精製に関する作業

　（2）倉庫内等における石綿原料等の袋詰め又は運搬作業

　（3）次のアからオまでに掲げる石綿製品の製造工程における作業

　　　ア　石綿糸、石綿布等の石綿紡織製品

　　　イ　石綿セメント又はこれを原料として製造される石綿スレート、石綿高圧管、石綿
　　　　　円筒等のセメント製品

　　　ウ　ボイラーの被覆、船舶用隔壁のライニング、内燃機関のジョイントシーリング、
　　　　　ガスケット（パッキング）等に用いられる耐熱性石綿製品

　　　エ　自動車、捲揚機等のブレーキライニング等の耐摩耗性石綿製品

　　　オ　電気絶縁性、保温性、耐酸性等の性質を有する石綿紙、石綿フェルト等の石綿製
　　　　　品（電線絶縁紙、保温材、耐酸建材等に用いられている）又は電解隔膜、タイル、
　　　　　プラスター等の充填剤、塗料等の石綿を含有する製品

　（4）石綿の吹付け作業

　（5）耐熱性の石綿製品を用いて行う断熱若しくは保温のための被覆又はその補修作業

　（6）石綿製品の切断等の加工作業

　（7）石綿製品が被覆材又は建材として用いられている建物、その附属施設等の補修又は
　　　　解体作業

（8）石綿製品が用いられている船舶又は車両の補修又は解体作業

（9）石綿を不純物として含有する鉱物（タルク（滑石）等）等の取扱い作業

（10）（1）から（9）までに掲げるもののほか、これらの作業と同程度以上に石綿粉じんのばく露を受ける作業

（11）（1）から（10）までの作業の周辺等において、間接的なばく露を受ける作業

第2　認定要件

1　石綿肺（石綿肺合併症を含む）

　　石綿ばく露作業（第1の2の（1）から（11）までに掲げる作業をいう。以下同じ）に従事しているか又は従事したことのある労働者（労働者災害補償保険法（昭和22年法律第50号）第33条に規定する特別加入者を含む。以下「石綿ばく露労働者」という）に発生した疾病であって、じん肺法（昭和35年法律第30号）第4条第2項に規定するじん肺管理区分が管理4に該当する石綿肺又は石綿肺に合併したじん肺法施行規則（昭和35年労働省令第6号）第1条第1号から第5号までに掲げる疾病（じん肺管理区分が管理4の者に合併した場合を含む）は労働基準法施行規則（昭和22年厚生省令第23号）別表第1の2（以下「別表第1の2」という）第5号に該当する業務上の疾病として取り扱うこと。

2　肺がん

　　石綿ばく露労働者に発症した原発性肺がんであって、次の（1）から（6）までのいずれかに該当するものは、最初の石綿ばく露作業（労働者として従事したものに限らない）を開始したときから10年未満で発症したものを除き、別表第1の2第7号8に該当する業務上の疾病として取り扱うこと。

（1）石綿肺の所見が得られていること（じん肺法に定める胸部エックス線写真の像が第1型以上であるものに限る。以下同じ）

（2）胸部エックス線検査、胸部CT検査等により、胸膜プラークが認められ、かつ、石綿ばく露作業への従事期間（石綿ばく露労働者としての従事期間に限る。以下同じ）が10年あること。ただし、第1の2の（3）の作業に係る従事期間の算定において、平成8年以降の従事期間は、実際の従事期間の2分の1とする。

（3）次のアからオまでのいずれかの所見が得られ、かつ、石綿ばく露作業への従事期間が1年以上あること。

　ア　乾燥肺重量1gあたり5,000本以上の石綿小体

　イ　乾燥肺重量1gあたり200万本以上の石綿繊維（5μm超）

　ウ　乾燥肺重量1gあたり500万本以上の石綿繊維（1μm超）

　エ　気管支肺胞洗浄液1ml中5本以上の石綿小体

　オ　肺組織切片中の石綿小体又は石綿繊維

（4）次のア又はイのいずれかの所見が得られ、かつ、石綿ばく露作業の従事期間が1年以上あること。

　ア　胸部正面エックス線写真により胸膜プラークと判断できる明らかな陰影が認められ、かつ、胸部CT画像により当該陰影が胸膜プラークとして確認されるもの。

　　　胸膜プラークと判断できる明らかな陰影とは、次の（ア）又は（イ）のいずれか

に該当する場合をいう。

（ア）　両側又は片側の横隔膜に、太い線状又は斑状の石灰化陰影が認められ、肋横角の消失を伴わないもの。

（イ）　両側側胸壁の第6から第10肋骨内側に、石灰化の有無を問わず非対称性の限局性胸膜肥厚陰影が認められ、肋横角の消失を伴わないもの。

イ　胸部CT画像で胸膜プラークを認め、左右いずれか一側の胸部CT画像上、胸膜プラークが最も広範囲に描出されたスライスで、その広がりが胸壁内側の4分の1以上のもの。

（5）第1の2の石綿ばく露作業のうち、（3）のア、イ若しくは（4）のいずれかの作業への従事期間又はそれらを合算した従事期間が5年以上あること。ただし、従事期間の算定において、平成8年以降の従事期間は、実際の従事期間の2分の1とする。

（6）第2の4の要件を満たすびまん性胸膜肥厚を発症している者に併発したもの。

3　中皮腫

石綿ばく露労働者に発症した胸膜、腹膜、心膜又は精巣鞘膜の中皮腫であって、次の（1）又は（2）に該当するものは、最初の石綿ばく露作業（労働者として従事したものに限らない）を開始したときから10年未満で発症したものを除き、別表第1の2第7号8に該当する業務上の疾病として取り扱うこと。

（1）石綿肺の所見が得られていること。

（2）石綿ばく露作業の従事期間が1年以上あること。

4　びまん性胸膜肥厚

石綿ばく露労働者に発症したびまん性胸膜肥厚であって、次の（1）から（3）までのいずれの要件にも該当する場合には、別表第1の2第4号7に該当する業務上の疾病として取り扱うこと。

（1）胸部CT画像上、肥厚の広がりが、片側にのみ肥厚がある場合は側胸壁の2分の1以上、両側に肥厚がある場合は側胸壁の4分の1以上あるものであること。

（2）著しい呼吸機能障害を伴うこと。

この著しい呼吸機能障害とは、次のア又はイに該当する場合をいうものであること。

ア　パーセント肺活量（％VC）が60％未満である場合

イ　パーセント肺活量（％VC）が60％以上80％未満であって、次の（ア）又は（イ）に該当する場合

（ア）1秒率が70％未満であり、かつ、パーセント1秒量が50％未満である場合

（イ）動脈血酸素分圧（PaO_2）が60Torr以下である場合又は肺胞気動脈血酸素分圧較差（$AaDO_2$）が別表の限界値を超える場合

（3）石綿ばく露作業への従事期間が3年以上あること。

第3　認定に当たっての留意事項（略）

別表（略）

石綿ばく露作業に従事した事業場の特定が困難な場合

 先日亡くなりました私の主人の件です。死亡の原因は中皮腫と診断されました。主人は、生前、いくつかの会社で製造の作業に従事しており、この間に石綿にばく露したことが考えられるので、労災請求を行いたいと考えています。しかし、主人の生前の勤務先での作業内容について詳しく承知していないことから、どこの会社で石綿にばく露したか分かりません。このような場合でも労災認定を受けられるのでしょうか。

A

　労災保険の請求は、原則として、労働者が疾病の原因となった有害業務に従事した事業場の所在地を管轄する労働基準監督署に対し行います。したがって、石綿疾患に関しても、石綿ばく露作業に従事した事業場が特定出来る場合には、当該事業場を管轄する監督署に請求を行っていただくこととなります。

　ただ、中皮腫などの石綿疾患は、ばく露から発症までの潜伏期間が長く、亡くなられた労働者について、いつ頃、石綿にばく露したかという点について、ご遺族の方が把握していないケースが多いことが考えられます。特に、ご質問のケースのように、複数の会社に勤務している場合には、尚更、石綿を取り扱った事業場の特定が困難となるでしょう。

　したがって、このような場合には、まず、ご主人が勤務された会社のうち、いずれかの所在地を管轄する監督署に御相談の上、労災請求を行っていただくことをお勧めします。

　石綿疾患に係る労災請求を受けた監督署では、先ほど説明しました石綿疾患の特質を踏まえ、管轄署であるか否かにかかわりなく、受付を行うこととなっています。請求を受けた監督署では、亡くなられた労働者の方が、何処の会社や場所で、どれくらいの期間、石綿ばく露作業に従事していたかという点について、必要な調査を行います（調査の結果、他の監督署が管轄であることが分かった場合には受付を行った監督署から管轄監督署へ移送の手続が行われます）。調査の結果、石綿ばく露作業による疾病であることが認められる場合には、労災保険が支給されることになります。

石綿健康被害救済法における特別遺族給付金

　石綿による健康被害を受けた方及びその遺族に対し、迅速な救済を図るために「石綿による健康被害の救済に関する法律」が制定（平成18年2月10日法律第4号）され、平成18年3月27日に施行されました。これにより、労働者又は特別加入者であって石綿にさらされる業務に従事することにより、指定疾病（中皮腫、肺がん、石綿肺、びまん性胸膜肥厚及び良性石綿胸水）にかかり死亡した方（以下「死亡労働者」といいます）の遺族であって、時効により労災保険法に基づく遺族補償給付の支給を受ける権利が消滅した方は、特別遺族給付金が支給されることとなりました。ここでいう「死亡労働者」とは、昭和22年9月1日以降に上述の指定疾病等にかかり、この法律の施行日（平成18年3月27日）から20年を経過する日（令和8年3月26日）までに死亡した方をいいます。

　特別遺族給付金には、特別遺族年金と、特別遺族一時金（特別遺族年金の受給権者がその請求前に死亡したこと等によりその権利が消滅した場合であって、他に特別遺族年金を受けることができる遺族がないときを含みます）があり、請求人となる遺族（労働者の死亡当時、その労働者の収入によって生計を維持していた遺族）と死亡労働者等との関係により決定されます。

　特別遺族年金の支給額は、遺族の人数に応じ、年240万円（1人）、270万円（2人）、300万円（3人）、330万円（4人以上）であり、特別遺族一時金の支給額は1,200万円です。

■請求期限

　特別遺族給付金には請求期限があり、請求は施行日（平成18年3月27日）から3年を経過した日（平成21年3月27日）までとなっていましたが、平成20年6月18日の改正により、請求期限が3年延長され、平成24年3月27日となるとともに、支給対象が拡大されました。その後、平成23年8月30日の改正により、請求期限が10年延長され支給対象が拡大されました。改正後の請求期限は令和4年3月27日で、それ以後は請求することができない、となっていました。

■請求期限の延長と支給対象の拡大

　令和4年6月17日、改正石綿健康被害救済法（法律72号）が公布・施行され、特別遺族給付金の請求期限が延長されるとともに、支給対象が拡大されました。

特別遺族給付金の請求期限の延長（労災保険の遺族補償給付を受ける権利が時効（5年）によって消滅した場合に限る）

　改正前：令和4年年3月27日まで⇒10年延長

　改正後：**令和14年3月27日まで**

特別遺族給付金の支給対象の拡大

　改正前：平成28年3月26日までに死亡した労働者の遺族

　改正後：**令和8年3月26日までに死亡した労働者の遺族**

○平成29年6月16日までに死亡した場合

　改正石綿救済法に基づく特別遺族給付金の支給対象となります。特別遺族給付金は、原則として請求の翌月分から支給されます。ただし、平成28年3月27日から平成29年6月16日までに亡くなった場合の特別遺族年金の支給は、労災保険の遺族補償給付を受ける権利が時効によっ

て消滅した日の属する月の翌月分から、遡って行われます。

○平成29年6月17日から令和8年3月26日までに死亡した場合

　労災保険法に基づく遺族補償給付の支給対象となりますので早急に請求手続きをしてください。ただし、改正石綿救済法の施行日（令和4年6月17日）以後、労災保険法に基づく遺族補償給付を受ける権利が、労働者が亡くなった日の翌日から5年を経過したことにより時効で消滅した場合には、特別遺族給付金の支給対象となります。

○令和8年3月27日以降に亡くなった場合も、労災保険法に基づく遺族補償給付の支給対象となります。

■請求書（様式）

　特別遺族年金支給請求書（様式第1号）

　特別遺族一時金支給請求書（様式第7号）

　（記入例：290〜292ページ参照）

お問い合わせ先　厚生労働省労働基準局労災補償部労災管理課

建設アスベスト給付金制度について

　令和3年6月9日に、「特定石綿被害建設業務労働者等に対する給付金等の支給に関する法律」が成立し、同月16日に公布されました。施行日は令和4年1月19日です。

　石綿にさらされる建設業務に従事した労働者等が、石綿を吸入することにより発生する疾病にかかり、精神上の苦痛を受けたことについて、最高裁判決等において国の責任が認められたことに鑑み、被害者の方々へ損害の迅速な賠償を図ります。

給付金等の仕組みの概要

（1）対象者

　　以下の1〜3の要件を満たす方が対象となります。

　　1　次の表の期間ごとに、表に記載している石綿にさらされる建設業務に従事することにより、

　　2　石綿関連疾病にかかった

　　3　労働者や、一人親方・中小事業主（家族従事者等を含む）であること

期　　　　　間	業　　　　　務
昭和47年10月1日〜昭和50年9月30日	石綿の吹付け作業に係る建設業務
昭和50年10月1日〜平成16年9月30日	一定の屋内作業場で行われた作業に係る建設業務

※　表の期間及び業務は、最高裁判決等を踏まえ定められたものです。

※　石綿関連疾病

　（1）中皮腫

　（2）肺がん

　（3）著しい呼吸機能障害を伴うびまん性胸膜肥厚

（4）石綿肺（じん肺管理区分が管理2～4）

（5）良性石綿胸水

※ ご本人がお亡くなりになられている場合には、ご遺族（配偶者、子、父母、孫、祖父母又は兄弟姉妹）のうち、最先順位者からの請求が可能です。

（2）給付金等の主な内容

給付金の支給を希望される方からの請求に基づき、認定審査会において審査を行います。

厚生労働大臣は、認定審査会の審査の結果に基づいて、病態区分に応じ、以下の給付金を支給します。

石 綿 肺 管 理 2	じん肺法所定の合併症のない者	550万円
石 綿 肺 管 理 2	じん肺法所定の合併症のある者	700万円
石 綿 肺 管 理 3	じん肺法所定の合併症のない者	800万円
石 綿 肺 管 理 3	じん肺法所定の合併症のある者	950万円
中皮腫、肺がん、著しい呼吸機能障害を伴うびまん性胸膜肥厚、石綿肺管理4、良性石綿胸水である者		1,150万円
上記1及び3により死亡した者		1,200万円
上記2、4及び5により死亡した者		1,300万円

※ 給付金を支給された後、症状が悪化した方には、請求に基づき、追加給付金（表における区分の差額分）を支給します。

※ 石綿にさらされる建設業務に従事した期間が一定の期間未満の方、肺がんの方で喫煙の習慣があった方については、給付金等の額がそれぞれ1割減額されます。

（3）給付金等の請求期限

給付金等については、石綿関連疾病にかかった旨の医師の診断日又は石綿肺に係るじん肺管理区分の決定日（石綿関連疾病により死亡したときは、死亡日）から20年以内に請求していただく必要があります。

自動車事故等第三者の行為による災害

第三者行為災害

　労働者が、業務中又は通勤の途中において、他人の行為やよその建物、設備などが原因となって負傷したり死亡したりすることがあります。このように、保険関係外の者の行為などによって発生した災害を「第三者行為災害」と呼んでいます。

　第三者行為災害も、業務災害又は通勤災害として取り扱われるわけですから、被災労働者又はその遺族は、所轄の労働基準監督署署長に対して労災保険の保険給付を請求できることはもちろん、災害を発生させた第三者に対して民事上の損害賠償を請求することができます。また、第三者行為災害が自動車事故である場合は、一定額まで自動車損害賠償責任保険からも損害賠償を受けられます。

　しかしながら、同一の損害について重複して損害がてん補されることになりますと不合理な結果を招くことがあります。そこで、労災法では、このような不合理な結果が生じないよう、「求償」と「保険給付の控除」という方法により、保険給付と損害賠償の調整を行っています。

　すなわち、政府は保険給付の原因である事故が第三者の行為によって生じた場合において保険給付をしたときは、その給付の価額の限度で、保険給付を受けた者が第三者に対して有する損害賠償の請求権を取得し、（労災保険法第 12 条の 4 第 1 項）、これを行使（求償）することとなりますし、また、保険給付を受けるべき者が当該第三者から同一の事由について損害賠償を受けたときは政府は、その価額の限度で保険給付をしない（同条第 2 項）（保険給付の控除）こととされており、重複して損害がてん補されないような仕組みになっています。

求　償

求償の範囲及び額

　「求償」とは、労災保険が、第三者行為災害による受給権者に対して保険給付を行った場合に、受給権者が第三者に対してもっている損害賠償請求の権利を、保険給付をした価額の限度で政府が取得して、第三者に対して直接損害賠償請求を行うことをいいます。

　求償する損害賠償の範囲は、その損害賠償のうち保険給付と同一の事由のものに限られます。治療費、休業中の賃金喪失分、残存障害による将来の賃金喪失分、死亡による将来の賃金喪失分のうち受給権者の相続分相当額、葬祭料等です。

　求償の額は、上記の範囲内の損害賠償の額と保険給付の額のうち、いずれか少ない方の額を限度とします。

　求償は、労災保険法第 12 条の 4 第 1 項に基づいて政府が取得した損害賠償請求権を行使することですから、被災労働者又はその遺族が第三者に対して有する損害賠償請求権が消滅した後では代位取得ということはあり得ないこととなります。つまり、不法行為に基づく損害賠償請求権の消滅時効は民法第 724 条の 2 によって 5 年となっていますから、一般には災害発生後 5 年を経

過しますと時効が完成しますので、時効完成後に政府が保険給付をしても、代位取得すべき権利は消滅してしまっているので請求権の取得はなく、したがって求償も行われないことになります。

　以上のことから、求償は、災害発生後5年以内に支給事由が生じた保険給付について行われ、災害発生後5年以後に保険給付した分については行われないことになっています。

求償しない場合

　次のような場合には、求償しないこととして取り扱われます。

第三者の損害賠償義務が消滅している場合

①　受給権者が第三者から保険給付と同一の事由について損害賠償を、本来損害賠償請求し得る額以上に受領している場合

②　労働者と第三者の双方が、その事故によって負傷又は死亡した場合で、相互に両者の相手方に対して損害賠償請求し得る額を算定し、その額を相殺した場合に、受給権者が第三者に対して損害賠償請求し得る額が残らない場合

保険給付の控除

　被災労働者又はその遺族が、第三者より損害賠償を受けているときは、保険給付の額は本来の給付の額からその損害賠償として受けた額を差引いた額となります。これを保険給付の控除といいます。控除の対象とされる損害賠償の範囲は求償の場合と同じで、控除すべき損害賠償額が本来の保険給付の額より多いときは、保険給付は行われません。

　なお、年金給付のように継続的に支給される給付については、受給権者が受けた損害賠償額に達するまで、支給を停止しますが、支給停止期間は、事故発生後7年間を最高限度とします。

示　談

1　保険給付を受ける前に示談を行った場合

　受給権者が、保険給付を受ける前に第三者と示談を行っている場合は、当該示談が真正に成立しており、当該示談の内容が、第三者に対して有する損害賠償請求権の全部のてん補を行う内容のもの、つまり、保険給付と同一の事由に基づくものについて、労災保険給付分全てを含む場合にあっては、二重に補償されることを防ぐため労災保険給付が行われません。

2　保険給付が完了後に示談を行った場合

　受給権が、保険給付を受けた後（完了）に第三者と示談を行った場合は、既に支給された保険給付に影響を及ぼすことはありません。したがって、既に支給された保険給付を回収されることはあり得ませんし、政府が既に支給した保険給付相当額については、第三者に対して求償されます。

3　保険給付が継続中に示談を行った場合

　受給権者が、療養（補償）給付、休業（補償）給付等継続的に支給される給付の受給中に、第三者と示談を行った場合は、示談成立の日までに支給された保険給付については、2の取扱いにより求償し、示談成立の日以後に支給する保険給付については1の取扱いによります。

第三者行為災害にあったときの処置の仕方

被害者になって示談で解決するとき

● 事故発生

● 現場から病院へ

・すぐ警察に届ける。

たとえ軽いけがのときでも、また、自分に過失があったときでも警察に届け出て事故証明をもらっておくこと。

・加害者を確かめる。

加害者としての責任は、運転者だけでなく、車の持ち主（使用者（会社）等）にもありますから車の登録番号、運転者の住所、氏名、持ち主の住所、氏名、電話番号などをたしかめておくこと。

・この時点で示談に応じないこと。

● 交渉の準備から開始

・交渉相手を決めること。

・自動車損害賠償責任保険の証明書をみせてもらい、保険会社名、証明書の番号、加入年月日を控えておくこと。

・出費はメモし、領収書等は保管しておくこと。

● 内容の検討、決定

・損害額の各項目について交渉すること。

・最低譲歩額を決めておくこと。

・いたずらに感情的にならないこと。

・後遺症についての交渉は慎重にすること。

● 示談書の作成

・内容をよく確認して判を押すこと。

示談書や領収書にむやみに判を押すのは危険です。書類を十分よく読んで、内容がよくわからない、又は不服のあるときは、判は押さないようにすること。

・示談書は公証人役場で公正証書にしておくのがよいでしょう（支払いが遅れたとき、直ちに強制執行ができます）。

● 示談金の授受

・示談金の内訳を明確にすること。

特に自賠責保険や労災保険、社会保険などの給付を含むかどうかを明確にすること。

● 解決

加害者になって示談で解決するとき

● 事故発生

● 現場から病院へ

・まず、けが人の救護をすること。

　事故を起こしたときは、まず被害者の救護に最善を尽くすことが先決。その場で負傷の状態を判断して自分で病院につれて行くか救急車を呼んで病院に運びます。

・警察に届け出ること。

　警察官に次の事項をすぐ報告すること。

①事故が起こった日時と場所

②死傷者の数

③負傷の程度ならびに壊した物とその程度

④その事故について自分がとった措置

・見舞をすること。

● 交渉の準備から開始へ

・契約している保険会社に

①氏名、住所、証書番号、②事故発生の日時、場所、③事故のあらまし、④事故の所在地を通知しておくこと（保険会社は、保険請求に必要な書類を送ってくれます）。

・交渉には誠意をもって、話し合いで円満に解決するよう努力する。

・相手方を確認すること。特に死亡の場合は相続人を確認すること。

・緊急の治療費は進んで支払うことが望ましい。

● 内容の検討、決定

・過失の割合を確認すること。

・賠償に応じ得る額を決め、いたずらに感情的にならないこと。

・示談がまとまらないときは、調停の申立をする方法もあります。

● 示談書の作成

・示談書は数部作成し、大切に保存すること。

・示談書は後日、自賠責保険の請求を行う場合等にも必要です。

● 示談金の授受

・領収書は、損害賠償請求者本人のものをもらうこと。

・遺族の代表者に支払う場合は、代表者が他の遺族の代理人として受領した旨を明記した領収書をもらうこと。

● 解決

被害者になって裁判で解決するとき

●示談不成立、調停不成立

↓

●簡易裁判所、地方裁判所（第1審）

- 請求額が140万円までは簡易裁判所に、140万円を超えるときは地方裁判所に訴状を提出すること。
- 訴状には次の事項を具体的に記載すること。

  ①原告（訴えた者）の氏名、住所

  ②被告（訴えられた者）の氏名、住所

  ③請求の趣旨

  ④請求の原因（事故の発生状況、事故の原因が被告の過失にあること、損害額など）
- 訴状には、請求額に応じ、定められている額の印紙を貼付すること。
- 訴訟の費用がない場合は、その旨を申し立てれば、費用がなくても訴訟を起こすことができます。

↓

●事件の受理

↓

●第1回　口頭弁論

↓

●記録の取寄せ、証拠調べ、証人調べ

- 医師の診断書、治療費、葬儀費等の出費についての領収書、事後現場の写真等被害状況を証明する証拠を提出します。
- 事故の目撃者等被害状況について有利な証言ができる人を証人として申請します。
- 証人の申請書には、定められている額の印紙を貼付します。
- 証人を申請する場合は、証人の呼び出しに必要な費用をあらかじめ納める必要があります。

↓

●結審

↓

●判決の言渡し

- 裁判所は訴訟を受理しても、当事者が示談をしたければ、いつでも応じます。
- 裁判官から和解案が提示されることがあります。この和解を裁判上の和解といい判決と同じ効力があります。
- 1審の判決に不服のときは2審に控訴できます。

↓

●地方裁判所、高等裁判所（第2審）

- 2審の判決に不服のときは3審に上告できます。

↓

●高等裁判所、最高裁判所（上告審）

加害者になって裁判で解決するとき

● 示談不成立、調停不成立

↓

● 簡易裁判所、地方裁判所（第 1 審）

・訴状を受け取ったら、内容をよく検討して答弁書を作成して提出する。

・答弁書の記述

①原告の主張に対する弁明を詳しく記述すること。

②被害者にも過失がある場合等、自己に有利な事実は漏れなく具体的に記述すること。

↓

● 事件の受理

・第 1 回口頭弁論

・記録の取寄せ、証拠調べ、証人調べ

①答弁書記載の弁明を証明する証拠を提出し、自己に有利な証人を申請する。

②証人の申請書には、印紙を貼付すること。

③証人を申請する場合は、証人の呼出しに必要な費用をあらかじめ納める必要があります。

↓

● 結審

↓

● 判決の言い渡し

・裁判所は訴状を受理しても、当事者が示談をしたければ、いつでも応じます。

・裁判官から和解案が提示をされることがあります。この和解を裁判上の和解といって判決と同じ効力があります。

・1 審の判決に不服のときは 2 審に控訴できます。

↓

● 地方裁判所、高等裁判所（第 2 審）

・2 審の判決に不服のときは 3 審に上告できます。

↓

● 高等裁判所、最高裁判所（上告審）

自動車損害賠償責任保険の保険金請求手続

1　自動車損害賠償責任保険

　　自動車損害賠償保障法（昭和 30 年 7 月 29 日公布、法律第 97 号）により、自動車事故によって人の身体又は生命が害された場合における損害賠償が保障されることになっています。

　　事故が発生した場合は、必ず警察に届け出るとともに、請求者は、加害者が責任保険契約を締結している保険会社（又は代理店）に至急事故発生の概要並びに責任保険証明書番号及び登録番号、又は標識番号、車両番号と車台番号を連絡する必要があります。

2　保険金の請求

（1）被保険者（加害者）が請求する場合（加害者請求）

　本来の請求方法で加害者が損害賠償金（示談金）を支払ったあと、保険会社にその賠償金の範囲内で請求し、保険会社は「査定事務所」の調査を経て、法定限度内で支払います。

（２）被害者が請求する場合（被害者請求）

　示談が円滑に解決しないような場合、被害者は加害者の代わりに保険会社に対し損害賠償の請求ができます。保険会社の支払限度は法定限度までですが、保険会社の支払った額は加害者が被害者に賠償したものとみなされます。

（※）被保険者、被害者いずれに支払う場合でも、保険会社の支払額算定の基準は同じです。

3　仮渡金の制度

　被害者は、差し当たりの費用に当てるため必要があれば仮渡金を保険会社に請求できます。支払い額は４（２）のとおりです。

　必要書類がそろえば直ちに支払われます。必要書類は原則として５に掲げた基礎書類と、印鑑証明。

4　法定限度額（平成 14 年 4 月 1 日以降）

（１）保険金

　①死亡事故

　　・死亡による損害に対し 1 人につき　………………… 3,000 万円まで

　　・死亡するまでの傷害による損害に対し 1 人につき　…… 120 万円まで

　②傷害事故

　　・傷害による損害に対し 1 人につき　………………… 120 万円まで

　　・後遺障害による損害に対し逸失利益、慰謝料等として神経系統・精神・胸腹部臓器に著しい障害を残して介護が必要な場合

　　　　　　常時介護のとき …………………………最高 4,000 万円

　　　　　　随時介護のとき …………………………最高 3,000 万円

　　・後遺障害の程度により第 1 級 ………………………… 最高 3,000 万円

　　　　　　　　～

　　　　　　　　第 14 級 …………………………… 最高　 75 万円（P 95 参照）

（２）仮渡金

　①死亡事故の場合……………… 290 万円

　②傷害事故の場合

　　・（イ）40 万円 ……………… 入院 14 日以上、かつ、医師の治療 30 日以上を要する傷害等

　　・（ロ）20 万円 …………… 入院 14 以上を要する傷害、又は入院を要する傷害で医師の治療 30 日以上を要する傷害等

　　・（ハ）5 万円 …………… 医師の治療 11 日以上を要する傷害

5　保険金請求に必要な書類

　保険請求のために使用する書類は次のとおりです。

（１）基礎書類

①保険金（又は損害賠償額）支払請求書あるいは仮渡金支払請求書　②自動車安全運転センターの交通事故証明書　③事故発生状況報告書　④診断書（死体検案書）　⑤請求権者全員記載の戸籍謄本又は除籍謄本（死亡事故の場合のみ）

（2）損害額を証する書類

　　請求する損害の項目により種々ありますが、6の表のとおりです。この証拠書類によって金額が決定されます。

（3）請求権を証する書類

　　　○死亡事故の場合……上記（1）⑤の謄本（相続人と慰謝料請求権者）

　　　○傷害事故で被害者が未成年の場合……親権者を立証する戸籍抄本又は住民票（後見人の場合は家庭裁判所の証明）

　　　○委任関係のある場合……委任状（委任者及び受任者双方の印鑑証明添付のこと）

　　　（※）第三者に請求手続きを委任する場合、請求権者（被保険者又は被害者）の委任状が必要なのは当然ですが、次のような場合にも委任状が必要となります。

　　　①　被害者が未成年で親権者の一方が請求する場合は、他方の親権者の委任状

　　　　（例えば父親が請求する場合は、母親の父親に対する委任状）

　　　②　死亡事故で請求権者が2人以上ある場合

　　　　　1人が代表して請求・受領することになるので、この代表者に対する他の請求権者の委任状

（4）示談関係書類……加害者（被保険者）請求の場合に提出するもの

　　　①　示談金領収証又は損害賠償金の領収証

　　　②　示談締結のときは示談書

（5）その他の書類……必要に応じて提出するもの

　　　①印鑑証明　②自動車貸与証明　③車検証（写）等

　　　（※）保険証明書が車台番号のみで登録番号が記載されていない場合、しかも警察の事故証明に登録番号のみの場合には、必ず車検証の（写）も必要である。

6　保険金の内容と損害額を証する書類

　　保険請求を（被害者請求）する際に必要な書類等は、94ページのとおりです。

自賠責保険（共済）の限度額と保障内容

傷害による損害

■限度額＝被害者 1 名につき、120 万円

■補償内容

支払の対象となる損害			支払基準
治療関係費	治療費	診療料や手術料または投薬料や処置料、入院料等の費用など	治療に要した、必要かつ妥当な実費が支払われます。
	看護料	原則として 12 歳以下の子供に近親者等の付き添いや、医師が看護の必要性を認めた場合の、入院中の看護料や自宅看護料・通院看護料	入院 1 日 4,200 円、自宅看護が通院 1 日 2,100 円。これ以上の収入減の立証で近親者 19,000 円。それ以外は地域の家政婦料金を限度に実額が支払われます。
	諸雑費	入院中に要した雑費	原則として 1 日 1,100 円が支払われます。
	通院交通費	通院に要した交通費	通院に要した、必要かつ妥当な実費が支払われます。
	義肢等の費用	義肢や義眼、眼鏡、補聴器、松葉杖などの費用	必要かつ妥当な実費が支払われ、眼鏡の費用は 50,000 円が限度。
	診断書等の費用	診断書や診療報酬明細書などの発行手数料	発行に要した、必要かつ妥当な実費が支払われます。
文書料		交通事故証明書や印鑑証明書、住民票などの発行手数料	発行に要した、必要かつ妥当な実費が支払われます。
休業損害		事故の傷害で発生した収入の減少（有給休暇の使用、家事従事者を含む）	原則として 1 日 6,100 円。これ以上の収入減の立証で 19,000 円を限度として、その実額が支払われます。
慰謝料		交通事故による精神的・肉体的な苦痛に対する補償	1 日 4,300 円が支払われ、対象日数は被害者の傷害の状態、実治療日数などを勘案して治療期間内で決められます。

後遺傷害による損害

■限度額

①神経系統の機能や精神・胸膜部臓器への著しい障害で、介護を要する障害

被害者 1 名につき｛常時介護を要する場合……第 1 級＝ 4,000 万円
　　　　　　　　｛随時介護を要する場合……第 2 級＝ 3,000 万円

②上記 1 以外の後遺障害

被害者 1 名につき｛第 1 級＝ 3,000 万円
　　　　　　　　｛〜
　　　　　　　　｛第 14 級＝　　75 万円

■補償内容

支払の対象となる損害		支払基準
逸失利益	身体に残した障害による労働能力の減少で、将来発生するであろう収入減	収入および障害の各等級（第 1 〜 14 級）に応じた労働能力喪失率で、喪失期間などによって算出します。
慰謝料等	交通事故による精神的・肉体的な苦痛に対する補償	上記 1. の場合、（第 1 級）1,650 万円、（第 2 級）1,203 万円が支払われ、初期費用として（第 1 級）500 万円、（第 2 級）205 万円が加算されます。上記 2. の場合、（第 1 級）1,150 万円〜（第 14 級）32 万円が支払われ、いずれも第 1 〜 3 級で被扶養者がいれば増額されます。

死亡による損害

■限度額＝被害者1名につき、3,000万円

■補償内容

支払の対象となる損害		支払基準
葬儀費	通夜、祭壇、火葬、墓石などの費用（墓地、香典返しなどは除く）。	100万円が支払われます。
逸失利益	被害者が死亡しなければ将来得たであろう収入から、本人の生活費を控除したもの	収入および就労可能期間、そして被扶養者の有無などを考慮のうえ算出します。
慰謝料	被害者本人の慰謝料	400万円が支払われます。
	遺族の慰謝料は、遺族慰謝料請求権者（被害者の父母、配偶者および子）の人数により異なります。	請求者1名で550万円、2名で650万円、3名以上で750万円が支払われ、被害者に被扶養がいるときは、さらに200万円が加算されます。

※ 死亡に至るまでの傷害の損害については、「傷害による損害」の規定が準用されます。

お支払いできる損害の範囲と損害額を証する書類

死亡の場合

〈資料提供 （株）損害保険ジャパン〉

お支払いできる損害	お支払いできる範囲	損害額を証する書類
死亡による損害	・葬儀費…葬儀に要した費用 ・逸失利益…将来得られたであろう収入額（生活費は控除） ・死亡本人の慰謝料 ・遺族の慰謝料…被害者の父母・配偶者・子が受けた精神的苦痛に対する慰謝料	
死亡に至るまでの傷害による損害	下記傷害の場合と同じ	

傷害のある場合

治療費	診察料・入院費・投薬料・手術料・処置料等の治療実費、柔道整復等の費用、応急手当、義手・義足等の費用	診療報酬明細書及び領収証（被害者請求の場合は、領収証でなく請求書でも結構です）
看護料	医師が付添看護師の必要を認めた場合	・医師の要看護証明（診断書に記載されます） ・付添看護料の内訳書及び領収書 ・近親者付添の場合はその証明書
休業損害	治療期間中の休業損害 傷害の態様、実治療日数その他を勘案し、決定します。	・給与所得者…勤務する会社の休業損害及び源泉徴収票 ・自営業・自由業者…納税証明書（所得額の記載されたもの）、確定申告（写）など ・家事従事者…治療状況、傷害の症状には休業損害が認められます。
慰謝料	治療期間中の慰謝料 傷害の態様、実治療日数その他を勘案し、決定します。	
雑費	氷代、吸呑代、ふとん使用料等	実費領収証
通院費	バス代、電車賃等	支払明細書（支払った人の）

後遺障害の場合

逸失利益	後遺障害のために将来減少するであろう収入額	後遺障害診断書
慰謝料	被害者が受けた精神的苦痛に対する慰謝料	

自賠責保険の保険請求に必要な書類

提出書類	取付け先	死亡	後遺障害	傷害	仮渡金 死亡	仮渡金 傷害
・仮渡金請求の際に提出していただいた書類は、損害賠償請求の場合には再提出していただく必要はありません。 ・太字の用紙は損害保険会社（組合）に備え付けてあります。						
1　保険金（共済金）・損害賠償額・仮渡金支払請求書		◎	◎	◎	◎	◎
2　交通事故証明書（人身事故）	自動車安全運転センター	◎	◎	◎	◎	◎
3　事故発生状況報告書	事故当事者等	◎	◎	◎	◎	◎
4　医師の診断書または死体検案書（死亡診断書）	治療を受けた医師または病院	◎	◎	◎	◎	◎
5　診療報酬明細書	治療を受けた医師または病院	◎	○	◎		
6　通院交通費明細書		◎		◎		
7　付添看護自認書または看護料領収書		○		○		
8　休業損害の証明は 　1．給与所得者 　　事業主の休業損害証明書 　　（源泉徴収票添付） 　2．自由業者、自営業者、農林漁業者 　　納税証明書、課税証明書（取得額の記載されたもの） 　　または確定申告書　等	休業損害証明書は事業主 納税証明書、課税証明書等は税務署または市区町村	○	○	○		
9　損害賠償額の受領者が請求者本人であることの証明（印鑑証明書） 被害者が未成年で、その親権者が請求する場合は、上記のほか、当該未成年者の住民票または戸籍抄本が必要です。	住民登録をしている市区町村、本籍のある市区町村	◎	◎	◎	◎	◎
10　委任状および（委任者の）印鑑証明 死亡事故等で請求権者が複数いる場合は、原則として1名を代理者として、他の請求者全員の委任状および印鑑証明書が必要です。	印鑑登録をしている市区町村	○	○	○	○	○
11　戸籍謄本	本籍のある市区町村	◎			◎	
12　後遺障害診断書	治療を受けた医師または病院		◎			
13　レントゲン写真等	治療を受けた医師または病院	○	○	○		

注

1　◎印は必ず提出していただく書類。○印は事故の内容によって提出していただく書類です。

2　上記以外の書類が必要なときは、損害保険会社（組合）または自賠責損害調査事務所から連絡されます。

参考資料（自動車事故による後遺障害等級表）

自動車損害賠償保障法施行令（昭和30.10.18政令第286号）　最終改正：平成28.11.28政令第360号

別表第1（第2条関係）

等　級	介 護 を 要 す る 後 遺 障 害	保険金額
第1級	1　神経系統の機能又は精神に著しい障害を残し、常に介護を要するもの 2　胸腹部臓器の機能に著しい障害を残し、常に介護を要するもの	4,000万円
第2級	1　神経系統の機能又は精神に著しい障害を残し、随時介護を要するもの 2　胸腹部臓器の機能に著しい障害を残し、随時介護を要するもの	3,000万円

備考

　各等級の後遺障害に該当しない後遺障害であって、各等級の後遺障害に相当するものは、当該等級の後遺障害とする。

別表第2（第2条関係）

等　級	後 遺 障 害	保険金額
第1級	1　両眼が失明したもの 2　咀嚼及び言語の機能を廃したもの 3　両上肢をひじ関節以上で失つたもの 4　両上肢の用を全廃したもの 5　両下肢をひざ関節以上で失つたもの 6　両下肢の用を全廃したもの	3,000万円
第2級	1　1眼が失明し、他眼の視力が0.02以下になつたもの 2　両眼の視力が0.02以下になつたもの 3　両上肢を手関節以上で失つたもの 4　両下肢を足関節以上で失つたもの	2,590万円
第3級	1　1眼が失明し、他眼の視力が0.06以下になつたもの 2　咀嚼又は言語の機能を廃したもの 3　神経系統の機能又は精神に著しい障害を残し、終身労務に服することができないもの 4　胸腹部臓器の機能に著しい障害を残し、終身労務に服することができないもの 5　両手の手指の全部を失つたもの	2,219万円
第4級	1　両眼の視力が0.06以下になつたもの 2　咀嚼及び言語の機能に著しい障害を残すもの 3　両耳の聴力を全く失つたもの 4　1上肢をひじ関節以上で失つたもの 5　1下肢をひざ関節以上で失つたもの 6　両手の手指の全部の用を廃したもの 7　両足をリスフラン関節以上で失つたもの	1,889万円
	1　1眼が失明し、他眼の視力が0.1以下になつたもの 2　神経系統の機能又は精神に著しい障害を残し、特に軽易な労務以外の労務に服することができないもの 3　胸腹部臓器の機能に著しい障害を残し、特に軽易な労務以外の労務に服することができないもの	

第5級	4	1上肢を手関節以上で失つたもの	
	5	1下肢を足関節以上で失つたもの	1,574万円
	6	1上肢の用を全廃したもの	
	7	1下肢の用を全廃したもの	
	8	両足の足指の全部を失つたもの	
第6級	1	両眼の視力が0.1以下になつたもの	
	2	咀嚼又は言語の機能に著しい障害を残すもの	
	3	両耳の聴力が耳に接しなければ大声を解することができない程度になつたもの	
	4	1耳の聴力を全く失い、他耳の聴力が40センチメートル以上の距離では普通の話声を解することができない程度になつたもの	1,296万円
	5	脊柱に著しい変形又は運動障害を残すもの	
	6	1上肢の3大関節中の2関節の用を廃したもの	
	7	1下肢の3大関節中の2関節の用を廃したもの	
	8	1手の5の手指又はおや指を含み4の手指を失つたもの	
第7級	1	1眼が失明し、他眼の視力が0.6以下になつたもの	
	2	両耳の聴力が40センチメートル以上の距離では普通の話声を解することができない程度になつたもの	
	3	1耳の聴力を全く失い、他耳の聴力が1メートル以上の距離では普通の話声を解することができない程度になつたもの	
	4	神経系統の機能又は精神に障害を残し、軽易な労務以外の労務に服することができないもの	
	5	胸腹部臓器の機能に障害を残し、軽易な労務以外の労務に服することができないもの	
	6	1手のおや指を含み3の手指を失つたもの又はおや指以外の4の手指を失つたもの	1,051万円
	7	1手の5の手指又はおや指を含み4の手指の用を廃したもの	
	8	1足をリスフラン関節以上で失つたもの	
	9	1上肢に偽関節を残し、著しい運動障害を残すもの	
	10	1下肢に偽関節を残し、著しい運動障害を残すもの	
	11	両足の足指の全部の用を廃したもの	
	12	外貌に著しい醜状を残すもの	
	13	両側の睾丸を失つたもの	
第8級	1	1眼が失明し、又は一眼の視力が0.02以下になつたもの	
	2	脊柱に運動障害を残すもの	
	3	1手のおや指を含み2の手指を失つたもの又はおや指以外の3の手指を失つたもの	
	4	1手のおや指を含み3の手指の用を廃したもの又はおや指以外の4の手指の用を廃したもの	
	5	1下肢を5センチメートル以上短縮したもの	819万円
	6	1上肢の3大関節中の1関節の用を廃したもの	
	7	1下肢の3大関節中の1関節の用を廃したもの	
	8	1上肢に偽関節を残すもの	
	9	1下肢に偽関節を残すもの	
	10	1足の足指の全部を失つたもの	

第9級	1　両眼の視力が 0.6 以下になつたもの 2　1眼の視力が 0.06 以下になつたもの 3　両眼に半盲症、視野狭窄又は視野変状を残すもの 4　両眼のまぶたに著しい欠損を残すもの 5　鼻を欠損し、その機能に著しい障害を残すもの 6　咀嚼及び言語の機能に障害を残すもの 7　両耳の聴力が1メートル以上の距離では普通の話声を解することができない程度になつたもの 8　1耳の聴力が耳に接しなければ大声を解することができない程度になり、他耳の聴力が1メートル以上の距離では普通の話声を解することが困難である程度になつたもの 9　1耳の聴力を全く失つたもの 10　神経系統の機能又は精神に障害を残し、服することができる労務が相当な程度に制限されるもの 11　胸腹部臓器の機能に障害を残し、服することができる労務が相当程度に制限されるもの 12　1手のおや指又はおや指以外の2の手指を失つたもの 13　1手のおや指を含み2の手指の用を廃したもの又はおや指以外の3の手指の用を廃したもの 14　1足の第1の足指を含み2以上の足指を失つたもの 15　1足の足指の全部の用を廃したもの 16　外貌に相当程度の醜状を残すもの 17　生殖器に著しい障害を残すもの	616万円
第10級	1　1眼の視力が 0.1 以下になつたもの 2　正面を見た場合に複視の症状を残すもの 3　咀嚼又は言語の機能に障害を残すもの 4　14歯以上に対し歯科補綴を加えたもの 5　両耳の聴力が1メートル以上の距離では普通の話声を解することが困難である程度になつたもの 6　1耳の聴力が耳に接しなければ大声を解することができない程度になつたもの 7　1手のおや指又はおや指以外の2の手指の用を廃したもの 8　1下肢を3センチメートル以上短縮したもの 9　1足の第1の足指又は他の4の足指を失つたもの 10　1上肢の3大関節中の1関節の機能に著しい障害を残すもの 11　1下肢の3大関節中の1関節の機能に著しい障害を残すもの	461万円
	1　両眼の眼球に著しい調節機能障害又は運動障害を残すもの 2　両眼のまぶたに著しい運動障害を残すもの 3　1眼のまぶたに著しい欠損を残すもの 4　10歯以上に対し歯科補綴を加えたもの 5　両耳の聴力が1メートル以上の距離で、は小声を解することができない程度になったもの 6　1耳の聴力が40センチメートル以上の距離では普通の話声を解することができない程度になつたもの 7　脊柱に変形を残すもの	

第11級	8	1手のひとさし指、なか指又はくすり指を失つたもの	331万円
	9	1足の第1の足指を含み2以上の足指の用を廃したもの	
	10	胸腹部臓器の機能に障害を残し、労務の遂行に相当な程度の支障があるもの	
第12級	1	1眼の眼球に著しい調節機能障害又は運動障害を残すもの	224万円
	2	1眼のまぶたに著しい運動障害を残すもの	
	3	7歯以上に対し歯科補綴を加えたもの	
	4	1耳の耳殻の大部分を欠損したもの	
	5	鎖骨、胸骨、ろく骨、けんこう骨又は骨盤骨に著しい変形を残すもの	
	6	1上肢の3大関節中の1関節の機能に障害を残すもの	
	7	1下肢の3大関節中の1関節の機能に障害を残すもの	
	8	長管骨に変形を残すもの	
	9	1手のこ指を失つたもの	
	10	1手のひとさし指、なか指又はくすり指の用を廃したもの	
	11	1足の第2の足指を失つたもの、第2の足指を含み2の足指を失つたもの又は第3の足指以下の3の足指を失つたもの	
	12	1足の第1の足指又は他の4の足指の用を廃したもの	
	13	局部に頑固な神経症状を残すもの	
	14	外貌に醜状を残すもの	
第13級	1	1眼の視力が0.6以下になつたもの	139万円
	2	正面以外を見た場合に複視の症状を残すもの	
	3	1眼に半盲症、視野狭窄又は視野変状を残すもの	
	4	両眼のまぶたの1部に欠損を残し又はまつげはげを残すもの	
	5	5歯以上に対し歯科補綴を加えたもの	
	6	1手のこ指の用を廃したもの	
	7	1手のおや指の指骨の1部を失つたもの	
	8	1下肢を1センチメートル以上短縮したもの	
	9	1足の第3の足指以下の1又は2の足指を失つたもの	
	10	1足の第2の足指の用を廃したもの、第2の足指を含み2の足指の用を廃したもの又は第3の足指以下の3の足指の用を廃したもの	
	11	胸腹部臓器の機能に障害を残すもの	
第14級	1	1眼のまぶたの1部に欠損を残し又はまつげはげを残すもの	75万円
	2	3歯以上に対し歯科補綴を加えたもの	
	3	1耳の聴力が1メートル以上の距離では小声を解することができない程度になつたもの	
	4	上肢の露出面にてのひらの大きさの醜いあとを残すもの	
	5	下肢の露出面にてのひらの大きさの醜いあとを残すもの	
	6	1手のおや指以外の手指の指骨の1部を失つたもの	
	7	1手のおや指以外の手指の遠位指節間関節を屈伸することができなくなつたもの	
	8	1足の第3の足指以下の1又は2の足指の用を廃したもの	
	9	局部に神経症状を残すもの	

備考

1　　視力の測定は、万国式試視力表による。屈折異状のあるものについては、矯正視力について測定する。

2　　手指を失つたものとは、おや指は指節間関節、その他の手指は近位指節間関節以上を失つたものをいう。

3　　手指の用を廃したものとは、手指の末節骨の半分以上を失い、又は中手指節関節若しくは近位指節間関節（おや指にあつては、指節間関節）に著しい運動障害を残すものをいう。

4　　足指を失つたものとは、その全部を失つたものをいう。

5　　足指の用を廃したものとは、第1の足指は末節骨の半分以上、その他の足指は遠位指節間関節以上を失つたもの又は中足指節関節若しくは近位指節間関節（第1の足指にあつては、指節間関節）に著しい運動障害を残すものをいう。

6　　各等級の後遺障害に該当しない後遺障害であつて、各等級の後遺障害に相当するものは、当該等級の後遺障害とする。

労災保険の保険給付と民事損害賠償との調整

〔様式第 37 号の 3 関係〕

　労災保険は、業務災害又は通勤災害に対して保険給付等を行うことを主たる目的としていますが、保険給付の原因である事故が、事業主の有責行為によるもの、又は事業主の直接的行為でなくても、事業主の責任下で生じ、その結果、被災労働者又はその遺族に対する事業主の民法等に基づく損害賠償責任が発生する場合があります。

　このような事故については、この発生において「事業主」の行為等による責任が介在するため、被災労働者又はその遺族は、労災保険に対し保険給付請求権を取得すると同時に事業主に対しても民法等に基づく損害賠償（民事損害賠償）を請求する権利を取得することとなりますが同一事由について重複して損害がてん補されることになると、実際の損害額よりも多くの支払いを受けることとなり、また、労災保険については、その保険料は全額使用者負担であるので民事損害賠償と保険給付との重複をもたらし、保険料負担者である事業主の保険利益を損なうなど不合理な結果を招くことがあります。このため、労災保険法附則第 64 条により、次のとおり調整が行われます。

（1）民事損害賠償における調整

　障害（補償）年金、遺族（補償）年金の受給権者が、同一事由について、事業主からこれらの年金給付に相当する民事損害賠償を受けることができるときは、その事業主は、これらの者の年金受給権が消滅するまでの間、前払一時金の最高額相当額の法定利率による現価（当該前払一時金に係る年金給付が支給された場合には、その支給額の法定利率による現価を控除した価額）の限度で、民事損害賠償の履行をしないことができます。

　この民事損害賠償の履行が猶予されている場合において年金給付又はその前払一時金が支給されたときは、その価額の法定利率による現価の限度で、事業主は民事損害賠償の責を免れることとなっています。

（2）労災保険の側における調整

　保険給付の受給権者が事業主から民事損害賠償を受けることができる場合において、当該保険給付の受給権者に対し、同一の事由について保険給付に相当する民事損害賠償が行われたときは、政府は、労働政策審議会の議を経て厚生労働大臣が定める支給調整基準により、その価額の限度で保険給付を行わないことができることとなっています。

（3）損害賠償の受領に関する届出

　労働者又はその遺族が、当該労働者を使用している事業主又は使用していた事業主から民事損害賠償を受けることができる場合であって、同時に労災保険給付の支給要件を満たしているときに、同一の事由について民事損害賠償を受けたときは、「事業主責任災害損害賠償受領届」を遅滞なく、所轄の労働基準監督署長に提出します。

保険給付に関する不服申立て

　被災労働者又は遺族が労働基準監督署長の下した保険給付を支給する・しないという決定に対して不服がある場合には、都道府県労働局ごとにおかれている労災保険審査官に審査請求をすることができます。この審査請求は、（原）処分のあったことを知った日の翌日から３カ月以内、文書又は口頭で行います。なお、労災保険審査官に直接審査請求をするほか、所轄の労働基準監督署長又は最寄りの労働基準監督署長を経由して申立てをすることもできます。

　また、労災保険審査官に対して行った審査請求の結果、審査決定がなされ、その決定についてなお、不服がある被災労働者又は遺族は、労働保険審査会に再審査の請求をすることができます。

　なお、審査請求をした日の翌日から起算して３カ月経過しても審査官による決定がないときは、労働者災害補償保険審査官が審査請求を棄却したものとみなすことができます。この再審査請求は必ず文書で行わなければなりません。再審査請求ができる期間は、労災保険審査官の審査決定をうけた日の翌日から起算して２カ月以内です（**様式は都道府県労働局にあります**）。なお、労働保険審査会に直接再審査請求をするほか、所轄の労働基準監督署長又は最寄りの労働基準監督署長若しくは決定をした審査官を経由して申立てをすることもできます。

　労働保険審査会は、国会の承認を得た９名（うち３名非常勤）の委員と、事業主代表、労働者代表それぞれ６名の参与で構成されています。

審査請求の文書例（ゴシック体は本人書き込み例です）

様式第１号

1　審査請求人の
- 住所　東京都品川区北品川５－××－１
- （電話番号）03－3210－○○○○
- 氏名　山　田　五　郎

審査請求人が法人であるときは
- 住所
- 名称
- 代表者の住所
- 代表者の氏名

2　代理人によって審査請求をするときは、代理人の
- 住所
- （電話番号）
- 氏名

3　原処分を受けた者の
- 住所　東京都品川区北品川５－××－１
- 氏名　山　田　五　郎

4　原処分を受けた者が原処分に係る労働者以外の者であるときは当該労働者の氏名

5　原処分に係る労働者が給付原因発生当時使用されていた事業場の
- 所在地　東京都千代田区神田神保町３－×－11
- 名称　（有）三信製作所

6 審査請求人が原処分に係る労働者以外の者であるときは、当該労働者との関係

7 原処分をした労働基準監督署長名 　　　　　中央労働基準監督署長

8 原処分のあったことを知った年月日 　　　　令和○○年8月12日

9 審査請求の趣旨

　　令和○○年8月10日付をもって中央労働基準監督署長が請求人に対してなした障害補償給付不支給決定処分の取消を求める。

10 審査請求の理由

　　令和○○年4月15日、職場で作業中、つまずいて右手を床にぶつけ、骨折した右中指は、令和○○年6月20日治ゆとなったが、仕事に支障を来たす疼痛があり、私の障害は障害等級第12級に該当すると考えるので、原処分を取り消すとの決定を求める。

11 原処分をした労働基準監督署長の教示の内容 ⎰ ⓗ・無
この決定に不服がある場合は、決定があったことを知った日の翌日から起算して3カ月以内に労働者災害補償保険審査官に対して審査請求をすることができる。

12 証拠 ⎰ 審理のための処分を必要とするときは、処分の内容並びにその処分を申立てる趣旨及び理由

13 法第8条第1項に規定する期間の経過後において審査請求をする場合においては、同項ただし書に規定する正当な理由

1 医師の意見書添付

右のとおり審査請求をする。

　　令和○○年8月30日

　　　　　　　　　　　　審査請求人氏名　山 田 五 郎
　　　　　　　　　　　　⎰ 法人であるときは、名称及び代表者の氏名
　　　　　　　　　　　　 代理人によるときは、代理人の氏名 ⎱

東京労働者災害補償保険審査官　殿

Ⅱ 障害等級表・傷病等級表 ・要介護障害程度区分表

障害等級表（身体部位別）〔第14条、第15条、第18条の3の10、第18条の8、第31条、第33条、第36条関係〕

部位	身体障害	等級	種類・金額
神経・精神	神経系統の機能又は精神に著しい障害を残し、常に介護を要するもの	1	年金　313日分
	神経系統の機能又は精神に著しい障害を残し、随時介護を要するもの	2	277日分
	神経系統の機能又は精神に著しい障害を残し、終身労務に服することができないもの	3	245日分
	神経系統の機能又は精神に著しい障害を残し、特に軽易な労務以外の労務に服することができないもの	5	184日分
	神経系統の機能又は精神に障害を残し、軽易な労務以外の労務に服することができないもの	7	131日分
	神経系統の機能又は精神に障害を残し、服することができる労務が相当な程度に制限されるもの	9	一時金　391日分
	局部にがん固な神経症状を残すもの	12	156日分
	局部に神経症状を残すもの	14	56日分
眼	両眼が失明したもの	1	年金　313日分
	1眼が失明し、他眼の視力が0.02以下になったもの	2	277日分
	両眼の視力が0.02以下になったもの	2	〃
	1眼が失明し、他眼の視力が0.06以下になったもの	3	245日分
	両眼の視力が0.06以下になったもの	4	213日分
	1眼が失明し、他眼の視力が0.1以下になったもの	5	184日分
	両眼の視力が0.1以下になったもの	6	156日分
	1眼が失明し、他眼の視力が0.6以下になったもの	7	131日分
	1眼が失明し、又は1眼の視力が0.02以下になったもの	8	一時金　503日分
	両眼の視力が0.6以下になったもの	9	391日分
	1眼の視力が0.06以下になったもの	9	〃
	両眼に半盲症、視野狭さく又は視野変状を残すもの	9	〃
	両眼のまぶたに著しい欠損を残すもの	9	〃
	1眼の視力が0.1以下になったもの	10	302日分
	正面視で複視を残すもの	10	〃
	両眼の眼球に著しい調節機能障害又は運動障害を残すもの	11	223日分
	両眼のまぶたに著しい運動障害を残すもの	11	〃
	1眼のまぶたに著しい欠損を残すもの	11	〃
	1眼の眼球に著しい調節機能障害又は運動障害を残すもの	12	156日分
	1眼のまぶたに著しい運動障害を残すもの	12	〃
	1眼の視力が0.6以下になったもの	13	101日分
	1眼に半盲症、視野狭さく又は視野変状を残すもの	13	〃
	正面視以外で複視を残すもの	13	〃
	両眼のまぶたの一部に欠損を残し、又はまつげはげを残すもの	13	〃
	1眼のまぶたの一部に欠損を残し、又はまつげはげを残すもの	14	56日分
耳	両耳の聴力を全く失ったもの	4	年金　213日分
	両耳の聴力が耳に接しなければ大声を解することができない程度になったもの	6	156日分
	1耳の聴力を全く失い、他耳の聴力が40センチメートル以上の距離では普通の話声を解することができない程度になったもの	6	〃
	両耳の聴力が40センチメートル以上の距離では普通の話声を解することができない程度になったもの	7	131日分

部位	身体障害	等級	種類・金額
耳	1耳の聴力を全く失い、他耳の聴力が1メートル以上の距離では普通の話声を解することができない程度になったもの	7	〃
	両耳の聴力が1メートル以上の距離では普通の話声を解することができない程度になったもの	9	一時金　391日分
	1耳の聴力が耳に接しなければ大声を解することができない程度になり、他耳の聴力が1メートル以上の距離では普通の話声を解することが困難である程度になったもの	9	〃
	1耳の聴力を全く失ったもの	9	〃
	両耳の聴力が1メートル以上の距離では普通の話声を解することが困難である程度になったもの	10	302日分
	1耳の聴力が耳に接しなければ大声を解することができない程度になったもの	10	〃
	両耳の聴力が1メートル以上の距離では小声を解することができない程度になったもの	11	223日分
	1耳の聴力が40センチメートル以上の距離では普通の話声を解することができない程度になったもの	11	〃
	1耳の耳かくの大部分を欠損したもの	12	156日分
	1耳の聴力が1メートル以上の距離では小声を解することができない程度になったもの	14	56日分
鼻・口腔・歯	そしゃく及び言語の機能を廃したもの	1	年　金　313日分
	そしゃく又は言語の機能を廃したもの	3	245日分
	そしゃく及び言語の機能に著しい障害を残すもの	4	213日分
	そしゃく又は言語の機能に著しい障害を残すもの	6	156日分
	そしゃく及び言語の機能に障害を残すもの	9	一時金　391日分
	鼻を欠損し、その機能に著しい障害を残すもの	9	〃
	そしゃく又は言語の機能に障害を残すもの	10	302日分
	14歯以上に対し歯科補てつを加えたもの	10	〃
	10歯以上に対し歯科補てつを加えたもの	11	223日分
	7歯以上に対し歯科補てつを加えたもの	12	156日分
	5歯以上に対し歯科補てつを加えたもの	13	101日分
	3歯以上に対し歯科補てつを加えたもの	14	56日分
胸腹部臓器	胸腹部臓器の機能に著しい障害を残し、常に介護を要するもの	1	年　金　313日分
	胸腹部臓器の機能に著しい障害を残し、随時介護を要するもの	2	277日分
	胸腹部臓器の機能に著しい障害を残し、終身労務に服することができないもの	3	245日分
	胸腹部臓器の機能に著しい障害を残し、特に軽易な労務以外の労務に服することができないもの	5	184日分
	胸腹部臓器の機能に障害を残し、軽易な労務以外の労務に服することができないもの	7	131日分
	胸腹部臓器の機能に障害を残し、服することができる労務が相当な程度に制限されるもの	9	一時金　391日分
	胸腹部臓器の機能に障害を残し、労務の遂行に相当な程度の支障があるもの	11	223日分
	胸腹部臓器の機能に障害を残すもの	13	101日分
生殖器	両側のこう丸を失ったもの	7	年　金　131日分
	生殖器に著しい障害を残すもの	9	一時金　391日分

部位	身　体　障　害	等級	種類・金額	
上肢	両上肢をひじ関節以上で失ったもの	1	年　金	313日分
	両上肢の用を全廃したもの	1		〃
	両上肢を手関節以上で失ったもの	2		277日分
	1上肢をひじ関節以上で失ったもの	4		213日分
	1上肢を手関節以上で失ったもの	5		184日分
	1上肢の用を全廃したもの	5		〃
	1上肢の3大関節中の2関節の用を廃したもの	6		156日分
	1上肢に偽関節を残し著しい運動障害を残すもの	7		131日分
	1上肢の3大関節中の1関節の用を廃したもの	8	一時金	503日分
	1上肢に偽関節を残すもの	8		〃
	1上肢の3大関節中の1関節の機能に著しい障害を残すもの	10		302日分
	1上肢の3大関節中の1関節の機能に障害を残すもの	12		156日分
	上肢の露出面にてのひらの大きさの醜いあとを残すもの	14		56日分
下肢	両下肢をひざ関節以上で失ったもの	1	年　金	313日分
	両下肢の用を全廃したもの	1		〃
	両下肢を足関節以上で失ったもの	2		277日分
	1下肢をひざ関節以上で失ったもの	4		213日分
	両足をリスフラン関節以上で、失ったもの	4		〃
	1下肢を足関節以上で失ったもの	5		184日分
	1下肢の用を全廃したもの	5		〃
	1下肢の3大関節中の2関節の用を廃したもの	6		156日分
	1下肢に偽関節を残し、著しい運動障害を残すもの	7		131日分
	1足をリスフラン関節以上で失ったもの	7		〃
	1下肢を5センチメートル以上短縮したもの	8	一時金	503日分
	1下肢の3大関節中の1関節の用を廃したもの	8		〃
	1下肢に偽関節を残すもの	8		〃
	1下肢を3センチメートル以上短縮したもの	10		302日分
	1下肢の3大関節中の1関節の機能に著しい障害を残すもの	10		〃
	1下肢の3大関節中の1関節の機能に障害を残すもの	12		156日分
	1下肢を1センチメートル以上短縮したもの	13		101日分
	下肢の露出面にてのひらの大きさの醜いあとを残すもの	14		56日分
手指	両手の手指の全部を失ったもの	3	年　金	245日分
	両手の手指の全部の用を廃したもの	4		213日分
	1手の5の手指又は母指を含み4の手指を失ったもの	6		156日分
	1手の母指を含み3の手指又は母指以外の4の手指を失ったもの	7		131日分
	1手の5の手指又は母指を含み4の手指の用を廃したもの	7		〃
	1手の母指を含み2の手指又は母指以外の3の手指を失ったもの	8	一時金	503日分
	1手の母指を含み3の手指又は母指以外の4の手指の用を廃したもの	8		〃
	1手の母指又は母指以外の2の手指を失ったもの	9		391日分
	1手の母指を含み2の手指又は母指以外の3の手指の用を廃したもの	9		〃
	1手の母指又は母指以外の2の手指の用を廃したもの	10		302日分
	1手の示指、中指又は環指を失ったもの	11	一時金	223日分
	1手の示指、中指又は環指の用を廃したもの	12		156日分
	1手の小指を失ったもの	12		〃

手指	1手の小指の用を廃したもの	13	101日分
	1手の母指の指骨の一部を失ったもの	13	〃
	1手の母指以外の手指の指骨の一部を失ったもの	14	56日分
	1手の母指以外の手指の遠位指節間関節を屈伸することができなくなったもの	14	〃
足指	両足の足指の全部を失ったもの	5	年金 184日分
	両足の足指の全部の用を廃したもの	7	131日分
	1足の足指の全部を失ったもの	8	一時金 503日分
	1足の第1の足指を含み2以上の足指を失ったもの	9	391日分
	1足の足指の全部の用を廃したもの	9	〃
	1足の第1の足指又は他の4の足指を失ったもの	10	302日分
	1足の第1の足指を含み2以上の足指の用を廃したもの	11	223日分
	1足の第2の足指を失ったもの、第2の足指を含み2の足指を失ったもの又は第3の足指以下の3の足指を失ったもの	12	156日分
	1足の第1の足指又は他の4の足指の用を廃したもの	12	〃
	1足の第3の足指以下の1又は2の足指を失ったもの	13	101日分
	1足の第2の足指の用を廃したもの、第2の足指を含み2の足指の用を廃したもの又は第3の足指以下の3の足指の用を廃したもの	13	〃
	1足の第3の足指以下の1又は2の足指の用を廃したもの	14	56日分
せき柱	せき柱に著しい変形又は運動障害を残すもの	6	年金 156日分
	せき柱に運動障害を残すもの	8	一時金 503日分
	せき柱に変形を残すもの	11	223日分
外ぼう	外貌に著しい醜状を残すもの	7	年金 131日分
	外貌に相当程度の醜状を残すもの	9	一時金 391日分
	外貌に醜状を残すもの	12	156日分
その他の骨	鎖骨、胸骨、ろく骨、肩こう骨又は骨盤骨に著しい変形を残すもの	12	一時金 156日分
	長管骨に変形を残すもの	12	〃

備考	1　視力の測定は、万国式試視力表による。屈折異常のあるものについては、きょう正視力について測定する。 2　手指を失ったものとは、母指は指節間関節、その他の手指は近位指節間関節以上を失ったものをいう。 3　手指の用を廃したものとは、手指の末節骨の半分以上を失い、又は中手指節関節若しくは近位指節間関節（母指にあっては指節間関節）に著しい運動障害を残すものをいう。 4　足指を失ったものとは、その全部を失ったものをいう。 5　足指の用を廃したものとは、第一の足指は末節骨の半分以上、その他の足指は遠位指節間関節以上を失ったもの又は中足指節関節若しくは近位指節間関節（第一の足指にあっては指節間関節）に著しい運動障害を残すものをいう。

（令和2年9月1日現在）

障害等級表〔労災則別表第1 第14条、第15条、第18条の3の10、第18条の8、第31条、第33条、第36条関係〕

（令和2年9月1日施行）

障害等級	給付内容	身　体　障　害
第　1　級	当該障害の存する期間1年につき給付基礎日額の313日分	1　両眼が失明したもの 2　そしやく及び言語の機能を廃したもの 3　神経系統の機能又は精神に著しい障害を残し、常に介護を要するもの 4　胸腹部臓器の機能に著しい障害を残し、常に介護を要するもの 5　削除 6　両上肢をひじ関節以上で失つたもの 7　両上肢の用を全廃したもの 8　両下肢をひざ関節以上で失つたもの 9　両下肢の用を全廃したもの
第　2　級	同　　　277日分	1　1眼が失明し、他眼の視力が0.02以下になつたもの 2　両眼の視力が0.02以下になつたもの 2の2　神経系統の機能又は精神に著しい障害を残し、随時介護を要するもの 2の3　胸腹部臓器の機能に著しい障害を残し、随時介護を要するもの 3　両上肢を手関節以上で失つたもの 4　両下肢を足関節以上で失つたもの
第　3　級	同　　　245日分	1　1眼が失明し、他眼の視力が0.06以下になつたもの 2　そしやく又は言語の機能を廃したもの 3　神経系統の機能又は精神に著しい障害を残し、終身労務に服することができないもの 4　胸腹部臓器の機能に著しい障害を残し、終身労務に服することができないもの 5　両手の手指の全部を失つたもの
第　4　級	同　　　213日分	1　両眼の視力が0.06以下になつたもの 2　そしやく及び言語の機能に著しい障害を残すもの 3　両耳の聴力を全く失つたもの 4　1上肢をひじ関節以上で失つたもの 5　1下肢をひざ関節以上で失つたもの 6　両手の手指の全部の用を廃したもの 7　両足をリスフラン関節以上で失つたもの
第　5　級	同　　　184日分	1　1眼が失明し、他眼の視力が0.1以下になつたもの 1の2　神経系統の機能又は精神に著しい障害を残し、特に軽易な労務以外の労務に服することができないもの 1の3　胸腹部臓器の機能に著しい障害を残し、特に軽易な労務以外の労務に服することができないもの 2　1上肢を手関節以上で失つたもの 3　1下肢を足関節以上で失つたもの 4　1上肢の用を全廃したもの 5　1下肢の用を全廃したもの 6　両足の足指の全部を失つたもの

障害等級	給付内容	身　体　障　害
第 6 級	同　　156日分	1　両眼の視力が 0.1 以下になつたもの 2　そしやく又は言語の機能に著しい障害を残すもの 3　両耳の聴力が耳に接しなければ大声を解することができない程度になつたもの 3の2　1耳の聴力を全く失い、他耳の聴力が 40 センチメートル以上の距離では普通の話声を解することができない程度になつたもの 4　せき柱に著しい変形又は運動障害を残すもの 5　1上肢の3大関節中の2関節の用を廃したもの 6　1下肢の3大関節中の2関節の用を廃したもの 7　1手の5の手指又は母指を含み4の手指を失つたもの
第 7 級	同　　131日分	1　1眼が失明し、他眼の視力が 0.6 以下になつたもの 2　両耳の聴力が 40 センチメートル以上の距離では普通の話声を解することができない程度になつたもの 2の2　1耳の聴力を全く失い、他耳の聴力が1メートル以上の距離では普通の話声を解することができない程度になつたもの 3　神経系統の機能又は精神に障害を残し、軽易な労務以外の労務に服することができないもの 4　削除 5　胸腹部臓器の機能に障害を残し、軽易な労務以外の労務に服することができないもの 6　1手の母指を含み3の手指又は母指以外の4の手指を失つたもの 7　1手の5の手指又は母指を含み4の手指の用を廃したもの 8　1足をリスフラン関節以上で失つたもの 9　1上肢に偽関節を残し、著しい運動障害を残すもの 10　1下肢に偽関節を残し、著しい運動障害を残すもの 11　両足の足指の全部の用を廃したもの 12　外貌に著しい醜状を残すもの 13　両側のこう丸を失つたもの
第 8 級	給付基礎日額の 　　503日分	1　1眼が失明し、又は1眼の視力が 0.02 以下になつたもの 2　せき柱に運動障害を残すもの 3　1手の母指を含み2の手指又は母指以外の3の手指を失つたもの 4　1手の母指を含み3の手指又は母指以外の4の手指の用を廃したもの 5　1下肢を5センチメートル以上短縮したもの 6　1上肢の3大関節中の1関節の用を廃したもの 7　1下肢の3大関節中の1関節の用を廃したもの 8　1上肢に偽関節を残すもの 9　1下肢に偽関節を残すもの 10　1足の足指の全部を失つたもの
第 9 級	同　　391日分	1　両眼の視力が 0.6 以下になつたもの 2　1眼の視力が 0.06 以下になつたもの 3　両眼に半盲症、視野狭さく又は視野変状を残すもの 4　両眼のまぶたに著しい欠損を残すもの 5　鼻を欠損し、その機能に著しい障害を残すもの

		6　そしやく及び言語の機能に障害を残すもの
		6の2　両耳の聴力が1メートル以上の距離では普通の話声を解することができない程度になつたもの
		6の3　1耳の聴力が耳に接しなければ大声を解することができない程度になり、他耳の聴力が1メートル以上の距離では普通の話声を解することが困難である程度になつたもの
		7　1耳の聴力を全く失つたもの
		7の2　神経系統の機能又は精神に障害を残し、服することができる労務が相当な程度に制限されるもの
		7の3　胸腹部臓器の機能に障害を残し、服することができる労務が相当な程度に制限されるもの
		8　1手の母指又は母指以外の2の手指を失つたもの
		9　1手の母指を含み2の手指又は母指以外の3の手指の用を廃したもの
		10　1足の第1の足指を含み2以上の足指を失つたもの
		11　1足の足指の全部の用を廃したもの
		11の2　外貌に相当程度の醜状を残すもの
		12　生殖器に著しい障害を残すもの
第 10 級	同　　　302 日分	1　1眼の視力が0.1以下になつたもの
		1の2　正面視で複視を残すもの
		2　そしやく又は言語の機能に障害を残すもの
		3　14歯以上に対し歯科補てつを加えたもの
		3の2　両耳の聴力が1メートル以上の距離では普通の話声を解することが困難である程度になつたもの
		4　1耳の聴力が耳に接しなければ大声を解することができない程度になつたもの
		5　削除
		6　1手の母指又は母指以外の2の手指の用を廃したもの
		7　1下肢を3センチメートル以上短縮したもの
		8　1足の第1の足指又は他の4の足指を失つたもの
		9　1上肢の3大関節中の1関節の機能に著しい障害を残すもの
		10　1下肢の3大関節中の1関節の機能に著しい障害を残すもの
第 11 級	同　　　223 日分	1　両眼の眼球に著しい調節機能障害又は運動障害を残すもの
		2　両眼のまぶたに著しい運動障害を残すもの
		3　1眼のまぶたに著しい欠損を残すもの
		3の2　10歯以上に対し歯科補てつを加えたもの
		3の3　両耳の聴力が1メートル以上の距離では小声を解することができない程度になつたもの
		4　1耳の聴力が40センチメートル以上の距離では普通の話声を解することができない程度になつたもの
		5　せき柱に変形を残すもの
		6　1手の示指、中指又は環指を失つたもの
		7　削除
		8　1足の第1の足指を含み2以上の足指の用を廃したもの
		9　胸腹部臓器の機能に障害を残し、労務の遂行に相当な程度の支障があるもの
第 12 級	同　　　156 日分	1　1眼の眼球に著しい調節機能障害又は運動障害を残すもの

		2　1眼のまぶたに著しい運動障害を残すもの
		3　7歯以上に対し歯科補てつを加えたもの
		4　1耳の耳かくの大部分を欠損したもの
		5　鎖骨、胸骨、ろく骨、肩こう骨又は骨盤骨に著しい変形を残すもの
		6　1上肢の3大関節中の1関節の機能に障害を残すもの
		7　1下肢の3大関節中の1関節の機能に障害を残すもの
		8　長管骨に変形を残すもの
		8の2　1手の小指を失つたもの
		9　1手の示指、中指又は環指の用を廃したもの
		10　1足の第2の足指を失つたもの、第2の足指を含み2の足指を失つたもの又は第3の足指以下の3の足指を失つたもの
		11　1足の第1の足指又は他の4の足指の用を廃したもの
		12　局部にがん固な神経症状を残すもの
		13　削除
		14　外貌に醜状を残すもの
第 13 級	同　　　101日分	1　1眼の視力が0.6以下になつたもの
		2　1眼に半盲症、視野狭さく又は視野変状を残すもの
		2の2　正面視以外で複視を残すもの
		3　両眼のまぶたの一部に欠損を残し又はまつげはげを残すもの
		3の2　5歯以上に対し歯科補てつを加えたもの
		3の3　胸腹部臓器の機能に障害を残すもの
		4　1手の小指の用を廃したもの
		5　1手の母指の指骨の一部を失つたもの
		6　削除
		7　削除
		8　1下肢を1センチメートル以上短縮したもの
		9　1足の第3の足指以下の1又は2の足指を失つたもの
		10　1足の第2の足指の用を廃したもの、第2の足指を含み2の足指の用を廃したもの又は第3の足指以下の3の足指の用を廃したもの
第 14 級	同　　　56日分	1　1眼のまぶたの一部に欠損を残し、又はまつげはげを残すもの
		2　3歯以上に対し歯科補てつを加えたもの
		2の2　1耳の聴力が1メートル以上の距離では小声を解することができない程度になつたもの
		3　上肢の露出面にてのひらの大きさの醜いあとを残すもの
		4　下肢の露出面にてのひらの大きさの醜いあとを残すもの
		5　削除
		6　1手の母指以外の手指の指骨の一部を失つたもの
		7　1手の母指以外の手指の遠位指節間関節を屈伸することができなくなつたもの
		8　1足の第3の足指以下の1又は2の足指の用を廃したもの
		9　局部に神経症状を残すもの

備　考
1　視力の測定は、万国式試視力表による。屈折異常のあるものについてはきよう正視力について測定する。
2　手指を失つたものとは、母指は指節間関節、その他の手指は近位指節間関節以上を失つたものをいう。
3　手指の用を廃したものとは、手指の末節骨の半分以上を失い、又は中手指節関節若しくは近位指節間関節（母指にあつては指節間関節）に著しい運動障害を残すものをいう。
4　足指を失つたものとは、その全部を失つたものをいう。
5　足指の用を廃したものとは、第1の足指は末節骨の半分以上、その他の足指は遠位指節間関節以上を失つたもの又は中足指節関節若しくは近位指節間関節（第1の足指にあつては指節間関節）に著しい運動障害を残すものをいう。

傷病等級表（労災則別表第2　第18条、第36条関係）

傷病等級	給付内容	障　害　の　状　況
第　1　級	当該障害の状態が継続している期間1年につき給付基礎日額の313日分	1　神経系統の機能又は精神に著しい障害を有し、常に介護を要するもの 2　胸腹部臓器の機能に著しい障害を有し、常に介護を要するもの 3　両眼が失明しているもの 4　そしやく及び言語の機能を廃しているもの 5　両上肢をひじ関節以上で失つたもの 6　両上肢の用を全廃しているもの 7　両下肢をひざ関節以上で失つたもの 8　両下肢の用を全廃しているもの 9　前各号に定めるものと同程度以上の障害の状態にあるもの
第　2　級	同　　277日分	1　神経系統の機能又は精神に著しい障害を有し、随時介護を要するもの 2　胸腹部臓器の機能に著しい障害を有し、随時介護を要するもの 3　両眼の視力が0.02以下になつているもの 4　両上肢を腕関節以上で失つたもの 5　両下肢を足関節以上で失つたもの 6　前各号に定めるものと同程度以上の障害の状態にあるもの
第　3　級	同　　245日分	1　神経系統の機能又は精神に著しい障害を有し、常に労務に服することができないもの 2　胸腹部臓器の機能に著しい障害を有し、常に労務に服することができないもの 3　1眼が失明し、他眼の視力が0.06以下になつているもの 4　そしゃく又は言語の機能を廃しているもの 5　両手の手指の全部を失つたもの 6　第1号及び第2号に定めるもののほか常に労務に服することができないものその他前各号に定めるものと同程度以上の障害の状態にあるもの

備　考

1　視力の測定は、万国式試視力表による。屈折異常のあるものについては矯正視力について測定する。

2　手指を失つたものとは、母指は指関節、その他の手指は第一指関節以上を失つたものをいう。

要介護障害程度区分表（労災則別表第3　第18条の3の2関係）

当該程度の障害により労働者がある介護を要する状態	障　害　の　程　度
常時介護を要する状態	1　神経系統の機能若しくは精神に著しい障害を残し、常に介護を要するもの（別表第1第1級の項身体障害の欄第3号に規定する身体障害をいう）又は神経系統の機能若しくは精神に著しい障害を有し、常に介護を要するもの（別表第2第1級の項障害の状態の欄第1号に規定する障害の状態をいう） 2　胸腹部臓器の機能に著しい障害を残し、常に介護を要するもの（別表第1第1級の項身体障害の欄第4号に規定する身体障害をいう）又は胸腹部臓器の機能に著しい障害を有し、常に介護を要するもの（別表第2第1級の項障害の状態の欄第2号に規定する障害の状態をいう） 3　別表第1に掲げる身体障害が2以上ある場合その他の場合であつて障害等級が第1級であるときにおける当該身体障害又は別表第2第1級の項障害の状態の欄第3号から第9号までのいずれかに該当する障害の状態（前2号に定めるものと同程度の介護を要する状態にあるものに限る）
随時介護を要する状態	1　神経系統の機能若しくは精神に著しい障害を残し、随時介護を要するもの（別表第1第2級の項身体障害の欄第2号の2に規定する身体障害をいう）又は精神系統の機能若しくは精神に著しい障害を有し、随時介護を要するもの（別表第2第2級の項障害の状態の欄第1号に規定する障害の状態をいう） 2　胸腹部臓器の機能に著しい障害を残し、随時介護を要するもの（別表第1第2級の項身体障害の欄第2号の3に規定する身体障害をいう）又は胸腹部臓器の機能に著しい障害を有し、随時介護を要するもの（別表第2第2級の項障害の状態の欄第2号に規定する障害の状態をいう） 3　障害等級が第1級である場合における身体障害又は別表第2第1級の項障害の状態の欄第3号から第9号までのいずれかに該当する障害の状態（前2号に定めるものと同程度の介護を要する状態にあるものに限る）

Ⅲ 主な様式の解説と手続の経路
図解及び記載例

未支給の保険給付があるとき

様式第4号	労働者災害補償保険 未支給の保険給付支給請求書 未支給の特別支給金支給申請書　　　　　　インクの色黒
どんなとき	労災保険の保険給付や、特別支給金を受ける権利（資格）のある人が死亡したとき、また死亡した人が、死亡前に保険給付や特別支給金を請求していなかったとき。
だ れ が	死亡した人の死亡の当時その人と生計を同じくしていた配偶者、子、父母、孫、祖父母、兄弟姉妹 （遺族補償給付、複数事業労働者遺族給付、遺族給付の場合は、それを受けることができる他の遺族）
だ れ に	所轄労働基準監督署長
い つ ま で	1　請求しようとする保険給付等が支給と決定される前の場合は保険給付等の種類ごとに定められている「時効」の日まで。 2　請求しようとする保険給付等が、支給と決定された後の場合は5年以内に。
部　　　　数	1　部
根 拠 条 文	法第11条、則第10条、特別支給金支給規則第15条
作 成 上 の ポ イ ン ト	社会保険労務士が事務代行する際には、様式第4号の裏面（本書では省略）に氏名等の記載欄が設けられています。なお、他の保険給付等の申請についても、基本的に同様です。
添 付 書 類	（1）死亡診断書、死体検案書、検死調書又はそれらの記載事項など、労働者の死亡の事実及び死亡の年月日を証明することができる書類 （2）請求人と死亡した受給権者との身分関係を証明できる戸籍謄本か抄本。戸籍に記載はないが事実上婚姻関係と同じ事情（例、内縁の妻や夫）にあった人はそれを証明できる書類。 （※）例としては、住民票、民生委員の証明などがあります。また、結婚式を挙げたまま入籍をしていない場合には、結婚式場の領収書や写真などを資料として提出してください。 （3）生計維持関係を証明できる書類。 （※）例えば、民生委員の証明などがあります。 （4）請求人が障害の状態にあることにより遺族補償年金、複数事業労働者遺族給付又は遺族年金を受ける権利がある人の場合は、死亡労働者が死んだ時点から引き続き同じ状態であることを証明できる医師又は歯科医師の診断書その他の資料。 （5）死亡した受給権者が、生前、保険給付の支給申請をしていなかったときは、（1）（2）のほか、支給申請をするために提出しなければならなかった書類や資料。

手続きの経路

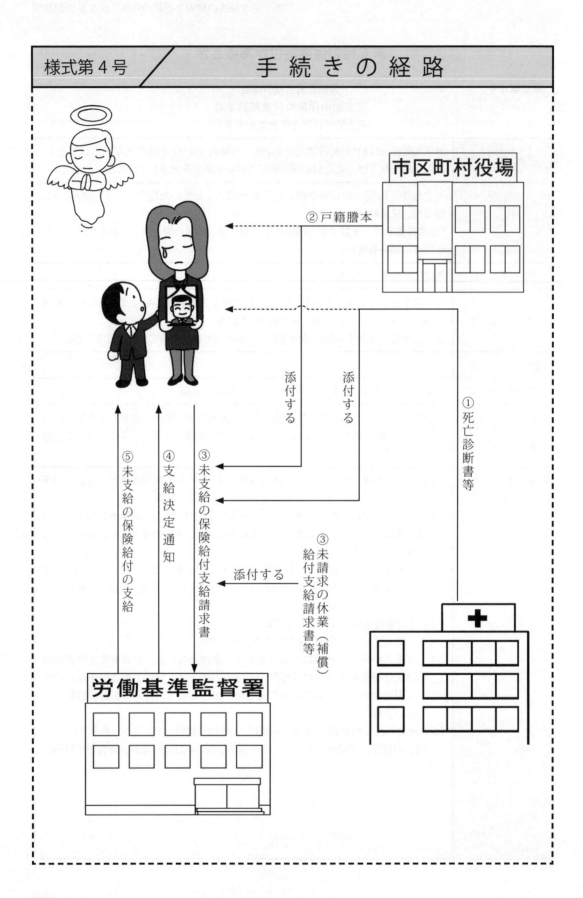

市区町村役場

②戸籍謄本

①死亡診断書等

添付する

添付する

③未支給の保険給付支給請求書

③未請求の休業（補償）給付支給請求書等

添付する

④支給決定通知

⑤未支給の保険給付の支給

労働基準監督署

様式第4号(表面)

労働者災害補償保険
未支給の保険給付支給請求書
未支給の特別支給金支給申請書

① 労 働 保 険 番 号	府 県	所掌	管 轄	基 幹 番 号	枝 番 号
	2 7	1	0 1	1 2 3 4 5 6	0 0 0

② 年 金 証 書 の 番 号	管轄局	種	別	西暦年	番　　号	枝番号

③ 死亡した受給権者又は特別支給金受給資格者の	フ リ ガ ナ	ホシノ　コウジ	
	氏　　名	星野　晃二	(男)・女)
	死亡年月日		6 年 12 月 16 日

④ 請求人の申請人	フ リ ガ ナ	ホシノ　ヨウコ
	氏　　名	星野　陽子
	住　　所	大阪市北区同心1-×-×-101
	死亡した受給権者(労働者)又は特別支給金受給資格者(労働者)との関係	妻

⑤ 未支給の保険給付又は特別支給金の種類	療養(補償)等給付　(休業(補償)等給付)　障害(補償)等給付 遺族(補償)等給付　傷病(補償)等年金　介護(補償)等給付 葬祭料等(葬祭給付) 休業　　　特別支給金　　　　　　　特別　一時金・年金
⑥ 添付する書類その他の資料名	死亡診断書、戸籍謄本、休業補償給付請求書、生計を同じくしていたことを証明する書類。

上記により　未支給の保険給付の支給を請求　します。
　　　　　　未支給の特別支給金の支給を申請

　7 年 1 月 20 日

〒 530－0000　電話(06)××××－××××
請求人の申請人　住所　大阪市北区同心1-×-×-101
　　　　　　氏名　星野　陽子

大阪中央労働基準監督署長　殿

振込を希望する金融機関の名称			預金の種類及び口座番号	
河内	(銀行)・金庫 農協・漁協・信組	梅田	本店・本所 出張所 (支店)・支所	(普通)・当座 第 123456 号 口座名義人 星野　陽子

119

業務上で病気やけがをしたとき

様式第5号	労働者災害補償保険 療養補償給付及び複数事業労働者療養給付たる療養の給付請求書 <div align="right">インクの色黒</div>
どんなとき	業務上負傷し、又は疾病にかかり、労災病院や労災指定病院等で療養の給付を受けようとするとき。
だ れ が	被災労働者（本人）
だ れ に	治療を受けている病院等を経由して所轄の労働基準監督署長
い つ ま で	療養を受けた日の翌日から2年以内に
部　　数	1　部
根 拠 条 文	法第12条の8、第13条第1項、第2項、第20条の2、第20条の3、則第12条、第18条の3の7、労基法第75条
ポ イ ン ト	1　療養の給付は現物給付の制度です。 2　労災病院や労災指定病院等で、被災労働者が療養し、その傷病が治るまで無料で治療を受けられます。 3　単独の事業場で働く労働者が被災したときは療養補償給付たる療養、複数事業労働者（事業主が同一人でない2以上の事業に使用される労働者）が被災したときは複数事業労働者療養給付たる療養を申請しますが、申請に用いる様式は両者共用です。なお、複数事業労働者に関する請求書等については、基本的に同様です。
作 成 上 の ポ イ ン ト	1　記入する前に、様式の注意欄をよく読むこと。 2　⑱欄は、災害発生の事実を確認した（見た）人（確認した人が多数のときは最初に発見した人）の氏名を書いてください。 3　⑲欄は、どこで（場所）、何をしていて（作業の状態）、何が（原因となるもの）、どうなって（落下したとか自分が倒れたとか）、どこが（身体の部位）、どうなったのか（骨折したとか、切ったとか）を、はっきりとわかりやすく説明してください。文章構成のポイントは、原因－過程－結果の3要素を入れることです。 4　療養補償給付たる療養と複数事業労働者療養給付たる療養のいずれを適用するかを判断するため、様式第5号の裏面（本書では、省略）には「その他就業先の有無（有の場合はその状況）」に関する欄が設けられています。なお、複数事業労働者給付に関する請求書等については、基本的に同様です。
給 付 の 内 容	1　診察 2　薬剤又は治療材料の支給 3　処置、手術その他の治療 4　居宅における療養上の管理及びその療養に伴う世話その他の看護 5　病院又は診療所への入院及びその療養に伴う世話その他の看護 6　移送

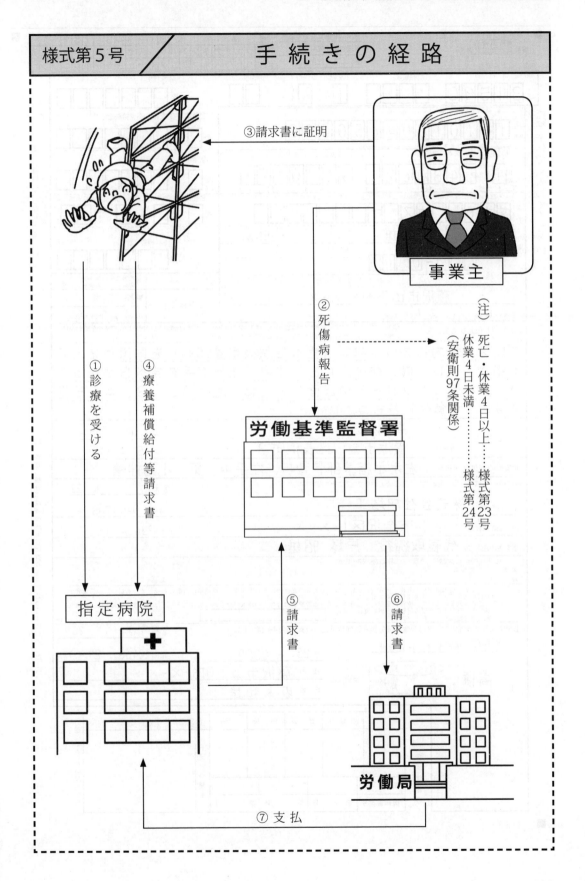

様式第5号(表面)　労働者災害補償保険
業務災害用
複数業務要因災害用
療養補償給付及び複数事業労働者
療養給付たる療養の給付請求書

裏面に記載してある注意
事項をよく読んだ上で、
記入してください。

標 準 字 体	0 1 2 3 4 5 6 7 8 9 ゛ ゜ ー
	ア イ ウ エ オ カ キ ク ケ コ サ シ ス セ ソ タ チ ツ テ ト ナ ニ ヌ
	ネ ノ ハ ヒ フ ヘ ホ マ ミ ム メ モ ヤ ユ ヨ ラ リ ル レ ロ ワ ン

標準字体で記入してください。

※ 帳票種別	①管轄局署	②業通別	③保留	⑥処理区分	④受付年月日
3 4 5 9 0		1　1業通 3通	1全レセ 3全給付		※

⑤労働保険番号
府県	所掌	管轄	基幹番号	枝番号
1 4	1	0 1	0 0 4 6 5 0	0 0 0

年金証書番号記入欄

⑧性別	⑨労働者の生年月日	⑩負傷又は発病年月日
1明治 3大正 5昭和 7平成	元号 年 月 日	元号 年 月 日
1男 1女	5 4 8 0 6 2 1	9 0 7 0 1 2 1

1~9年は右に　　1~9月は右に　　1~9日は右に　　1~9年は右に　　1~9月は右に　　1~9日は右に

⑫労働者の

シメイ(カタカナ)：姓と名の間は1文字あけて記入してください。濁点・半濁点は1文字として記入してください。

サ カ モ ト　カ ズ オ

氏名　坂本　和雄　　　　　(50歳)

郵便番号　5 5 7 - 0 0 0 0

フリガナ　フジサワシヤマシタチョウ

住所　藤沢市山下町6-×-×

職種　プレス工

⑬兼業　※
⑦支給・不支給決定年月日
元号	年	月	日
※

⑭請求　※
⑪再発年月日
元号	年	月	日
※

⑮複災 ※	⑯三者	⑰特疾	⑱特別加入者
	1自 3労 5他	1許可疾病 3その他	

㉖傷病性質(業)
※

⑰負傷又は発病の時刻
午(前・後) 2時30分頃

⑱災害発生の事実を確認した者の職名、氏名
職名　班長
氏名　宮下一郎

⑲災害の原因及び発生状況　(あ)どのような場所で(い)どのような作業をしているときに(う)どのような物又は環境に(え)どのような不安全な又は有害な状態があって(お)どのような災害が発生したか(か)⑩と初診日が異なる場合はその理由を詳細に記入すること

プレス工場内において材料（重ねた鉄板重量70kg）を同僚と2人で運搬し、プレス機の前の床におろす際、誤って手をすべらせ持っていた鉄板とコンクリートの床面との間に、左手第2、3、4、5指をはさまれ負傷したもの。

⑳指定病院等の
名称　高橋病院　　　　　電話(045) 788 - ××××
所在地　横浜市金沢区長浜町3-×-×　　〒 250 - 0000

㉑傷病の部位及び状態　左手示指基部骨骨折、左手中、薬、小指挫傷

⑫の者については、⑩、⑰及び⑱に記載したとおりであることを証明します。

令和7年 1月 22日

事業の名称　株式会社戸塚工作所　　　　電話(045)788 - ××××

事業場の所在地　横浜市金沢区1-×-×　　〒 236 - 0000

事業主の氏名　代表取締役　戸塚　昭雄

(法人その他の団体であるときはその名称及び代表者の氏名)

労働者の所属事業
場の名称・所在地　　　　　　　　　　　電話(　) 　 -

(注意)　1　労働者の所属事業場の名称・所在地については、労働者が直接所属する事業場が一括適用の取扱いを受けている場合に、労働者が直接所属する支店、工事現場等を記載してください。
2　派遣労働者について、療養補償給付又は複数事業労働者療養給付のみの請求がなされる場合にあっては、派遣先事業主は、派遣元事業主が証明する事項の記載内容が事実と相違ない旨裏面に記載してください。

上記により療養補償給付又は複数事業労働者療養給付たる療養の給付を請求します。

令和7年 1月 28日

横浜南　労働基準監督署長 殿

〒 251 - 0000　　　　　　　電話(0466) 23 -××××

高橋　　病院　診療所　薬局　訪問看護事業者　経由

請求人の　住所　藤沢市山下町6-×-×　　(　 方)
氏名　坂本和雄

支不支給決定決議書

署 長	副署長	課 長	係 長	係	決定年月日	・ ・
					不支給の理由	
調査年月日	・ ・	・ ・	・ ・			
復命書番号	第　号	第　号	第　号			

(この欄は記入しないでください。)

※印の欄は記入しないでください。(職員が記入します。)

折り曲げる場合には(◀)の所を谷に折りさらに2つ折りにしてください。

122

業務上で病気やけがをしたとき

様式第6号	労働者災害補償保険 療養補償給付及び複数事業労働者療養給付たる 療養の給付を受ける指定病院等（変更）届 　　　　　　　　　　　　　　　　　　　　　*インクの色黒*
どんなとき	業務上負傷し、又は疾病にかかり、療養補償給付を受けている人が、指定病院等を変更するとき。
だ れ が	被災労働者（本人）
だ れ に	変更した病院・診療所・薬局を経由して所轄の労働基準監督署長
い つ ま で	変更しようとするとき速やかに
部　　数	1　部
根 拠 条 文	則第12条第3項、第18条の3の7第1項
ポ イ ン ト	一般に、患者の転医は自由になっています。
作 成 上 の ポ イ ン ト	1　記載すべき事項のない欄は空欄のままとし、事項を選ぶ場合は、該当する事項を丸で囲んでください。 2　⑤欄の説明は、どこで、何をしていて、何が、どうして、どこが、どうなったか、必ず原因⇒過程⇒結果を入れてわかりやすく記入してください。

②指定病院等（変更）届に証明

（注）指定病院等への届出の提出が離
　　職後である場合には、事業主の
　　証明を受ける必要はありません

事業主

①診療を受けていた

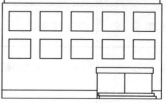

労働基準監督署

③療養の給付を受ける指定病院等（変更）届

◎様式の⑥欄、変更理由を必ず記入すること

④指定病院等（変更）届

変更前の病院

変更後の病院

様式第6号（表面）

労働者災害補償保険

療養補償給付たる療養の給付を受ける指定病院等（変更）届

横浜南 労働基準監督署長　殿　　　　　　　　　　　7 年 2 月 18 日

湘南外科	病　　院 診 療 所 薬　　局 訪問看護事業者	経由

〒251－0000

電話（0466） 23 －××××

届出人の　　住 所　　藤沢市山下町6-×-×　　　　　　　　　　方

氏 名　坂本和男

下記により療養補償給付たる療養の給付を受ける指定病院等を（変更するので）届けます。

① 労 働 保 険 番 号					③ 労 働 者 の	氏 名	坂 本 和 男　　男・女	④負傷又は発病年月日
府県	所掌	管轄	基幹番号	枝番号				
14	1	01	004650	0000		生年月日	昭和48 年 6 月 21日（50 歳）	7年 1月 21日
② 年 金 証 書 の 番 号						住 所	藤沢市山下町6-×-×	午前 後　 2 時30分頃
管轄局	種別	西暦年	番　号			職 種	プレス工	

⑤ 災害の原因及び発生状況　（あ）どのような場所で（い）どのような作業をしているときに（う）どのような物又は環境に（え）どのような不安全な又は有害な状態があって（お）どのような災害が発生したかを簡明に記載すること。

プレス工場内において、材料（重ねた鉄板、重量約70kg）を同僚と二人で運搬し、プレス機の前の床に降ろす際、誤って手をすべらせ、持っていた鉄板とコンクリートの床面との間に左手第2、3、4、5指をはさまれ負傷したもの。

③の者については、④及び⑤に記載したとおりであることを証明します。

7 年 2 月 18 日

事業の名称　㈱ 戸塚工作所

〒 236 － 0000　　電話（ 045 ） 788 －××××

事業場の所在地　横浜市金沢区亀町1-×-×

事業主の氏名　代表取締役　戸塚昭雄

（法人その他の団体であるときはその名称及び代表者の氏名）

⑥ 指定病院等の変更	変 更 前 の	名 称	高橋病院	労災指定 医番号	
		所在地	横浜市金沢区長浜町3-×-×	〒236 － 0011	
	変 更 後 の	名 称	湘南外科病院		
		所在地	藤沢市山下町9-×-×	〒251 － 0000	
	変 更 理 由		通院が不便なため、自宅近くの湘南外科病院に転医		
⑦	傷病補償年金の支給を受けることとなった後に療養の給付を受けようとする指定病院等の	名 称			
		所在地		〒 －	
⑧	傷 病 名		左手示指基節骨骨折、左手中、薬、小指挫傷		

業務上で病気やけがをしたとき

様式第7号（1） 様式第7号（2） 様式第7号（3） 様式第7号（4） 様式第7号（5）	労働者災害補償保険 療養補償給付及び複数事業労働者療養給付たる療養の費用請求書 インクの色黒
どんなとき	業務上負傷し、又は疾病にかかり、労災指定病院等以外の病院や診療所、薬局に行ったとき、柔道整復師から手当を受けたとき、はり師及びきゅう師、あん摩マッサージ指圧師から手当を受けたとき、労災指定訪問看護事業者以外の訪問看護事業者による訪問看護を受けたとき。なお労災指定病院等で療養を受けている場合であっても治療機材及び装具の支給等にはこの請求書を使用します。
だ れ が	被災労働者（本人）
だ れ に	所轄労働基準監督署長
い つ ま で	療養の費用を支払った日の翌日から2年以内に
部 数	1　部
根 拠 条 文	法第12条の8、第13条第3項、第20条の2、第20条の3、則第12条の2、第13条の3の8、労基法第75条
ポ イ ン ト	1　現金給付の制度で、傷病が治るまでの療養費が支給されます。請求書には、領収書や請求書など、療養に要した費用を証明する資料を添付します。 2　事業主と診療した担当医師の証明が必要です。 3　療養補償給付、複数事業労働者療養給付は療養の給付が原則ですから、療養の費用の支給（指定病院等以外の療養）は相当の理由がある場合に限られます。
特に注意すること	◎様式7号（1）の注意 　費用についての明細書、看護移送等をした人の請求書か領収書を忘れずに添付してください。 ◎様式7号（5）の注意 　主治医から交付された訪問看護指示書の写を添付してください。
作成上のポイント	◎様式7号（1）（2）（3）（4）（5）に共通した注意事項をよく読んでください。 　各様式の（注意）欄に詳しく書いています。 ◎様式7号（2）……薬局から薬剤の支給を受けた場合に提出します。 ◎様式7号（3）……柔道整復師から手当を受けた場合に提出します。 ◎様式7号（4）……はり師及びきゅう師、あん摩マッサージ指圧師から手当を受けた場合に提出します。 ◎様式7号（5）……訪問看護事業者から訪問看護を受けた場合に提出します。
給 付 額	現金給付の制度で、傷病が治るまでの療養費が支給されます。

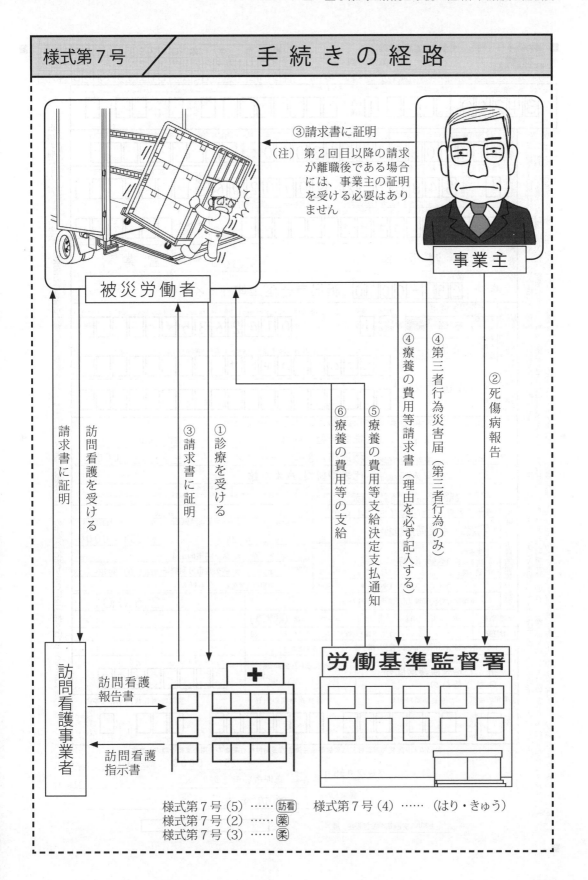

様式第7号　　　手 続 き の 経 路

③請求書に証明

（注）第2回目以降の請求
　　が離職後である場合
　　には、事業主の証明
　　を受ける必要はあり
　　ません

事業主

被災労働者

④療養の費用等請求書（理由を必ず記入する）

④第三者行為災害届（第三者行為のみ）

②死傷病報告

請求書に証明

訪問看護を受ける

③請求書に証明

①診療を受ける

⑥療養の費用等の支給

⑤療養の費用等支給決定支払通知

訪問看護事業者

訪問看護報告書

訪問看護指示書

労働基準監督署

様式第7号（5）……訪看
様式第7号（2）……薬
様式第7号（3）……柔

様式第7号（4）……（はり・きゅう）

労働者災害補償保険

業務災害用
複数業務要因災害用

第　　回

療養補償給付及び複数事業労働者療養給付たる療養の費用請求書（同一傷病分）

標	準	字	体	0	1	2	3	4	5	6	7	8	9	゛	゜	ー
ア	イ	ウ	エ	オ	カ	キ	ク	ケ	コ	サ	シ	ス	セ	ソ	タ	チ	ツ	テ	ト	ナ	ニ	ヌ
ネ	ノ	ハ	ヒ	フ	ヘ	ホ	マ	ミ	ム	メ	モ	ヤ	ユ	ヨ	ラ	リ	ル	レ	ロ	ワ	ン

※ 帳票種別　③411管轄局署　②業通別　③受付年月日　⑩三者コード　⑪委任未支給　⑫特別加入者　⑬審査コード

帳票種別 `3 4 2 6 0`

②業通別 `1` 1業通 / 3通

③受付年月日

⑩三者コード 1自3労5他

⑪委任未支給 1委任3未支給5未委

③
労働保険番号 `1 4 1 0 8 0 0 6 8 1 3 0 0 0`

④年金証書の番号 管轄局　種別　西暦年　番号

⑤労働者の性別 `1`（男1 女3）

⑥労働者の生年月日 `5 4 8 0 7 1 2`（1明治2大正3昭和5平成7令和）

⑦負傷又は発病年月日 `9 0 7 0 2 0 6`

⑭金融機関コード　金融機関　店舗

⑮郵便局コード

シメイ（カタカナ）：姓と名の間は1文字あけて記入してください。濁点・半濁点は1文字として記入してください。

`ワ タ ナ ヘ ゛ 　 ユ キ ヒ サ`

労働者の
氏名　渡辺幸久　（50歳）
職種　営業

住所　⑧郵便番号 `2 5 1 - 0 0 0 0`　藤沢市辻堂上町1-×

新規・変更

振込を希望する金融機関の名称

東洋　（銀行・金庫・農協・漁協・信組）

藤沢　（本店・本所・支店・支所・出張所）

口座名義人　渡辺幸久

⑯預金の種類 `1`（1普通3当座）

⑰口座番号 `0 1 4 2 6 3 5`

メイギニン（カタカナ）：姓と名の間は1文字あけて記入してください。濁点・半濁点は1文字として記入してください。

⑱ `ワ タ ナ ヘ ゛ 　 ユ キ ヒ サ`

⑲（つづき）メイギニン（カタカナ）

⑨の者については、⑦並びに裏面の（ヌ）及び（ヲ）に記載したとおりであることを証明します。

7年2月21日

事業の名称　株式会社 八木　電話（0466）43 - ××××

事業場の所在地　藤沢市八部町3-×××　〒251 - 0000

事業主の氏名　代表取締役 八木友雄
（法人その他の団体であるときはその名称及び代表者の氏名）

（注意）派遣労働者について、療養補償給付又は複数事業労働者療養給付のみの請求がなされる場合にあっては、派遣先事業主は、派遣元事業主が証明する事項の記載内容が事実と相違ない旨裏面に記載してください。

医師又は歯科医師等の証明

療養の内容		
（イ）期間	7年2月6日から　年　月　日まで　1日間　診療実日数　　　日	
（ロ）傷病の部位及び傷病名	右足関節捻挫	
（ハ）傷病の経過の概要	経過良好	
	7年2月6日　治癒（症状固定）　継続中・転医・中止・死亡	

⑨の者については、（イ）から（ニ）までに記載したとおりであることを証明します。

7年2月24日　〒253 - 0000

病院又は診療所の　所在地　茅ヶ崎市向山4-×
名称　茅ヶ崎市外科病院　電話（03）3998-××××

診療担当者氏名　宮本好夫

（ニ）療養の内訳及び金額（内訳裏面のとおり。）　`2 6 0 0`円

（ホ）看護料　年　月　日から　年　月　日まで　日間（看護師の資格の有・無）

（ヘ）移送費　　から　　まで　片道・往復　キロメートル　回

（ト）上記以外の療養費（内訳別紙請求書又は領収書　枚のとおり。）

（チ）療養の給付を受けなかった理由
近くに指定医療機関がなかったため

⑳療養に要した費用の額（合計） 千万 百万 十万 万 千 百 十 円 `2 6 0 0`

㉑費用の種別	㉒療養期間の初日	㉓療養期間の末日	㉔診療実日数	㉕転帰事由
※ 1診療2看護3移送4補装具5診断書	元号　年　月　日	元号　年　月　日	日	1治癒（症状固定）3継続4転医7中止9死亡
	から	まで		

上記により療養補償給付又は複数事業労働者療養給付たる療養の費用の支給を請求します。

〒251 - 0000　電話（0466）34 - ××××

7年2月25日

請求人の
住所　藤沢市辻堂上町1-×　（　　方）
氏名　渡辺幸久

藤沢 労働基準監督署長　殿

■　様式第7号（2）（表面）　　労働者災害補償保険

標 準 字 体	0	1	2	3	4	5	6	7	8	9	゛	゜	ー
	ア	イ	ウ	エ	オ	カ	キ	ク	ケ	コ	サ	シ	ス	セ	ソ	タ	チ	ツ	テ	ト	ナ	ニ	ヌ
	ネ	ノ	ハ	ヒ	フ	ヘ	ホ	マ	ミ	ム	メ	モ	ヤ	ユ	ヨ	ラ	リ	ル	レ	ロ	ワ	ン

業務災害用
複数業務要因災害用

第　回

療養補償給付及び複数事業労働者療養給付たる療養の費用請求書（同一傷病分）

（薬）

※ 帳票種別　　3 4 2 6 1　　①管轄局署　　②業通別　1 業通 3 通　　元号付年月日　　⑩三者コード　　⑪委任未支給　　⑫特別加入者　　⑬審査コード
委任 1 未支給 3 未 5 5 他

③労働保険番号　府県 1 4 所掌 1 管轄 0 8 基幹番号 0 0 6 8 1 3 枝番号 0 0 0　　④管轄局 種別 西暦年 番号
年金証書の番号

⑤労働者の性別　1 男 3 女　1　　⑥労働者の生年月日　明治1 大正3 昭和5 平成7 令和9　5 4 8 0 7 1 2　　⑦負傷又は発病年月日　元号 9 0 7 0 2 0 6
1〜9年は右1〜9月は右1〜9日は右

⑭金融機関コード　金融機関　店舗

⑨労働者の　シメイ（カタカナ）：姓と名の間は1文字あけて記入してください。濁点・半濁点は1文字として記入してください。
ワ タ ナ ヘ ゛ 　 ユ キ ヒ サ

※⑮郵便局コード

氏名　渡辺幸久　（50歳）　　職種　営業

住所　⑳郵便番号　2 5 1 - 0 0 0 0　藤沢市辻堂上町1-×

新規　変更

振込を希望する金融機関の名称　銀行・金庫 農協・漁協 信組　東洋　本店・本所 出張所 ○○支店・支所
口座名義人

藤沢

渡辺幸久

⑯預金の種類　1 普通 3 当座　1　　⑰口座番号（左詰め。ゆうちょ銀行の場合は、記号（5桁）は左詰め、番号は右詰めで記入し、空欄は「0」を記入）　0 1 4 2 6 3 5

メイギニン（カタカナ）：姓と名の間は1文字あけて記入してください。濁点・半濁点は1文字として記入してください。
⑱　ワ タ ナ ヘ ゛ 　 ユ キ ヒ サ

⑲　（つづき）メイギニン（カタカナ）

⑨の者については、⑦並びに裏面の（ホ）及び（ト）に記載したとおりであることを証明します。

7年 2月21日
事業の名称　株式会社　八木　　電話（0466）43 - ××××
事業場の所在地　藤沢市八部町3-×××　　〒251 - 0000
事業主の氏名　代表取締役　八木友雄
（法人その他の団体であるときはその名称及び代表者の氏名）

（注意）派遣労働者について、療養補償給付又は複数事業労働者療養給付のみの請求がなされる場合にあっては、派遣先事業主は、派遣元事業主が証明する事項の記載内容が事実と相違ない旨裏面に記載してください。

（イ）傷病名
右足関節捻挫

⑨の者については、（イ）に記載したとおりであることを証明します。

7年2月24日
所在地　茅ヶ崎市向山4-×　　〒253 - 0000
病院又は診療所の名称　茅ヶ崎市外科病院　　電話（03）3998-××××
診療担当者氏名　宮本好夫

薬剤師の証明

⑨の者については、（ロ）、⑳に記載したとおりであること及び（ロ）、⑳に記載した事項は宮本好夫　医師の処方に基づくものであることを証明します。

7年2月24日
所在地　茅ヶ崎市向山4-×　　〒253 - 0000
薬局の名称　吉田薬局　　電話（03）3998 - ××××
調剤担当者氏名　吉田由美恵

（ロ）療養の内容期間　7年 2月 6日から 年 月 日まで 1日間 調剤実日数 日

（ハ）療養の給付を受けなかった理由

⑳療養に要した費用の額（内訳裏面のとおり。）　千万 百万 十万 万 千 百 十 円　3 0 0 0

㉑療養期間の初日　元号 年 月 日　から　㉒療養期間の末日　元号 年 月 日　まで　㉓調剤数量
1〜9年は右 1〜9月は右 1〜9日は右　1〜9年は右 1〜9月は右 1〜9日は右

上記により療養補償給付又は複数事業労働者療養給付たる療養の費用の支給を請求します。

7年 2月25日

〒251 - 0000　電話（0466）34 - ××××
請求人の　住所　藤沢市辻堂上町1-×××　（　　　方）
氏名　渡辺幸久

藤沢　労働基準監督署長　殿

（注意）一、記入枠の部分は、必ず黒のボールペンを使用し、⑧記載すべき事項のない欄又は記入枠は、空欄のままとし、⚪︎□□で表示された枠（以下、記入枠という。）に記入する文字は、光学式文字読取装置（OCR）で直接読取りを行うので、汚したり、穴をあけたり、⚪︎の欄並びに⑤及び⑦欄の元号について及び⑧欄以外の⚪︎の欄については記載しないでください。二、□□□□で表示された枠（以下、記入枠という。）に記入する文字は、様式右上に記載された「標準字体」にならって、枠からはみ出さないように大きめのカタカナ及びアラビア数字で明瞭に記載してください。（なお、⑤、⑥及び⑧、⑱欄並びに⑲及び⑦欄の元号については必ず記入枠に記入してください。）三、※印の欄は記入しないでください。（職員が記入します。）◎裏面の注意事項を読んでから記入してください。折り曲げる場合には◀の所を谷に折りさらに2つ折りにしてください。

129

様式第7号（3）（表面）　労働者災害補償保険

業務災害用
複数業務要因災害用

第　回

療養補償給付及び複数事業労働者療養給付たる療養の費用請求書(同一傷病分)

標準字体	0	1	2	3	4	5	6	7	8	9	゛	゜	ー
	ア	イ	ウ	エ	オ	カ	キ	ク	ケ	コ	サ	シ	ス
	セ	ソ	タ	チ	ツ	テ	ト	ナ	ニ	ヌ			
	ネ	ノ	ハ	ヒ	フ	ヘ	ホ	マ	ミ	ム	メ	モ	ヤ	ユ	ヨ	ラ	リ	ル	レ	ロ	ワン

柔

※ 帳票種別　3 4 2 6 2

① 管轄局署　② 業通別　1 | 1業 3通 | ③受付年月日 | ⑩三者コード | ⑪委任未支給 1委任 7未委 | ⑫特別加入者 自3 5他 未支 | ⑬審査コード

③ 労働保険番号　1 4 1 0 8 0 0 6 8 1 3 0 0 0

④ 年金証書の番号　管轄局　種別　西暦年　番号

⑤ 労働者の性別　1男 3女　1

⑥ 労働者の生年月日　明治1 大正3 昭和5 平成7 令和9　5 4 8 0 7 1 2

⑦ 負傷又は発病年月日　9 0 7 0 2 0 6

※⑭金融機関コード　金融機関　店舗

⑨ 労働者の

シメイ（カタカナ）：姓と名の間は1文字あけて記入してください。濁点・半濁点は1文字として記入してください。

ワ タ ナ ヘ゛ 　 ユ キ ヒ サ

⑮※郵便番号コード

氏名　渡辺幸久　（50歳）　職種　営業

住所　⑧郵便番号　251-0000　藤沢市辻堂上町1-×

新規・変更

振込する金融機関の名称　東洋　銀行・金庫・農協・漁協・信組　本店・本所 出張所 支店・支所　藤沢

口座名義人　渡辺幸久

⑯預金の種類　1普通 3当座　1

⑰口座番号（左詰め。ゆうちょ銀行の場合は、記号（5桁）は左詰め、番号は右詰めで記入し、空欄には「0」を記入）　0 1 4 2 6 3 5

⑱ メイギニン（カタカナ）：姓と名の間は1文字あけて記入してください。濁点・半濁点は1文字として記入してください。

ワ タ ナ ヘ゛ 　 ユ キ ヒ サ

⑲ （つづき）メイギニン（カタカナ）

⑨の者については、⑦並びに裏面の（ホ）及び（ト）に記載したとおりであることを証明します。

7年2月24日

事業の名称　株式会社　八木　電話（0466）43 -xxxx

事業場の所在地　藤沢市八部町3-×××　〒251-0000

事業主の氏名　代表取締役 八木友雄

（法人その他の団体であるときはその名称及び代表者の氏名）

（注意）派遣労働者について、療養補償給付又は複数事業労働者療養給付のみの請求がなされる場合にあっては、派遣先事業主は、派遣元事業主が証明する事項の記載内容が事実と相違ない旨裏面に記載してください。

柔道整復師の証明

⑨の者については、（イ）から（ハ）まで及び㉑に記載したとおりであることを証明します。　〒251-0000

7年2月24日　施術所の名称　岡田整骨院　電話（0466）34 -xxxx

住所　藤沢市辻堂上町3-××

氏名　岡田安男

療養の内容　（イ）期間　7年2月6日から　年　月　日まで　1日間　施術実日数　日

（ロ）傷病の部位及び傷病名　右足関節捻挫

（ハ）傷病の経過の概要

7年2月6日　治癒（症状固定） 継続中 転医・中止

⑳指定・指名番号　府県 種別　一連番号

㉑療養に要した費用の額（内訳裏面のとおり。）　千万 百万 十万 万 千 百 十 円　2 0 0 0

㉒療養期間の初日　元号　年　月　日　※

㉓療養期間の末日　元号　年　月　日

㉔施術実日数　日

㉕転帰事由　1治癒（症状固定） 3継続 5転医 7中止

上記により療養補償給付又は複数事業労働者療養給付たる療養の費用の支給を請求します。

〒251-0000　電話（0466）34 -xxxx

7年2月25日

請求人の

住所　藤沢市辻堂上町1-×　（　　方）

氏名　渡辺幸久

藤沢 労働基準監督署長 殿

130

■　様式第7号（4）（表面）　　労働者災害補償保険

業務災害用
複数業務要因災害用

第　　回

療養補償給付及び複数事業労働者療養給付たる療養の費用請求書(同一傷病分)

標　準　字　体	0	1	2	3	4	5	6	7	8	9	ﾞ	ﾟ	ー
	ア	イ	ウ	エ	オ	カ	キ	ク	ケ	コ	サ	シ	ス	セ	ソ	タ	チ	ツ	テ	ト	ナ	ニ	ヌ
	ネ	ノ	ハ	ヒ	フ	ヘ	ホ	マ	ミ	ム	メ	モ	ヤ	ユ	ヨ	ラ	リ	ル	レ	ロ	ワ	ン

はり・きゅう

※　帳票種別　**34263**　①管轄局署　②業通別 **1** 1業 3通　受付年月日　⑩三者コード　⑪委任末支給 1 委任 3 末支給 7はり師　⑫特別加入者　⑬審査コード

③労働保険番号 **1410800681 3000**　④年金証書の番号　管轄局　種別　西暦年　番号

⑤労働者の性別 1男 3女 **1**　⑥労働者の生年月日 明治1 大正3 昭和5 平成7 令和9 **548 0712**　⑦負傷又は発病年月日 **9070206**　※⑭金融機関コード

⑨労働者のシメイ(カタカナ) **ワタナヘ゛　ユキヒサ**　※⑮郵便局コード

氏名　**渡辺幸久**　(50歳)　職種　**営業**

住所　⑧郵便番号 **251-0000**　**藤沢市辻堂上町1-×**

新規　変更

振込を希望する金融機関の名称 **東洋** **藤沢**　口座名義人 **渡辺幸久**

⑯預金の種類 1普通 2当座 **1**　⑰口座番号 **0142635**

⑱メイギニン(カタカナ) **ワタナヘ゛　ユキヒサ**

⑲(つづき)メイギニン(カタカナ)

⑨の者については、⑦並びに裏面の(ホ)及び(ト)に記載したとおりであることを証明します。

7年2月21日

事業の名称　**株式会社　八木**　電話(0466) 43 - ×××追

事業場の所在地　**藤沢市八部町3-×××**　〒251 - 0000

事業主の氏名　**代表取締役　八木友雄**
(法人その他の団体であるときはその名称及び代表者の氏名)

(注意)派遣労働者について、療養補償給付又は複数事業労働者療養給付のみの請求がなされる場合にあっては、派遣先事業主は、派遣元事業主が証明する事項の記載内容が事実と相違ない旨裏面に記載してください。

⑨の者については、(イ)から(ハ)まで及び㉑に記載したとおりであることを証明します。　〒251 - 0000

7年2月24日

施術所の名称　**板橋マッサージ**　電話(0466) 34 - ××追
住所　**藤沢市辻堂上町5-××**
氏名　**板橋達夫**

療養の内容 (イ)期間 **7年2月6日**から 年 月 日まで **1**日間 施術実日数 日
(ロ)傷病の部位及び傷病名 **右足関節捻挫**
(ハ)傷病の経過の概要　7年2月6日 治癒(症状固定)・継続中・転医・中止

⑳指定・指名番号　府県 種別 一連番号

㉑療養に要した費用の額(内訳裏面のとおり。) **2800**

㉒療養期間の初日 ※　㉓療養期間の末日 から　まで　㉔施術実日数 日　㉕転帰事由 1治癒(症状固定) 3継続 5転医 7中止

上記により療養補償給付又は複数事業労働者療養給付たる療養の費用の支給を請求します。

7年2月25日

〒251 - 0000　電話(0466) 34 - ××追

請求人の　住所　**藤沢市辻堂上町1-×**　(方)

氏名　**渡辺幸久**

藤沢　労働基準監督署長　殿

131

様式第7号（5）（表面）　労働者災害補償保険

業務災害用
複数業務要因災害用

第　回

療養補償給付及び複数事業労働者療養給付たる療養の費用請求書(同一傷病分)

訪看

※ 帳票種別	①管轄局署	②業通別	③受付年月日	⑩三者コード	⑪委任未支給	⑫特別加入者	⑬審査コード
3 4 2 6 5		1 業 3 通	元号 年 月 日		1 委任 3 未支給 5 委末		

⑩ 1自 3労 5他

③労働保険番号　府県 所掌 管轄 基幹番号 枝番号
1 3 1 0 9 1 2 3 4 5 6 0 0 0

④年金証書の番号　管轄局 種別 西暦年 番号

⑤労働者の性別
1 男 2 女 → 1

⑥労働者の生年月日
元号（明治1 大正3 昭和5 平成7）→ 5 4 9 0 2 2 5

⑦負傷又は発病年月日
9 0 6 1 0 0 4

1〜9は右へ　1〜9は右へ　1〜9は右へ

⑭金融機関コード　金融機関　店舗

⑮※郵便局コード

⑨労働者の氏名
シメイ（カタカナ）：姓と名の間は1文字あけて記入してください。濁点・半濁点は1文字として記入してください。
ス ス ゛ キ　ヒ ロ シ

氏名　鈴木博　（50歳）　職種　鋳物工

住所　⑳郵便番号 1 7 7 - 0 0 3 3　練馬区高野台2-x-x

新規　変更

振込を希望する金融機関の名称

練馬　銀行・金庫・農協・漁協・信組

高野台　本店・本所 出張所 支店・支所

口座名義人　鈴木博

⑯預金の種類
1 普通 2 当座 → 1

⑰口座番号（左詰め。ゆうちょ銀行の場合は、記号（5桁）は左詰め、番号は右詰めで記入し、空欄には「0」を記入）
1 2 3 4 5 6

メイギニン（カタカナ）：姓と名の間は1文字あけて記入してください。濁点・半濁点は1文字として記入してください。
ス ス ゛ キ　ヒ ロ シ

⑱（つづき）メイギニン（カタカナ）

⑨の者については、⑦並びに裏面(ホ)及び(ト)に記載したとおりであることを証明します。

7 年 1 月 17 日

事業の名称　株式会社 練馬鋳物　電話(03)3992-xxxx
事業場の所在地　練馬区練馬1-x-x　〒 176 - 0001
事業主の氏名　代表取締役 練馬太郎
（法人その他の団体であるときはその名称及び代表者の氏名）

（注意）　派遣労働者について、療養補償給付又は複数事業労働者療養給付のみの請求がなされる場合にあっては、派遣先事業主は、派遣元事業主が証明する事項の記載内容が事実と相違ない旨裏面に記載してください。

医師証明欄

（イ）傷病名

⑨の者については、（イ）に記載したとおりであることを証明します。

7 年 1 月 17 日

病院又は診療所の　所在地　練馬区北町4-x-x　〒 179 - 0081
名称　北町病院　電話(03)3931-xxxx
診療担当者氏名　高松一郎

訪問看護事業者の証明

⑨の者については、(ロ)及び⑳に記載したとおりであること及び(ロ)に記載した事項は 高松一郎 医師の指示に基づくものであることを証明します。

7 年 1 月 24 日

訪問看護事業者の　所在地　練馬区桜台7-x-x　〒 176 - 0000
名称　桜台訪問看護ステーション　電話( )　-
訪問看護担当者　島村看子

療養の内容　(ロ)期間　6 年 12 月 1 日から　6 年 12 月 28 日まで　28 日間　訪問看護の日数 10 日

⑳療養に要した費用の額（内訳裏面のとおり。）
百万 十万 万 千 百 十 円
8 5 1 5 0

(ハ)療養の給付を受けなかった理由
近くに訪問指定看護事業所がなかったため

⑳訪問開始年月日　元号 年 月 日
⑳訪問終了年月日　元号 年 月 日
⑳実日数

※ □□□ から □□□ まで □□ 日

1〜9は右へ　1〜9は右へ　1〜9は右へ

上記により療養補償給付又は複数事業労働者療養給付たる療養の費用の支給を請求します。

7 年 1 月 26 日　〒 177 - 0033　電話(03)5372-xxxx

請求人の　住所　練馬区高野台2-x-x　（ 方）
氏名　鈴木博

池袋 労働基準監督署長 殿

（注意）
一、□□□で表示された枠（以下、記入枠という。）に記入する文字は、光学式文字読取装置（OCR）で直接読取りを行うので、汚したり、穴をあけたり、必要以上に強く折り曲げたり、のりづけしたりしないでください。

二、記入枠の部分は、必ず黒のボールペンを使用し、様式右上に記載された「標準字体」にならって、枠からはみださないように大きめのカタカナ及びアラビア数字で明瞭に記載してください。（ただし、⑤及び⑯欄並びに⑥及び⑦欄の元号及び⑦欄の番号を記入枠に記入してください。）

三、記入すべき事項のない欄又は記入枠は、空欄のままとし、事項を選択する場合には該当事項を○で囲んでください。（ただし、⑤及び⑯欄並びに⑥及び⑦欄の元号については該当番号を記入枠に記入してください。）

右側縦書き

※印の欄は記入しないでください。（職員が記入します。）

◎ 裏面の注意事項を読んでから記入してください。

折り曲げる場合には（◀）の所を谷に折りさらに2つ折りにしてください。

132

様式第7号（5）（裏面）

(ニ)　労働者の所属事業場の名称・所在地	株式会社 練馬鋳物　練馬区北町1-×-×	(ホ)　負傷又は発病の時刻	午前（後）　4 時　00分頃	(ヘ)　災害発生の事実を確認した者の	職名 代表取締役　氏名 練馬太郎

(ト)災害の原因及び発生状況	(あ)どのような場所で(い)どのような作業をしているときに(う)どのような物又は環境に(え)どのような不安全な又は有害な状態があって(お)どのような災害が発生したか(か)⑦と初診日が異なる場合はその理由を詳細に記入すること。
	〈略〉

療養の内訳及び金額

傷病の経過	じん肺症により、入院療養していたが、症状が安定してきたため、主治医の指示により自宅療養とし、経過を観察することとした

基本療養費	看護師等	5,300 円× 8 日 42,400 円
	准看護師	4,800 円× 2 日 9,600 円
		円× 日 円
	加算 円 加算 円
	加算 円 加算 円

| 指示期間（特別指示期間） | 6 年11月29日～ 年 月 日／ 年 月 日～ 年 月 日 |
| | 年 月 日～ 年 月 日／ 年 月 日～ 年 月 日 |

精神科基本療養費	看護師等	円× 日 円
		円× 日 円
	准看護師	円× 日 円
		円× 日 円
	加算 円 加算 円
	加算 円 加算 円

訪問日
① 2 3 ④ 5 6 ⑦
8 9 ⑩ 11 12 ⑬ 14
15 ⑯ 17 18 ⑲ 20 21
㉒ 23 24 ㉕ 26 27 ㉘
29 30 31

管理療養費	初 日 7,050 円
	2 日目以降 9 日 26,100 円
	加算 円 加算 円
	加算 円 加算 円

主治医への直近報告年月日	6 年 12 月 28 日

情報提供療養費	円

提供した情報の概要

ターミナルケア療養費	死亡年月日 年 月 日	円

情報提供先の市(区)町村の名称

合 計	85,150 円

(注意)
1．共通の注意事項
（1）　この請求書は、訪問看護事業者から訪問看護を受けた場合に提出すること。
（2）　(ニ)は、労働者が直接所属する事業場が一括適用の取扱いを受けている場合に、労働者が直接所属する支店、工事現場等を記載すること。
2．傷病補償年金又は複数事業労働者傷病年金の受給権者が当該傷病に係る療養の費用を請求する場合以外の場合の注意事項
（1）　④は、記載する必要がないこと。
（2）　(ヘ)は、災害発生の事実確認した者(確認した者が多数あるときは最初に発見した者)を記載すること。
（3）　(ヘ)及び(ト)は、第2回以後の請求の場合には記載する必要がないこと。
（4）　第2回以後の請求が離職後である場合には事業主の証明は受ける必要がないこと。
3．傷病補償年金又は複数事業労働者傷病年金の受給権者が当該傷病に係る療養の費用を請求する場合の注意事項
（1）　③、⑥、⑦、(ホ)、(ヘ)及び(ト)は記載する必要がないこと。
（2）　事業主の証明は受ける必要がないこと。
4．「療養の内訳及び金額」の各欄に書き切れない場合は、余白に記載するか、別紙を添付すること。
5．複数事業労働者療養給付の請求は、療養補償給付の支給決定がなされた場合、遡って請求されなかったものとみなすこと。
6．㉔「その他就業先の有無」欄の記載がない場合又は複数就業していない場合は、複数事業労働者療養給付の請求はないものとして取り扱うこと。
7．疾病に係る請求の場合、脳・心臓疾患、精神障害及びその他二以上の事業の業務を要因とすることが明らかな疾病以外は、療養補償給付のみで請求されること。

㉔その他就業先の有無	
有	有の場合のその数（ただし表面の事業場を含まない）　　社
無	
有の場合でいずれかの事業で特別加入している場合の特別加入状況（ただし表面の事業を含まない）	労働保険事務組合又は特別加入団体の名称
	加入年月日　　年 月 日
	労働保険番号（特別加入）

派遣先事業主証明欄	派遣元事業主が証明する事項(表面の⑦並びに(ホ)及び(ト))の記載内容について事実と相違ないことを証明します。	
	年 月 日	事業の名称　　　　　　　　　　　　　　　電話( ) －
		事業場の所在地　　　　　　　　　　　　　〒 －
		事業主の氏名
		(法人その他の団体であるときはその名称及び代表者の氏名)

社会保険労務士記載欄	作成年月日・提出代行者・事務代理者の表示	氏 名	電 話 番 号
			( ) －

業務上で病気やけがをしたとき

様式第8号	労働者災害補償保険 休 業 補 償 給 付 支 給 請 求 書 複数事業労働者休業給付請求書 休 業 特 別 支 給 金 支 給 申 請 書　　　　インクの色黒
どんなとき	業務上負傷し、又は疾病にかかって療養のため働けず、賃金（給付）を受けない日が4日以上に及ぶとき。
だ れ が	被災労働者（本人）
だ れ に	所轄労働基準監督署長
い つ ま で	休業した日の翌日から2年以内に
部 数	1 部
根 拠 条 文	法第12条の8、第14条、第20条の2、第20条の4、則第13条、則第18条の3の9、労基法第76条、特別支給金支給規則第2条、第3条
ポ イ ン ト	1　**休業4日目以降**。原則として休業1日につき給付基礎日額の60％相当額が支給されます。また、その日が被災労働者にとって休日であっても支給されます。 2　**休業3日目までは、事業主が**労働基準法上の休業補償費を支給しなければなりません。 3　単独の事業場で働く労働者が被災したときは休業補償給付、複数事業労働者（事業主が同一人でない2以上の事業に使用される労働者）が被災したときは複数事業労働者休業給付を申請しますが、申請に用いる様式は両者共用です。
特 に 注 意することと	給付基礎日額は平均賃金と間違いやすいので注意してください。 給付基礎日額及び平均賃金の算定方法の説明は、本書基礎知識の項（P 43～46）を参照してください。 ◎⑲⑳欄、所定の労働時間後に負傷した場合は、その日を除いて記載すること。 ◎請求人が特別加入者であるときは、本様式の注意事項五を読んで記載してください。
作 成 上 のポ イ ン ト	休業補償給付、複数事業労働者休業給付のいずれを適用するか、および複数事業労働者として給付基礎日額を計算すべきか否かを判断するため、様式第8号の裏面には「その他就業先の有無（有の場合はその状況）」に関する欄が設けられています。 なお、複数事業労働者が休業補償又は複数事業労働者休業給付を請求する際には、副業先等（請求書に記載した事業場以外の就労先）が、様式第8号（別紙3）に労働保険番号、平均賃金、療養のため労働できなかった期間等を記載します。
給 付 額	1　支給額＝（給付基礎日額$\times\frac{60}{100}$）×休業日数 　　　ただし、**休業1日目～3日目までは含みません。** 2　所定労働時間の一部分についてのみ就労した場合の休業補償給付の額は 　　　支給額＝〔（給付基礎日額）－（一部休業日の労働に対し支払われる賃金の額）〕$\times\frac{60}{100}$

様式第8号 ／ 手続きの経路

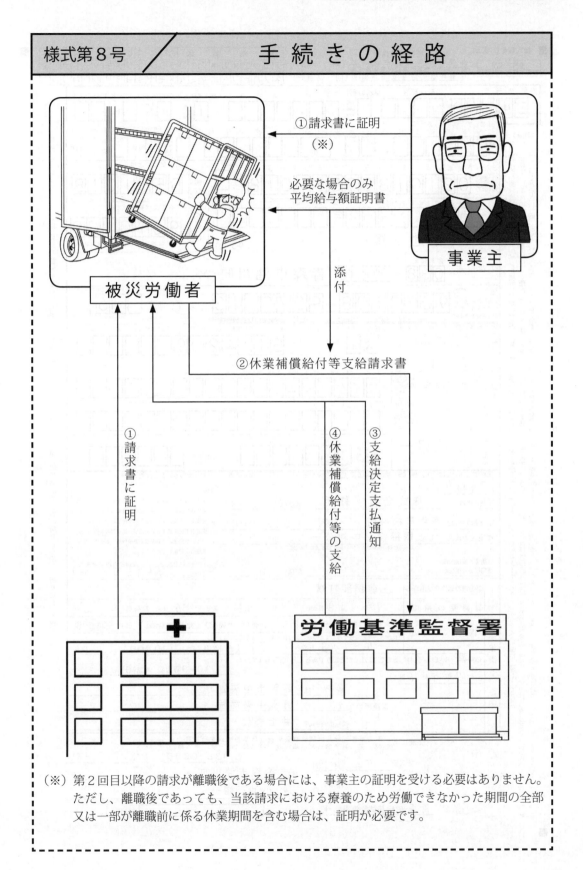

①請求書に証明
（※）

必要な場合のみ
平均給与額証明書

事業主

添付

被災労働者

②休業補償給付等支給請求書

①請求書に証明

④休業補償給付等の支給

③支給決定支払通知

労働基準監督署

（※）第2回目以降の請求が離職後である場合には、事業主の証明を受ける必要はありません。
　　　ただし、離職後であっても、当該請求における療養のため労働できなかった期間の全部
　　　又は一部が離職前に係る休業期間を含む場合は、証明が必要です。

様式第8号（表面）

業務災害用
複数業務要因災害用

労働者災害補償保険
休業補償給付支給請求書　第　回
複数事業労働者休業給付支給請求書
休業特別支給金支給申請書（同一傷病分）

標 準 字 体	0 1 2 3 4 5 6 7 8 9 ゙ ゚ ー
	ア イ ウ エ オ カ キ ク ケ コ サ シ ス セ ソ タ チ ツ テ ト ナ ニ ヌ
	ネ ノ ハ ヒ フ ヘ ホ マ ミ ム メ モ ヤ ユ ヨ ラ リ ル レ ロ ワ ン

※帳票種別 `3 4 3 6 0`　①管轄局署 `□□□□`　③新継再別 `□` (1新継 7再)　元号 付 年 月 日 `□ □□ □□ □□`　⑧業通別 `1` (1業 3通)　⑨三者コード `□` (1自 3労 5他)　⑩曜コード `□` (1日)　⑪特別加入者 `□` (1日)

⑰平均賃金　十万万千百十円　十銭　※ `□□□□□□．□□`　⑱特別給与の額　千百万十万万千百十円 `□□□□□□□□`　⑬日数変定 `□` (1賃2週3時4日)　⑳特支コード `□` (1特)　㉑表仕末支給 `□` (1委3末)　特別コード `□` (1特)

②労働保険番号　府県 所掌 管轄 基幹番号 枝番号 `0 2 1 0 1 8 0 9 5 5 1 0 1 8`　⑤労働者の性別 `1` (1男 3女)　⑥労働者の生年月日 `5 5 1 0 1 8` (明治1 大正3 昭和5 平成7 令和9)

⑫労働者の シメイ（カタカナ）：姓と名の間は1文字あけて記入してください。濁点・半濁点は1文字として記入してください。 `コ イ ケ ␣ シ ュ ウ イ チ`

氏名　小池　修一　（43歳）

⑯負傷又は発病年月日 `9 0 7 0 1 0 8` (明治1 大正3 昭和5 平成7 令和9)

⑰住所　郵便番号 `0 3 8 - 0 0 0 0`　青森市油川町 ×

⑲療養のため労働できなかった期間　元号 `9 0 7 0 1 0 8` から 元号 `9 0 7 0 1 1 3` まで `6` 日間のうち `□ □ 6` 日

下の欄の㉓、㉔、㉖、㉗、㉘欄は、口座を新規に届け出る場合又は届け出た口座を変更する場合のみ記入してください。

新規・変更

㉓預金の種類 `1` (1普通 3当座)　㉔口座番号（左詰め。ゆうちょ銀行の場合は、記号（5桁）は左詰め、番号は右詰めで記入し、空欄には「0」を記入。） `5 1 1 4 2 0 9 □ □ □`

振り込みを希望する金融機関・口座を希望

㉕金融機関の名称　松前信用　(銀行 金庫 農協漁協 信組)　油川　(本店 本所 支店 支所)

口座名義人　小池修一

㉖メイギニン（カタカナ）：姓と名の間は1文字あけて記入してください。濁点・半濁点は1文字として記入してください。 `コ イ ケ ␣ シ ュ ウ イ チ`

㉘（つづき）メイギニン（カタカナ）

㉗金融機関コード `□ □ □ □`　店舗コード `□ □ □`　㉒郵便局コード `□ □ □ □`

⑫の者については、⑦、⑲、⑳、㉒から㉘まで（㉘の（ハ）を除く。）及び別紙2に記載したとおりであることを証明します。

7年1月16日

事業の名称　株式会社　紅組　電話(017) 31 -×××
事業場の所在地　青森市桜井町×××　〒038-0000
事業主の氏名　代表取締役　中村公一
（法人その他の団体であるときはその名称及び代表者の氏名）

労働者の直接所属事業場名称所在地　電話（　　）　－

（注意）
1. ㉘の（イ）及び（ロ）については、⑫の者が厚生年金保険の被保険者である場合に限り証明してください。
2. 労働者の直接所属事業場名称所在地については、労働者が直接所属する事業場が一括適用の取扱いを受けている場合に、労働者が直接所属する支店、工事現場等を記載してください。

1回目の請求書には、必ず記入してください。　死傷病報告提出年月日 `7 年 1 月 9 日`

診療担当者の証明

㉘傷病の部位及び傷病名　左前腕部打撲

㉙療養の期間　7 年 1 月 8 日から　7 年 1 月 13 日まで　6 日間　診療実日数　6 日

傷病の経過　㉚療養の現況　7 年 1 月 15 日　治癒（症状固定）・死亡・転医・中止・継続中
㉛療養のため労働することができなかったと認められる期間　7 年 1 月 8 日から　7 年 1 月 13 日まで　6 日間のうち　6 日

⑫の者については、㉘から㉛までに記載したとおりであることを証明します。

7年1月16日

〒 030-0000　電話(017) 30 -×××

病院又は診療所の　所在地　青森市中央通り3－×
名称　青森中央病院
診療担当者氏名　井上秀俊

上記により 休業補償給付又は複数事業労働者休業給付 の支給を請求 します。
休業特別支給金 の支給を申請

〒 038-0000　電話(017) 31 -×××

7年1月19日

請求人の申請人の　住所　青森市油川町 ×　（　　方）
氏名　小池　修一

青森 労働基準監督署長 殿

（注意）
一、記入枠の部分は、必ず黒のボールペンを使用し、様式右上に記載された「標準字体」にならって、枠からはみださないように大きめのカタカナ及びアラビア数字で明瞭に記入してください。（ただし、⑤及び㉓欄並びに⑦及び⑲欄の元号については該当番号を○で囲んでください。）
二、記入枠の部分は、光学式文字読取装置（OCR）で直接読取りを行うので、汚したり、穴をあけたり、必要以上に強く折り曲げたり、のりづけしたりしないでください。
三、記入すべき事項のない欄又は記入枠は、空欄のままとし、事項を選択する場合には該当事項を○で囲んでください。（注意）□□□で表示された枠（以下、記入枠という。）に記入する文字は、

※印の欄は記入しないでください。（職員が記入します。）
◎裏面の注意事項を読んでから記入してください。
折り曲げる場合には◀▶の所を谷に折りさらに2つ折りにしてください。

136

様式第8号（裏面）

〔注　意〕

㉜　労働者の職種	㉝　負傷又は発病の時刻	㉞　平均賃金（算定内訳別紙1のとおり）
土　工	午前 10 時 30分頃	6,000 円　　　　　銭

㉟　所定労働時間	午前 8 時 30 分から午前 5 時 00分まで	㊱　休業補償給付額、休業特別支給金額の改定比率	平均給与額証明書のとおり

㊲　災害の原因、発生状況及び発生当日の就労・療養状況
（あ）どのような場所で（い）どのような作業をしているときに（う）どのような物又は環境に（え）どのような不安全な又は有害な状態があって（お）どのような災害が発生したか（か）⑦と初診日と災害発生日が同じ場合は当日所定労働時間内に通院したか、⑦と初診日が異なる場合はその理由を詳細に記入すること

油川町下水道工事で穴掘作業に従事中、そばに積んであったコンクリート管（重さ約200kg）が、突然くずれたため、逃げようとしたが左腕に受け負傷した。

㊳厚生年金保険等の受給関係	(イ) 基礎年金番号			(ロ) 被保険者資格の取得年月日		年　　月　　日	
	(ハ)当該傷病に関して支給される年金の種類等	年　金　の　種　類	厚生年金保険法の	イ　障害年金 ロ　障害厚生年金			
			国民年金法の	ハ　障害年金 ニ　障害基礎年金			
			船員保険法の	ホ　障害年金			
		障　害　等　級				級	
		支給される年金の額				円	
		支給されることとなった年月日		年　　　月　　　日			
		基礎年金番号及び厚生年金等の年金証書の年金コード					
		所轄年金事務所等					

㊴その他就業先の有無			
有	有の場合のその数（ただし表面の事業場を含まない）		社
無			
有の場合でいずれかの事業で特別加入している場合の特別加入状況（ただし表面の事業を含まない）	労働保険事務組合又は特別加入団体の名称		
	加入年月日		年　　月　　日
	給付基礎日額		円
	労働保険番号（特別加入）		

社会保険労務士記載欄	作成年月日・提出代行者・事務代理者の表示	氏　　　　名	電　話　番　号
			（　　）　－

一、所定労働時間後に負傷した場合には、⑲及び⑳欄については、当該負傷した日を除いて記載してください。

二、⑲欄には、平均賃金の算定基礎期間中に業務外の傷病の療養等のために休業した期間があり、その期間及びその期間中に受けた賃金の額を算定基礎から控除して算定した平均賃金に相当する額が平均賃金（算定内訳別紙1②欄に記載した額）を超える場合に記載し、控除する期間及び賃金の内訳を別紙1②欄に記載してください。この場合は、⑭欄及び⑲欄に平均賃金と当該平均賃金に相当する額を記載してください。

三、㉟欄の「賃金を受けなかった日」のうちに業務上等の負傷又は疾病による療養のため所定労働時間のうちその一部分についてのみ労働した日若しくは賃金が支払われた休暇が含まれる場合には、この算定方法を別紙1②欄に記載してください。

四、別紙2は、⑭欄の「賃金を受けなかった日」のうちに業務上等の負傷又は疾病による療養のため所定労働時間のうちその一部分について労働した日若しくは賃金が支払われた休暇がある場合に限り添付してください。

五、請求人（申請人）が災害発生事業場で特別加入者であるときは、⑭欄には、その者の給付基礎日額を記載してください。

（一）㉝及び㊲欄の事項を証明することができる書類その他の資料を添付してください。

（二）㉜欄から㊱までの欄及び㊲欄の事業主の証明は受ける必要はありません。

（三）別紙3は、㊴欄の「その他就業先の有無」で「有」に○を付けた場合に、その他就業先ごとに記載してください。その際、その他就業先ごとに注意二及び三の規定に従って記載した別紙1及び別紙2を添付してください。

六、第二回目以後の請求（申請）の場合には、

（一）㉜欄から㊱までの欄及び㊲欄は記載する必要はありません。

（二）⑲、⑳、㉝及び㊴欄については、前回の請求又は申請後の分について記載してください。

（三）㉜欄から㉟欄まで及び㊲欄の事業主の証明は受ける必要はありません。

（四）別紙1（平均賃金算定内訳）は付する必要はありません。

七、その請求（申請）が離職後である場合（療養のために労働することができなかった期間の全部又は一部が離職前にある場合を除く。）には、事業主の証明は受ける必要はありません。

八、複数事業労働者休業給付の請求は、休業補償給付の支給決定がなされた場合、遡って請求されなかったものとみなされます。

九、「その他就業先の有無」欄の記載がない場合又は複数就業していない場合、複数事業労働者休業給付の請求はないものとして取り扱います。

十、休業特別支給金の支給の申請のみを行う場合には、㉞欄は記載する必要はありません。

㊴その他就業先の有無」欄の記載がある場合、脳・心臓疾患、精神障害及びその他二以上の事業の業務を要因とすることが明らかな疾病以外は、休業補償給付のみで請求されることとなります。

137

様式第8号（別紙1） （表面）

労　働　保　険　番　号					氏　　　　名	災害発生年月日

府県	所掌	管轄	基幹番号	枝番号	小池修一	7 年 1 月 8 日
0 2	1	0 1	8 0 9 5 5 1	0 1 8		

平均賃金算定内訳

(労働基準法第12条参照のこと。)

雇入年月日	20 年 9 月 25 日	常用・日雇の別	（常用）日雇
賃金支給方法	（月給）・週給・（日給）・時間給・出来高払制・その他請負制	賃金締切日	毎月 末 日

<table>
<tr><td rowspan="8">A</td><td rowspan="8">月・週その他一定の期間によって支払ったもの</td><td colspan="2">賃金計算期間</td><td>10月 1日から
10月 31日まで</td><td>11月 1日から
11月 30日まで</td><td>12月 1日から
12月 31日まで</td><td colspan="2">計</td></tr>
<tr><td colspan="2">総 日 数</td><td>31 日</td><td>30 日</td><td>31 日</td><td>(イ)</td><td>92 日</td></tr>
<tr><td rowspan="6">賃

金</td><td>基 本 賃 金</td><td>円</td><td>円</td><td>円</td><td colspan="2">円</td></tr>
<tr><td>皆勤 手 当</td><td>0</td><td>0</td><td>10,000</td><td colspan="2">10,000</td></tr>
<tr><td>手 当</td><td></td><td></td><td></td><td colspan="2"></td></tr>
<tr><td></td><td></td><td></td><td></td><td colspan="2"></td></tr>
<tr><td></td><td></td><td></td><td></td><td colspan="2"></td></tr>
<tr><td>計</td><td>0 円</td><td>0 円</td><td>10,000 円</td><td>(ロ)</td><td>10,000 円</td></tr>
</table>

<table>
<tr><td rowspan="9">B</td><td rowspan="9">日若しくは時間又は出来高払制その他の請負制によって支払ったもの</td><td colspan="2">賃金計算期間</td><td>10月 1日から
10月 31日まで</td><td>11月 1日から
11月 30日まで</td><td>12月 1日から
12月 31日まで</td><td colspan="2">計</td></tr>
<tr><td colspan="2">総 日 数</td><td>31 日</td><td>30 日</td><td>31 日</td><td>(イ)</td><td>92 日</td></tr>
<tr><td colspan="2">労 働 日 数</td><td>15 日</td><td>20 日</td><td>24 日</td><td>(ハ)</td><td>59 日</td></tr>
<tr><td rowspan="5">賃

金</td><td>基 本 賃 金</td><td>127,500 円</td><td>170,000 円</td><td>204,000 円</td><td colspan="2">501,500 円</td></tr>
<tr><td>特殊勤務手 当</td><td>11,500</td><td>8,000</td><td>21,000</td><td colspan="2">40,500</td></tr>
<tr><td>手 当</td><td></td><td></td><td></td><td colspan="2"></td></tr>
<tr><td></td><td></td><td></td><td></td><td colspan="2"></td></tr>
<tr><td>計</td><td>139,000 円</td><td>178,000 円</td><td>225,000 円</td><td>(ニ)</td><td>542,000 円</td></tr>
</table>

総　　　　計	139,000 円	178,000 円	235,000 円	(ホ)	552,000 円

平　均　賃　金	賃金総額(ホ) 552,000円÷総日数(イ) 92 ＝ 6,000 円　　　銭

最低保障平均賃金の計算方法	
Aの(ロ)	10,000 円÷総日数(イ) 92 ＝ 108 円 69 銭(ヘ)
Bの(ニ)	542,000 円÷労働日数(ハ) 59 × $\frac{60}{100}$ ＝ 5,511 円 86 銭(ト)
(ヘ)	108 円69銭+(ト)5,511円86銭 ＝ 5,620 円 55 銭(最低保障平均賃金)

<table>
<tr><td rowspan="7">日日雇い入れられる者の平均賃金（昭和38年労働省告示第52号による。）</td><td rowspan="3">第1号又は第2号の場合</td><td>賃金計算期間</td><td>(リ) 労働日数又は
労働総日数</td><td>(ヌ)賃金総額</td><td>平均賃金($\frac{(ヌ)÷(リ)×73}{100}$)</td></tr>
<tr><td>月 日から
月 日まで</td><td>日</td><td>円</td><td>円 銭</td></tr>
<tr><td colspan="4"></td></tr>
<tr><td>第3号の場合</td><td colspan="3">都道府県労働局長が定める金額</td><td>円</td></tr>
<tr><td rowspan="2">第4号の場合</td><td colspan="3">従事する事業又は職業</td><td></td></tr>
<tr><td colspan="3">都道府県労働局長が定めた金額</td><td>円</td></tr>
</table>

漁業及び林業労働者の平均賃金（昭和24年労働省告示第5号第2条による。）	平均賃金協定額の承認年月日 年 月 日 職種 平均賃金協定額 円

① 賃金計算期間のうち業務外の傷病の療養等のため休業した期間の日数及びその期間中の賃金を業務
　上の傷病の療養のため休業した期間の日数及びその期間中の賃金とみなして算定した平均賃金
　（賃金の総額(ホ)－休業した期間にかかる②の(リ)） ÷ （総日数(イ)－休業した期間②の(チ)）
　（　　　　円－　　　　円） ÷ （　　日－　　日）＝　　　　円　　　銭

様式第8号（別紙1）　（裏面）

<table>
<tr><td colspan="6">②　業務外の傷病の療養等のため休業した期間
及びその期間中の賃金の内訳</td></tr>
<tr><td rowspan="2">賃　金　計　算　期　間</td><td>月　　日から
月　　日まで</td><td>月　　日から
月　　日まで</td><td>月　　日から
月　　日まで</td><td rowspan="2">計</td></tr>
<tr><td></td><td></td><td></td></tr>
<tr><td>業務外の傷病の療養等のため
休業した期間の日数</td><td>日</td><td>日</td><td>日</td><td>(チ)　　日</td></tr>
<tr><td rowspan="7">業務外の傷病の療養等のため</td><td>基　本　賃　金</td><td>円</td><td>円</td><td>円</td><td>円</td></tr>
<tr><td>手　当</td><td></td><td></td><td></td><td></td></tr>
<tr><td>手　当</td><td></td><td></td><td></td><td></td></tr>
<tr><td></td><td></td><td></td><td></td><td></td></tr>
<tr><td></td><td></td><td></td><td></td><td></td></tr>
<tr><td></td><td></td><td></td><td></td><td></td></tr>
<tr><td>計</td><td>円</td><td>円</td><td>円</td><td>(リ)　　円</td></tr>
<tr><td colspan="2">休　業　の　事　由</td><td colspan="4"></td></tr>
</table>

<table>
<tr><td rowspan="8">③
特
別
給
与
の
額</td><td>支　払　年　月　日</td><td>支　払　額</td></tr>
<tr><td>5 年　6 月　28 日</td><td>180,000 円</td></tr>
<tr><td>5 年　12 月　10 日</td><td>242,800 円</td></tr>
<tr><td>6 年　6 月　30 日</td><td>187,000 円</td></tr>
<tr><td>6 年　12 月　10 日</td><td>252,000 円</td></tr>
<tr><td>年　　月　　日</td><td>円</td></tr>
<tr><td>年　　月　　日</td><td>円</td></tr>
<tr><td>年　　月　　日</td><td>円</td></tr>
</table>

［注　意］

　③欄には、負傷又は発病の日以前2年間（雇入後2年に満たない者については、雇入後の期間）に支払われた労働基準法第12条第4項の3箇月を超える期間ごとに支払われる賃金（特別給与）について記載してください。

　ただし、特別給与の支払時期の臨時的変更等の理由により負傷又は発病の日以前1年間に支払われた特別給与の総額を特別支給金の算定基礎とすることが適当でないと認められる場合以外は、負傷又は発病の日以前1年間に支払われた特別給与の総額を記載して差し支えありません。

様式第8号　（別紙2）

労　働　保　険　番　号					氏　　　名	災害発生年月日
府県	所掌	管轄	基幹番号	枝番号	小池修一	7 年 1 月 8日
0 2	1 0	1	8 0 9 5 5	1 0 1 8		

① 療養のため労働できなかった期間

　　　7　年　　1　月　　8　日から　　7　年　1　月　13　日まで　　6　日間

② ①のうち賃金を受けなかった日の日数　　　　　　　　　　6　日

③ ②の日数の内訳

	全部休業日	5 日
	部分算定日	1 日

④ 部分算定日の年月日及び当該労働者に対し支払われる賃金の額

年　　月　　日	賃　金　の　額	備　　　　考
7 年 1 月 13日	3,000 円	

〔注意〕
1　「全部休業日」とは、②欄の「賃金を受けなかった日」のうち、部分算定日に該当しないものをいうものであること。
2　「部分算定日」とは、②欄の「賃金を受けなかった日」のうち、業務上等の負傷又は疾病による療養のため所定労働時間のうちその一部分についてのみ労働した日（以下「一部休業日」という。）若しくは賃金が支払われた休暇をいうものであること。
　　なお、月、週その他一定の期間（以下「特定期間」という。）によって支給される賃金が全部休業日又は一部休業日についても支給されている場合、当該全部休業日又は一部休業日は、別途、賃金が支払われた休暇として部分算定日に該当するため、当該賃金を特定期間の日数（月によって支給している場合については、三十）で除して得た額に、当該部分算定日の日数を乗じて得た額を④の「賃金の額」欄に記載すること。
3　該当欄に記載することができない場合には、別紙を付して記載すること。

様式第8号（別紙3）

複数事業労働者用

---

① 労働保険番号（請求書に記載した事業場以外の就労先労働保険番号）

都道府県	所掌	管轄	基幹番号	枝番号

② 労働者の氏名・性別・生年月日・住所

（フリガナ氏名）	男	生年月日			
（漢字氏名）	女	（昭和・平成・令和）	年	月	日

〒　　　　　−

（フリガナ住所）

（漢字住所）

③ 平均賃金（内訳は別紙1のとおり）

円　　　　　　銭

④ 雇入期間

（昭和・平成・令和）　　　年　　　　月　　　　日　　から　　　年　　　　月　　　　日　まで

⑤ 療養のため労働できなかつた期間

令和　　　年　　月　　日　から　　　年　　月　　日　まで　　　　　　　　日間のうち

⑥ 賃金を受けなかつた日数（内訳は別紙2のとおり）　　　　　　日

⑦ 厚生年金保険等の受給関係

（イ）基礎年金番号　　　　　　　　　　　　　　（ロ）被保険者資格の取得年月日　　　年　　　月　　　日

（ハ）当該傷病に関して支給される年金の種類等

年金の種類　　厚生年金保険法の　　　イ　障害年金　　　ロ　障害厚生年金

　　　　　　　国民年金法の　　　　　ハ　障害年金　　　ニ　障害基礎年金

　　　　　　　船員保険法の　　　　　ホ　障害年金

障害等級　　　　　　級　　　　支給されることとなつた年月日　　　年　　　月　　　日

基礎年金番号及び厚生年金等の年金証書の年金コード

所轄年金事務所等

上記②の者について、③から⑦までに記載されたとおりであることを証明します。

　　　　　年　　　　月　　　　日

事業の名称　　　　　　　　　　　　　　電話（　　　）　　−

事業場の所在地

事業主の氏名

労働基準監督署長　殿

社会保険労務士記載欄	作成年月日・提出代行者・事務代理者の表示	氏　名	電話番号
			（　　）　　−

業務上で病気やケガをして治ったとき

様式第 10 号	労働者災害補償保険 障 害 補 償 給 付 複数事業労働者障害給付 } 支給請求書 障 害 特 別 支 給 金 障 害 特 別 年 金 } 支給申請書 障 害 特 別 一 時 金 インクの色黒
どんなとき	業務上の事由又は複数業務要因による事由により負傷し、又は疾病にかかった労働者が、治療を受けて治ったあと、身体に障害が残ったとき。
だ れ が	被災労働者(本人)
だ れ に	所轄労働基準監督署長
いつまでに	治った日の翌日から 5 年以内に
部　　　数	1 部
根 拠 条 文	法第 12 条の 8、第 15 条、第 20 条の 2、第 20 条の 5、則第 14 条の 2、第 18 条の 3 の 10、労基法第 77 条、特別支給金支給規則第 2 条、第 4 条、同第 7 条、同第 8 条
添 付 書 類	障害の部位や状態についての医師の診断書、必要のあるときはレントゲン写真など
ポ イ ン ト	障害補償給付、複数事業労働者障害給付の請求書等を提出すると、所轄の監督署で、提出された書類等をもとに、どの等級に該当する障害であるかの判定をします。そして、障害等級に該当しないと判定された人には「不支給決定通知書」を送付し、第 8 級〜第 14 級に該当すると認定された人には「支給決定通知書」と「支払通知書」を送付します。この場合は「一時金」です。また、第 1 級〜第 7 級に該当すると認定された人には「支給決定通知書」と「年金証書」を送ります。年金は、2 月、4 月、6 月、8 月、10 月、12 月の 6 回に分けて支給されますが、その支払月になると希望する金融機関を通じて支払われることになります。
作成上の ポ イ ン ト	1　(裏面)注意欄をよく読んでから記入すること。 2　⑫欄には、医師の診断書やレントゲン写真など、障害の程度を判定するために必要な添付書類や、参考書類、参考資料などを記載し、それらの書類を忘れずに添付します。
給 付 額	◎障害補償年金、複数事業労働者障害年金……障害等級第 1 級〜第 7 級、給付基礎日額の 313 日分〜 131 日分の年金 ◎障害補償一時金、複数事業労働者障害一時金……障害等級第 8 級〜第 14 級、給付基礎日額の 503 日分〜 56 日分の一時金

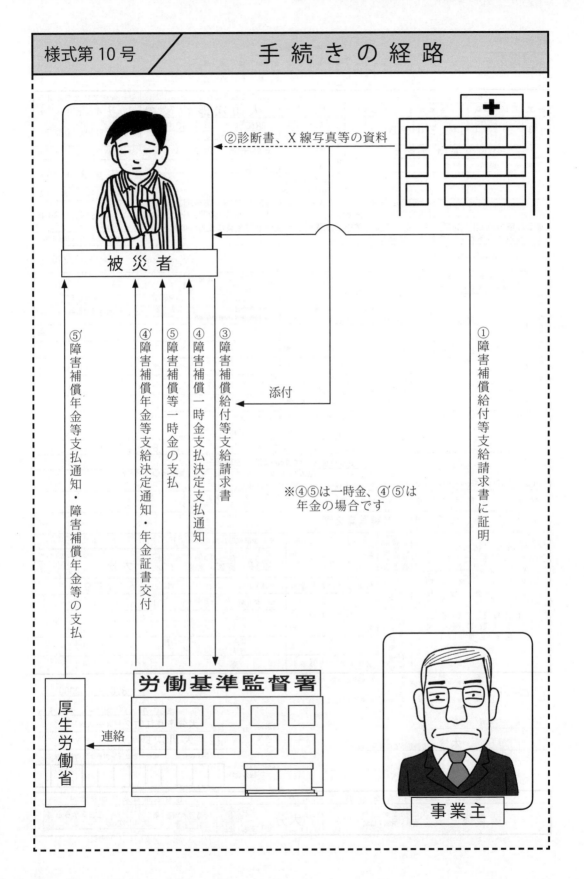

様式第10号（表面）

業務災害用
複数業務要因災害用

労働者災害補償保険

障害補償給付
複数事業労働者障害給付 支給請求書
障害給付
障害特別支給金
障害特別年金 支給申請書
障害特別一時金

① 労働保険番号					
府県	所掌	管轄	基幹番号	枝番号	
44	1	01	123456		

② 年金証書の番号			
管轄局	種別	西暦年	番号

③ 労働者の

フリガナ	オオカワジロウ
氏 名	大川次郎 （男・女）
生年月日	昭和50年 6月 12日（48歳）
フリガナ	オオイタシナガエチョウ
住 所	大分市長江町2－×－××
職 種	プレス工
所属事業場名称・所在地	

④ 負傷又は発病年月日
7年 1月 7日
午 前（後）11時 05分頃

⑤ 治癒（症状固定）年月日
7年 3月 10日

⑦ 平均賃金
8,619円 38銭

⑥ 災害の原因及び発生状況 （あ）どのような場所で（い）どのような作業をしているときに（う）どのような物又は環境に（え）どのような不安全な又は有害な状態があって（お）どのような災害が発生したかを簡明に記載すること

第2工場内の80トンプレスの金型変更作業中、重量約1.5kgの上型を高さ600mの荷台の上から誤って落とし、左足甲を受傷した。

⑧ 特別給与の総額（年額）
883,290円

⑨ 厚生年金保険等の受給関係

㋑	厚年等の年金証書の基礎年金番号・年金コード		㋺	被保険者資格の取得年月日		年 月 日

㋩ 当該傷病に関して支給される年金の種類等

年金の種類	厚生年金保険法の イ、障害年金 ロ、障害厚生年金 国民年金法の イ、障害年金 ロ、障害基礎年金 船員保険法の障害年金	
障害等級		級
支給される年金の額		円
支給されることとなった年月日	年 月 日	
厚年等の年金証書の基礎年金番号・年金コード		
所轄年金事務所等		

③の者については、④、⑥から⑧まで並びに⑨の㋑及び㋺に記載したとおりであることを証明します。

7年 3月 18日

事業の名称	別大プレス工業株式会社 電話（ ）37 － ××××
事業場の所在地	大分市鶴前町×× 〒 870 － 0100
事業主の氏名	代表取締役 佐藤勇一 （法人その他の団体であるときは、その名称及び代表者の氏名）

〔注意〕⑨の㋑及び㋺については、③の者が厚生年金保険の被保険者である場合に限り証明すること。

⑩ 障害の部位及び状態	（診断書のとおり）	⑪ 既存障害がある場合にはその部位及び状態	

⑫ 添付する書類その他の資料名　X線写真2葉

⑬ 年金の払渡しを受けることをを希望する金融機関又は郵便局
（登録している公金受取口座を利用します：□）

（支店等を除く。）金融機関	名 称	※ 金融機関店舗コード 豊後 銀行・金庫 農協・漁協・信組 大分 本店・本所 出張所 （支店）・支所
	預金通帳の記号番号	（普通）当座 第 364750 号
郵便貯金銀行の支店等又は郵便局	名 称	※ 郵便局コード
	フリガナ	
	所在地	都道府県 市郡区
	預金通帳の記号番号	第 号

上記により

障害補償給付
複数事業労働者障害給付 の支給を請求します。
障害給付
障害特別支給金
障害特別年金 の支給を申請します。
障害特別一時金

7年 3月 18日

大分 労働基準監督署長 殿

〒 870 － 0000
電話（097）37 － ××××
請求人の申請人
住所 大分市長江町2－×－××
氏名 大川次郎
□本件手続を裏面に記載の社会保険労務士に委託します。

個人番号

振込を希望する金融機関の名称				預金の種類及び口座番号	
豊後	銀行・金庫 農協・漁協・信組	大分	本店・本所 出張所 支店・支所	普通・当座 第 364750 号	口座名義人 大川次郎

144

労働者が病気やケガをして治ったとき

年金申請様式第 10 号	障 害 補 償 年 金 複数事業労働者障害年金 ⎫ 前払一時金請求書 障 害 年 金 ⎭ インクの色黒
どんなとき	障害補償年金、複数事業労働者障害年金又は障害年金の受給権者が、前払一時金の支給を受けようとするとき（前払一時金が支給された場合、年金は各月分の合計額がその額に達するまでの間支給停止されます）
だ れ が	被災労働者（本人）
だ れ に	所轄労働基準監督署長
い つ ま で	治ゆの日の翌日から 2 年以内（原則として年金の請求と同時に請求。ただし、年金の支給決定の通知のあった日の翌日から 1 年以内であれば、その後でも可）
部 数	1 部
根 拠 条 文	法附則第 59 条、第 60 条の 3 、第 62 条、則附則第 24 項〜第 30 項、附則第 37 項〜第 39 項、附則第 46 項〜 48 項
請 求 で き る 額	下記の額

障	第 1 級	給付基礎日額の 200 日分、400 日分、600 日分、800 日分、1,000 日分、1,200 日分又は 1,340 日分
害	第 2 級	給付基礎日額の 200 日分、400 日分、600 日分、800 日分、1,000 日分又は 1,190 日分
等	第 3 級	給付基礎日額の 200 日分、400 日分、600 日分、800 日分、1,000 日分又は 1,050 日分
	第 4 級	給付基礎日額の 200 日分、400 日分、600 日分、800 日分又は 920 日分
	第 5 級	給付基礎日額の 200 日分、400 日分、600 日分又は 790 日分
級	第 6 級	給付基礎日額の 200 日分、400 日分、600 日分又は 670 日分
	第 7 級	給付基礎日額の 200 日分、400 日分又は 560 日分

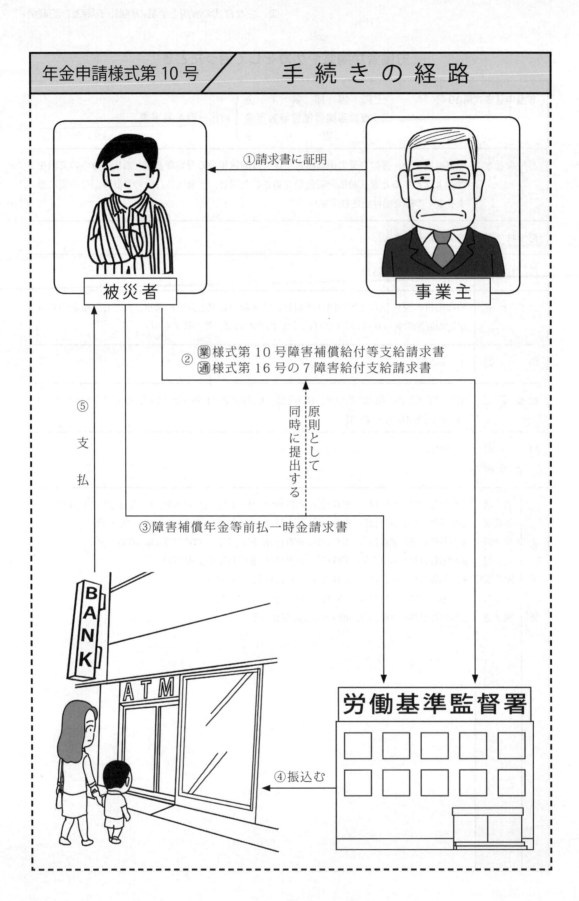

年金申請様式第 10 号　手続きの経路

①請求書に証明

被災者

事業主

② ㊐様式第 10 号障害補償給付等支給請求書
　㊟様式第 16 号の 7 障害給付支給請求書

原則として同時に提出する

⑤ 支払

③障害補償年金等前払一時金請求書

④振込む

労働基準監督署

146

年金申請様式第１０号

労 働 者 災 害 補 償 保 険

(障害補償年金)
複数事業労働者障害年金　前払一時金請求書
障害年金

(注意)　請求する給付日数欄の（　）には、加重障害の給付日数を記入すること。

年 金 証 書 の 番 号		管轄局	種別	西暦年	番　　号	

請 求 人 （被災労働者）	氏　名	大 川 次 郎	生年月日	昭和 50 年 6 月 12 日
	住　所	大分市長江町 2 - ×-××		

請求する給付日数（チェックを入れる）	第一級	200　400　600　800　1000　1200　1340 日分	（　　　　　）	労災年金受給の有無　受けている　受けていない
	第二級	200　400　600　800　1000　1190 日分	（　　　　　）	
	第三級	200　400　600　800　1000　1050 日分	（　　　　　）	
	第四級	200　400　600　800　920 日分	（　　　　　）	
	第五級	200　400　600　790 日分	（　　　　　）	
	第六級	200　400　600　670 日分	（　　　　　）	
	第七級	200　400　560 日分	（　　　　　）	

上記のとおり　(障害補償年金)
複数事業労働者障害年金　前払一時金を請求します。
障害年金

令和 7 年　3 月　18 日

郵便番号　870 － 0000　　　　電話番号　097 － 37 － ××××

請求人の
（代表者）

住　所　　大分市長江町 2 - ×-××

氏　名　　大 川 次 郎

大分　労働基準監督署長　殿

振 込 を 希 望 す る 銀 行 等 の 名 称			預 金 の 種 類 及 び 口 座 番 号	
豊後	(銀行)金庫 農協　漁協　信組	大分	本店 (支店) 支所	普通　当座　第　364750 号
				名義人　大 川 次 郎

障害の程度が変わったとき

様式第 11 号	労働者災害補償保険 障 害 補 償 年 金 複数事業労働者障害給付 ⎫ 変更請求書 障 害 給 付 ⎭ 障 害 特 別 年 金 変更申請書　　　　　　インクの色黒
どんなとき	障害補償給付、複数事業労働者障害給付、障害給付を受けている労働者の当該障害の程度に変更があり、新たに他の障害等級に該当することになったとき。
だ れ が	被災労働者（本人）
だ れ に	所轄労働基準監督署長
い つ ま で	変更が生じたとき
部 数	1 部
根 拠 条 文	法第 15 条の 2、第 20 条の 5、第 22 条の 3、則第 14 条の 3、第 18 条の 3 の 10、第 18 条の 8、特別支給金支給規則第 7 条
添 付 書 類	請求書提出時の障害の部位や状態に関する医師又は歯科医師の診断書。 必要のあるときは障害状態の立証のためのエックス線写真、その他の資料。
ポ イ ン ト	変更した結果、新しく該当する障害等級によって障害補償一時金、複数事業労働者障害一時金、障害一時金が支給されることになると、それまでに支給されていた障害補償年金、複数事業労働者障害年金、障害年金は支給されなくなります。

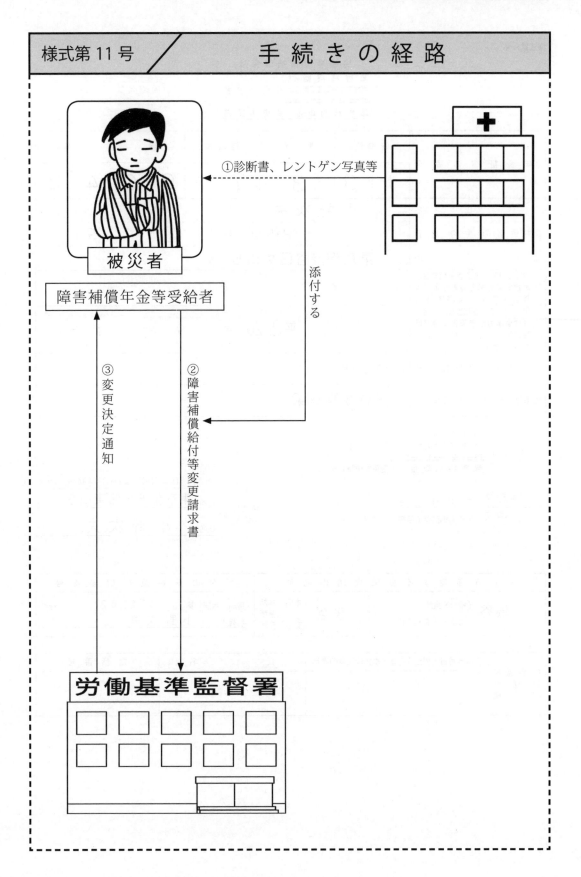

労働者災害補償保険

障害補償給付

複数事業労働者障害給付 変更請求書

~~障害給付~~

障害特別年金 変更申請書

①年金証書の番号	管轄局		種別		西暦年		番		号		
	1	3	3	7	1	0	0	4	2		

②労働者の	氏　名	小野次夫
	生年月日	昭和50 年　12 月　9 日
	住　所	東京都渋谷区東山5-×

③現在受けている障害補償年金、複数事業労働者障害年金又は障害年金に係る障害等級	第　　　6　　　級
④現在受けている障害補償年金、複数事業労働者障害年金又は障害年金が支給されることとなつた年月日	平成20 年　9 月　1 日
⑤障害の部位及び状態	(診断書のとおり。)
⑥添付する書類その他の資料名	X線写真5葉

上記により
障害補償給付
複数事業労働者障害給付　の変更を請求します。
~~障害給付~~
障害特別年金　の変更を申請します。

令和7 年　2 月　17 日

中央　労働基準監督署長殿

請求人
申請人　の

住所　〒150—0000　電話(03)3400—××××
東京都渋谷区東山5-×

氏名　小野次夫

振込を希望する金融機関の名称		預金の種類及び口座番号	
渋谷　(銀行)・金庫 農協・漁協・信組	渋谷　本店・本所 出張所 (支店)・支所	普通・当座 第　374242 号	名義人　小野次夫

社会保険労務士記載欄	作成年月日・提出代行者・事務代理者の表示	氏　　名	電話番号
			(　　)　　—

業務上で死亡したとき

様式第 12 号	労働者災害補償保険 遺 族 補 償 年 金 複数事業労働者遺族年金 ⎫ 支給請求書 遺 族 特 別 支 給 金 遺 族 特 別 年 金 ⎫ 支給申請書　　　　　　　　　　　インクの色黒
どんなとき	業務上の事由により、労働者が死亡したとき。
だ れ が	労働者の死亡の当時、その労働者の収入によって生計を維持していた遺族（配偶者、子、父母、孫、祖父母、兄弟姉妹）
だ れ に	所轄労働基準監督署長
い つ ま で	労働者の死亡の日の翌日から 5 年以内に
部 数	1 部
根 拠 条 文	法第 12 条の 8、第 16 条、第 16 条の 2、第 20 条の 2、第 20 条の 6、則第 15 条の 2、第 15 条の 5、第 18 条の 3 の 11、特別支給金支給規則第 2 条、第 5 条及び第 9 条、労基法第 79 条
添 付 書 類	死亡診断書、死体検案書又は検視調書の写し、その他市町村長が証明する死亡届書記載事項証明書。戸籍謄本又は抄本。生計維持関係又は生計を一にしていることを証明する書類（住民票など）。 障害の状態にある遺族の場合は、医師又は歯科医師の診断書その他の資料。
受 給 権 者 の 順 位	1　妻又は 60 歳以上若しくは一定の障害状態の夫 ┃ ただし、55 歳以上 60 歳未満の者 2　18 歳に達する日以後の最初の 3 月 31 日まで ┃ については、60 歳になるまで年金 　　の間にあること又は一定障害の子 ┃ の支給は停止されます。 3　60 歳以上又は一定障害状態の父母 4　18 歳に達する日以後の最初の 3 月 31 日までの間にあること又は一定障害の孫 5　60 歳以上又は一定の障害状態の祖父母 6　18 際に達する日以後の最初の 3 月 31 日までの間にあること若しくは 60 歳以上又は一定障害の兄弟姉妹 7　55 歳以上 60 歳未満の夫 8　55 歳以上 60 歳未満の父母 9　55 歳以上 60 歳未満の祖父母 10　55 歳以上 60 歳未満の兄弟姉妹
作 成 上 の ポ イ ン ト	・記載する前に裏面の（注意）を良く読んでください。 ・②欄は死亡労働者の傷病補償年金の年金証書番号を記入してください（該当がある場合）。
年 金 の 額	下記の額

遺族の数		
	1 人	給付基礎日額の 153 日分（ただし、その遺族が 55 歳以上の妻又は身体に障害等級第 5 級以上の障害のある状態若しくはそれと同等程度に労働能力が高度に制限されている状態にある妻の場合は給付基礎日額の 175 日分）
	2 人	給付基礎日額の 201 日分
	3 人	給付基礎日額の 223 日分
	4人以上	給付基礎日額の 245 日分

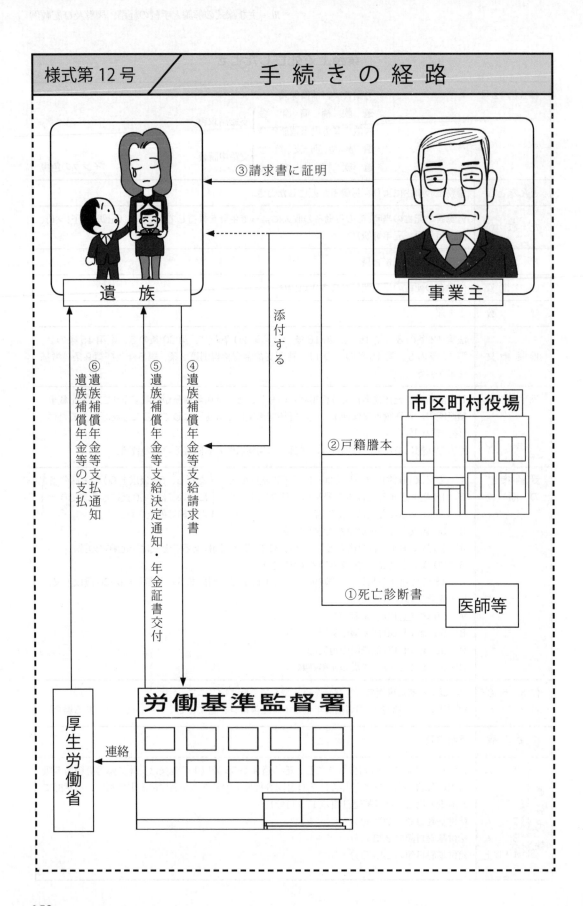

様式第12号 ／ 手続きの経路

③請求書に証明

遺　族

事　業　主

添付する

⑥遺族補償年金等の支払

⑤遺族補償年金等支給決定通知・年金証書交付

④遺族補償年金等支給請求書

市区町村役場

②戸籍謄本

①死亡診断書　　医師等

労働基準監督署

厚生労働省　　連絡

152

様式第12号（表面）

		遺　族　補　償　年　金		支 給 請 求 書	[年金新規報告書提出]
	労働者災害補償保険	複数事業労働者遺族年金 遺 族 特 別 支 給 金 遺 族 特 別 年 金		支 給 申 請 書	・　・

<table>
<tr><td>業務災害用
複数業務要因災害用</td></tr>
</table>

①	労　働　保　険　番　号							③死亡労働者の	フリガナ	ウチヤマジロウ		④	負傷又は発病年月日
府県 所掌 管轄	基　幹　番　号	枝番号							氏　名	内山二郎 （男）・女			7 年 2 月 16 日
14 1 09	004109	000							生年月日	昭和60年 2 月 4 日（39歳）		午前 （後）	3 時 20 分頃
②	年　金　証　書　の　番　号								職種	タクシー運転手		⑤ 死 亡 年 月 日	
管轄局 種別 西暦年番	号 枝番号								所属事業場 名称・所在地				7 年 2 月 16 日
⑥ 災害の原因及び発生状況											⑦ 平　均　賃　金	

⑥ 災害の原因及び発生状況　（あ）どのような場所で（い）どのような作業をしているときに（う）どのような物又は環境に（え）どのような不安全な又は有害な状態があって（お）どのような災害が発生したかを簡明に記載すること

小田原駅前から客を乗せ箱根に向かう途中、箱根街道において中央線を越えて走ってきた大型トラックと衝突し、病院に収容されたが4時間後に死亡した。

⑦ 平　均　賃　金　7,611 円 61 銭

⑧ 特別給与の総額（年額）　819,000 円

⑨ 厚生等の受給関係年金保険	㋑	死亡労働者の厚年等の年金証書の 基礎年金番号・年金コード						㋺	死亡労働者の被保険者資格の取得年月日		年　月　日
			㋩	当該死亡に関して支給される年金の種類							
	厚生年金保険法の ㋑ 遺族年金 ㋺ 遺族厚生年金		国民年金法の	イ母子年金 ロ準母子年金 ハ遺児年金 ニ寡婦年金 ホ遺族基礎年金					船員保険法の 遺族年金		
	支給される年金の額	支給されることとなった年月日	厚年等の年金証書の基礎年金番号・年金コード （複数のコードがある場合は下段に記載すること。）					所轄年金事務所等		
	円	年 月 日								
	受けていない場合は、次のいずれかを○で囲む。　・裁定請求中　・不支給裁定　・未加入　・請求していない　・老齢年金等選択									

③の者については、④、⑥から⑧まで並びに⑨の㋑及び㋺に記載したとおりであることを証明します。

令和7年　3 月　9 日

事 業 の 名 称　城洋タクシー株式会社　　電話(0465) 37 － ××××
　　　　　　　　　　　　　　　　　　　〒 250 － 0000
事業場の所在地　小田原市城北町3－×－××
事業主の氏名　代表取締役　井上幸信

〔注意〕
　⑨の㋑及び㋺については、③の者が厚生年金保険の被保険者である場合に限り証明すること。

（法人その他の団体であるときはその名称及び代表者の氏名）

⑩ 請求人 申請人	氏　名（フリガナ）	生 年 月 日	住 所（フリガナ）	死亡労働者 との関係	障害の有無	請求人（申請人）の代表者を 選任しないときは、その理由
	ウチヤマ カズコ 内 山 和 子	昭和63・5・25	オダワラシ ヒロタチョウ 小田原市広田町8－×－×	妻	ある・（ない）	
		・　・			ある・ない	
		・　・			ある・ない	

⑪ 年金を受けることができる遺族 請求人（申請人）以外の遺族補償	氏　名（フリガナ）	生 年 月 日	住 所（フリガナ）	死亡労働者 との関係	障害の有無	請求人（申請人）と生計を同 じくしているか
		・　・			ある・ない	いる・いない
		・　・			ある・ない	いる・いない
		・　・			ある・ない	いる・いない
		・　・			ある・ない	いる・いない

⑫ 添付する書類その他の資料名	死亡診断書、戸籍謄本

⑬ 年金の払渡しを 受けることを 希望する 金融機関又は 郵便局	金融機関（郵便貯金銀行を除く。）	名　称	※金融機関店舗コード 湘南	銀行・金庫 農協・漁協・信組 小田原	本店・本所 出張所 （支店）・支所
		預金通帳の記号番号	（普通）当座　第　142536 号		
	郵便貯金銀行の支店等又は郵便局	フリガナ 名　称	※郵便局コード		
		所 在 地	都道 府県	市郡 区	
		預金通帳の記号番号	第　　　号		

上記により
遺 族 補 償 年 金
複数事業労働者遺族年金　　の支給を請求します。
遺 族 特 別 支 給 金
遺 族 特 別 年 金　　　　の支給を申請します。

令和7年　3 月　9 日

小田原　労働基準監督署長　殿

〒 250 －0000　電話（0465）37 －××××
請求人
申請人
（代表者）の
住 所　小田原市広田町3－×－×
氏 名　内山和子
□本件手続を裏面に記載の社会保険労務士に委託します。

個人番号　| × | × | × | × | × | × | × | × | × | × | × | × |

特別支給金について振込を希望する金融機関の名称				預金の種類及び口座番号	
湘 南	銀行・金庫 農協・漁協・信組	小田原	本店・本所 出張所 （支店）・支所	（普通）・当座　第　142536 号 口座名義人　内山和子	

153

労働者が死亡したとき

年金申請様式第1号	遺 族 補 償 年 金 ⎫ 複数事業労働者遺族年金 ⎬前払一時金請求書 遺 族 年 金 ⎭ インクの色黒
どんなとき	遺族補償年金、複数事業労働者遺族年金又は遺族年金の受給権者が、前払一時金の支給を受けようとするとき（前払一時金が支給された場合、年金は各月分の合計額がその額に達するまでの間支給停止されます）。
だ れ が	受給権者（遺族）
だ れ に	所轄労働基準監督署長
い つ ま で	労働者の死亡の日の翌日から2年以内（原則として年金の請求と同時に請求。ただし、年金の支給決定の通知のあった日の翌日から1年以内であれば、その後でも可）。
部 数	1 部
根 拠 条 文	法附則第60条、第60条の4、第63条、則附則第33項、附則第41項
ポ イ ン ト	55歳以上60歳未満の夫、父母、祖父母、兄弟姉妹については、60歳に達するまで遺族補償年金又は遺族年金の支給は停止されますが、この一時金は、死亡直後の一時的出費をまかなうためのものですから、これらの者でも請求して支給を受けることができます。ただし、これらの者が60歳に達した後支給されるはずの年金は、各月分の合計額が既に支給された前払一時金相当額に達するまで支給されません。

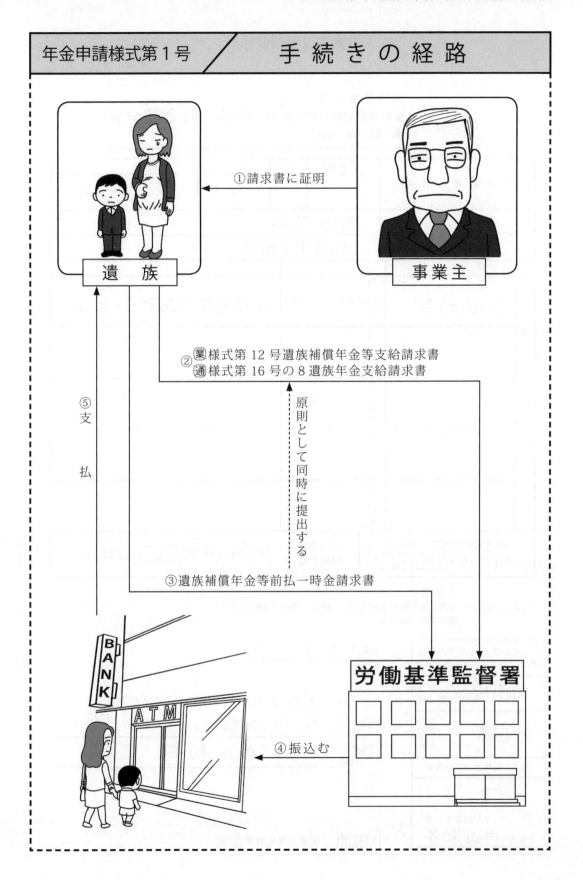

| 年金申請様式第1号 | 手続きの経路 |

遺　族

事　業　主

①請求書に証明

②㊥様式第12号遺族補償年金等支給請求書
　㊫様式第16号の8遺族年金支給請求書

原則として同時に提出する

⑤支払

③遺族補償年金等前払一時金請求書

BANK

ATM

労働基準監督署

④振込む

労働者災害補償保険

年金申請様式第1号

遺族補償年金
複数事業労働者遺族年金　前払一時金請求書
~~遺　族　年　金~~

年金証書の番号		管轄局	種別	西暦年	番　　号	

死亡労働者	氏　名	内山 二郎		
	住　所	小田原市広田町8-x-x		

	氏　　　名	生　年　月　日	住　　　　　　　所
請求人	内山 和子	明大㊡平 63年5月23日	小田原市広田町8-x-x
		明大昭平　年　月　日	
		明大昭平　年　月　日	
		明大昭平　年　月　日	
		明大昭平　年　月　日	

労災年金受給の有無を○でかこむ 受けている・(受けていない)	請求する 給付日数	(200・400・600・800・(1000日分))○でかこむ

遺族補償年金
上記のとおり　複数事業労働者遺族年金　前払一時金を請求します。
~~遺　族　年　金~~

令和7 年　3 月　9 日

振込を希望する銀行等の名称 (郵便貯金銀行の支店等を除く)
(湘南)銀　行・金　庫 農協・漁協・信組
小田原 本店 (支店) 支所
預金の種類及び口座番号
(普通) 当座 第　142536　号 名義人 内山 和子

郵便番号 250 － 0000　　電話番号

住　所 小田原市広田町8-x-x (23) xxxx

請求人の （代表）　氏　名　内山 和子

小田原　労働基準監督署長　殿

労働者が死亡したとき

<table>
<tr><td colspan="2">様式第13号　　労働者災害補償保険
遺族補償年金
複数事業労働者遺族年金　｝転給等請求書
遺族年金
遺族特別年金　転給等申請書　　インクの色黒</td></tr>
<tr><td>どんなとき</td><td>遺族（補償）等年金の受給権者が、次の理由によって年金を受けられなくなったときは、次順位の遺族が年金の支給を受けることとなります（「転給」といいます）。
① 死亡したとき
② 婚姻をしたとき（届出をしていないが、事実上婚姻関係と同様の事情にある場合を含みます）
③ 直系血族又は直系姻族以外の者の養子となったとき（届出をしていないが、事実上養子縁組関係と同様の事情にある場合を含みます）
④ 離縁によって、死亡した労働者との親族関係が終了したとき
⑤ 子、孫又は兄弟姉妹については、18歳に達する日以後の最初の3月31日が終了したとき（被災労働者の死亡の時から引き続き一定障害の状態にあるときを除きます）
⑥ 一定障害の状態にある夫、子、父母、孫、祖父母又は兄弟姉妹については、その事情がなくなったとき（年齢要件に該当している場合を除きます）</td></tr>
<tr><td>だれに</td><td>所轄労働基準監督署長</td></tr>
<tr><td>いつまで</td><td>新たに受給権者として年金の支給を受けようとするとき速やかに</td></tr>
<tr><td>部数</td><td>1部</td></tr>
<tr><td>根拠条文</td><td>法第16条の4、第20条の6、第22条の4、則第15条の3、第15条の4、第18条の3の11、第18条の9、特別支給金支給規則第9条</td></tr>
<tr><td>添付書類</td><td>◎先順位者が失権や所在不明によって支給停止されたため、新しく受給権者となった人が、この請求書、申請書を提出するときは、次の書類や資料を添付します。
(1) 死亡労働者との身分関係を証明できる戸籍謄本又は抄本
(2) 身体が障害の状態にあることによって遺族補償年金、複数事業労働者遺族年金、遺族年金を受けることができる遺族である人は、死亡労働者が死んだ時点から、引き続き同じ状態にあることを証明できる医師又は歯科医師の診断書その他の資料
(3) 請求人と生計を同じくしている、遺族補償年金等を受けることができる遺族の生計維持関係を証明できる書類
◎労働者の死亡当時、胎児だった子が出生したとき、同順位者又は後順位者が既に支給を受けている場合も、注意欄の添付書類を提出します。</td></tr>
<tr><td>作成上のポイント</td><td>※欄には記入しないこと。
請求人が2人以上あるときで、その代表者を選任しない場合は、③の最初の請求人（申請人）について記載し、その他の人については別紙を付けて所要の事項を記載する。
裏面の（注意）欄をよく読んで記載してください。</td></tr>
</table>

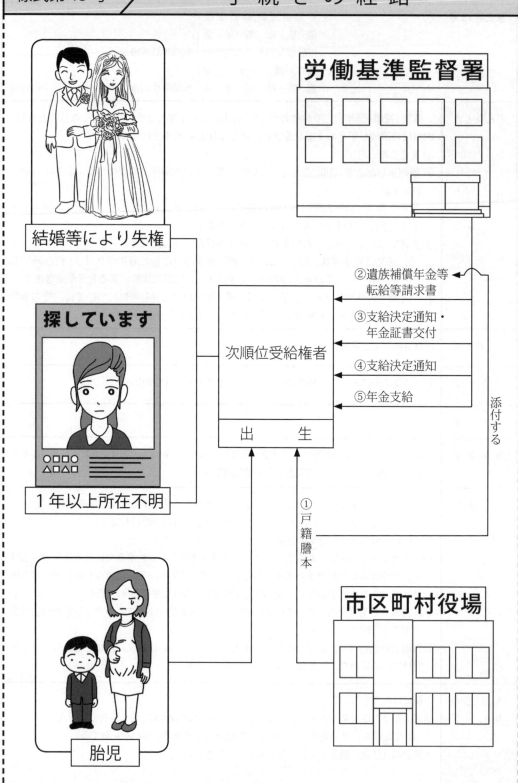

様式第13号（表面）

労働者災害補償保険
遺　族　補　償　年　金
複数事業労働者遺族年金　転給等請求書
遺　族　　　年　金
遺族特別年金　転給等申請書

① 死亡労働者の	フリガナ 氏　名	フクイヨウイチ 福井洋一			（男・女）		② 請求（申請）の事由		イ　先順位者の失権 ロ　胎児であった子の出生 ハ　先順位者の所在不明
	生年月日	昭和47年 8月 10日（50歳）							

③ 請求人 申請人	フリガナ 氏　名	生年月日	フリガナ 住　所	死亡労働者との関係	障害の有無	代表者を選任しないときは、その理由
	フクイ ユウサク 福井勇作	昭和22年 6月29日	カマクラシヤゴシ 鎌倉市矢越3-×××	父	ある・（ない）	
		年 月 日			ある・ない	
		年 月 日			ある・ない	
		年 月 日			ある・ない	

④ 既に遺族補償年金複数事業労働者遺族年金及び遺族特別年金を受けている者	フリガナ 氏　名	生年月日	フリガナ 住　所	死亡労働者との関係	年金証書の番号				
					管轄局	種別	西暦年	番　号	枝番号
	フクイ サチコ 福井幸子	昭和50年 10月2日	カマクラシヤゴシ 鎌倉市矢越3-×××	妻	1	4 5	1 0	0 0 2 6	
		年 月 日							
		年 月 日							
		年 月 日							

⑤ 厚生年金保険等の受給関係	当該死亡に関して支給される年金の種類			
	厚生年金保険法の	イ　遺族年金 ロ　遺族厚生年金	国民年金法の	イ　母子年金　ロ　準母子年金　ハ　遺児年金 ニ　寡婦年金　ホ　遺族基礎年金	船員保険法の遺族年金
	支給される年金の額	支給されることとなった年月日	厚年等の年金証書の基礎年金番号・年金コード（複数のコードがある場合は下段に記載すること。）	所轄年金事務所等
	円	年 月 日		
	受けていない場合は、次のいずれかを○で囲む。　　・裁定請求中　・不支給裁定　・未加入　・請求していない　・老齢年金等選択			

⑥ 請求人（申請人）と生計を同じくしている遺族補償年金、複数事業労働者遺族年金又は遺族年金を受けることができる遺族	フリガナ 氏　名	生年月日	フリガナ 住　所	死亡労働者との関係	障害の有無
		年 月 日			ある・ない
		年 月 日			ある・ない
		年 月 日			ある・ない
		年 月 日			ある・ない
		年 月 日			ある・ない

⑦ 添付する書類その他の資料名	戸籍謄本

⑧ 年金の払渡しを受けることを希望する金融機関又は郵便局	金融機関（郵便貯金銀行を除く。）	名称	※金融機関店舗コード		
			東横	（銀行）・金庫 農協・漁協・信組 鎌倉	本店・本所 出張所 （支店）・支所 号
		預金通帳の記号番号	（普通）当座　　　第　　374658　号		
	郵便貯金銀行の支店等又は郵便局		※郵便局コード		
		フリガナ 名称			
		所在地	都道府県　　　　　市郡区		
		預金通帳の記号番号	第　　　　　号		

上記により
遺　族　補　償　年　金
複数事業労働者遺族年金　の支給を請求します。
遺　族　　　年　金
遺族特別年金の支給を申請します。

　7年 1月 17日

鶴見　労働基準監督署長　殿

〒248－0000　電話（　）31－××××

請求人（代表者）
申請人（代表者）の　住所　鎌倉市矢越3-×××
氏名　福井勇作

□本件手続を裏面に記載の社会保険労務士に委託します。

個人番号　| × | × | × | × | × | × | × | × | × | × | × | × |

受給権者が 1 年以上所在不明のとき

様式第 14 号	労働者災害補償保険 遺族補償年金 複数事業労働者遺族年金 } 支給停止申請書 遺族年金 <div style="text-align:right">インクの色黒</div>
どんなとき	遺族補償年金、複数事業労働者遺族年金又は遺族年金の受給権者の所在が 1 年以上不明のとき、その人と同順位者又は同順位者がいない場合次順位者が、所在不明者の年金の支給を停止しようとするとき。
だ れ が	遺族補償年金等受給権者と同順位の者又は次順位の者
だ れ に	所轄労働基準監督署長
い つ ま で	支給停止の申請をしようとするとき速やかに
部 数	1 部
根 拠 条 文	法第 16 条の 5、第 20 条の 6、第 22 条の 4、則第 15 条の 6、第 18 条の 3 の 11、第 18 条の 9
添 付 書 類	受給権者の所在が 1 年以上不明であることを証明できる書類 (例えば、捜索願の写など)
ポ イ ン ト	所在不明の受給権者の年金は、所在不明となったときにさかのぼって停止され、同順位者又は次順位者には、年金が再計算されて支給されます。
作成上の ポイント	②欄、所在不明者の年金証書番号がわからない場合は記載する必要はありません。 ④⑤欄、書ききれないときは別紙をつけて、必要事項を記入してください。 ⑤欄の添付書類を記入したら、添付を忘れずに。

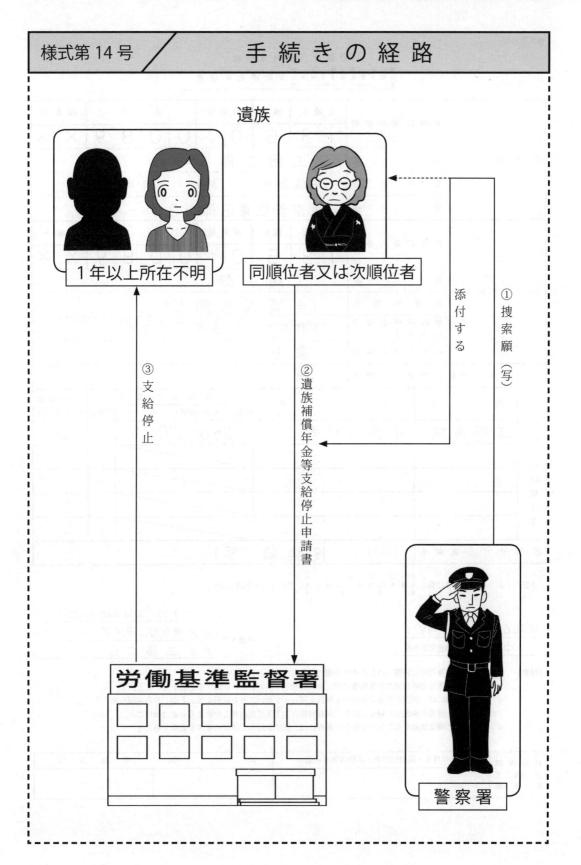

様式第14号

労働者災害補償保険

遺族補償年金
複数事業労働者遺族年金 支給停止申請書
遺族年金

			管轄局	種別	西暦年	番　号	枝番号
① 申請人の	年金証書の番号		1 3 5	0 1	0 0	0 8 9	× ×
	氏　　名		工藤二郎				
	生年月日		平成2年　3月　4日				
	住　　所		東京都江東区深川3-×-××				

			管轄局	種別	西暦年	番　号	枝番号
② 所在不明者の	年金証書の番号		1 3 5	0 1	0 0	0 8 9	× ×
	氏　名		工藤一郎				
	最後の住所		申請人に同じ				
	所在不明となった年月日		令和4年　8月　12日				
	所在不明の事由		家出				

③ 申請人と所在不明者との関係	弟

④ 申請人の同順位者	氏　　名	住　　　所	年金証書の番号						所在不明者との関係
			管轄局	種別	西暦年	番号	枝番号		
	工藤美咲	申請人に同じ	1 3 5	0 1	0 0	0 8 9	1	× ×	妹

⑤ 添付する書類名	捜索願（写）

上記のとおり所在不明者に係る 遺族補償年金／複数事業労働者遺族年金／遺族年金 の支給停止を申請します。

令和6年　1月　17日

中央　労働基準監督署長殿

〒135－0033　電話（03）5961－××××
申請人の　住所　東京都江東区深川3-×-××
氏名　工藤二郎

〔注意〕
1　記入すべき事項のない欄又は記入枠は空欄のままとすること。
2　②の所在不明者の年金証書の番号欄には、その番号が不明のときは記載する必要がないこと。
3　この申請書には、所在不明者の所在が1年以上明らかでないことを証明することができる書類を添えること。
　　ただし、個人番号が未提出の場合を除き、当該書類として住民票の写しを添える必要はないこと。
4　④及び⑤の欄に記載することができない場合には、別紙を付して所要の事項を記載すること。

社会保険労務士記載欄	作成年月日・提出代行者・事務代理者の表示	氏　　名	電話番号
			（　）　－

162

業務上で死亡したとき

様式第 15 号	労働者災害補償保険 遺 族 補 償 一 時 金 ｝支給請求書 複数事業労働者遺族一時金 遺 族 特 別 支 給 金 ｝支給申請書 遺 族 特 別 一 時 金　　　　　　　　　　　　　インクの色黒
どんなとき	(1) 労働者の死亡当時、遺族補償年金、複数事業労働者遺族年金の受給資格者がいない場合。 (2) 受給権者が失権した場合、他に年金受給資格者がなく、かつ、既に支給された年金の合計額が、給付基礎日額の 1,000 日分に満たないとき。
だ れ が	遺族（ポイント欄参照）
だ れ に	所轄労働基準監督署長
い つ ま で	労働者の死亡の日の翌日から 5 年以内に
部 　 　 数	1 部
根 拠 条 文	第 16 条、第 16 条の 6、第 16 条の 7、第 20 条の 6、則第 16 条、第 18 条の 3 の 12、労基法第 79 条、特別支給金支給規則第 2 条、第 5 条、第 10 条
添 付 書 類	この請求書（申請書）には、次の書類を添付します。 (1) 請求人（申請人）が死亡した労働者と婚姻の届出をしていないが事実上婚姻関係と同様の事情にあった者であるときは、その事実を証明することができる書類 (2) 請求人（申請人）が死亡した労働者の収入によって生計を維持していた者であるときは、その事実を証明することができる書類 (3) 労働者の死亡の当時、遺族補償年金等を受けることができる遺族がない場合の遺族補償一時金等の支給の請求又は遺族特別支給金若しくは遺族特別一時金の支給の申請であるときは、次の書類 　イ　死亡診断書、死体検案書、検視調書又はそれらの記載事項証明書 　ロ　請求人（申請人）と死亡した労働者との身分関係を証明することができる戸籍の謄本又は抄本（(1) の書類を添付する場合を除きます） (4) 遺族補償年金等を受ける権利を有する者の権利が消滅し、他に遺族補償年金等を受けることができる遺族がない場合の遺族補償一時金等の支給の請求又は遺族特別一時金等の支給の申請であるときは、(3) のロの書類（(1) の書類を添付する場合を除きます）。 ※死亡労働者が特別加入者であった場合には、④及び⑥の事項を証明することができる書類、その他の資料を添付します。
ポ イ ン ト	〔遺族〕遺族補償一時金等は、次にあげる遺族のうち最先順位者に支給されます。 　　1　配偶者 　　2　労働者の死亡当時その収入によって生計を維持していた子、父母、孫及び祖父母 　　3　その他の子、父母、孫及び祖父母 　　4　兄弟姉妹
作 成 上 の ポ イ ン ト	1　死亡労働者が休業補償給付等及び休業特別支給金の支給を受けていなかった場合又は死亡労働者に関し遺族補償年金等が支給されていなかった場合には、⑦の平均賃金の算定内訳及び⑧の特別給与の総額の算定内訳を別紙を付して記載してください。 2　死亡労働者に関し遺族補償年金等が支給されていた場合又は死亡労働者が傷病補償年金等を受けていた場合には、 　(1) ①、④及び⑥には記載する必要がありません。 　(2) 事業主の証明は受ける必要がありません。 3　死亡労働者が特別加入者であった場合には、 　(1) ⑦にはその者の給付基礎日額を記載してください。 　(2) ⑧には記載する必要がありません。 　(3) 事業主の証明は受ける必要がありません。 4　⑨及び⑩の欄に記載することができない場合には、別紙を付けて所要の事項を記載してください。
給 付 額	(1)「どんなとき」欄の (1) の場合………………………給付基礎日額の 1,000 日分 (2)「どんなとき」欄の (2) の場合………………………給付基礎日額の 1,000 日分 － 既支給年金額

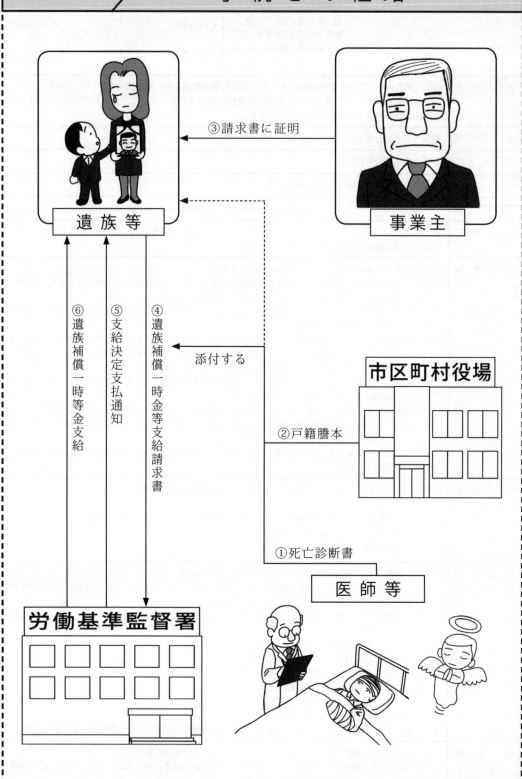

様式第15号　手続きの経路

③請求書に証明

遺 族 等

事 業 主

⑥遺族補償一時等金支給

⑤支給決定支払通知

④遺族補償一時金等支給請求書

添付する

市区町村役場

②戸籍謄本

①死亡診断書

医 師 等

労働基準監督署

様式第15号（表面）

労働者災害補償保険

遺族補償一時金
複数事業労働者遺族一時金　支給請求書

遺族特別支給金
遺族特別一時金　支給申請書

①	労 働 保 険 番 号				③ 死 亡 労 働 者 の	フリガナ	マツダ　カズト		④ 負傷又は発病年月日	
府県	所掌	管轄	基幹番号	枝番号		氏　名	松 田 一 人　（男・女）		7 年 2 月 3 日	
13	1	0600	047680	0 0		生年月日	昭和 47 年 11 月 4 日（50歳）		午前・後 11 時 10 分頃	
②	年 金 証 書 の 番 号					職　種	倉庫係		⑤ 死 亡 年 月 日	
管轄局	種別	西暦年	番　号	枝番号		所属事業場名称所在地			7 年 2 月 3 日	

⑥ 災害の原因及び発生状況	（あ）どのような場所で（い）どのような作業をしているときに（う）どのような物又は環境に（え）どのような不安全な又は有害な状態があって（お）どのような災害が発生したかを簡明に記載すること	⑦ 平 均 賃 金
	材料倉庫の中二階デッキ部において、同僚の運転するクレーンにより材料を取込中クレーンの荷がゆれたため、荷をつかまえていた被災者がデッキ端部から約35m墜落し一階床面に置いてあった鋼材により頭部を被災した。病院に収容されたが3時間後に死亡した。	8,263 円 14 銭
		⑧ 特別給与の総額（年額）
		843,670 円

③の者については、④及び⑥から⑧までに記載したとおりであることを証明します。

電話（　）3770—XXXX

7 年 2 月 17日

事業の名称　泉鉄工株式会社

〒144— 0000

事業場の所在地　大田区羽田西町 x - x - x

事業主の氏名　代表取締役　泉 豊

（法人その他の団体であるときはその名称及び代表者の氏名）

⑨ 請求人申請人	フリガナ 氏　名	生年月日	フリガナ 住　所	死亡労働者との関係	請求人（申請人）の代表者を選任しないときはその理由
	マツダ　カズミチ 松田 一道	平成15年 6 月 11日	オオタク モリサキチョウ 大田区森崎町 9-x-x	長 男	
	マツダ　カズヒコ 松田 一彦	平成16年 3 月 19日	同　上	次 男	
		年　月　日			
		年　月　日			
		年　月　日			

⑩ 添付する書類その他の資料名	死亡診断書、戸籍謄本

上記により

遺族補償一時金
複数事業労働者遺族一時金　の支給を請求します。

遺族特別支給金
遺族特別一時金　の支給を申請します。

〒144—0000 電話（　）3771—XXXX

　　　　　　　　　　　　方

7 年 2 月 17日

大 田 労働基準監督署長　殿

請求人申請人（代表者）の　住所　大田区森崎町 9 - x - x
氏名　松 田 一 道

振込を希望する金融機関の名称				預金の種類及び口座番号	
駿 東	銀行・金庫農協・漁協・信組	大 田	本店・本所出張所支店・支所	普通・当座　第311084号	
				口座名義人　松 田 一 道	

業務上で死亡したとき

様式第 16 号	労働者災害補償保険 葬　祭　料　又　は 複数事業労働者葬祭給付請求書　　　　　　　　　　インクの色黒
どんなとき	業務上の事由によって労働者が死亡したとき。
だ　れ　が	葬祭を行う者（通常は遺族）
だ　れ　に	所轄労働基準監督署長
い　つ　ま　で	労働者の死亡の日の翌日から 2 年以内に
部　　　数	1　部
根　拠　条　文	法第 12 条の 8、第 17 条、第 20 条の 2、第 20 条の 7、則第 17 条の 2、第 18 条の 3 の 14、労基法第 80 条
添　付　書　類	死亡診断書、死体検案書又は検視調書の写し、その他市町村長が証明する死亡届書記載事項証明書
ポ　イ　ン　ト	葬祭料、複数事業労働者葬祭給付は、通常は遺族に支給されますが、遺族がいない場合など、事業主や友人等が葬祭を行うことがあり、その場合は葬祭を実際に行った人に支給されます。
作成上の ポ　イ　ン　ト	②欄には、死亡労働者の傷病補償年金に係る年金証書の番号を記載してください（該当する場合）。 ⑥欄には、どのような場所で、どのような作業をしているときに、どのような物で、又はどのような状況においてどのようにして災害が発生したかを簡明に記載してください。
給　付　額	315,000 円に給付基礎日額の 30 日分を加えた額（その額が給付基礎日額の 60 日分に満たない場合は、給付基礎日額の 60 日分の額）

様式第16号 / 手続きの経路

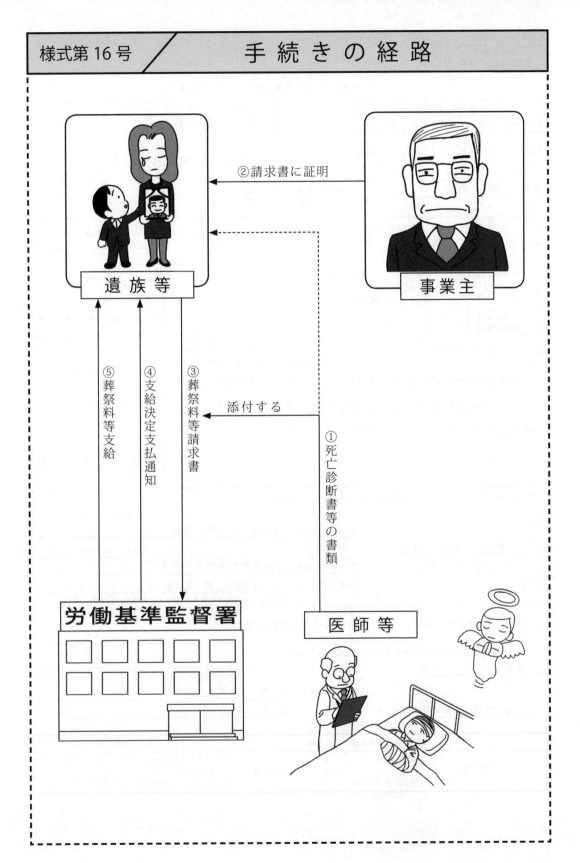

②請求書に証明

遺族等

事業主

⑤葬祭料等支給

④支給決定支払通知

③葬祭料等請求書

添付する

①死亡診断書等の書類

労働基準監督署

医師等

様式第16号（表面）

業務災害用
複数業務要因災害用

労働者災害補償保険
葬祭料又は複数事業労働者葬祭給付請求書

① 労 働 保 険 番 号					③請求人の	フ リ ガ ナ	ウチヤマ　カズコ
府県	所掌	管轄	基幹番号	枝番号		氏　　名	内山和子
1 4	1	0 9 0	0 4 1 0 9	0 0 0		住　　所	小田原市広田町8-x-x
② 年 金 証 書 の 番 号						死亡労働者との関係	妻
管轄局	種別	西暦年	番　　号				

④死亡労働者の	フ リ ガ ナ	ウチヤマ　ジロウ		⑤ 負 傷 又 は 発 病 年 月 日
	氏　　名	内山二郎 （男・女）		6 年 2 月 16 日
	生年月日	昭和58年　2月　4日（40歳）		午前・午後 3 時 20分頃
	職　　種	タクシー運転手		⑦ 死 亡 年 月 日
	所属事業場名称所在地			6 年 2 月 16 日
⑥ 災害の原因及び発生状況	（あ）どのような場所で（い）どのような作業をしているときに（う）どのような物又は環境に（え）どのような不安全な又は有害な状態があって（お）どのような災害が発生したかを簡明に記載すること			
	小田原駅前から客を乗せ、箱根に向かう途中、箱根街道において中央線を越えて走ってきた大型トラックと衝突し、病院に収容されたが、4時間後に死亡した。			⑧ 平 均 賃 金
				7,611 円 61 銭

④の者については、⑤、⑥及び⑧に記載したとおりであることを証明します。

電話（　　）22―xxxx

事 業 の 名 称　城洋タクシー株式会社

6 年　3 月　9 日

〒 250 ― 0000

事業場の所在地　小田原市城北町3-x-x

事業主の氏名　代表取締役　井上幸信

（法人その他の団体であるときはその名称及び代表者の氏名）

⑨ 添付する書類その他の資料名	遺族補償年金支給請求書に添付

上記により葬祭料又は複数事業労働者葬祭給付の支給を請求します。

6 年　3 月　9 日

〒 250 ― 0000　電話（　　）23―xxxx

請求人の　住　所　小田原市広田町8-x-x

小 田 原　労働基準監督署長　殿

氏　名　内山和子

振込を希望する金融機関の名称			預金の種類及び口座番号	
湘 南	銀行・金庫	小 田 原	本店・本所出張所	普通・当座　第142536号
	農協・漁協・信組		支店・支所	口座名義人　内山和子

168

長期間療養を続けたとき

様式第 16 号の 2	労働者災害補償保険 傷病の状態等に関する届	インクの色黒

どんなとき	業務上の事由、複数業務要因による事由又は通勤により負傷し又は疾病にかかった労働者の負傷又は疾病が、療養の開始後 1 年 6 カ月を経過した日に、まだ治っていないとき。
だ れ が	被災労働者（本人）
だ れ に	所轄労働基準監督署長
いつまで	療養開始後 1 年 6 カ月を経過した日以後 1 カ月以内に
部　　　数	1　部
根 拠 条 文	則第 18 条の 2、第 18 条の 13、第 18 条の 3 の 15
添 付 書 類	傷病の状態の立証に必要な医師又は歯科医師の診断書その他の資料
作 成 上 の ポ イ ン ト	※印欄には記載しないこと。

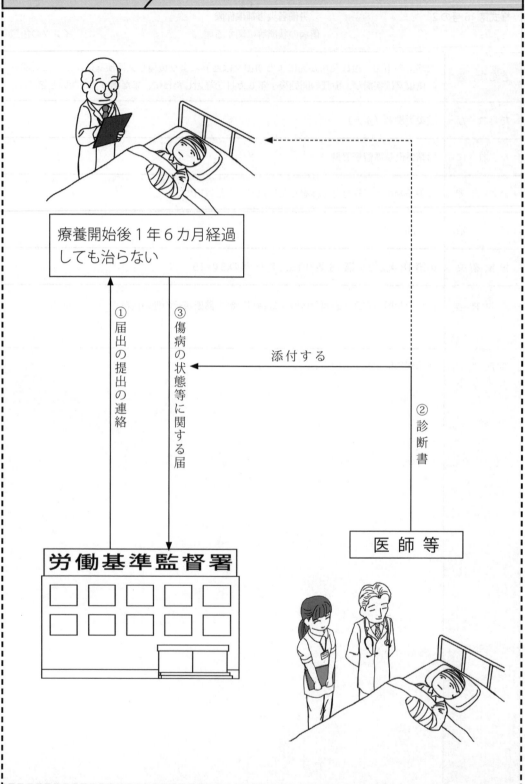

療養開始後1年6カ月経過しても治らない

①届出の提出の連絡

③傷病の状態等に関する届

添付する

②診断書

医 師 等

労働基準監督署

170

様式第16号の2（表面）

労働者災害補償保険

傷病の状態等に関する届

①	労働保険番号	府県	所掌	管轄	基幹番号	枝番号			
		44	1	01	000394	000	③	負傷又は発病年月日	5年7月18日

② 労働者の	フリガナ	ハシモト　テツイチ		
	氏　名	橋本哲一 （男・女）		
	生年月日	昭和45年　3月　21日（52歳）	④ 療養開始年月日	5年7月18日
	フリガナ	オオイタシツルマエチョウ		
	住　所	大分市鶴前町 1-×××		

⑤	傷病の名称、部位及び状態			（診断書のとおり。）

⑥ 厚生年金保険等の受給関係	厚年等の年金証書の基礎年金番号・年金コード		被保険者資格の取得年月日	年　　月　　日
	当該傷病に関して支給される年金の種類等	年　金　の　種　類	厚生年金保険法の　　イ 障害年金　　ロ 障害厚生年金 国民年金法の　　　　イ 障害年金　　ロ 障害基礎年金 船員保険法の障害年金	
		障　害　等　級		級
		支給される年金の額		円
		支給されることとなった年月日	年　　　　月　　　　日	
		厚年等の年金証書の基礎年金番号・年金コード		
		所轄年金事務所等		

⑦	添付する書類その他の資料名	診断書

⑧ 年金の払渡しを受けることを希望する金融機関又は郵便局	金融機関（郵便貯金銀行を除く。）（支店等を除く。）	名　称	※ 金融機関店舗コード				
			豊後	銀行・金庫 農協・漁協・信組	鶴前	本店・本所 出張所 支店・支所	
		預金通帳の記号番号	普通・当座	第　214861　号			
	郵便貯金銀行の郵便貯金銀行の支店郵便局	郵等フリガナ名　称	※ 郵便局コード				
		所在地	都道府県		市郡区		
		預金通帳の記号番号	第　　　　　　号				

上記のとおり届けます。

〒 870 - 0000　　電話（　　）68 - ××××

7 年　　2 月　　10 日	届出人の	住　所	大分市鶴前町 1-×××
大分　労働基準監督署長 殿		氏　名	橋本哲一

□本件手続を裏面に記載の社会保険労務士に委託します。

個人番号 [　　　　　　　　　　　　]

一定の障害により現に介護を受けているとき

様式第16号の2の2	労働者災害補償保険 介 護 補 償 給 付 ⎫ 複数事業労働者介護給付 ⎬ 支給請求書 介 護 給 付 ⎭ <div align="right">インクの色黒</div>
どんなとき	傷病補償年金、複数事業労働者傷病年金、傷病年金又は障害補償年金、複数事業労働者障害年金、障害年金の受給権者のうち、常時又は随時介護を必要とし現に介護を受けているとき。
だ れ が	傷病（補償）年金等又は障害（補償）年金等の受給権者のうち、常時又は随時介護を必要とし、現に介護を受けている者
だ れ に	所轄労働基準監督署長
い つ ま で	介護を受けた月の翌月の1日から2年以内に
部 数	1 部
根 拠 条 文	法第12条の8、第19条の2、第24条、第20条の2、第20条の9，則第18条の3の5、第18条の3の17、第18条の15
添 付 書 類	(1) 障害の部位及び状態並びに当該障害を有することに伴う日常生活の状態に関する医師又は歯科医師の診断書 (2) 介護に要する費用を支出して介護を受けた日がある場合には、介護に要した費用の額の証明書
ポ イ ン ト	介護補償給付等は、障害・傷病等1級の方すべてと、2級の精神神経・胸腹部臓器に障害を残す（有する）方が対象となり、障害の状態に応じ、常時介護を要する状態と随時介護を要する状態に区分されます。 なお、常時介護を要する状態と随時介護を要する状態の区分については、次のとおりです。 **常時介護・随時介護とは** <table><tr><td colspan="2">該当する者の具体的な障害の状態</td></tr><tr><td rowspan="2">常時介護</td><td>① 精神神経・胸腹部臓器に障害を残し、常時介護を要する状態に該当する方（障害等級第1級3・4号、傷病等級第1級1・2号）</td></tr><tr><td>② ・両眼が失明するとともに、障害又は傷病等級第1級・第2級の障害を有する方 ・両上肢及び両下肢が亡失又は用廃の状態にある方 など①と同程度の介護を要する状態である方</td></tr><tr><td rowspan="2">随時介護</td><td>① 精神神経・胸腹部臓器に障害を残し、随時介護を要する状態に該当する方（障害等級第2級2号の2、2号の3、傷病等級第2級1・2号）</td></tr><tr><td>② 障害等級第1級又は傷病等級第1級に該当する方で、常時介護を要する状態ではない方</td></tr></table>
作 成 上 の ポ イ ン ト	1 （裏面）注意欄をよく読んでから記入すること。 2 傷病（補償）年金の受給者、障害等級第1級3号・4号又は第2級2号の2・2号の3に該当する方、継続して2回目以降の請求をする方は、診断書を添付する必要はありません。 3 介護に要した費用の額の証明書は、介護の費用を支出していない場合は不要です。

給　付　額	常時介護	①　親族又は友人・知人の介護を受けていない場合には、介護の費用として支出した額（ただし、177,950円を上限とします）が支給されます。 ②　親族又は友人・知人の介護を受けているとともに、 　イ　介護の費用を支出していない場合には、一律定額として81,290円が支給されます。 　ロ　介護の費用を支出しており、その額が81,290円を下回る場合には一律定額として81,290円が支給されます。 　ハ　介護の費用を支出しており、その額が81,290円を上回る場合には、その額（ただし、177,950円を上限とします）が支給されます。
	随時介護	①　親族又は友人・知人の介護を受けていない場合には、介護の費用として支出した額（ただし、88,980円を上限とします）が支給されます。 ②　親族又は友人・知人の介護を受けているとともに、 　イ　介護の費用を支出していない場合には、一律定額として40,600円が支給されます。 　ロ　介護の費用を支出しており、その額が40,600円を下回る場合には、一律定額として40,600円が支給されます。 　ロ　介護の費用を支出しており、その額が40,600円を上回る場合には、その額（ただし、88,980円を上限とします）が支給されます。 ※金額は令和6年4月1日以降のもの

月の途中から介護を開始される場合は、次のとおりとなります。
①　月の途中から介護を開始したケースで、介護費用を支払って介護を受けた場合は上限額の範囲で介護費用が支給されます。
①　月の途中から介護を開始したケースで、介護費用を支払わないで親族等から介護を受けた場合は当該月は支給されません。

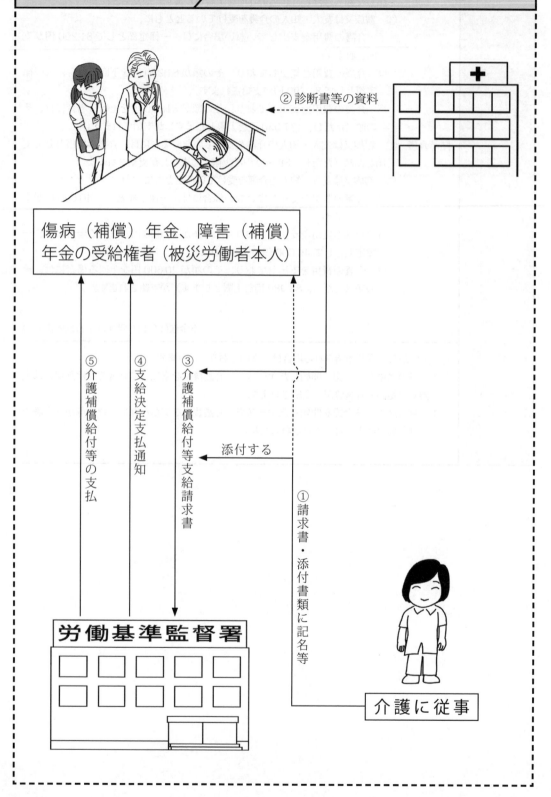

② 診断書等の資料

傷病（補償）年金、障害（補償）
年金の受給権者（被災労働者本人）

⑤ 介護補償給付等の支払

④ 支給決定支払通知

③ 介護補償給付等支給請求書

添付する

① 請求書・添付書類に記名等

労働基準監督署

介護に従事

■　様式第16号の2の2（表面）

労働者災害補償保険
介　護　補　償　給　付
複数事業労働者介護給付　支給請求書
介　護　給　付

標準字体
アカサタナハマヤラワ	○濁点、半濁
0 1 2 3 4 イキシチニヒミ　リン	点は一文字
5 6 7 8 9 ウクスツヌフムユル　ヲ	として書い
エケセテネヘメ　レ　°	てください。
オコソトノホモヨロ　ガ°ハ°（例）	

※帳票種別　｜3 5 2 9 0｜

①管轄局署　②受付年月日　元号□□　月□□　日□□

③特別コード　□

④介護料区分　□　1有　2無

⑤
（イ）年金証書番号　管轄局｜0 8｜種別｜3 9｜西暦年｜6 0｜番号｜0 0 1 2｜

（ロ）受給している労災年金の種類
☑障害（補償）等年金 I 級
□傷病（補償）等年金　級

（ハ）障害の部位及び状態並びに当該障害を有することに伴う日常生活の状態については別紙診断書のとおり。

（ニ）⑥労働者の氏名（カタカナ）：姓と名の間は1文字あけて左ヅメで記入してください。
｜キ ム ウ　ヒ サ シ｜

生年月日　昭和44年　2月　2日

氏名　木村　久
住所　茨城県下妻市前河原112-×

⑦（ホ）請求対象年月　元号｜9｜年｜0 6｜月｜1 1｜
⑧（ヘ）費用を支出して介護を受けた日数　｜　　　｜
⑨（ト）介護に要する費用として支出した費用の額　｜　　　　　｜
介護に従事した者　⑩※　親族　⑪友人・知人　⑫看護師・家政婦又は看護補助者　⑬施設職員

⑭（ホ）請求対象年月　元号｜9｜年｜0 6｜月｜1 2｜
⑮（ヘ）費用を支出して介護を受けた日数　｜　　　｜
⑯（ト）介護に要する費用として支出した費用の額　｜　　　　　｜
介護に従事した者　⑰※　親族　⑱友人・知人　⑲看護師・家政婦又は看護補助者　⑳施設職員

㉑（ホ）請求対象年月　元号｜　｜年｜　　｜月｜　　｜
㉒（ヘ）費用を支出して介護を受けた日数　｜　　　｜
㉓（ト）介護に要する費用として支出した費用の額　｜　　　　　｜
介護に従事した者　㉔※　親族　㉕友人・知人　㉖看護師・家政婦又は看護補助者　㉗施設職員

1～9日は右に　1～9月は右に　1～9日は右に

右の欄及び㉚から㉝までの欄は、口座を新規に届け出る場合又は届け出た口座を変更する場合のみ記入してください。

振込を希望する金融機関の名称
新規・変更
六反　下妻
本店・本所　出張所　支店
銀行・金庫　農協・漁協　信組

口座名義人　木村　久

㉘※金融機関コード　｜　　　　｜
金融機関　店舗

㉙※郵便局コード　｜　　　　｜

（チ）㉚（貯）金の種類　｜1｜　1:普通　3:当座
㉛口座番号（左詰め。ゆうちょ銀行の場合は、記号（5桁）は左詰め、番号は右詰めで記入し、空欄には「0」を記入。）　｜1 2 3 4 5 6 7｜

㉜口座名義人（カタカナ）：姓と名の間は1文字あけて左ヅメで記入してください。
｜キ ム ウ　ヒ サ シ｜

（続き）㉝口座名義人（カタカナ）　｜　　　　｜

（リ）介護を受けた場所等
イ　住居
ロ　施設等（ただし、病院、診療所、介護老人保健施設、介護医療院、特別養護老人ホーム及び原子爆弾被爆者特別養護ホームは除く。）
所在地　————
名称　————
電話（　　）　—

（ヌ）介護に従事した者
氏名	生年月日	続柄	介護期間・日数	区分
田中正子	平成 6 年 1 月 15 日	子	11月 1 日から 11月 30 日まで 25日間	④親族　ロ友人・知人　ハ看護師・家政婦又は看護補助者　ニ施設職員
高橋法子	昭和 46 年 3 月 15 日	義妹	12月 1 日から 12月 31 日まで 22日間	④親族　ロ友人・知人　ハ看護師・家政婦又は看護補助者　ニ施設職員
	年　月　日		月　日から 月　日まで　日間	イ親族　ロ友人・知人　ハ看護師・家政婦又は看護補助者　ニ施設職員

（ル）添付する書類　イ　診断書　ロ　介護に要した費用の額の証明書（　通）

介護補償給付
上記により複数事業労働者介護給付 の支給を 請求します。
介　護　給　付

7 年　1 月　6 日

請求人の

下館　労働基準監督署長　殿

〒 304 - 0076　電話（0123）45 - ××××
住所　茨城県下妻市前河原112-×
（　　　方）
氏名　木村　久

［介護の事実に関する申立て］　私は、上記（リ）及び（ヌ）のとおり介護に従事したことを申し立てます。

住所	氏名	電話番号
つくば新田 789-×	田中正子	12-3456
水海道中妻 123-×	高橋法子	56-7890

（注意）
一、記入枠の部分は、必ず黒のボールペンを使用し、様式の右上に記載された「標準字体」にならって、枠からはみださないように大きめのカタカナ及びアラビア数字で明瞭に記載してください。

二、記載すべき事項のない欄又は記入枠は空欄のままとし、事項を選択する場合には該当事項を○で囲んでください。（ただし、⑦、⑭、㉑及び㉚欄については該当番号を記入枠に記入してください。）

三、□□□□で表示された枠（以下「記入枠」という。）に記入する文字は、光学式文字読取装置（OCR）で直接読取りを行いますので、汚したり、□□□で表示された枠からはみ出したり、穴をあけたり、必要以上に強く折り曲げたり、のりづけしたりしないでください。

※印の欄は記入しないでください。（職員が記入します。）

◎裏面の注意事項を読んでから記入してください。

折り曲げる場合には（◀）の所を谷に折りさらに2つ折りにしてください。

175

通勤災害を被ったとき

様式第 16 号の 7 〜 10（別紙） 通勤災害に関する事項	インクの色黒

どんなとき	通勤による負傷、疾病、障害又は死亡に対して各種の保険給付の請求を行うとき。
だ れ が	通勤による負傷、疾病、障害を被った被災労働者及び死亡した場合はその遺族
だ れ に	所轄労働基準監督署長
部　　数	1　部
根 拠 条 文	則第 18 条の 8、第 18 条の 9、第 18 条の 10、第 18 条の 12
添 付 書 類	様式第 16 号の 7「障害給付支給請求書」に添付します。 様式第 16 号の 8「遺族年金支給請求書」に添付します。 様式第 16 号の 9「遺族一時金支給請求書」に添付します。 様式第 16 号の 10「葬祭給付請求書」に添付します。
注　　意	様式第 16 号の 3「療養給付たる療養の給付請求書」、様式第 16 号の 5（1）、（2）、（3）、（4）、（5）「療養給付たる療養の費用請求書」及び様式第 16 号の 6「休業給付請求書」は裏面が通勤災害に関する事項の記載欄になっています。
記 載 上 の ポ イ ン ト	「災害発生の日の就業の場所」欄には、災害が出勤途中に発生したものであるときには災害当日の就業場所（就業予定の場所を含みます）を、災害が退勤途中であるときは、災害当日の就業した場所の所在地を記載します。 そのほか下の注意欄をよく読んで記載すること。

様式第 16 号の 7 ～ 10 （別紙）　　手 続 き の 経 路

事 業 主

被 災 労 働 者

各種の請求書に証明

各種の請求書に証明

遺 族

各種請求書

通勤災害に関する事項

労働基準監督署

様式第16号の7（別紙）

通勤災害に関する事項

① 労働者の氏名	相原 敏江		
⑪ 災害時の通勤の種別 （該当する記号を記入）	イ	イ．住居から就業の場所への移動　　　　　　　ロ．就業の場所から住居への移動 ハ．就業の場所から他の就業の場所への移動 ニ．イに先行する住居間の移動　　　　　　　　ホ．ロに後続する住居間の移動	
⑪ 負傷又は発病の年月日及び時刻	令和7年 2月 7日　午前 8時 15分頃		
⑤ 災害発生の場所	大田区大森中2丁目の都道		
⑪ 就業の場所 （災害時の通勤の種別がハに該当する場合は移動の終点たる就業の場所）	大田区大森中3-××-×		
⑤ 就業開始の予定年月日及び時刻 （災害時の通勤の種別がイ、ハ又はニに該当する場合は記載すること）	令和7年 2月 7日　午前 8時 30分頃		
⑪ 住居を離れた年月日及び時刻 （災害時の通勤の種別がイ、ニ又はホに該当する場合は記載すること）	令和7年 2月 7日　午前 8時 10分頃		
⑥ 就業終了の年月日及び時刻 （災害時の通勤の種別がロ、ハ又はホに該当する場合は記載すること）	年　月　日　午前/後　時　分頃		
⑪ 就業の場所を離れた年月日及び時刻 （災害時の通勤の種別がロ又はハに該当する場合は記載すること）	年　月　日　午前/後　時　分頃		

⑨ 災害時の通勤の種別に関する移動の通常の経路、方法及び所要時間並びに災害発生の日に住居又は就業の場所から災害発生の場所に至った経路、方法、その他の状況	（通常の移動の所要時間　　時間 20分）
⑪ 災害の原因及び発生状況 (あ)どのような場所を (い)どのような方法で移動している際に (う)どのような物で又はどのような状況において (え)どのようにして災害が発生したかを簡明に記載すること	自宅より自転車で出勤の途中、大田区大森中2丁目の路上で道路の凹部に前輪をとられて転倒した。その際、右手を地面に突いて手首関節を負傷した。

⑪ 現認者の	住　所	大田区大森中2-×-×	
	氏　名	藤沢 新子	電話（ 03 ）3213-××××
⑪ 転任の事実の有無（災害時の通勤の種別がニ又はホに該当する場合）	有 ・ 無	⑰ 転任の直前の住居に係る住所	

〔注意〕

1．⑤は、災害時の通勤の種別がハの場合には、移動の終点たる就業の場所における就業開始の予定年月日及び時刻を、ニの場合には、後続するイの移動の終点たる就業の場所における就業開始の予定の年月日及び時刻を記載すること。

2．⑥は、災害時の通勤の種別がハの場合には、移動の起点たる就業の場所における就業終了の年月日及び時刻を、ホの場合には、先行するロの移動の起点たる就業の場所における就業終了の年月日及び時刻を記載すること。

3．⑪は、災害時の通勤の種別がハの場合には、移動の起点たる就業の場所を離れた年月日及び時刻を記載すること。

4．⑨は、通常の通勤の経路を図示し、災害発生の場所及び災害の発生の日に住居又は就業の場所から災害発生の場所に至った経路を朱線等を用いてわかりやすく記載するとともに、その他の事項についてもできるだけ詳細に記載すること。

178

通勤災害で病気やけがをしたとき

様式第 16 号の 3	労働者災害補償保険 療養給付たる療養の給付請求書　　　　　　　　インクの色黒
どんなとき	通勤によって負傷し、又は疾病にかかり、労災病院や労災指定病院等で療養の給付を受けようとするとき。
だ れ が	被災労働者（本人）
だ れ に	治療を受けている病院等を経由して所轄の労働基準監督署長
部　　　数	1　部
い つ ま で	療養を受けようとするとき
根 拠 条 文	法第 21 条、第 22 条、則第 18 条の 5
給付の内容	1　診察 2　薬剤又は治療材料の支給 3　処置、手術その他の治療 4　居宅における療養上の管理及びその療養に伴う世話その他の看護 5　病院又は診療所への入院及びその療養に伴う世話その他の看護 6　移送

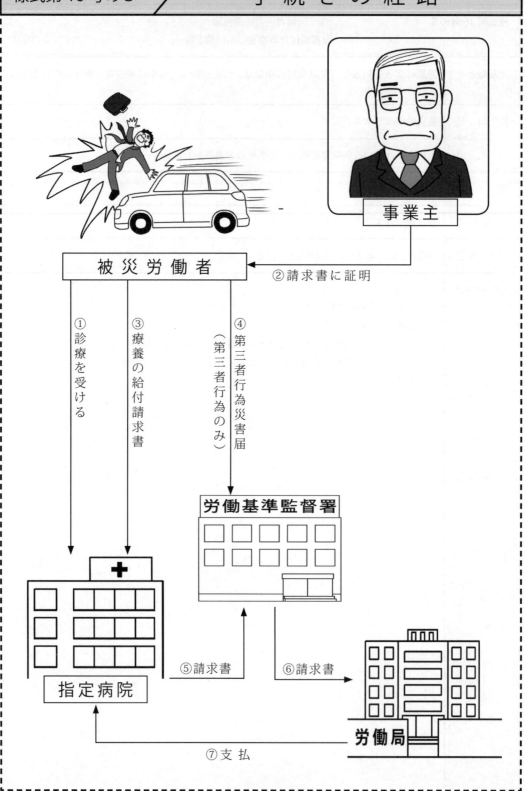

事業主

被 災 労 働 者

②請求書に証明

①診療を受ける

③療養の給付請求書

④第三者行為災害届（第三者行為のみ）

労働基準監督署

指定病院

⑤請求書

⑥請求書

労働局

⑦支 払

■　様式第16号の3(表面)　労働者災害補償保険　　　裏面に記載してある注意

通勤災害用

療養給付たる療養の給付請求書

事項をよく読んだ上で、記入してください。

標	準	字	体	0	1	2	3	4	5	6	7	8	9	°	ー
ア	イ	ウ	エ	オ	カ	キ	ク	ケ	コ	サ	シ	ス	セ	ソ	タ	チ	ツ	テ	ト	ナ	ニ	ヌ
ネ	ノ	ハ	ヒ	フ	ヘ	ホ	マ	ミ	ム	メ	モ	ヤ	ユ	ヨ	ラ	リ	ル	レ	ロ	ワ	ン	

標準字体で記入してください。

※ 帳票種別 `3 4 5 9 0`　①管轄局署　　②業通別 `3` 1業3通　③保留　⑥処理区分 1全レセ3全給付

②労働保険番号　府県`14` 所掌`1` 管轄`08` 基幹番号`144310` 枝番号`000`

年金証書番号記入欄

⑧性別 `1` 1男3女　1明治 3大正 5昭和 7平成 9令和

⑨労働者の生年月日 `5` `44` `04` `26`　1～9年は右へ 1～9月は右へ 1～9日は右へ

⑩負傷又は発病年月日 元号`9` `07` `01` `07`　1～9年は右へ 1～9月は右へ 1～9日は右へ

②兼業　※

⑦支給・不支給決定年月日　元号 年 月 日 ※

⑪再発年月日　元号 年 月 日 ※

⑬三者 ※ 1自 3労 5他　⑭特疾 3その他　⑮特別加入者

このスペースに文字を記入しないでください。

⑫労働者の　シメイ(カタカナ) : 姓と名の間は1文字あけて記入してください。濁点・半濁点は1文字として記入してください。

`ハ ヤ シ　ゴ ロ ウ`

氏名　**林 五郎**　(54歳)

⑯郵便番号 `×××-××××`　フリガナ フジサワシシンマチ

住所

⑰第三者行為災害

該当する・該当しない

職種　**製パン工**

⑲通勤災害に関する事項　　裏面のとおり

⑳指定病院等の　名称 : **田崎整形外科医院**　電話(0466) 23 - ××××

所在地 : **藤沢市新町5-×-×-×**　〒 251- 0000

㉑傷病の部位及び状態 :

⑫の者については、⑩及び裏面の(ロ)、(ハ)、(ニ)、(ホ)、(ト)、(チ)、(リ)(通常の通勤の経路及び方法に限る。)及び(ヲ) に記載した
とおりであることを証明します。　　　　　　　　　　　**7 年 1 月 15 日**

事業の名称　　　**湘南製パン有限会社**　　電話(0466) 23 -××××

事業場の所在地　**藤沢市長浜町2-×-×**　　〒 251- 0000

事業主の氏名　　**代表取締役　吉田京一**

(法人その他の団体であるときはその名称及び代表者の氏名)

労働者の所属事業
場の名称・所在地　　　　　　　　　　　　　　　　電話( ) －

(注意) 1　事業主は、裏面の(ロ)、(ハ)及び(リ)については、知り得なかった場合には証明する必要がないので、知り得なかった事項の符号を
消してください。
2　労働者の所属事業場の名称・所在地については、労働者が直接所属する事業場が一括適用の取扱いを受けている場合に、労働
者が直接所属する支店、工事現場等を記載してください。
3　派遣労働者について、療養給付のみの請求がなされる場合にあっては、派遣先事業主は、派遣元事業主が証明する事項の記載
内容が事実と相違ない旨裏面に記載してください。

上記により療養給付たる療養の給付を請求します。　　　　　　　　　　**7 年 1 月 15 日**

藤沢 労働基準監督署長 殿

| 田崎整形外科 | 病 院 診 療 所 薬 局 訪問看護事業者 | 経由 |

請求人の　〒 251- 0000　電話(0466) 23 -××××

住所　**藤沢市新町6-×-×**　　(方)

氏名　**林 五郎**

支不 給給 決定 決議書	署　長	副署長	課　長	係　長	係	決定年月日	・ ・
						不支給の理由	
	調査年月日	・ ・	・ ・	・ ・			
	復命書番号	第 号	第 号	第 号			

(イ)	災害時の通勤の種別 (該当する記号を記入)	**イ**	イ．住居から就業の場所への移動　　　ロ．就業の場所から住居への移動 ハ．就業の場所から他の就業の場所への移動 ニ．イに先行する住居間の移動　　　ホ．ロに接続する住居間の移動

(ロ)	負傷又は発病の年月日及び時刻		令和 7 年　1 月　7 日　　午 前・後 8 時 15 分頃

		就業の場所	
(ハ)	災害発生の場所 藤沢市新町4丁目××-番地路上	(ニ) 就業の場所 (災害時の通勤の種別がハに該当する場合は移動 の終点たる就業の場所)	藤沢市長浜町2-x-x

(ホ)	就業開始の予定年月日及び時刻 (災害時の通勤の種別がイ、ハ又はニに該当する場合は記載すること)	7 年　1 月　7 日	午 前・後 8 時 30 分頃
(ヘ)	住居を離れた年月日及び時刻 (災害時の通勤の種別がイ、ニ又はホに該当する場合は記載すること)	7 年　1 月　7 日	午 前・後 8 時 00 分頃
(ト)	就業終了の年月日及び時刻 (災害時の通勤の種別がロ又はハに該当する場合は記載すること)	年　　月　　日	午 前後 時 分頃
(チ)	就業の場所を離れた年月日及び時刻 (災害時の通勤の種別がロ又はハに該当する場合は記載すること)	年　　月　　日	午 前後 時 分頃

(リ)	災害時の通勤の種別に関する移動の通常の経路、方法及び所要時間並びに災害発生の日に住居又は就業の場所から災害発生の場所に至った経路、方法、所要時間その他の状況	[通常の通勤所要時間　　時間　20分]

(ヌ)	災害の原因及び発生状況 (あ)どのような場所を (い)どのような方法で移動している際に (う)どのような物で又はどのような状況において (え)どのようにして災害が発生したか (お)⑨との初診日が異なる場合はその理由を簡明に記載すること	自宅より自転車で出勤の途中、藤沢市新町4丁目××番地の路上で道路の凹部に前輪をとられて転倒した。その際、左手を地面に打ち肘関節を負傷した。

(ル)	現認者の	住所	藤沢市新町4丁目××-××
		氏名	藤沢 洋子　　　　　　　　　　電話(XXX)XXX-XXXX

(ヲ)	転任の事実の有無 (災害時の通勤の種別がニ又はホに該当する場合)	有 ・ 無	(ワ) 転任直前の住居に係る住所

⑱健康保険日雇特例被保険者手帳の記号及び番号	

㉒その他就業先の有無		
有 無	有の場合のその数 (ただし表面の事業場を含まない) 　　　社	有の場合でいずれかの事業で特別加入している場合の特別加入状況 (ただし表面の事業を含まない) 労働保険事務組合又は特別加入団体の名称
	労働保険番号 (特別加入)	加入年月日 　　　年　　　　月　　　　日

[項目記入に当たっての注意事項]
1　記入すべき事項のない欄又は記入枠は空欄のままとし、事項を選択する場合には当該事項を〇で囲んでください。(ただし、⑧欄並びに⑨及び⑪欄の元号については該当番号を記入枠に記入してください。)
2　傷病年金の受給権者が当該傷病にかかる療養の給付を請求する場合には、⑮労働保険番号欄に左詰で年金証書番号を記入してください。また、⑫及び⑬は記入しないでください。
3　⑱は、請求人が健康保険の日雇特例被保険者でない場合には記載する必要はありません。
4　(ホ)は、災害時の通勤の種別がハの場合には、移動の終点たる就業の場所における就業開始の予定時刻を、ニの場合には、後続するイの移動の終点たる就業の場所における就業開始の予定の年月日及び時刻を記載してください。
5　(ト)は、災害時の通勤の種別がハの場合には、移動の起点たる就業の場所における就業終了の年月日及び時刻を、ホの場合には、先行するロの移動の起点たる就業の場所における就業終了の年月日及び時刻を記載してください。
6　(チ)は、災害時の通勤の種別がハの場合には、移動の起点たる就業の場所を離れた年月日及び時刻を記載してください。
7　(リ)は、通常の通勤の経路を図示し、災害発生の場所及び災害発生の日に住居又は就業の場所から災害発生の場所に至った経路を朱線等を用いて分かりやすく記載するとともに、その他の事項についてもできるだけ詳細に記載してください。

[標準字体記入にあたっての注意事項]
　　　　で表示された記入枠に記入する文字は、光学式文字読取装置(OCR)で直接読取りを行いますので、以下の注意事項に従って、表面の右上に示す標準字体で記入してください。
1　筆記用具は黒ボールペンを使用し、記入枠からはみださないように書いてください。
2　「促音」「よう音」などは大きく書き、濁点、半濁点は1文字として書いてください。

(例) キッテ → キ ツ テ　　　キョ → キ ヨ　　　バ → ハ ゛

3　シ ツ ソ ン は斜の弧を書き始めるとき、小さくカギを付けてください。

4　I はカギを付けないで垂直に、4 の2本の縦線は上で閉じないで書いてください。

派遣先事業主 証明欄	派遣元事業主が証明する事項(表面の⑩並びに(ロ)、(ハ)、(ニ)、(ホ)、(ト)、(チ)、(リ)(通常の通勤の経路及び方法に限る。)及び(ヲ))の記載内容について事実と相違ないことを証明します。				
	年　月　日	事業の名称		電話(　)　-	
		事業場の所在地		〒　-	
		事業主の氏名			
		(法人その他の団体であるときはその名称及び代表者の氏名)			

社会保険 労務士 記載欄	作成年月日・提出代行者・事務代理者の表示	氏　名	電話番号
			(　)　-

通勤災害で病気やけがをしたとき

様式第 16 号の 4	労働者災害補償保険 療養給付たる療養の給付を受ける指定病院等（変更）届　　　インクの色黒
どんなとき	通勤によって負傷し、又は病気にかかり療養給付を受けている人が、指定病院等を変更するとき。
だ れ が	被災労働者（本人）
だ れ に	変更した病院・診療所・薬局を経由して、所轄の労働基準監督署長
部　　数	1 部
い つ ま で	変更しようとするとき速やかに
根 拠 条 文	則第 18 条の 5
ポ イ ン ト	1　原則として事業主の証明を受けなければなりません。 2　一般に、患者の転医は自由になっています。
注　　意	
作成上の ポ イ ン ト	1　記載すべき事項のない欄は空欄のままとし、事項を選ぶ場合は、該当事項を○で囲んで下さい。 1　⑤欄の説明には、どこで、何をしていて、どうして、どこが、どうなったか、必ず原因⇒過程⇒結果を入れてわかりやすく文章を作ってください。

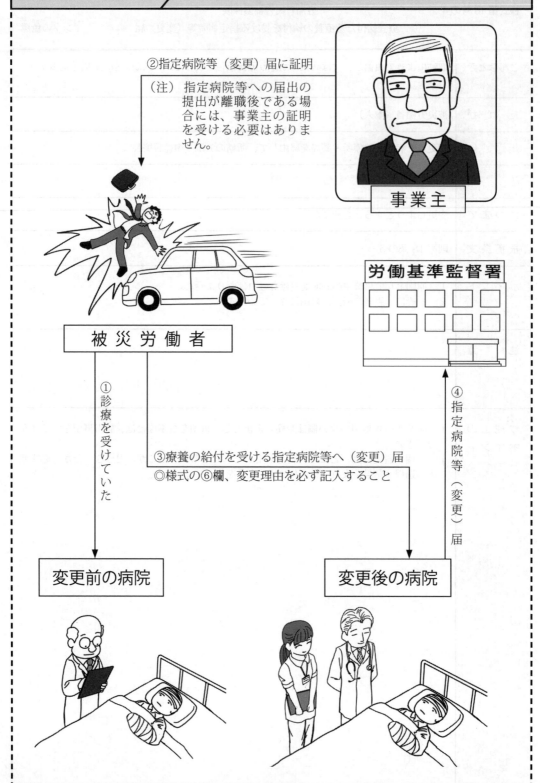

様式第 16 号の 4 ／ 手 続 き の 経 路

②指定病院等（変更）届に証明

（注）指定病院等への届出の
提出が離職後である場
合には、事業主の証明
を受ける必要はありま
せん。

事 業 主

労働基準監督署

被 災 労 働 者

①診療を受けていた

③療養の給付を受ける指定病院等へ（変更）届
◎様式の⑥欄、変更理由を必ず記入すること

④指定病院等（変更）届

変更前の病院

変更後の病院

様式第16号の4（表面）

労働者災害補償保険

療養給付たる療養の給付を受ける指定病院等（変更）届

中央　労働基準監督署長　殿　　　　　　　　　　　令和7年 2 月 4 日

| 船橋整形外科　[病　　　院] 診療所 薬　　局 経由 訪問看護事業者 | 〒273－ ××××　　電話 (0474) 31 － ×××× |

届出人の　住所　船橋市山崎町2-×-×　　　　　　　　　　　　方

　　　　　　氏名　山田幸子

下記により療養給付たる療養の給付を受ける指定病院等を（変更するので）届けます。

① 労 働 保 険 番 号					③ 労働者の	氏　名	山 田 幸 子　（男・女）	④負傷又は発病年月日
府県	所掌	管轄	基幹番号	枝番号		生年月日	昭和49年 3 月 17 日（ 50 歳）	令和 7 年 1 月 28 日
13	1	01	022068	000				
② 年 金 証 書 の 番 号						住　所	船橋市山崎町2-×-×	午前 8 時 20 分頃
管轄局	種別	西暦年	番　号			職　種	事務員	

⑤　災害の原因及び発生状況　（あ）どのような場所を（い）どのような方法で移動している際に（う）どのような物で又はどのような状況において（え）どのようにして災害が発生したかを簡明に記載すること

朝出勤時 JR有楽町駅12番線ホームの階段を降りる際、階段を踏みはずして下から6～7段部分から転落したもの。

③の者については、④に記載したとおりであることを証明します。

令和 7 年 2 月 4 日
　　事業の名称　大東薬品株式会社
　　　　　　　　〒100－0006　　電話（03 ）3573 － ××××
　　事業場の所在地　千代田区有楽町3-×-×
　　事業主の氏名　代表取締役 山本 尚
　　　　　（法人その他の団体であるときはその名称及び代表者の氏名）

〔注意〕　事業主は、④について知り得なかった場合には、証明する必要がないこと。

⑥ 指定病院等の変更	変 更 前 の	名　称	城南中央病院	[労災指定 医番号]
		所在地	千代田区有楽町1-×-×	〒　－
	変 更 後 の	名　称	船橋整形外科病院	
		所在地	船橋市小室町3-×-×	〒　－
	変 更 理 由		通院に不便なため、自室近くの病院に転医。	
⑦ 傷病年金の支給を受けることとなった後に療養の給付を受けようとする指定病院等の		名　称		
		所在地		〒　－
⑧ 傷　病　名			左肩関節脱臼	

通勤災害で病気やけがをしたとき

様式第 16 号の 5（1） 様式第 16 号の 5（2） 様式第 16 号の 5（3） 様式第 16 号の 5（4） 様式第 16 号の 5（5）	労働者災害補償保険 療養給付たる療養の費用請求書 インクの色黒
どんなとき	通勤により負傷し、又は疾病にかかり、労災指定病院等以外の病院や診療所、薬局に行ったとき、柔道整復師から手当を受けたとき、はり師及びきゅう師、あん摩マッサージ指圧師から手当を受けたとき、労災指定訪問看護事業者以外の訪問看護事業者による訪問看護を受けたとき。なお労災指定病院等で療養を受けている場合であっても治療機材及び装具の支給等にはこの請求書を使用します。
だ れ が	被災労働者（本人）
だ れ に	所轄労働基準監督署長
い つ ま で	療養の費用を支払った日の翌日から 2 年以内に
部　　数	1　部
根 拠 条 文	法第 21 条、第 22 条、則第 18 条の 6
ポ イ ン ト	1　現金給付の制度で、傷病が治るまでの療養費が支給されます。請求書には、領収書や請求書など、療養に要した費用を証明する資料を添付します。 2　事業主と診療した担当医師の証明が要ります。 3　療養給付は療養の給付が原則ですから、療養の費用の支給（指定病院等以外の療養）は相当の理由がある場合に限られます。
特 に 注 意 す る こ と	◎様式第 16 号の 5（1）の注意 　費用についての明細書、看護移送等をした人の請求書か領収書を忘れずに添付してください。 ◎様式第 16 号の 5（5）の注意 　主治医から交付された訪問看護指示書の写を添付してください。
作 成 上 の ポ イ ン ト	◎様式第 16 号の 5（1）（2）（3）（4）（5）に共通した注意事項をよく読んでください。 　各様式の（注意）欄に詳しく書いています。 ◎様式第 16 号の 5（2）……薬局から薬剤の支給を受けた場合に提出します。 ◎様式第 16 号の 5（3）……柔道整復師から手当を受けた場合に提出します。 ◎様式第 16 号の 5（4）……はり師及びきゅう師、あん摩マッサージ指圧師から手当を受けた場合に提出します。 ◎様式第 16 号の 5（5）……訪問看護事業者から訪問看護を受けた場合に提出します。
給 付 額	現金給付の制度で、傷病が治るまでの療養費が支給されます。

様式第16号の5 ／ 手 続 き の 経 路

②請求書に証明

事業主

被 災 労 働 者

②請求書に証明
①訪問看護を受ける

②請求書に証明
①診療を受ける

⑤療養の費用の支給
④療養の費用支給決定支払通知

③療養の費用請求書・通勤災害に関する事項（理由を必ず記入する）
③第三者行為災害届（第三者行為のみ）

訪問看護事業者

訪問看護報告書

訪問看護指示書

労 働 基 準 監 督 署

様式第16号の5（5）

様式第16号の5（2）……㊀
様式第16号の5（3）……㊁
様式第16号の5（4）……（はり・きゅう）

187

労働者災害補償保険

通勤災害用

療養給付たる療養の費用請求書　第　回　（同一傷病分）

標　準　字　体	0 1 2 3 4 5 6 7 8 9 ゛ ゜ ー
	ア イ ウ エ オ カ キ ク ケ コ サ シ ス セ ソ タ チ ツ テ ト ナ ニ ヌ
	ネ ノ ハ ヒ フ ヘ ホ マ ミ ム メ モ ヤ ユ ヨ ラ リ ル レ ロ ワ ン

※帳票種別	①管轄局署	②業通別	⑧受付年月日	⑩三者コード	⑪委任未支給	⑫特別加入者	⑬審査コード
3 4 2 6 0		3 （1業 3通）	年　月　日	（1自局 3他 5）	（1委任 3未支給 5委未）		

（注意）

③労働保険番号
府県 1 3 所掌 1 管轄 0 6 基幹番号 0 0 8 7 1 3 枝番号 0 0 0

④年金証書の番号　管轄局　種別　西暦年　番号

⑤労働者の性別　3（1男 3女）（1明治 2大正 3昭和 5平成 7令和）

⑥労働者の生年月日 5 4 6 0 4 0 6

⑦負傷又は発病年月日 9 0 7 0 2 0 7

※⑭金融機関コード　　金融機関　　店舗

シメイ（カタカナ）：姓と名の間は1文字あけて記入してください。濁点・半濁点は1文字で記入してください。

ア イ ハ ラ　ト シ エ

※⑮頼局コード

氏名の 氏名　**相原　敏江**　（53歳）　職種　**事務**

住所　㉖郵便番号 1 4 3 - 0 0 1 5　**東京都大田区大森西6-×-×**

新規・変更

振込を希望する金融機関・口座 名義人

東洋　**大田**

相原敏江

⑯預金の種類 1（1普通 3当座）

⑰口座番号（左詰め。ゆうちょ銀行の場合は、記号（5桁）は左詰め、番号は右詰めで記入し、空欄には「0」を記入） 2 7 4 5 6 3 1

メイギニン（カタカナ）：姓と名の間は1文字あけて記入してください。濁点・半濁点は1文字として記入してください。

⑱ ア イ ハ ラ　ト シ エ

⑲（つづき）メイギニン（カタカナ）

⑨の者については、⑦並びに裏面の（ワ）（通常の通勤の経路及び方法に限る。）、（カ）、（ヨ）、（タ）、（レ）、（ツ）、（ネ）及び（ム）に記載したとおりであることを証明します。

7年2月21日

事業の名称　**板橋運送株式会社**　電話（ 03 ）3123-××××

事業場の所在地　**大田区大森中3-××-×**　〒 143 - 0000

事業主の氏名　**代表取締役　板橋六郎**

（法人その他の団体であるときはその名称及び代表者の氏名）

（注意）1 事業主は裏面の（ワ）、（カ）及び（ヨ）については、知り得なかった場合には証明する必要がないので、知り得なかった事項の符号を消してください。
2 派遣労働者について、療養給付のみの請求がなされる場合にあっては、派遣先事業主は、派遣元事業主が証明する事項の記載内容が事実と相違ない旨裏面に記載してください。

療養の内容	（イ）期間 7 年 2 月 7 日 から 7 年 2 月 12 日まで 6 日間 診療実日数 6 日

（ロ）傷病の部位及び傷病名　**右手首関節捻挫**

（ハ）傷病の経過の概要　**患部腫脹するも経過良好**

7 年 2 月 12 日　治癒（症状固定）・継続中・転医・中止・死亡

⑨の者については、（イ）から（ニ）までに記載したとおりであることを証明します。

7 年 2 月 25 日　〒 143 - 0000

病院又は診療所の　所在地　**大田区大森1-××-×**

名称　**前田診療所**　電話（ 03 ）3123-××××

診療担当者氏名　**前田昭彦**

（ニ）療養の内訳及び金額（内訳裏面のとおり。）　**3 千 1 9 0 円**

（ホ）看護料	年　月　日から　年　月　日まで	日間	（看護師の費格の有・無）
（ヘ）移送費	から　まで　片道・往復	キロメートル	回
（ト）上記以外の療養費（内訳別紙請求書又は領収書			枚のとおり。）

（チ）療養の給付を受けなかった理由　**近くに指定病院がなかったため**

⑳療養に要した費用の額（合計）　千万 百万 十万 万 千 百 十 円　 3 1 9 0

㉑費用の種別	㉒療養期間の初日	㉓療養期間の末日	㉔診療実日数	㉕転帰事由
※（1診療 2薬剤 3診療材料 4装具 5その他）	元号 年 月 日	元号 年 月 日 から まで	日	（1治癒（症状固定） 3継続 5中止 9死亡）

上記により療養給付たる療養の費用の支給を請求します。

7 年 2 月 26 日

請求人の

大田 労働基準監督署長　殿

〒 143 - 0015　電話（ 03 ）3123-××××

住所　**東京都大田区大森西6-×-×**　（　　方）

氏名　**相原敏江**

様式第16号の5(1)（裏面）

（リ）災害時の通勤の種別 （該当する記号を記入）	イ	イ．住居から就業の場所への移動 ハ．就業の場所から他の就業の場所への移動 ニ．イに先行する住居間の移動	ロ．就業の場所から住居への移動 ホ．ロに後続する住居間の移動

| （ヌ）労働者の
所属事業場の
名称・所在地 | 板橋運送株式会社
大田区大森中3-××-× | （ル）
現認者の | 住所　大田区大森中2-××-×
氏名　藤沢新子　　　　　　　電話（03）3123-××××|

（ヲ）災害の原因及び発生状況	（あ）どのような場所を（い）どのような方法で移動している際に（う）どのような物で又はどのような状況において（え）どのようにして災害が発生したか（お）⑦と初診日が異なる場合はその理由を簡明に記載すること
	自宅より自転車で出勤の途中、大森中2丁目××番地の路上で道路の凹部に前輪をとられて転倒した。その際、右手を地面に突いて手首関節を負傷した。

（カ）負傷又は発病の年月日及び時刻	7年2月7日　午前・後　8時15分頃	（ワ）災害時の通勤の種別に関する移動の通常の経路、方法及び所要時間並びに災害発生の日に住居又は就業の場所から災害発生の場所に至った経路、方法、時間その他の状況
（ヨ）災害発生の場所	大田区大森中2-××-×	
（タ）就業の場所 （災害時の通勤の種別がハに該当する場合は移動の終点たる就業の場所）	大田区大森中3-××-×	
（レ）就業開始の予定年月日及び時刻 （災害時の通勤の種別がイ、ハ又はニに該当する場合は記載すること）	7年2月7日　午前・後　8時30分頃	
（ソ）住居を離れた年月日及び時刻 （災害時の通勤の種別がイ、ニ又はホに該当する場合は記載すること）	7年2月7日　午前・後　8時10分頃	
（ツ）就業終了の年月日及び時刻 （災害時の通勤の種別がロ、ハ又はホに該当する場合は記載すること）	年　月　日　午前・後　時　分頃	
（ネ）就業の場所を離れた年月日及び時刻 （災害時の通勤の種別がロ又はハに該当する場合は記載すること）	年　月　日　午前・後　時　分頃	
（ナ）第三者行為災害	該当する・該当しない	
（ラ）健康保険日雇特例被保険者手帳の記号及び番号		
（ム）転任の事実の有無（災害時の通勤の種別がニ又はホに該当する場合）	有・無	（ウ）転任直前の住居に係る住所

（通常の移動の所要時間　　時間　20分）

療養の内訳及び金額

診療内容		点数（点）		診療内容	金額	摘要
初　診	時間外・休日・深夜			初診	円	
再　診	外来診療料　　× 継続管理加算　× 外来管理加算　× 時間外　　　　× 休日　　　　　× 深夜　　　　　×	回 回 回 回 回 回		再診　　　　回 指導　　　　回 その他	円 円 円	
指　導				食事（基準　　　　） 円×　　日間 円×　　日間	円 円×　日間 円×　日間	
在　宅	往診 夜間 緊急・深夜 在宅患者訪問診療 その他 薬剤	回 回 回 回		小　計　　② 摘　要		
投　薬	内服　薬剤 　　　調剤　　× 屯服　薬剤 外用　薬剤　　× 　　　調剤　　× 処方 麻毒 調基	単位 単位 単位 回 回 回				
注　射	皮下筋肉内 静脈内 その他	回 回 回				
処　置	薬剤	回				
手術麻酔	薬剤	回				
検　査	薬剤	回				
画像診断	薬剤	回				
その他	処方せん 薬剤	回				
入　院	入院年月日　　　年　月　日					
	病・診・衣　　入院基本料・加算 　　　　　× 　　　　　× 　　　　　× 　　　　　×	日間 日間 日間 日間				
	特定入院料・その他					
小　計	点　①		円	合計金額 ①+②	円	

㉘その他就業先の有無	
有 無	有の場合のその数 （ただし表面の事業場を含まない） 　　　　　　　　　　　　　社
有の場合でいずれかの事業で特別加入している場合の特別加入状況（ただし表面の事業を含まない）	労働保険事務組合又は特別加入団体の名称 加入年月日 　　　　　　年　月　日 労働保険番号（特別加入）

（注意）

一、共通の注意事項
事項を選択する場合には、該当する事項を○で囲むこと。

二、（イ）、（ヘ）及び（リ）については、最終の投薬の期間を含めること。
（ヌ）は、労働者の直接所属する事業場が一括適用の取扱いを受けている場合には、労働者が直接所属する支店、工事現場等を記載すること。
（ラ）は、請求人が健康保険の日雇特例被保険者でない場合には、記載する必要がないこと。

三、（二）（一）については療養の費用の請求をしないときは記載する必要がないこと。
（一）第二回以後の請求の場合には、（ル）から（ネ）まで、並びに（ム）及び（ウ）については記載する必要がなく、また事業主の証明は受ける必要がないこと。

（五）（四）（三）（二）（一）傷病年金の受給権者が当該傷病に係る療養の費用以外の費用を請求する場合の注意事項
④は記載する必要がないこと。
看護移送等をした者の請求書又は領収書を添えること。
最終の投薬の期間を含めること。
③は、労働者の直接所属する事業場が一括適用の取扱いを受けている場合には、労働者が直接所属する支店、工事現場等を記載すること。
⑥、⑦及び⑪から⑰までは記載する必要がないこと。

三、傷病年金の受給権者が当該傷病に係る療養の費用を請求する場合の注意事項
③、⑥、⑦及び⑪から⑰までは記載する必要がないこと。
ロ、事業主の証明は受ける必要がないこと。

派遣先事業主 証明欄	派遣元事業主が証明する事項（表面の⑦並びに（ワ）（通常の通勤の経路及び方法に限る。）、（カ）、（ヨ）、（タ）、（レ）、（ツ）、（ネ）及び（ム）の記載内容について事実と相違ないことを証明します。
年　月　日	事業の名称　　　　　　　　　　　　　　　　　電話（　　）　－ 　　　　　　　　　　　　　　　　　　　　　　〒　－ 事業場の所在地 事業主の氏名 （法人その他の団体であるときはその名称及び代表者の氏名）

社会保険 労務士 記載欄	作成年月日・提出代行者・事務代理者の表示	氏　名	電話番号 （　）　－

標　準　字　体	0 1 2 3 4 5 6 7 8 9 ゛゜ ー
	ア イ ウ エ オ カ キ ク ケ コ サ シ ス セ ソ タ チ ツ テ ト ナ ニ ヌ
	ネ ノ ハ ヒ フ ヘ ホ マ ミ ム メ モ ヤ ユ ヨ ラ リ ル レ ロ ワ ン

通勤災害用

療養給付たる療養の費用請求書　　第　回　（同一傷病分）

薬

※ 帳票種別　**3 4 2 6 1**　①管轄局署　　②業通別 **3** 1業 3通　⑤受付年月日　　年　　月　　日　⑩三者コード　⑪委任未支給 1委任 3未支給 5委未　⑫特別加入者　⑬審査コード

（注意）

③労働保険番号　府県 **1 3** 所掌 **1** 管轄 **0 6** 基幹番号 **0 0 8 7 1 3** 枝番号 **0 0 0**　④年金証書の番号　管轄局　種別　西暦年　番号

⑤労働者の性別 **3**（男1 女3）　⑥労働者の生年月日 元号 **5**（明治1 大正3 昭和5 平成7 令和9） **4 6 0 4 0 6**　⑦負傷又は発病年月日 元号 **9 0 7 0 2 0 7**　※⑭金融機関コード　金融機関　店舗

⑨労働者の　シメイ（カタカナ）：姓と名の間は1文字あけて記入してください。濁点・半濁点は1文字で記入してください。　**ア イ ハ ラ　ト シ エ**

※⑮郵便局コード

氏名　**相原敏江**　（53歳）　職種　**事務**

住所　㉔郵便番号 **1 4 3 - 0 0 1 5**　**東京都大田区大森西6-×-×**

新規・変更　振込を希望する金融機関の名称

東洋　大田　本店・本所 支店・支所 出張所 本局・支局　相原敏江

⑯預金の種類 **1**（1普通 3当座）　⑰口座番号（左詰め。ゆうちょ銀行の場合は、記号（5桁）は左詰め、番号は右詰めで記入し、空欄には「0」を記入）　**2 7 4 5 6 3 1**

メイギニン（カタカナ）：姓と名の間は1文字あけて記入してください。濁点・半濁点は1文字として記入してください。

⑱ **ア イ ハ ラ　ト シ エ**

⑲（つづき）メイギニン（カタカナ）

⑨の者については、（ヲ）並びに裏面の（チ）（通常の通勤の経路及び方法に限る。）、（リ）、（ヌ）、（ル）、（ヲ）、（カ）、（ヨ）及び（ソ）に記載したとおりであることを証明します。

7年2月21日

事業の名称　**板橋運送株式会社**　電話（ 03 ） 3123 -××××

事業場の所在地　**大田区大森中3-×-×**　〒 **143 - 0000**

事業主の氏名　**代表取締役　板橋六郎**　（法人その他の団体であるときはその名称及び代表者の氏名）

（注意）1　事業主は裏面の（チ）、（リ）及び（ヌ）については、知り得なかった場合には証明する必要がないので、知り得なかった事項の符号を消してください。
2　派遣労働者について、療養給付のみの請求がなされる場合にあっては、派遣先事業主は、派遣元事業主が証明する事項の記載内容が事実と相違ない旨裏面に記載してください。

（イ）傷病名　**右手首関節捻挫**

⑨の者については、（イ）に記載したとおりであることを証明します。

7年2月25日

所在地　**大田区大森1-×-×**　〒 **143 - 0000**

病院又は診療所の名称　**前田診療所**　電話（ 03 ） 3123 -××××

診療担当者氏名　**前田昭彦**

薬剤師の証明

⑨の者については、（ロ）、⑳に記載したとおりであること及び（ロ）に記載した事項は　**前田昭彦**　医師の処方に基づくものであることを証明します。

7年2月25日　薬局の

所在地　**大田区大森1-×-×**　〒 **143 - 0000**

名称　**工藤薬局**　電話（ 03 ） 3123 -××××

調剤担当者氏名　**工藤健一**

（ロ）療養の内容期間　7年 2月 7日から　年　月　日まで　1日間　調剤実日数　日

（ハ）療養の給付を受けなかった理由

⑳療養に要した費用の額（内訳裏面のとおり。）　千万 百万 十万 万 千 百 十 円　**3 0 0 0**

㉑療養期間の初日　元号　年　月　日　from

㉒療養期間の末日　元号　年　月　日　まで

㉓調剤数量

上記により療養給付たる療養の費用の支給を請求します。

7年 2月26日

〒 **143 - 0000**　電話（ 03 ） 3123 -××××

住所　**東京都大田区大森6-×-×**　（　　方）

請求人の　氏名　**相原敏江**

大田　労働基準監督署長　殿

※印の欄は記入しないでください。（職員が記入します。）

◎裏面の注意事項を読んでから記入してください。

折り曲げる場合には◀の所を谷に折りさらに2つ折りにしてください。

■　様式第16号の5（3）（表面）　労働者災害補償保険
通勤災害用
療養給付たる療養の費用請求書　第　回（同一傷病分）

標 準 字 体	0 1 2 3 4 5 6 7 8 9 ゛ ゜ ー
	ア イ ウ エ オ カ キ ク ケ コ サ シ ス セ ソ タ チ ツ テ ト ナ ニ ヌ
	ネ ノ ハ ヒ フ ヘ ホ マ ミ ム メ モ ヤ ユ ヨ ラ リ ル レ ロ ワ ン

柔

※ 帳票種別 `3 4 2 6 2`　①管轄局署　②業通別 `3` 1業 3通　元号 受付年月日　年　月　日　⑩三者コード　⑪委任未支給 1 自 3 労 5 他　⑫特別加入者 1 委任 3 未支給 7 希整　⑬審査コード

③労働保険番号　府県 所掌 管轄 基幹番号 枝番号 `1 3 1 0 6 0 0 8 7 1 3 0 0 0`　④年金証書の番号 管轄局 種別 西暦年 番号

⑤労働者の性別 `3`（1男 3女）　⑥労働者の生年月日 `5 4 6 0 4 0 6`（明治1 大正3 昭和5 平成7）　⑦負傷又は発病年月日 `9 0 7 0 2 0 7`

※⑭金融機関コード　金融機関 店舗

⑨労働者の シメイ（カタカナ）`ア イ ハ ラ ト シ エ`

※⑮郵便局コード

氏名　相原敏江　（53歳）　職種　事務

住所 ⑧郵便番号 `1 4 3 - 0 0 1 5` 東京都大田区大森西6-×-×

新規・変更　⑯預金の種類 `1`（1普通 3当座）　⑰口座番号 `2 7 4 5 6 3 1`

⑯振込を希望する金融機関の名称　東洋　大田　本店・本所 出張所 支店・支所

口座名義人　相原敏江

⑱メイギニン（カタカナ）`ア イ ハ ラ ト シ エ`

⑲（つづき）メイギニン（カタカナ）

⑨の者については、⑰並びに裏面の（チ）（通常の通勤の経路及び方法に限る。）、（リ）、（ヌ）、（ル）、（ヲ）、（カ）、（ヨ）及び（ソ）に記載したとおりであることを証明します。

7年2月21日
事業の名称　板橋運送株式会社　電話（03）3123-××××
事業場の所在地　大田区大森中3-××-×　〒143-0000
事業主の氏名　代表取締役　板橋六郎

（法人その他の団体であるときはその名称及び代表者の氏名）

（注意）1　事業主は裏面の（チ）、（リ）及び（ヌ）については、知り得なかった場合には証明する必要がないので、知り得なかった事項の符号を消してください。
2　派遣労働者について、療養給付のみの請求がなされる場合にあっては、派遣先事業主は、派遣元事業主が証明する事項の記載内容が事実と相違ない旨裏面に記載してください。

⑨の者については、（イ）から（ハ）まで及び㉑に記載したとおりであることを証明します。　〒143-0000
7年2月25日
施術所の名称　佐藤整骨院　電話（03）3123-××××
住所　大田区大森3-××-×
氏名　佐藤敏男

柔道整復師の証明

療養の内容	（イ）期間	7年2月7日から　年　月　日まで 1日間　施術実日数　　日
	（ロ）傷病の部位及び傷病名	右手首関節捻挫
	（ハ）傷病の経過の概要	＜以下記載省略＞
		年　　月　　日 治癒（症状固定）・継続中・転医・中止

⑳指定・指名番号　府県 種別 一連番号　　㉑療養に要した費用の額（内訳裏面のとおり。）千万 百万 十万 万 千 百 十 円

	㉒療養期間の初日	㉓療養期間の末日	㉔施術実日数	㉕転帰事由
※	元号 年 月 日 から	元号 年 月 日 まで	日	1治癒（症状固定）3継続 5転医 7中止

上記により療養給付たる療養の費用の支給を請求します。

7年2月26日
請求人の

〒143-0015　電話（03）3123-××××
住所　東京都大田区大森西6-×-×　（　　方）
氏名　相原敏江

大田　労働基準監督署長　殿

（注意）
一、記入枠の部分は、必ず黒のボールペンを使用し、様式右上に記載された「標準字体」にならって、枠からはみださないように大きめのカタカナ及びアラビア数字で明瞭に記載してください。
二、記載すべき事項のない欄又は記入枠は、空欄のままとし、（　）□□□で表示された枠（以下、記入枠という。）に記入する文字は、光学式文字読取装置（OCR）で直接読取りを行うので、汚したり、穴をあけたり、必要以上に強く折り曲げたり、のりづけしたりしないでください。
三、□□□で表示された枠（以下、記入枠という。）に記入する文字は、光学式文字読取装置（OCR）で直接読取りを行うので、汚したり、穴をあけたり、必要以上に強く折り曲げたり、のりづけしたりしないでください。

※印の欄は記入しないでください。（職員が記入します。）
◎裏面の注意事項を読んでから記入してください。
折り曲げる場合には（◀）の所を谷に折りさらに2つ折りにしてください。

191

労働者災害補償保険

通勤災害用

療養給付たる療養の費用請求書　第　回（同一傷病分）

標　準　字　体	0	1	2	3	4	5	6	7	8	9	゛	゜	ー
	ア	イ	ウ	エ	オ	カ	キ	ク	ケ	コ	サ	シ	ス	セ	ソ	タ	チ	ツ	テ	ト	ナ	ニ	ヌ
	ネ	ノ	ハ	ヒ	フ	ヘ	ホ	マ	ミ	ム	メ	モ	ヤ	ユ	ヨ	ラ	リ	ル	レ	ロ	ワ	ン

（柔）

※ 帳票種別	①管轄局署	②業通別	③受付年月日	⑩三者コード	⑪委任未支給	特別加入者	⑬審査コード
3 4 2 6 3		3 1業 3通		1自 3労 5他	1委任 5未支給 7未整		

③労働保険番号

府県	所掌	管轄	基幹番号	枝番号
1 3	1	0 6	0 0 8 7 1 3	0 0 0

④年金証書の番号

管轄局	種別	西暦年	番号

⑤労働者の性別	⑥労働者の生年月日	⑦負傷又は発病年月日
1男3女 3	元号（1明治 3大正 5昭和 7平成 9令和）5 4 6 0 4 0 6	9 0 7 0 2 0 7

⑭金融機関コード / ⑮郵便局コード

シメイ（カタカナ）：姓と名の間は1字あけて記入してください。濁点・半濁点は1字として記入してください。

アイハラ　トシエ

⑧労働者の　氏名　相原敏江　（53歳）　職種　事務

住所　⑧郵便番号 143-0015　東京都大田区大森西6-×-×

新規・変更

⑯振込を希望する金融機関の名称：東洋　大田　（本店・本所 / 支店・支所 / 出張所）　相原敏江

⑯預金の種類：1普通 3当座 　1

⑰口座番号（左詰め。ゆうちょ銀行の場合は、記号（5桁）は左詰め、番号は右詰めで記入し、空欄には「0」を記入）2 7 4 5 6 3 1

メイギニン（カタカナ）：姓と名の間は1字あけて記入してください。濁点・半濁点は1字として記入してください。

⑱ アイハラ　トシエ

⑲（つづき）メイギニン（カタカナ）

⑨の者については、⑦並びに裏面の（チ）（通常の通勤の経路及び方法に限る。）、（リ）、（ヌ）、（ル）、（ヲ）、（カ）、（ヨ）及び（ソ）に記載したとおりであることを証明します。

7年2月21日

事業の名称　板橋運送株式会社　電話（03）3123-××××

事業場の所在地　大田区大森中3-××-×　〒143-0000

事業主の氏名　代表取締役　板橋六郎
（法人その他の団体であるときはその名称及び代表者の氏名）

（注意）1　事業主は裏面の（チ）、（リ）及び（ヌ）については、知り得なかった場合には証明する必要がないので、知り得なかった事項の符号を消してください。
2　派遣労働者について、療養給付のみの請求がなされる場合にあっては、派遣元事業主は、派遣先事業主が証明する事項の記載内容が事実と相違ない旨裏面に記載してください。

柔道整復師の証明

⑨の者については、（イ）から（ハ）まで及び㉑に記載したとおりであることを証明します。　〒143-0000

7年2月25日　施術所の名称　佐藤整骨院　電話（03）3123-××××

住所　大田区大森3-××-×

氏名　佐藤敏男

療養の内容	（イ）期間	7年2月7日から　年　月　日まで　1日間　施術実日数　日
	（ロ）傷病の部位及び傷病名	右手首関節捻挫
	（ハ）傷病の経過の概要	＜以下記載省略＞ 　年　月　日　治癒（症状固定）・継続中・転医・中止

⑳指定・指名番号	㉑療養に要した費用の額（内訳裏面のとおり。）
府県 種別 一連番号	千万 百万 十万 万 千 百 十 円

㉒療養期間の初日	㉓療養期間の末日	㉔施術実日数	㉕転帰事由
※ 元号 年 月 日 から	元号 年 月 日 まで	日	1治癒（症状固定）3継続中 5転医 7中止

上記により療養給付たる療養の費用の支給を請求します。

〒143-0015　電話（03）3123-××××

7年2月26日

請求人の　住所　東京都大田区大森西6-×-×　（　　方）

氏名　相原敏江

大田　労働基準監督署長　殿

※印の欄は記入しないでください。（職員が記入します。）

◎裏面の注意事項を読んでから記入してください。

折り曲げる場合には◀の所を谷に折りさらに2つ折りにしてください。

（注意）
一、□□□で表示された枠（以下、記入枠という。）に記入する文字は、光学式文字読取装置（OCR）で直接読取りを行うので、汚したり、穴をあけたり、必要以上に強く折り曲げたり、のりづけしたりしないでください。
二、記入すべき事項のない欄又は記入枠は、空欄のままとし、事項を選択する場合には該当事項を○で囲んでください。（ただし、⑤及び⑯欄並びに⑥及び⑦欄の元号については該当番号を記入枠に記入してください。）
三、記入枠の部分は、必ず黒のボールペンを使用し、様式右上に記載された「標準字体」にならって、枠からはみださないように大きめのカタカナ及びアラビア数字で明瞭に記載してください。

様式第16号の5（5）（表面）　労働者災害補償保険

通勤災害用

療養給付たる療養の費用請求書　第　回（同一傷病分）

訪看

標準字体　0 1 2 3 4 5 6 7 8 9 ゛ ゜ ー
ア イ ウ エ オ カ キ ク ケ コ サ シ ス セ ソ タ チ ツ テ ト ナ ニ ヌ
ネ ノ ハ ヒ フ ヘ ホ マ ミ ム メ モ ヤ ユ ヨ ラ リ ル レ ロ ワ ン

※ 帳票種別	①管轄局署	②業通別	④受付年月日	⑩三者コード	⑪委任未支給	⑫特別加入者	⑬審査コード
3 4 2 6 5		3 1業通 3通	年 月 日		1 委任 3 未支給 5 委未		

③労働保険番号
府県 所掌 管轄 基幹番号 枝番号
1 3 1 1 8 3 4 5 6 7 8 0 0 0

④年金証書の番号
管轄局 種別 西暦年 番号

⑤労働者の性別
男・女 1 3 → 1

⑥労働者の生年月日
明治1 大正3 昭和5 平成7 令和9
5 5 1 0 1 0 1
1〜9日は右へ 1〜9月は右へ 1〜9日は右へ

⑦負傷又は発病年月日
9 0 6 0 9 2 5
1〜9日は右へ 1〜9月は右へ 1〜9日は右へ

※⑭金融機関コード
金融機関 店舗

⑮※郵便局コード

⑧労働者の氏名
シメイ（カタカナ）：姓と名の間は1字あけて記入してください。濁点・半濁点は1文字として記入してください。
タ ム ラ 　 カ ス ゛ マ サ

氏名　田村和正　（49歳）　職種　営業

住所　㉔郵便番号 1 8 0 - 0 0 0 0　武蔵野市境南町5-××-××

新規・変更

⑯預金の種類
預金（当座）（通知・総合）（信組）
普通1 当座 → 1

振込を希望する金融機関の名称
武蔵
吉祥寺
本店・本所
出張所
（支店）

口座名義人
田村和正

⑰口座番号（左詰め。ゆうちょ銀行の場合は、記号（5桁）は左詰め、番号は右詰めで記入し、空欄は「0」を記入）
1 3 4 5 3 6 7

⑱メイギニン（カタカナ）：姓と名の間は1字あけて記入してください。濁点・半濁点は1文字として記入してください。
タ ム ラ 　 カ ス ゛ マ サ

⑲（つづき）メイギニン（カタカナ）

⑨の者については、（ト）並びに裏面の（チ）（通常の通勤の経路及び方法に限る。）、（リ）、（ヌ）、（ル）、（ヲ）、（カ）、（ヨ）及び（ソ）に記載したとおりであることを証明します。

7年1月19日

事業の名称　三鷹産業株式会社　電話 (0422) ××-××××
事業場の所在地　三鷹市連雀1-××-×　〒180-0000
事業主の氏名　山下三郎

（法人その他の団体であるときはその名称及び代表者の氏名）

（注意）1 事業主は、裏面の（チ）、（リ）及び（ヌ）については、知り得なかった場合には証明する必要がないので、知り得なかった事項の符号を消してください。
2 派遣労働者について、療養給付のみの請求がなされる場合にあっては、派遣先事業主は、派遣元事業主が証明する事項の記載内容が事実と相違ない旨裏面に記載してください。

医師証明欄

（イ）傷病名　せき髄損傷

⑨の者については、（イ）に記載したとおりであることを証明します。

7年1月19日

病院又は診療所の所在地　武蔵野市吉祥寺南町3-×　〒180-0000
名称　井の頭総合病院　電話 (0422) ××-××××
診療担当者氏名　田宮三郎

訪問看護事業者の証明

⑨の者については、（ロ）及び㉑に記載したとおりであること及び（ロ）に記載した事項は　田宮三郎　医師の指示に基づくものであることを証明します。

7年1月25日

訪問看護事業者の所在地　武蔵野市大沢2-××　〒180-0000
名称　武蔵野看護ステーション　電話 (0422) ××-××××
訪問看護担当者　井口太郎

療養の内容　（ロ）期間　6年12月1日から　6年12月28日まで　28日間　訪問看護の日数 11日

㉑療養に要した費用の額（内訳裏面のとおり。）
千万 百万 十万 万 千 百 十 円
9 4 3 5 0

（ハ）療養の給付を受けなかった理由
近くに訪問看護事業者がいなかったため

㉑訪問開始年月日
元号 年 月 日
1〜9日は右へ 1〜9月は右へ 1〜9日は右へ
から

㉒訪問終了年月日
元号 年 月 日
1〜9日は右へ 1〜9月は右へ 1〜9日は右へ
まで

㉓実日数
日

上記により療養給付たる療養の費用の支給を請求します。

7年1月26日　〒180-0000　電話 (0422) ××-××××

請求人の　住所　武蔵野市境南町5-××-××　（　　方）
氏名　田村和正

三鷹　労働基準監督署長　殿

193

(ニ)	災害時の通勤の種別 (該当する記号を記入)	イ	イ．住居から就業の場所への移動　　　　　　　　ロ．就業の場所から住居への移動 ハ．就業の場所から他の就業の場所への移動 ニ．イに先行する住居間の移動　　　　　　　　　ホ．ロに後続する住居間の移動

(ホ)	労働者の 所属事業場の 名称・所在地	三鷹産業株式会社 三鷹市連雀1-××-×	(ヘ)	現認者の	住所	武蔵野市境南町2-×-××
					氏名	伊藤正　　　　　　　電話(0422) ××-××××

(ト)	災害の原因及び発生状況	(あ) どのような場所を (い) どのような方法で移動している際に (う) どのような物で又はどのような状況において (え) どのようにして災害が発生したか (お) ⑦と初診日が異なる場合はその理由を簡明に記載すること。

オートバイで出勤途中、砂利に前輪をとられ転倒して電柱に体をぶつけた。

(リ)	負傷又は発病の年月日及び時刻	令和6年 9月25日 午 前 8 時45分頃	(ヲ)災害時の通勤の種別に関する移動の通常の経路・方法及び所要時間並びに災害発生の日に住居又は就業の場所から災害発生の場所に至った経路、方法、時間その他の状況
(ヌ)	災害発生の場所	三鷹市井口×-××	
(ル)	就業の場所 (災害時の通勤の種別がハに該当する場合は移動の終えたる就業の場所)	三鷹市連雀1-××-×	
(ヲ)	就業開始の予定年月日及び時刻 (災害時の通勤の種別がイ、ハ又はニに該当する場合は記載すること)	6年 9月25日 午 前 9 時00分頃	
(ワ)	住居を離れた年月日及び時刻 (災害時の通勤の種別がイ、ニ又はホに該当する場合は記載すること)	6年 9月25日 午 前 8 時40分頃	
(カ)	就業終了の年月日及び時刻 (災害時の通勤の種別がロ、ハ又はホに該当する場合は記載すること)	年 月 日 午 前後 時 分頃	
(ヨ)	就業の場所を離れた年月日及び時刻 (災害時の通勤の種別がロ又はハに該当する場合は記載すること)	年 月 日 午 前後 時 分頃	
(タ)	第三者行為災害	該当する・該当しない	
(レ)	健康保険日雇特例被保険者手帳の記号及び番号		
(ソ)	転任の事実の有無(災害時の通勤の種別がニ又はホに該当する場合)	有・無	(ツ)転任直前の住居に係る住所

(通常の移動の所要時間　　時間 10分)

療養の内訳及び金額

傷病の経過

通勤災害でせき髄を損傷し、入院治療をしていたが症状が安定してきたため、主治医の指示より自宅療養とした。

基本療養費	看護師等	5,300	円×	11 日	58,300 円
	准看護師		円×	日	円
			円×	日	円
	_____ 加算		円	加算	円
	_____ 加算		円	加算	円
精神科基本療養費	看護師等		円×	日	円
			円×	日	円
	准看護師		円×	日	円
			円×	日	円
	_____ 加算		円	加算	円
	_____ 加算		円	加算	円
管理療養費	初　　　日				7,050 円
	2日目以降			10 日	29,000 円
	_____ 加算		円	加算	円
	_____ 加算		円	加算	円
情報提供療養費					円
ターミナルケア療養費	死亡年月日	年 月 日			円
合　計					94,350 円

指示期間 (特別指示期間)	6年12月1日~ 年 月 日/ 年 月 日~ 年 月 日 年 月 日~ 年 月 日/ 年 月 日~ 年 月 日

訪問日

①　2　3　④　5　6　⑦
8　9　⑩　11　12　⑬　14
⑮　16　17　⑱　19　20　㉑
22　㉓　24　㉕　26　27　㉘
29　30　31

主治医への直近報告年月日	令和6年 12月 28日

提供した情報の概要

情報提供先の市(区)町村の名称

(注意)
1. 共通の注意事項
   (1) この請求書は、訪問介護事業者から訪問介護を受けた場合に提出すること。
   (2) (ホ)は、労働者の直接所属する事業場が一括適用の取扱いを受けている場合に、労働者が直接所属する支店、工事現場等を記載すること。
   (3) (レ)は、請求人が健康保険の日雇特例被保険者でない場合には、記載する必要がないこと。
2. 傷病年金の受給権者が当該傷病に係る療養の費用を請求する場合以外の場合の注意事項
   (1) ④は、記載する必要がないこと。
   (2) 第2回以後の請求の場合には、(ヘ)から(ヨ)まで、(ソ)及び(ツ)については記載する必要がなく、また事業主の証明は受ける必要がないこと。
3. 傷病年金の受給権者が当該傷病に係る療養の費用を請求する場合の注意事項
   (1) ③、⑥、⑦並びに(ヘ)から(タ)まで、(ソ)及び(ツ)は記載する必要がないこと。
   (2) 事業主の証明は受ける必要がないこと。
4. 「療養の内訳及び金額」の各欄に書き切れない場合は、余白に記載するか、別紙を添付すること。

㉔その他就業先の有無		
有 無	有の場合のその数 (ただし表面の事業場を含まない)	社
有の場合でいずれかの事業場で特別加入している場合の特別加入状況 (ただし表面の事業を含まない)	労働保険事務組合又は特別加入団体の名称	
	加入年月日	年 月 日
	労働保険番号 (特別加入)	

派遣先事業主証明欄	派遣元事業主が証明する事項(表面の⑦並びに(チ)(通常の通勤の経路及び方法に限る。)、(リ)、(ヌ)、(ル)、(ヲ)、(カ)、(ヨ)及び(ソ)の記載内容について事実と相違ないことを証明します。		
	年 月 日	事業の名称	電話( ) -
		事業場の所在地	〒 -
		事業主の氏名	
		(法人その他の団体であるときはその名称及び代表者の氏名)	

社会保険労務士記載欄	作成年月日・提出代行者・事務代理者の表示	氏 名	電話番号
			( ) -

通勤災害で病気やけがをしたとき

様式第 16 号の 6	労働者災害補償保険 休 業 給 付 支 給 請 求 書 休業特別支給金支給申請書　　　　　　　　*インクの色黒*
どんなとき	通勤によって負傷し、又は疾病にかかり、療養のため働けず、賃金（給料）を受けない日が、4 日以上に及ぶとき。
だ れ が	被災労働者（本人）
だ れ に	所轄労働基準監督署長
い つ ま で	休業した日の翌日から 2 年以内に
部　　数	1 部
根 拠 条 文	法第 21 条、法第 22 条の 2、則第 18 条の 7、特別支給金支給規則第 3 条
作 成 上 の ポ イ ン ト	複数事業労働者として給付基礎日額を計算すべきか否かを判断するため、様式第 16 号の 6 の裏面には「その他就業先の有無（有の場合はその状況）に関する欄が設けられています。 なお、複数事業労働者に関する請求書等については、基本的に同様です。 なお、複数事業労働者が休業給付を請求する際には、副業先等（請求書に記載した事業場以外の就労先）が、様式第 16 号の 6（別紙 3、本書では略）に、労働保険番号、平均賃金、療養のため労働できなかった期間等を記載します。
受 給 要 件	①　通勤災害による療養のためであること。 ②　その療養のため労働することができず、休業中であること。 ③　その休業のために賃金を受けていないこと。 **療養のためとは** 　通勤災害による傷病の療養のため、直接医師の診療又は指導を受けている期間のことであり、保健施設による外科後処置、又は温泉保養を受けている場合は該当しません。 **労働することができないとは** 　一般的な労働不能を意味するものですから、必ずしも傷病前に従事していた作業に従事できない場合に限られるものではありません。傷病の部位や程度によって他の軽易な労働ができると、認定されないこともあります。 **賃金を受けていないとは** 　事業主から休業 1 日につき平均賃金の 60％以上の賃金を受けていない場合をいい、たとえ事業主が賃金を支払っていたとしても、平均賃金の 60％に満たない場合は、休業給付は全額支給されます。
給 付 額	1　**休業 4 日目以後**、原則として休業 1 日につき給付基礎日額の 60％相当額が支給されます。 2　支給額の計算の仕方 　　支給額＝（給付基礎日額×$\frac{60}{100}$）×休業日数 　　ただし**休業 1 日目～ 3 日目までは含みません** 3　所定労働時間の一部についてのみ就労した場合の休業給付の額は 　　支給額＝〔（給付基礎日額）－（一部休業日の労働に対し支払われる賃金の額）〕×$\frac{60}{100}$

手続きの経路

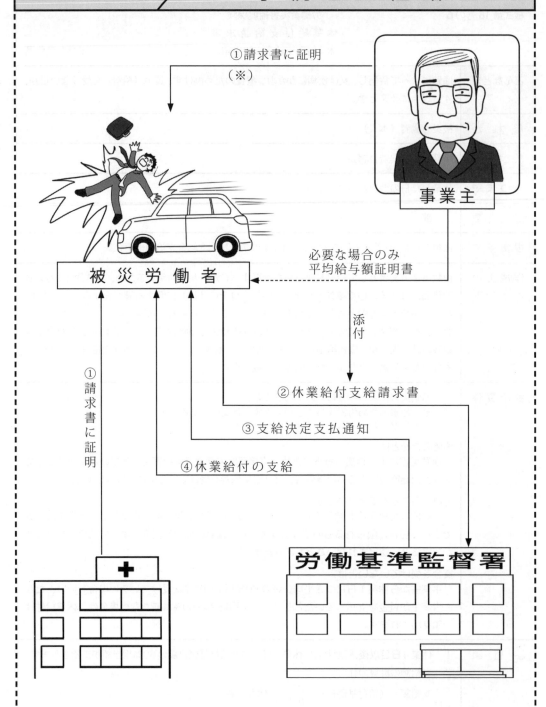

①請求書に証明
（※）

事業主

被災労働者

必要な場合のみ
平均給与額証明書

添付

①請求書に証明

②休業給付支給請求書

③支給決定支払通知

④休業給付の支給

労働基準監督署

（※）第2回目以降の請求が離職後である場合には、事業主の証明を受ける必要はありません。
　　　ただし、離職後であっても、当該請求における療養のため労働できなかった期間の全部又
　　　は一部が離職前に係る休業期間を含む場合は、証明が必要です。

■ 様式第16号の６（表面）

通勤災害用

労働者災害補償保険
休業給付支給請求書　第　回
休業特別支給金支給申請書（同一傷病分）

標準字体	0 1 2 3 4 5 6 7 8 9 ゛ ゜ ー
	ア イ ウ エ オ カ キ ク ケ コ サ シ ス セ ソ タ チ ツ テ ト ナ ニ ヌ
	ネ ノ ハ ヒ フ ヘ ホ マ ミ ム メ モ ヤ ユ ヨ ラ リ ル レ ロ ワ ン

※帳票種別 `3 4 3 6 0`　①管轄局署　③新継再用　④受付年月日 元号 年 月 日　⑧業通別 `3`（1業 3通）　⑨三者コード（1自局 3労 5他）　⑩日雇コード（1日）　⑪特別加入者

⑰平均賃金（十万 万 千 百 十 円　十 銭）※　⑱特別給与の額（千万 百万 十万 万 千 百 十 円）　⑬日数区分（1短 2特 3特）　⑭特支コード（1委 3末）　⑮委任末支給（1委 3末）　特別コード（1特）

②労働保険番号 府県 所掌 管轄 基幹番号 枝番号 `1 3 1 0 1 0 4 7 8 9 2 0 0 0`　⑤労働者の性別（1男 3女）`1`　⑥労働者の生年月日（1明治 大正 3昭和 5平成 7令和）`5 4 3 0 5 2 2`（1～9月は右へ 1～9月は右へ 1～9日は右へ）

⑫労働者の氏名 シメイ（カタカナ）：姓と名の間は1文字あけて記入してください。濁点・半濁点は1文字として記入してください。
`イ イ タ ゛ 　 ミ ツ オ`
氏名 **飯田 光夫** （56歳）

⑦負傷又は発病年月日（1明治 大正 3昭和 5平成 7令和）`9 0 7 0 2 1 0`（1～9月は右へ 1～9月は右へ 1～9日は右へ）

労働者の住所 ㉖郵便番号 `2 1 1 - 0 0 0 0` 川崎市中原区小杉町1-x-x

⑲療養のため労働できなかった期間（元号 年 月 日 から 元号 年 月 日 まで）（1明治 大正 3昭和 5平成 7令和）
`9 0 7 0 2 1 0` から `9 0 7 0 2 2 7` まで `1 8` 日間のうち `1 8` 日
㉗賃金を受けなかった日の日数（内訳別紙2のとおり）

下の欄の㉓、㉔、㉕、㉖及び㉘欄は、口座を新規に届け出る場合又は届け出た口座を変更する場合のみ記入してください。

新規・変更

㉓預金の種類（1普通 3当座）`1`　㉔口座番号（左詰め。ゆうちょ銀行の場合は、記号（5桁）は左詰め、番号は右詰めで記入し、空欄には「0」を記入。）`0 8 3 1 7 5 5`

振込を希望する金融機関の名称
金融機関 銀行・金庫 農協・漁協 信組 `川崎`　本店・本所 出張所 支店・支所 `小杉`
口座名義人 **飯田 光夫**

メイギニン（カタカナ）：姓と名の間は1文字あけて記入してください。濁点・半濁点は1文字として記入してください。
`イ イ タ ゛ 　 ミ ツ オ`
（つづき）メイギニン（カタカナ）

㉑金融機関 金融機関コード　店舗　㉒郵便局 ※郵便局コード

⑫の者については、⑦、⑲、㉓、㉕から㉘まで、㉛、㉗、㉘、㉔、㉑、㉒（通常の通勤の経路及び方法に限る。）、㉗、㉔、㉕、㉖の（ハ）を除く。）及び別紙2に記載したとおりであることを証明します。

7年2月26日
事業の名称 **株式会社 本田商事**　電話（03）3566-xxxx
事業場の所在地 **中央区銀座1-xx-1**　〒104-0000
事業主の氏名 **代表取締役 本田太郎**
（法人その他の団体であるときはその名称及び代表者の氏名）
労働者の直接所属事業場名称所在地　電話（　）　－

（注意）
1. ㉕の（イ）及び（ロ）については、⑫の者が厚生年金保険の被保険者である場合に限り証明してください。
2. 労働者の直接所属事業場名称所在地については、当該事業場が一括適用の取扱いを受けている場合に、労働者が直接所属する支店、工事現場等を記載してください。

診療担当者の証明
㉘傷病の部位及び傷病名 **右大腿骨損傷**
㉙療養の期間 7年2月10日から 7年2月27日まで 18日間 診療実日数 18日
㉚療養の状況 7年2月27日 治癒（症状固定）・死亡・転医・中止・**継続中**
傷病の経過
㉛療養のため労働することができなかったと認められる期間 7年2月10日から 7年2月27日まで 18日間のうち 18日

⑫の者については、㉘から㉛までに記載したとおりであることを証明します。
7年2月28日　〒211-0000 電話（044）xxx-xxxx
病院又は診療所の 所在地 川崎市中原区小杉町2-x-x
名称 **竹前総合病院**
診療担当者氏名 **高野広昭**

上記により 休業給付の支給を請求します。
休業特別支給金の支給を申請します。
7年2月29日　〒211-0000 電話（044）xxx-xxxx
住所 川崎市中原区小杉町1-x-x （　　方）
請求人の申請人 氏名 **飯野光夫**

中央 労働基準監督署長 殿

（注意）
一、記入枠の部分は、必ず黒のボールペンを使用し、様式右上に記載された「標準字体」にならって、枠からはみださないように大きめのカタカナ及びアラビア数字で明瞭に記載してください。
二、記載すべき事項のない欄又は記入枠は、空欄のままとし、事項を選択する場合には該当事項を○で囲んでください。
三、□□□で表示された枠（以下、記入枠という。）に記入する文字は、光学式文字読取装置（OCR）で直接読取りを行うので、汚したり、穴をあけたり、必要以上に強く折り曲げたり、のりづけしたり、所定の記入枠からはみださないように、その記載に際しては細心の注意を払ってください。

※印の欄は記入しないでください。（職員が記入します。）
◎裏面の注意事項を読んでから記入してください。
折り曲げる場合には（◀）の所を谷に折りさらに2つ折りにしてください。

197

〔注　意〕

㉜	労働者の職種	㉝	負傷又は発病の年月日及び時刻	㉞	平均賃金（算定内訳別紙1のとおり）
	事　務　員		7年2月10日　午 前⃝後　8時10分頃		12,088 円 36 銭

㉟	災害時の通勤の種別 （該当する記号を記入）　イ	イ．住居から就業の場所への移動　　　　　ロ．就業の場所から住居への移動 ハ．就業の場所から他の就業の場所への移動 ニ．イに先行する住居間の移動　　　　　　ホ．ロに後続する住居間の移動
㊱	災害発生の場所	JR小杉駅前の路上
㊲	就業の場所 （災害時の通勤の種別がハに該当する場合は移動の終点たる就業の場所）	中央区銀座1-××-×

㊳	就業開始の予定年月日及び時刻 （災害時の通勤の種別がイ、ハ又はホに該当する場合は記載すること）	令和7 年　2 月　10 日　午 前⃝後　9 時　15 分頃
㊴	住居を離れた年月日及び時刻 （災害時の通勤の種別がイ、ニ又はホに該当する場合は記載すること）	令和7 年　2 月　10 日　午 前⃝後　8 時　00 分頃
㊵	就業終了の年月日及び時刻 （災害時の通勤の種別がロ、ハに該当する場合は記載すること）	年　月　日　午前後　時　分頃
㊶	就業場所を離れた年月日及び時刻 （災害時の通勤の種別がロ又はハに該当する場合は記載すること）	年　月　日　午前後　時　分頃

㊷	災害時の通勤の種別に関する移動の通常の経路、方法及び所要時間並びに災害発生の日に住居又は就業の場所から災害発生の場所に至った経路、方法、所要時間その他の状況	自宅 徒歩10分 小杉駅 東急東横線25分 中目黒駅 営団日比谷線20分 銀座駅 徒歩7分 会社 ↑ 災害発生 〔通常の通勤所要時間　約1時間　　分〕

㊸	災害の原因及び発生状況 (あ) どのような場所を (い) どのような方法で移動している際に (う) どのような物で又はどのような状況において (え) どのようにして災害が発生したか (お) ㊲と初診日が異なる場合はその理由を簡明に記載すること	自宅を出て駅に向かう途中、駅前の道路を横断していたところ走行中のバイクに接触したため転倒し、右足を負傷した。

㊹	現認者の	住　所	川崎市中原区小杉町××-××　　電話(044) 855-××××
		氏　名	藤本一春

㊺	第三者行為災害	該当する　　該当しない
㊻	健康保険日雇特例被保険者手帳の記号及び番号	

㊼	転任の事実の有無 （災害時の通勤の種別がニ又はホに該当する場合）	有　・　無	㊽	転任直前の住居に係る住所	

㊾	休業給付額・休業特別支給金額の改定比率	（平均給与額証明書のとおり）

㊿ 厚生年金保険等の受給関係	(イ)基礎年金番号				(ロ)被保険者資格の取得年月日			年　月　日
	(ハ) 当該傷病に関して支給される年金の種類等	年　金　の　種　類			厚生年金保険法の	イロ	障害年金 障害厚生年金	
					国民年金法の	ハニ	障害年金 障害基礎年金	
					船員保険法の	ホ	障害年金	
		障　害　等　級						級
		支給される年金の額						円
		支給されることとなった年月日				年　月　日		
		基礎年金番号及び厚生年金等の年金証書の年金コード						
		所轄年金事務所等						

51 その他就業先の有無			
有	有の場合のその数 （ただし表面の事業場を含まない） 　　　　　　　　　　　　社	有の場合でいずれかの事業で特別加入している場合の特別加入状況 （ただし表面の事業を含まない）	
無		労働保険事務組合又は特別加入団体の名称	
	労働保険番号（特別加入）	加入年月日 　　　　　　　　　　　年　月　日	
		給付基礎日額 　　　　　　　　　　　　　　　　　円	

社会保険 労務士 記載欄	作成年月日・提出代行者・事務代理者の表示	氏　　　名	電話番号
			（　）　－

一、所定労働時間後に負傷した場合には、⑲及び㉑欄について

二、別紙①①欄には、当該負傷に係る療養のために休業した期間及びその期間中に受けた賃金の額を算定基礎期間から控除して算定した平均賃金を別紙①②欄に記載し、この算定方法による平均賃金が算定基礎期間中に業務外の傷病の療養等のために休業した期間の日数及びその期間中の賃金の額を算定基礎から控除して算定した平均賃金を超える場合に記載してください。
　別紙2は、㉞欄の「賃金を受けなかった日」のうち通勤による負傷又は疾病に係る療養のため所定労働時間の一部分について労働した日若しくは賃金が支払われた休暇に当する額を記載してください。㉞欄に、この算定方法による平均賃金に相当する額を記載してくださる負傷又は疾病に係る療養のため所定労働時間の一部分についてのみ労働した日若しくは賃金の一部が支払われる場合にのみ添付してください。

三、㉞欄には疾病に係る療養のために休業している期間及びその期間中の賃金の内訳を別紙①②欄に記載し、この算定方法による平均賃金に相当する額を記載してください。

四、請求人（申請人）が特別加入者であるときは、その者の給付基礎日額を記載してください。

五、⑦、⑲、㉝及び㊱から㊳までの事項を証明することができる書類その他の資料を添付してください。

六、㊴欄には、その者の給付基礎日額を記載してください。㊱から㊸までの事項を証明することができる書類その他の資料を添付してください。
　別紙3は、⑥欄の「その他就業先の有無」で「有」に〇を付けた場合に、その他就業先ごとに記載してください。その際、その他就業先ごとに注意二、三及び㊴の規定に従って記載した別紙1及び別紙2を添付してください。

(一)　事業主の証明は受ける必要はありません。
(二)(一)　⑲、㉑及び㊳欄については、前回の請求又は申請後の分について記載してください。
(三)　第二回以後の請求（申請）の場合には、
(三)(二)　別紙1（平均賃金算定内訳）は付する必要はありません。
　㊱欄から㊸までと、㊷欄及び㊸欄は記載する必要はありません。

七、㊻欄は、請求人（申請人）が健康保険の日雇特例被保険者でない場合には記載する必要はありません。

(四)　その請求（申請）が離職後である場合（療養のために労働できなかった期間の全部又は一部が離職前にある場合を除く。）には、事業主の証明は受ける必要はありません。

八、休業特別支給金の支給の申請のみを行う場合には、㊿欄は記載する必要はありません。

198

様式第１６号の６　（別紙1）　（表面）

労　働　保　険　番　号					氏　　　　　名	災害発生年月日
府県 所掌 管轄	基　幹　番　号		枝番号		飯田　光夫	7 年 2 月 10 日
1 3 1 0 1 0	4 7 8 9 2		0 0 0			

平均賃金算定内訳

<small>（労働基準法第12条参照のこと。）</small>

雇　入　年　月　日			平成2年　4月　1日		常用・日雇の別			(常用)　日雇	
賃　金　支　給　方　法			(月給)・週給・日給・時間給・出来高払制・その他請負制				賃金締切日	毎月　20日	

			賃 金 計 算 期 間	10月 21日から 11月 20日まで	11月 21日から 12月 20日まで	12月 21日から 1月 20日まで	計	
A	月・週その他一定の期間によって支払ったもの	総　日　数		31 日	30 日	31 日	(イ) 92 日	
		賃金	基本賃金	331,710 円	331,710 円	331,710 円	995,130 円	
			家族手当	6,000	6,000	6,000	18,000	
			通勤手当	15,000	15,000	15,000	45,000	
			住宅手当	18,000	18,000	18,000	54,000	
			計	370,710 円	370,710 円	370,710 円	(ロ) 1,112,130 円	
B	日若しくは時間又は出来高払制その他の請負制によって支払ったもの	賃金計算期間		月　日から 月　日まで	月　日から 月　日まで	月　日から 月　日まで	計	
		総　日　数		日	日	日	(イ) 日	
		労　働　日　数		日	日	日	(ハ) 日	
		賃金	基本賃金	円	円	円	円	
			手当					
			手当					
			計	円	円	円	(ニ) 円	
総		計		370,710 円	370,710 円	370,710 円	(ホ) 1,112,130 円	
平　均　賃　金			賃金総額(ホ)1,112,130円÷総日数(イ)　92 ＝ 12,088 円 36 銭					

最低保障平均賃金の計算方法

Aの(ロ)　1,112,130 円÷総日数(イ) 92 ＝ 12,088 円 36 銭 (ヘ)

Bの(ニ)　　　円÷労働日数(ハ) ×$\frac{60}{100}$＝ 　円 　銭 (ト)

(ヘ) 12,088 円 36銭+(ト)　円 銭 ＝ 12,088 円 36 銭 (最低保障平均賃金)

日日雇い入れられる者の平均賃金（昭和38年労働省告示第52号による。）	第1号又は第2号の場合	賃 金 計 算 期 間	(ぬ) 労働日数又は労働総日数	(る) 賃 金 総 額	平均賃金(る)÷(ぬ)×$\frac{73}{100}$
		月　日から 月　日まで	日	円	円　銭
	第3号の場合	都道府県労働局長が定める金額			円
	第4号の場合	従事する事業又は職業			
		都道府県労働局長が定めた金額			円
漁業及び林業労働者の平均賃金（昭和24年労働省告示第5号第2条による。）	平均賃金協定額の承認年月日　　年　月　日 職種　　平均賃金協定額				円

① 賃金計算期間のうち業務外の傷病の療養等のため休業した期間の日数及びその期間中の賃金を業務
　上の傷病の療養のため休業した期間の日数及びその期間中の賃金とみなして算定した平均賃金
　（賃金の総額(ホ)－休業した期間にかかる②の(リ)）　÷　（総日数(イ)－休業した期間②の(チ)）
　（　　　　　円－　　　　　円）÷（　　　　日－　　　　日）＝　　　　円　　　銭

様式第16号の6　（別紙1）　（裏面）

② 業務外の傷病の療養等のため休業した期間

　　及びその期間中の賃金の内訳

賃金計算期間	月　　日から 月　　日まで	月　　日から 月　　日まで	月　　日から 月　　日まで	計
業務外の傷病の療養等のため休業した期間の日数	日	日	日 (ﾁ)	日
業務外の傷病の療養等のため休業した期間中の賃金 基本賃金	円	円	円	円
手当				
手当				
計	円	円	円 (ﾘ)	円
休業の事由				

	支払年月日	支払額
③特別給与の額	6年 12月 10日	1,264,121 円
	6年 7月 10日	1,349,866 円
	5年 12月 11日	1,232,800 円
	5年 7月 10日	1,311,735 円
	年 月 日	円
	年 月 日	円
	年 月 日	円

［注　意］

　③欄には、負傷又は発病の日以前2年間（雇入後2年に満たない者については、雇入後の期間）に支払われた労働基準法第12条第4項の3箇月を超える期間ごとに支払われる賃金（特別給与）について記載してください。

　ただし、特別給与の支払時期の臨時的変更等の理由により負傷又は発病の日以前1年間に支払われた特別給与の総額を特別支給金の算定基礎とすることが適当でないと認められる場合以外は、負傷又は発病の日以前1年間に支払われた特別給与の総額を記載して差し支えありません。

様式第16号の6（別紙2）

労　働　保　険　番　号					氏　　名	災害発生年月日

府県	所掌	管轄	基　幹　番　号	枝番号	飯田 光夫	令和7年 2 月10日
1 3	1	0 1	0 4 7 8 9 2	0 0 0		

① 療養のため労働できなかった期間

　　　　 7 年　 2 月 10 日から　 7 年　 2 月 27 日まで　 18 日間

② ①のうち賃金を受けなかった日の日数　　　　　　　　 18 日

③　②の日数の内訳	全部休業日	18 日
	部分算定日	0 日

④ 部分算定日の年月日及び当該労働者に対し支払われる賃金の額

年　　月　　日	賃　金　の　額	備　　　　考
年　　月　　日	円	

〔注意〕

1　「全部休業日」とは、②欄の「賃金を受けなかった日」のうち、部分算定日に該当しないものをいうものであること。

2　「部分算定日」とは、②欄の「賃金を受けなかった日」のうち、通勤による負傷又は疾病に係る療養のため所定労働時間のうちその一部分についてのみ労働した日（以下「一部休業日」という。）若しくは賃金が支払われた休暇をいうものであること。

　　なお、月、週その他一定の期間（以下「特定期間」という。）によって支給される賃金が全部休業日又は一部休業日についても支給されている場合、当該全部休業日又は一部休業日は、別途、賃金が支払われた休暇として部分算定日に該当するため、当該賃金を特定期間の日数（月によって支給している場合については、三十）で除して得た額に、当該部分算定日の日数を乗じて得た額を④の「賃金の額」欄に記載すること。

3　該当欄に記載することができない場合には、別紙を付して記載すること。

通勤災害で病気やけがをして治ったとき

様式第16号の7	労働者災害補償保険 障　害　給　付　支給請求書 障害特別支給金 障害特別年金　｝支給申請書 障害特別一時金 　　　　　　　　　　　　　　インクの色黒
どんなとき	通勤により負傷し、又は疾病にかかった労働者が、治療を受けて治ったあと、身体に障害が残ったとき。
だ　れ　が	被災労働者（本人）
だ　れ　に	所轄労働基準監督署長
いつまで	治った日の翌日から5年以内に
部　　　数	1　部
根拠条文	法第21条、第22条の3、則第18条の8、特別支給金支給規則第2条、第4条、第7条、第8条
添付書類	①　障害の部位及び状態等についての医師又は歯科医師の診断書のほか、必要のあるときはレントゲン写真 ②　様式第16号の7（別紙）
作成上のポイント	◎請求人（申請人）が傷病年金を受けていた人の場合、①は記入する必要はありません。別紙も必要なく、事業主の証明も要りません。 ◎請求人（申請人）が特別加入者の場合は、⑥にはその人の給付基礎日額を記載します。⑦は記載の必要はなく、事業主の証明も要りません。
給　付　額	◎障害年金……障害等級第1級～第7級、給付基礎日額の313日分～131日分の年金 ◎障害一時金…障害等級第8級～第14級、給付基礎日額の503日分～56日分の一時金

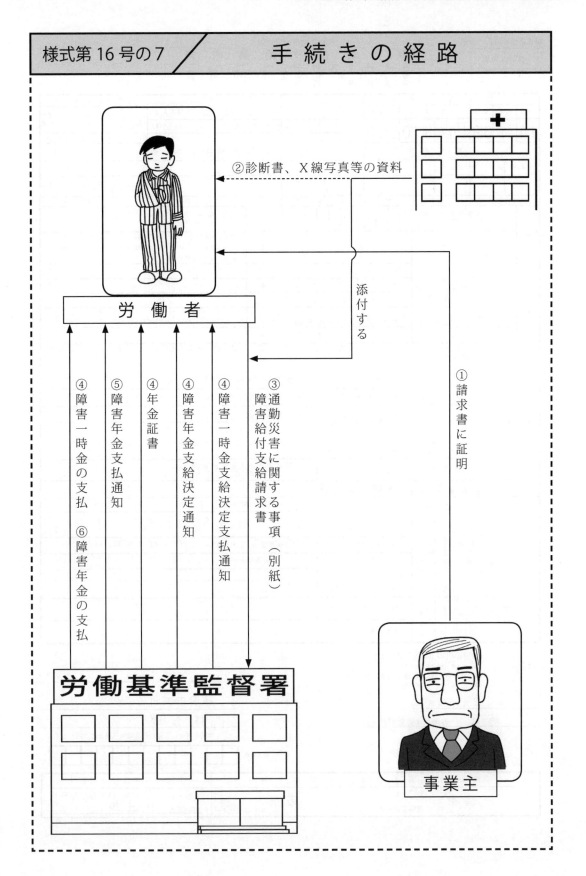

様式第16号の7　　　手 続 き の 経 路

②診断書、Ｘ線写真等の資料

添付する

労　働　者

④障害一時金の支払　⑥障害年金の支払

⑤障害年金支払通知

④年金証書

④障害年金支給決定通知

④障害一時金支給決定支払通知

③通勤災害に関する事項（別紙）障害給付支給請求書

①請求書に証明

労働基準監督署

事業主

労働者災害補償保険

障害給付支給請求書
障害特別支給金
障害特別年金支給申請書
障害特別一時金

通勤災害用

① 労働保険番号					③ 労働者の	フリガナ	ハヤシ ゴロウ	④ 負傷又は発病年月日	
府県	所掌	管轄	基幹番号	枝番号		氏 名	林五郎 （男・女）	午前・後	6 年 11 月 7 日 8 時 15 分頃
14	1	08	44310	000		生年月日	昭和40年 4月 26日 （59歳）	⑤ 治癒（症状固定）年月日	
② 年金証書の番号						フリガナ	フジサワシシンマチ		7 年 3 月 18 日
管轄局	種別	西暦年	番号			住 所	藤沢市新町6-×-×	⑥ 平 均 賃 金	
						職 種	製パン工		8,539 円 41 銭
						所属事業場名称・所在地		⑦ 特別給与の総額（年額）	
									896,550 円

⑧	通 勤 災 害 に 関 す る 事 項	別 紙 の と お り

⑨ 厚生年金保険等の受給関係	⑦ 厚年等の年金証書の基礎年金番号・年金コード		⑩ 被保険者資格の取得年月日	年 月 日
	⑥ 当該傷病に関して支給される年金の種類等	年 金 の 種 類	厚生年金保険法の イ、障害年金 ロ、障害厚生年金 国民年金法の イ、障害年金 ロ、障害基礎年金 船員保険法の障害年金	
		障 害 等 級		級
		支給される年金の額		円
		支給されることとなった年月日	年 月 日	
		厚年等の年金証書の基礎年金番号・年金コード		
		所轄年金事務所等		

③の者については、⑥及び⑦並びに⑨の⑦及び⑩並びに別紙の⑦、⑥、⑦、⑥、⑦、⑨、⑨（通常の通勤の経路及び方法に限る。）及び⑦に記載したとおりであることを証明します。

	事 業 の 名 称	湘南製パン有限会社　電話（　）23 - ××××
7 年 3 月 18 日	事業場の所在地	藤沢市長浜町2-×-×　〒 251 - 0000
	事業主の氏名	代表取締役 吉田京一
		（法人その他の団体であるときは、その名称及び代表者の氏名）

〔注意〕 別紙の⑦、⑥及び⑨について知り得なかった場合には証明する必要がないので、知り得なかった事項の符号を消すこと。また、⑨の⑦及び⑩については、③の者が厚生年金保険の被保険者である場合に限り証明すること。

⑩ 障害部位及び状態	（診断書のとおり）	⑪ 既存障害がある場合にはその部位及び状態	
⑫ 添付する書類その他の資料名	X線写真3葉		

⑬ 年金の払い渡しを受けることを希望する金融機関又は郵便局（登録している公金受取口座を利用します：□）	金融機関（郵便貯金銀行を除く）	※ 金融機関店舗コード		
		名 称	駿東 （銀行）・金庫 農協・漁協・信組 藤沢	本店・本所 出張所 （支店）・支所
		預金通帳の記号番号	（普通）・当座 第 010355 号	
	郵便貯金銀行の支店等又は郵便局	※ 郵便局コード		
		フリガナ 名 称		
		所 在 地	都道府県 市郡区	
		預金通帳の記号番号	第 号	

上記により
障害給付の支給を請求します。
障害特別支給金
障害特別年金 の支給を申請します。
障害特別一時金

7 年 3 月 25 日

藤沢　労働基準監督署長殿

	〒 251 - 0000　電話（　）23 - ××××
請求人申請人 の	住所 藤沢市新町6-×-×
	氏名 林五郎

□本件手続を裏面に記載の社会保険労務士に委託します。

個人番号 | | | | | | | | | | | | |

振 込 を 希 望 す る 金 融 機 関 の 名 称		預金の種類及び口座番号
駿東 （銀行）金庫 農協・漁協・信組	藤沢 本店・本所 出張所 （支店）支所	（普通）当座 第 010355 号 口座名義人 林五郎

通勤災害によって死亡したとき

様式第 16 号の 8	労働者災害補償保険 遺 族 年 金 支給請求書 遺族特別支給金 遺族特別年金 ｝支給申請書　　　　　　インクの色黒
どんなとき	通勤により労働者が死亡したとき。
だ れ が	労働者の死亡当時その労働者の収入によって生計を維持していた遺族（配偶者、子、父母、孫、祖父母、兄弟姉妹）
だ れ に	所轄労働基準監督署長
い つ ま で	労働者の死亡の日の翌日から 5 年以内
部　　数	1 部
根 拠 条 文	法第 21 条、第 22 条の 4、則第 18 条の 9、特別支給金支給規則第 2 条、第 5 条、第 9 条
添 付 書 類	◎様式第 16 号の 8（別紙） ◎死亡診断書、死体検案書又は検視調書の写し、その他市町村長が証明する死亡届書記載事項証明書 ◎戸籍謄本又は抄本、生計維持関係を証明できる書類、その他の資料 ◎死亡労働者が、休業給付及び休業特別支給金を受けていなかった場合には、⑥の＊平均賃金の算定内訳及び⑦の＊特別給与の総額の算定の内訳の別紙を付して記載すること。 ◎障害又は胎児がある場合それぞれ医師の診断書
受 給 権 者 の 順 位	①　妻又は 60 歳以上若しくは一定の障害状態の夫 ②　18 歳に達する日以後の最初の 3 月 31 日までの間にあること又は一定障害の子 ③　60 歳以上又は一定の障害状態の父母 ④　18 歳に達する日以後の最初の 3 月 31 日までの間にあること又は一定障害の孫 ⑤　60 歳以上又は一定の障害状態の祖父母 ⑥　18 歳に達する日以後の最初の 3 月 31 日までの間にあること若しくは 60 歳以上又は一定障害の兄弟姉妹 ⑦　55 歳以上 60 歳未満の夫 ⑧　55 歳以上 60 歳未満の父母 ⑨　55 歳以上 60 歳未満の祖父母 ⑩　55 歳以上 60 歳未満の兄弟姉妹　　　｛ただし、55 歳以上 60 歳未満の者については、60 歳になるまで年金の支給は停止されます。｝
年 金 の 額	◎遺　族　1　人＝給付基礎日額の 153 日分（ただし、その遺族が 55 歳以上の妻又は、身体に障害等級第 5 級以上の障害のある状態又はそれと同等程度に労働能力が高度に制限されている状態にある妻の場合は給付基礎日額の 175 日分） ◎遺　族　2　人＝給付基礎日額の 201 日分 ◎遺　族　3　人＝給付基礎日額の 223 日分 ◎遺族 4 人以上＝給付基礎日額の 245 日分

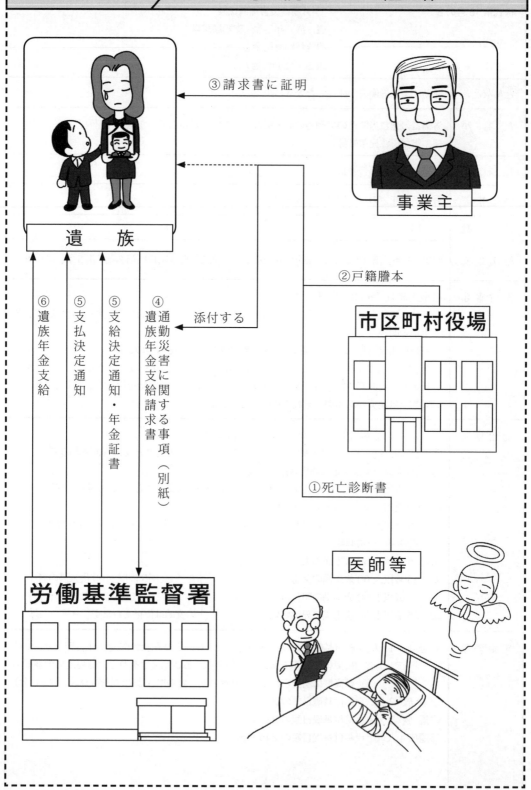

③請求書に証明

事業主

②戸籍謄本

市区町村役場

添付する

遺族

⑥遺族年金支給

⑤支払決定通知

⑤支給決定通知・年金証書

④通勤災害に関する事項（別紙）遺族年金支給請求書

①死亡診断書

医師等

労働基準監督署

様式第16号の8（表面）

労働者災害補償保険

遺族年金支給請求書
遺族特別支給金
遺族特別年金　支給申請書

① 労　働　保　険　番　号	フリガナ	ナカジマ　リョウイチ		④ 負傷又は発病年月日
府県 所掌 管轄 基幹番号 枝番号	③死亡労働者の	氏　名	中島良一 （男）女	令和6年 12月 4日 午前（後） 2時 30分頃
1 4 1 1 0 0 0 4 9 1 1 0 0 0				⑤ 死亡年月日
② 年 金 証 書 の 番 号		生年月日	令和44年 7月 5日 (55歳)	令和6年 12月 4日
管轄局 種別 西暦年 番号 枝番号		職　種	プレスエ	⑥ 平　均　賃　金
		所属事業場 名称・所在地		8,381円 16銭
⑧ 通勤災害に関する事項		別紙のとおり		⑦特別給与の総額（年額） 864,830円

⑨ 厚生年金保険等の受給関係

㋑死亡労働者の厚生年金等の年金証書の 基礎年金番号・年金コード				㋺死亡労働者の被保険者の 資格の取得年月日	年 月 日
㋩当該死亡に関して支給される年金の種類					
厚生年金保険法の	イ 遺族年金 ロ 遺族厚生年金	国民年金法の	イ母子年金 ロ準母子年金 ハ遺児年金 ニ寡婦年金 ホ遺族基礎年金		船員保険法の遺族年金
支給される年金の額	支給されることとなった年月日	厚年等の年金証書の基礎年金番号・年金コード （複数のコードがある場合は下段に記載すること。）			所轄年金事務所等
円	年 月 日				

受けていない場合は、次のいずれかを○で囲む。　・裁定請求中　・不支給裁定　・未加入　・請求していない　・老齢年金等選択

③の者については、⑥、⑦並びに⑨の㋑及び㋺並びに別紙の㋩、㊁、㋬、㋭、㋠、㋷、㋣（通常の通勤の経路及び方法に限る。）及び㋵に記載したとおりであることを証明します。

令和7年 1月 15日

事業の名称	山田機械株式会社	電話（　）123 — XXXX
事業場の所在地	厚木市仲町3 - ×	〒243 — XXXX
事業主の氏名	代表取締役 高田久五郎	

（法人その他の団体であるときは、その名称及び代表者の氏名）

［注意］　別紙の㋩、㊁及び㋵について知り得なかった場合には証明する必要がないので知り得なかった事項の符号を消すこと。また、⑨の㋑及び㋺については、③の者が厚生年金保険の被保険者である場合に限り証明すること。

⑩ 請求人申請人

フリガナ 氏　名	生年月日	フリガナ 住　所	死亡労働者との関係	障害の有無	請求人（申請人）の代表者を選任しないときは、その理由
ナカジマ ユ ミ コ 中島由美子	昭046・3・26	アツギシ ヒガシヤマ 厚木市東山×××	妻	ある・ない	
	・　・			ある・ない	
	・　・			ある・ない	
	・　・			ある・ない	

⑪ 請求人（申請人）以外の遺族年金を受けることができる遺族

フリガナ 氏　名	生年月日	フリガナ 住　所	死亡労働者との関係	障害の有無	請求人（申請人）と生計を同じくしているか
	・　・			ある・ない	いる・いない
	・　・			ある・ない	いる・いない
	・　・			ある・ない	いる・いない
	・　・			ある・ない	いる・いない

⑫ 添付する書類その他の資料名　死亡診断書、戸籍謄本

⑬ 年金の払渡しを受けることを希望する金融機関又は郵便局

金融機関（郵便貯金銀行を除く。）	名　称	※金融機関店舗コード	川崎 （銀行）・金庫 農協・漁協・信組	厚木	本店・本所 出張所 （支店）・支所
	預金通帳の記号番号	（普通）・当座	第 876543 号		
郵便貯金銀行の支店等又は郵便局	名　称 フリガナ	※郵便局コード			
	所在地	都道府県	市郡区		
	預金通帳の記号番号	第	号		

上記により　遺族年金　の支給を請求します。
　　　　　　遺族特別支給金
　　　　　　遺族特別年金　の支給を申請します。

令和7年 1月 15日

厚木　労働基準監督署長　殿

請求人 申請人 （代表者）の	〒243 — XXXX 電話（　）123 — XXXX
	住所 厚木市東山×××
	氏名 中島由美子

□本件手続を裏面に記載の社会保険労務士に委託します。

個人番号 □□□□□□□□□□□□

特別支給金について振込を希望する金融機関の名称			預金の種類及び口座番号
川崎	（銀行）・金庫 農協・漁協・信組	厚木 本店・本所 出張所 （支店）・支所	（普通）・当座 第 876543 号 口座名義人 中島由美子

通勤災害によって死亡したとき

様式第16号の9	労働者災害補償保険 遺 族 一 時 金 支給請求書 遺族特別支給金 遺族特別一時金 }支給申請書 インクの色黒
どんなとき	① 労働者の死亡当時、遺族年金の受給資格者がいない場合 ② 遺族年金の受給権者が失権した場合、他に年金受給資格者がなく、かつ、既に支給された年金の合計額が、給付基礎日額の1,000日分に満たないとき。
だ れ が	遺 族
だ れ に	所轄労働基準監督署長
いつまで	労働者の死亡の日の翌日から5年以内に
部 数	1 部
根 拠 条 文	法第21条、第22条の4、則第18条の10、特別支給金支給規則第2条、第5条、第10条
添 付 書 類	◎様式第16号の9（別紙） ◎死亡診断書、死体検案書又は検視調書の写し、その他市町村長が証明する死亡届書記載事項証明書 ◎戸籍謄本又は抄本 ◎生計維持関係を証明する書類、その他の資料。 ◎死亡労働者が、休業給付及び休業特別支給金を受けていなかった場合、又は死亡労働者に関し、遺族年金及び遺族特別年金が支給されていなかった場合には、⑤の平均賃金の算定内訳及び⑥の特別給与の総額の算定内訳を、別紙を付して記載すること。
受給資格者	遺族一時金は、次のいずれかの場合に支給されます。 ① 労働者の死亡当時、遺族年金の受給資格者がいない場合 ② 遺族年金の受給権者が失権した場合において、他に年金の受給資格者がなく、かつ、既に支給された年金の合計額が給付基礎日額の1,000日分に満たない場合 遺族一時金は、次にあげる遺族のうち最先順位者に支給されます。 ① 配偶者 ② 労働者の死亡当時その収入によって生計を維持していた子、父母、孫及び祖父母 ③ その他の子、父母、孫及び祖父母 ④ 兄弟姉妹
給 付 額	① 「どんなとき」欄の（1）の場合……………………………給付基礎日額の1,000日分 ② 「どんなとき」欄の（2）の場合…………給付基礎日額の1,000日分 － 既支給年金額

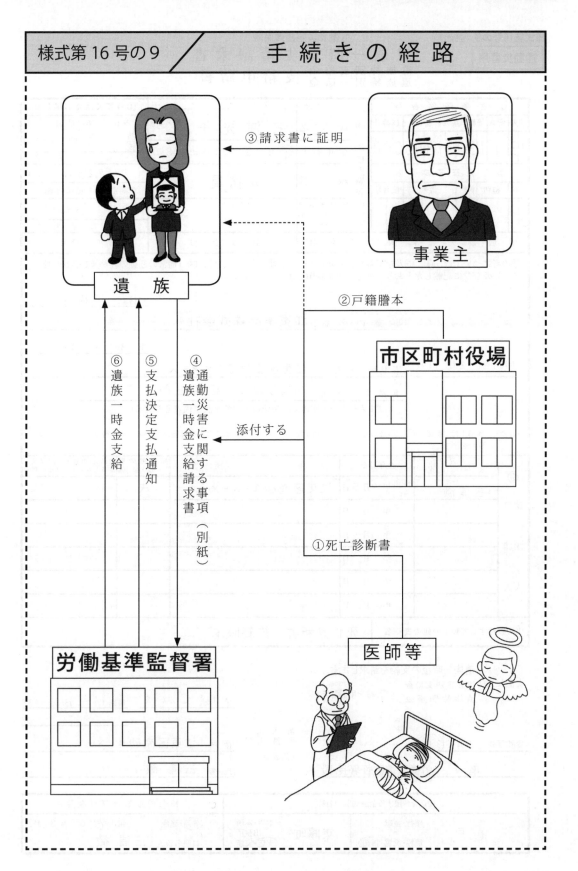

様式第16号の9　　手 続 き の 経 路

③請求書に証明

事 業 主

遺　族

②戸籍謄本

市区町村役場

⑥遺族一時金支給

⑤支払決定支払通知

④通勤災害に関する事項　遺族一時金支給請求書（別紙）

添付する

①死亡診断書

労働基準監督署

医師等

労働者災害補償保険

遺族一時金支給請求書
遺族特別支給金
遺族特別一時金 **支給申請書**

通勤災害用

① 労働保険番号					③ フリガナ	ミウラ ミツコ		④負傷又は発病年月日
府県	所掌	管轄	基幹番号	枝番号	氏 名	三浦光子 （男・女）		令和7年 2月 7日
13	1	1	300135	5000	死	生年月日 昭和50年 8月 3日（48歳）	午前・後 3時 20分頃	

② 年金証書の番号					亡	職 種		⑤ 平 均 賃 金
管轄局	種別	西暦年	番号	枝番号	労	事務員		7,215円 23銭
					働	所属事業場 名 称		⑥特別給与の総額（年額）
					者 の	所 在 地		986,530円

⑧ 通 勤 災 害 に 関 す る 事 項	別 紙 の と お り	⑦ 死 亡 年 月 日
		令和7年 2月 7日

③の者については、④、⑤及び⑥並びに別紙の㋺、㋩、㋭、㋬、㋠、㋷、㋢（通常の通勤の経路及び方法に限る。）及び㋣に記載したとおりであることを証明します。

電話（　）3685－××××

事 業 の 名 称　江東薬品株式会社

〒 136 － ××××

令和7年 2月 18日　事業場の所在地　江東区東砂2-××-×

事 業 主 の 氏 名　代表取締役　高井三郎

（法人その他の団体であるときはその名称及び代表者の氏名）

〔注意〕 事業主は、別紙の㋺、㋩及び㋣について知り得なかった場合には証明する必要がないので知り得なかった事項の符号を消すこと。

⑨	フリガナ 氏 名	生年月日	住 所	死亡労働者との関係	請求人（申請人）の代表者を選任しないときはその理由
請申	ミウラトオル 三浦徹	昭和48年 9月5日	江東区南砂4-×-×	夫	
		年 月 日			
求請		年 月 日			
		年 月 日			
人人		年 月 日			
		年 月 日			

⑩ 添付する書類その他の資料名	死亡診断書、戸籍謄本

上記により 遺族一時金の支給を請求します。
遺族特別支給金
遺族特別年金 の支給を申請します。

〒 136 － ××××　電話（　）3685－××××
　　　　　　　　　　　　　　　　　　　　　方

令和7年 3月 13日

亀 戸 労働基準監督署長 殿

請 求 人 の
申 請 人 の
（代表者）

住 所　江東区南砂4-×-×

氏 名　三浦徹

振込を希望する金融機関の名称				預金の種類及び口座番号	
亀 戸	銀行・金庫 農協・漁協・信組	東陽町	本店・本所 出張所 支店・支所	普通・当座 第 776543 号	
				口座名義人 三浦徹	

210

通勤災害によって死亡したとき

様式第 16 号の 10	労働者災害補償保険 葬 祭 給 付 請 求 書	インクの色黒
どんなとき	通勤により労働者が死亡したとき。	
だ れ が	葬祭を行う者（通常は遺族）	
だ れ に	所轄労働基準監督署長	
い つ ま で	労働者の死亡の日の翌日から 2 年以内	
部　　　数	1　部	
根 拠 条 文	法第 21 条、第 22 条の 5、則第 18 条の 12	
添 付 書 類	◎　労働者の死亡の事実及び死亡年月日を証明することのできる書類（死亡診断書、死体検案書又は検視調書の写し、その他市町村長が証明する死亡届書記載事項証明書）が必要ですが、既に遺族給付の請求書を提出している場合は、同一内容の証明書類ですので必要ありません。 ◎　様式第 16 号の 10（別紙）	
ポ イ ン ト	葬祭給付は、通常は遺族に支給されますが、遺族がいない場合など、事業主や友人等が葬祭を行った場合には、その者に対し支給されます。	
作 成 上 の ポ イ ン ト	記載時、裏面の注意欄をよく読んでください。	
給 付 額	315,000 円に給付基礎日額の 30 日分を加えた額（その額が給付基礎日額の 60 日分に満たない場合は、給付基礎日額の 60 日分の額）	

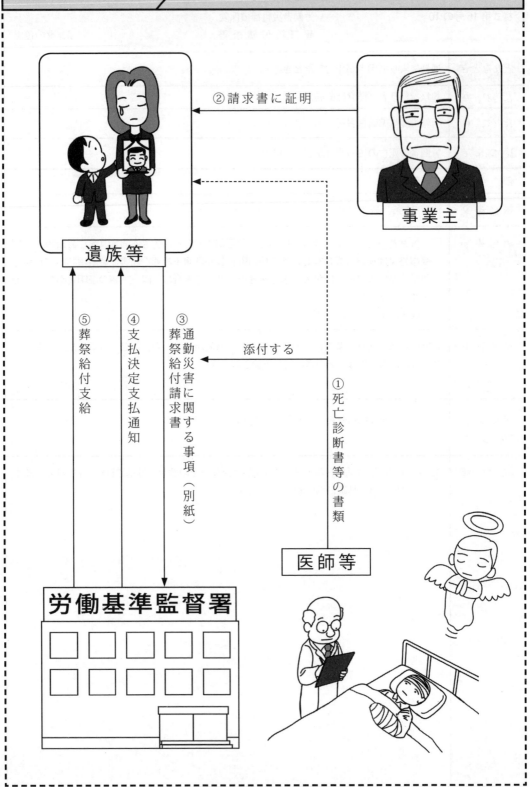

様式第16号の10／手続きの経路

②請求書に証明

事業主

遺族等

①死亡診断書等の書類

添付する

医師等

③通勤災害に関する事項（別紙）葬祭給付請求書

④支払決定支払通知

⑤葬祭給付支給

労働基準監督署

212

様式第16号の10（表面）

| 通勤災害用 |

労働者災害補償保険
葬　祭　給　付　請　求　書

① 労 働 保 険 番 号					③ 請求人の	フリガナ 氏　　名	ミウラ トオル 三 浦 徹
府県	所掌	管轄	基幹番号	枝番号		住　　所	江東区高砂4-××-×
13	1	1300	355000				
② 年金証書の番号						死亡労働者との関係	夫
管轄局	種別	西暦年	番号				

④ 死亡労働者の	フリガナ 氏　名	ミウラ ミツコ 三 浦 光 子　（男・女）	⑤ 平均賃金 7,215円 23銭
	生年月日	昭和50年　8月　3日（48歳）	⑥ 死亡年月日
	職　種	事 務 員	令和7年　2月　7日
	所属事業場名称所在地		

⑦ 通勤災害に関する事項	別紙のとおり

④の者については、⑤並びに別紙の㋩、㋥、㋭、㋬、㋠、㋷、㋦（通常の通勤の経路及び方法に限る。）及び㋾に記載したとおりであることを証明します。

令和7年　2月　18日

事業の名称　江東薬品株式会社
〒 136－0074　電話（　）3685－×××
事業場の所在地　江藤区東砂2-××-×
事業主の氏名　代表取締役　高井 三郎
（法人その他の団体であるときはその名称及び代表者の氏名）

〔注意〕　事業主は、別紙の㋩、㋥及び㋾については、知り得なかつた場面には証明する必要がないので、知り得なかつた事項の符号を消すこと。

⑧ 添付する書類その他の資料名	遺族一時金請求書に添付

上記により葬祭給付の支給を請求します。
　令和7年　3月　13日

〒136-0076　電話（　）3685-××××
住所　江藤区南砂4-×-×
請求人の　氏名　三浦 徹

　亀戸　労働基準監督署長　殿

振込を希望する金融機関の名称			預金の種類及び口座番号	
亀戸	銀行・金庫 農協・漁協・信組	東陽町 本店・本所出張所支店・支所	普通・当座　第718293号	口座名義人　三浦 徹

長期間療養を続けたとき

様式第 16 号の 11	労働者災害補償保険 傷病の状態等に関する報告書	インクの色黒
どんなとき	毎年 1 月 1 日から同月末日までの間に、業務上の事由、複数業務要因による事由又は通勤による負傷又は疾病に係る療養のため労働することができず、賃金を受けなかった日がある労働者が、その日について休業補償給付又は休業給付の支給を請求する場合に、1 月 1 日において当該負傷又は疾病に係る療養の開始後 1 年 6 カ月を経過しているとき。	
だ れ が	被災労働者（本人）	
だ れ に	所轄労働基準監督署長	
い つ ま で	1 月 1 日から 1 月末日までの間の休業（補償）給付支給請求書を提出するとき。	
部　　数	1　部	
根 拠 条 文	則第 19 条の 2	
添 付 書 類	◎「休業補償給付等支給請求書」（業務災害等）又は「休業給付支給請求書」（通勤災害）に添えて ◎傷病の名称、部位及び状態に関する医師又は歯科医師の診断書	

様式第 16 号の 11 ／ 手 続 き の 経 路

②休業補償給付等支給請求書に証明

事業主

①傷病の名称部位及び状態に関する診断書

③傷病の状態等に関する報告書

添付する

病 院 等

労 働 基 準 監 督 署

労働者災害補償保険

傷病の状態等に関する報告書

①	労働保険 番　号	府県	所掌	管轄	基幹番号	枝番号	③	負傷又は 発病年月日	5 年 5 月 15 日
		42	1	03	000493	000			
②	フリガナ 氏　名	オカダ　ユウゾウ 岡田 雄三							
	生年月日	昭和45年 11 月 6 日（ 53歳）					④	療養開始 年 月 日	5 年 5 月 15 日
労働者の	フリガナ 住　所	ナガサキシサジマチ 長崎市佐治町5-×××							
⑤	傷 病 の 名 称 、 部 位 及　　び　　状　　態	（診断書のとおり）							
⑥	添 付 す る 書 類 その他の資料名	診 断 書							

上記のとおり報告します。

　　　令和7 年 2 月 4 日

　　　　　　　　　　　　　　　　　　　　（郵便番号 850 ― 0000 ）

　　　　　　　　　　　　　電話番号（ 0958 ） 46 局 ×××番

　　　　　　　住　所　　長崎市佐治町5-×××
　　報告人の
　　　　　　　氏　名　　岡田 雄三

　　　江 迎　労働基準監督署長　殿

年金を受けるとき

様式第17号	年　金　証　書
どんなとき	年金たる保険給付の支給の決定の通知をするとき。
だ　れ　が	所轄労働基準監督署長
だ　れ　に	当該受給権者
部　　　数	1　部
根 拠 条 文	則第20条
記 載 事 項	1　年金証書の番号 2　受給権者の氏名及び生年月日 3　年金たる保険給付の種類 3　支給事由の生じた年月日

証書の提示又は提出についての注意事項をよく読んで大切に保管してください。

（役所発行のものですので記載例はありません）

様式第17号

表紙（表面）　　　　　　　　　　　　　　　　表紙（内面）

年金受給権者が定期的に届け出なければならないもの

様式第 18 号	労働者災害補償保険 年金たる保険給付の受給権者の定期報告書	インクの色黒
どんなとき	傷病補償年金等、障害補償年金等、遺族補償等年金を受けているとき。	
だ れ が	当該受給権者	
だ れ に	所轄労働基準監督署長	
い つ ま で	受給権者の生年月日（遺族（補償）年金の受給権者にあっては、死亡した被災労働者の生年月日）に応じ次のとおり ・Aグループ……生年月日が1月～6月までの受給権者は、毎年6月30日まで ・Bグループ……生年月日が7月～12月までの受給権者は、毎年10月31日まで	
部　　数	1　部	
根 拠 条 文	法第12条の7、則第21条	
添 付 書 類	（1）障害補償年金又は障害年金の受給権者については、住民票の写し又は戸籍抄本 （2）遺族補償年金又は遺族年金の受給権者については、戸籍謄本又は抄本、同一生計を証明する書類、障害の状態に関する診断書（障害等級第5級以上の身体障害がある場合） （3）介護補償給付、複数事業労働者介護給付、介護給付の受給権者については、その負傷又は疾病による障害の状態及び障害を有することに伴う日常生活の状態に関する診断書 　　上記（1）、（2）、（3）の何れの場合も労災年金と同一の事由により厚生年金等が支給されているときは、厚生年金保険等裁定通知書や改定通知書の写しの添付が必要 　なお、添付書類については、定期報告提出期日以前1カ月以内に作成したもの	
ポ イ ン ト	この定期報告書は、年金を受けている受給権者が、**年金証書の番号、氏名、生年月日、住所、年金等の種類**等について毎年報告するものです。 　ただし、所轄労働基準監督署長があらかじめその必要がないと認めて通知したとき又は厚生労働大臣が住民基本台帳法第39条の9の規定により当該報告書と同一の内容を含む機構保存本人確認情報の提供を受けることができるとき若しくは番号利用法第22条第1項の規定により当該報告書と同一の内容を含む特定個人情報の提供を受けることができるときは、この限りではありません	

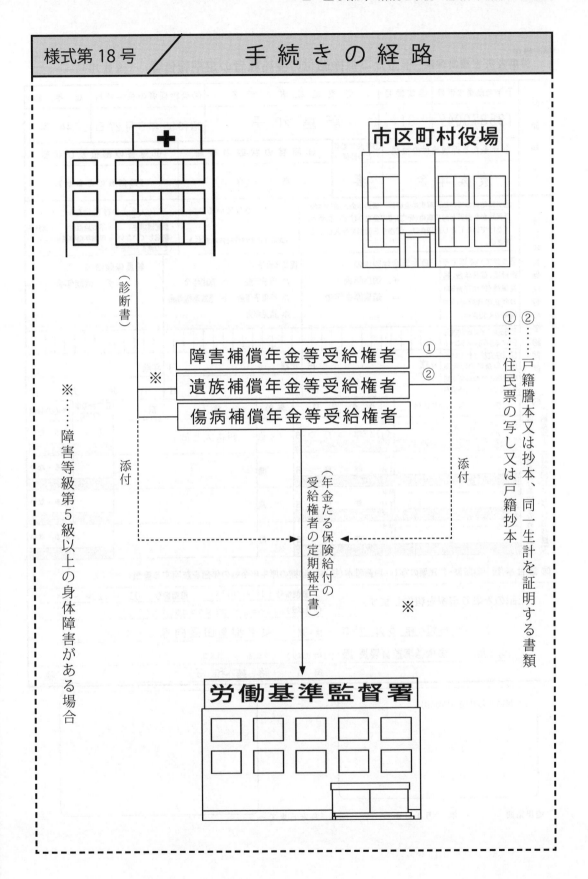

様式第18号　　手続きの経路

市区町村役場

（診断書）

障害補償年金等受給権者　①

※　遺族補償年金等受給権者　②

傷病補償年金等受給権者

添付

添付

（年金たる保険給付の受給権者の定期報告書）

①……戸籍謄本又は抄本、同一生計を証明する書類

②……住民票の写し又は戸籍抄本

※……障害等級第5級以上の身体障害がある場合

※

労働基準監督署

労働者災害補償保険 年金たる保険給付の受給権者の定期報告書 （遺族用）

受給権者	①年金証書の番号	②枝番号	③ 受 給 権 者 の 氏 名	④受給権者の生年月日	⑤ 年 齢
	135870047	01	藤 島 和 子	昭和55年5月27日	44 歳

	⑥年金たる保険給付の種類	⑦被災労働者との関係	⑧ 障 害 の 状 態 の 有 無	⑨ 障 害 の 部 位 及 び 状 態
	遺 族 年 金	妻	ある・(ない)	【診断書のとおり】

厚生年金保険等の受給関係	⑩労災年金のほかに、厚生年金保険、国民年金あるいは船員保険から労災と同じ事由(死亡)で年金をうけていますか。「うけている」とした場合は、⑪欄から⑭欄を記入してください。	1 うけている (支給停止の場合を含みます。)	② うけていない ・裁定請求中　・不支給裁定　・未加入 ・請求していない・老齢年金等選択 ・(その他　請求中　)
	⑪うけている厚生年金保険、国民年金、船員保険(厚生年金等)の年金の種類を○で囲んでください。	厚生年金保険法の 　イ　遺族年金 　ロ　遺族厚生年金	国民年金法の ハ　母子年金　ヘ　寡婦年金 ニ　準母子年金　ト　遺族基礎年金 ホ　遺児年金	船員保険法の チ　遺族年金

	⑪	厚生年金保険法の	国民年金法の	船員保険法の
	⑫基礎年金番号及び厚生年金等の年金証書の年金コード			
	⑬現在支給されている厚生年金等の年金額	年額　　　　　円	年額　　　　　円	年額　　　　　円
	⑭⑬欄の年金額を支給されることになった年月日	年　　月　　日	年　　月　　日	年　　月　　日

⑮ 受給権者と生計を同じくしている遺族で遺族(補償)年金を受ける資格のある遺族	氏　名 (フリガナ)	生 年 月 日	年齢	住　　所	死亡労働者との関係	障害の有無
	フジシマ　シズエ 藤 島 静 江	M S T(H)23年5月6日	13歳	報告人と同じ	長女	ある・(ない)
		M S T H 年　月　日	歳			ある・ない
		M S T H 年　月　日	歳			ある・ない
		M S T H 年　月　日	歳			ある・ない

⑯ 添付書類	診断書・住民票の写し・戸籍謄本(抄本)・⑬欄の厚生年金等の年額を証明する書類(　　　)

上記のとおり現況を報告します。

令和6年6月15日

向島　労働基準監督署長 殿

郵便番号 131 - 0033　　電話番号　03 - 1234 - xxxx

(フリガナ)　トウキョウトスミダクムコウジマ

住　所　東京都墨田区向島2-x-x

(フリガナ)　フジシマ　カズコ

氏　名　藤 島 和 子　　　㊞

○ 問い合わせ先 (From:)

提出期間　　　年　　月1日から　　　年　　月末日まで

年金受給権者の住所等が変わったとき

様式第 19 号	労働者災害補償保険 年金たる保険給付の受給権者の住所・氏名　変更届 年 金 の 払 渡 金 融 機 関 等　　　　　インクの色黒
どんなとき	①　受給権者の氏名及び住所に変更があった場合 ②　払渡を受ける金融機関又は郵便局を変更しようとするとき
だ れ が	受給権者
だ れ に	所轄労働基準監督署長
い つ ま で	遅滞なく速やかに
部　　　数	1　部
根 拠 条 文	法第 12 条の 7、則第 21 条の 2、則第 21 条の 3
添 付 書 類	変更の事実を証明することができる書類、その他の資料 住所変更のときは住民票 氏名変更のときは戸籍謄本または抄本
ポ イ ン ト	◎この変更届は労働基準監督署長に提出するものです。

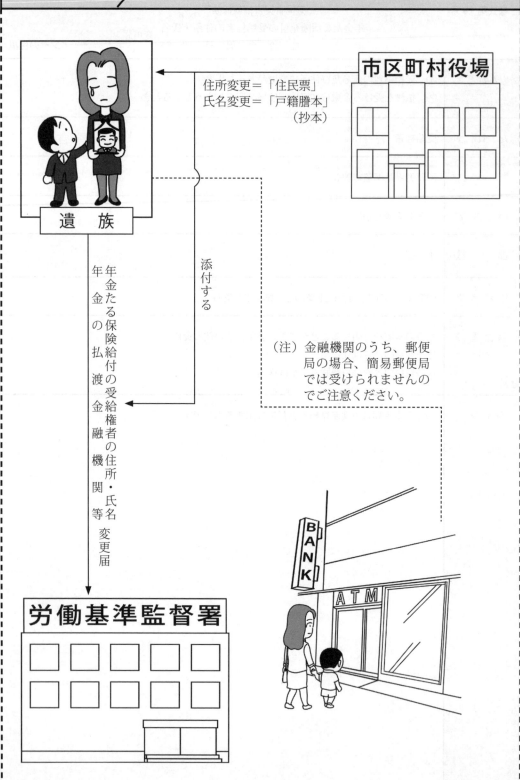

様式第19号 ／ 手 続 き の 経 路

市区町村役場

住所変更＝「住民票」
氏名変更＝「戸籍謄本」
　　　　　　（抄本）

遺　族

添付する

年金たる保険給付の受給権者の住所・氏名　年金の払渡金融機関等　変更届

（注）金融機関のうち、郵便局の場合、簡易郵便局では受けられませんのでご注意ください。

BANK

ATM

労働基準監督署

222

■ 様式第19号（表面）
労働者災害補償保険

年金たる保険給付の受給権者の住所・氏名
年　金　の　払　渡　金　融　機　関　等　変更届

二、※　□□□で表示された枠（以下、「記入枠」という。）に記入する文字は、光学的文字読取装置（OCR）で直接読取を行うので、この用紙を汚したり、穴を開けたり、必要以上に強く折り曲げたりしないでください。
折り曲げる場合には折り曲げマーク▶◀の所で折り曲げてください。

帳票種別	被災労働者の氏名	支給決定を受けた労働基準監督署名	変更処理	①枚目 ※	②枚中 ※
③⑨⑤⑧⓪	藤原太郎	大分　労働基準監督署			

必須項目	③年金証書番号 管轄局 種別 西暦年 番号	④被災者生年月日 元号 年 月 日	⑤枝番号
	4 4 5 7 6 0 1 2 3	5 3 5 0 5 1 5	0 2　◎遺族（補償）等年金の場合は記入してください

※0も記入する

○住所を変更した場合　（個人番号を未提出の方は住民票の写しの添付が必要です。裏面注意書きを参照ください。）

変更後の住所

⑥郵便番号	⑦電話番号 市外局番（右ヅメ）－市内局番（右ヅメ）－番号	⑧都道府県コード ※
5 4 5 × × ×	0 6 － 6 6 2 1 － × × × ×	

市外局番も記入してください

大阪　都・道・府・県

⑯住所1（漢字）（フリガナ）オオサカシ　アベノク　ミナミショウワマチ
大阪市　阿倍野区　南昭和町　1

⑰住所2つづき（漢字）イッチョウメ
丁目　×番　×号　朝日アパート

⑱住所3つづき（漢字）
1 0 2　◎都道府県名の次から記入してください。

○銀行・郵便局等を変更したい場合　（登録している公金受取口座を利用します：□）

払渡金融機関等

フリガナ　トウザイ　金融機関名	銀行・金庫 農協・漁協・信組	アベノ	本店・本所 出張所 支店・支所
東西		阿倍野	

⑨預金の種類	⑩口座番号（右ヅメ）	⑪金融機関コード 店舗コード ※
1 （1普通 3当座）	1 2 3 4 5 6 7　◎口座番号が7桁未満の場合は右に詰めて記入してください。	

フリガナ 郵便貯金銀行の支店等又は郵便局	都・道 府・県	市・郡 区

⑫預金通帳の記号番号	記号 番号（右ヅメ）	◎番号が8桁未満の場合は右に詰めて記入してください。	⑬郵便局コード ※

○氏名を変更した場合　（戸籍謄本又は戸籍抄本を添付してください。）

氏名

⑭変更後氏名（カタカナ）：姓と名の間は1字あけてください。
サトウ　ミチコ

⑮変更後氏名（漢字）：姓と名の間は1字あけてください。
佐藤　路子

変更前の氏名 フリガナ フジワラ ミチコ（漢字）	
藤原 路子	

氏名の変更年月日	氏名の変更理由
7年2月7日	旧姓に戻ったため

○個人番号を登録・変更する場合

個人番号

届出人（受給権者）の

〒545－××××　電話（06）6621－××××
フリガナ　オオサカシアベノクミナミショウワマチ
住所　大阪市阿倍野区南昭和町1丁目×番×号
　　　朝日アパート102（　　方）
フリガナ　サトウ　ミチコ
氏名　佐藤　路子

上記のとおり 住所・氏名を変更した／払渡金融機関等を変更したい／個人番号を登録・変更したい ので届けます。

7年2月18日

□本件手続を裏面に記載の社会保険労務士に委託します。

大阪南　労働基準監督署長　殿

署長	副署長	課長	係長	係
		決裁	年 月 日	

◀※印の欄は記入しないでください。（職員が記入します）

◀◎裏面の注意事項を読んでから記入してください。

他の社会保険の受給関係に変更があったとき

様式第 20 号	労働者災害補償保険 厚生年金保険等の受給関係変更届	インクの色黒
どんなとき	厚生年金保険等他の社会保険の受給関係に変更を生じたとき。	
だ れ が	受給権者	
だ れ に	所轄労働基準監督署長	
い つ ま で	変更があったとき遅滞なく	
部　　　数	1　部	
根 拠 条 文	法第 12 条の 7、則第 21 条の 2	
添 付 書 類	変更の事実を証明することができる書類及びその他の資料（厚生年金証書等の写し）	
説　　　明	この届出書は、労災保険の年金受給権者が同一の事由により厚生年金保険等他の社会保険の障害年金又は遺族年金等が支給されることとなった場合、あるいは同一の事由によって厚生年金保険等他の社会保険から支給されていた障害年金や遺族年金等の支給額に変更があったり、当該年金が支給されなくなった場合に提出します。	

様式第 20 号 ／ 手 続 き の 経 路

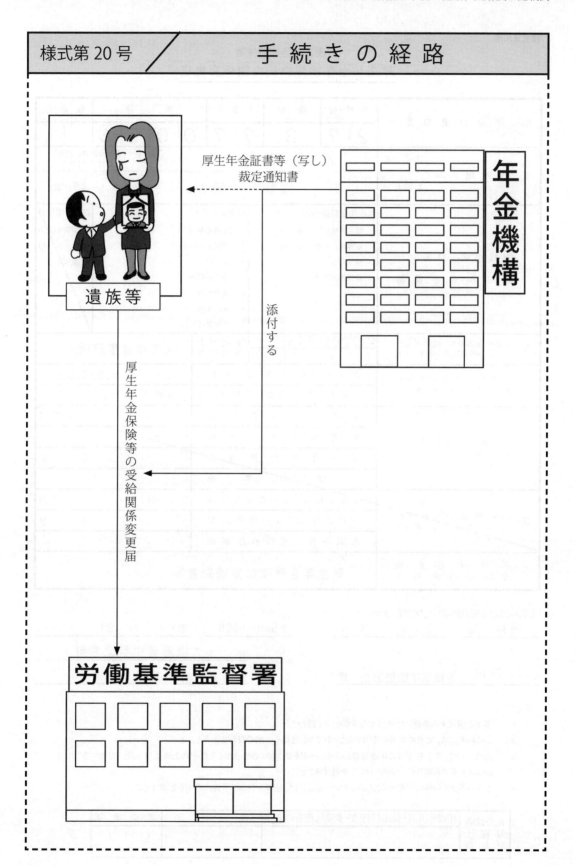

労働者災害補償保険
厚生年金保険等の受給関係変更届

①	年金証書の番号	管轄局	種別	西暦年	番号	枝番号
		2 7	3	7 7	0 0 0 5 6	

②	受給権者の	氏 名	赤坂好郎 （男・女）[年金証書に記載されている氏名]
		生年月日	明 昭 令 大 平　52 年 12 月 20 日（ 47 歳）

③	当該傷病、障害又は死亡に関して支給される年金の種類	厚生年金保険法の イ 障害年金（ 級） ロ 障害厚生年金（2 級） ハ 遺族年金 ニ 遺族厚生年金	国民年金法の イ 障害年金（ 級） ロ 障害基礎年金（ 2 級） ハ 母子年金 ニ 準母子年金 ホ 遺児年金 ヘ 寡婦年金 ト 遺族基礎年金	船員保険法の イ 障害年金（ 級） ロ 遺族年金

④	基礎年金番号及び③の年金についての年金証書の年金コード	4 1 2 2 0 3 7 5 2 9	所轄年金事務所等	吹田年金事務所

⑤	③の年金が支給されることとなった場合	支給される年金の額	（ 2 級） 1,830,000 円
		支給されることとなった年月日	令和 7 年 2 月 3 日

⑥	③の年金の額に変更があった場合	変更前の年金の額	（ 級） 円
		変更後の年金の額	（ 級） 円
		変更された年月日	年 月 日
		変更の事由	

⑦	③の年金が支給されなくなった場合	支給されなくなった年金の額	（ 級） 円
		支給されなくなった年月日	年 月 日
		支給されなくなった事由	

⑧	添付する書類その他の資料名	厚生年金保険裁定通知書写

上記のとおり変更がありましたので届けます。

令和 7 年 2 月 10 日

〒560-0000　電話（ ） 23 － ××××

届出人の 住 所 大阪府豊中市北島町１-×

淀川 労働基準監督署長 殿

氏 名 赤坂好郎

〔注意〕

1　事項を選択する場合には該当する事項を〇で囲むこと。

2　この届書には、変更の事実を証明することができる書類その他の資料を添えること。

3　④について、厚生年金等の年金証書の年金コードを2つ有する場合は、それぞれ上段及び下段に記載すること。
　　3つ以上有する場合は、別紙を付して記載すること。

4　⑤から⑧までの欄に記載することができない場合には、別紙を付して所要の事項を記載すること。

社会保険労務士記載欄	作成年月日・提出代行者・事務代理者の表示	氏　　　　　名	電 話 番 号
			（ ） －

年金受給権者に変更があったとき

様式第21号	労働者災害補償保険 遺　族　補　償　年　金 複数事業労働者遺族年金 ⎰ 受給権者失権届 遺　族　　年　金 　　　　　　　　　　　　　　　　　　　　　　　インクの色黒

どんなとき	受給権者 1　死亡したとき。 2　婚姻したとき（届出をしていないが事実上婚姻関係と同様の事情にある場合を含む） 3　直系血族又は直系姻族以外の者の養子（届出をしていないが事実上養子縁組関係と 　同様の事情にある者を含む）となったとき。 4　離縁（養子縁組関係の解消）によって死亡した労働者との親族関係が終了したとき。 5　子、孫、兄弟姉妹については18歳に達した日以後の最初の3月31日が終了したと 　き（障害の状態にあるときを除く） 6　障害の状態にある（則第15条）夫、子、父母、孫、祖父母又は兄弟姉妹については、 　その事情がなくなったとき。 等により遺族補償年金又は遺族年金を受ける権利が消滅した場合 　なお、6の場合において、55歳以上60歳未満の夫、父母、祖父母又は兄弟姉妹は60 歳に達するまで遺族（補償）年金の額の加算対象者でもなくなる。
だ れ が	受給権者
だ れ に	所轄労働基準監督署長
い つ ま で	失権の事実が生じたとき遅滞なく
部　　数	1　部
根 拠 条 文	法第12条の7、第16条の4、第20条の6、第22条の4、則第21条の2
添 付 書 類	戸籍謄本など失権の事実を証明できる書類
作 成 上 の ポ イ ン ト	

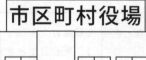
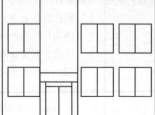

市区町村役場

遺族が、死亡、婚姻、離縁、
養子縁組等をした

戸籍謄本等

添付する

遺族（補償）年金受給権者失権届

労 働 基 準 監 督 署

様式第21号

労 働 者 災 害 補 償 保 険
遺族補償年金
複数事業労働者遺族年金 受 給 権 者 失 権 届
~~遺 族 年 金~~

①	年 金 証 書 の 番 号		管轄局	種　別	西暦年	番		号	枝番号
失権した受給権者			1 3	0 5	8 2	0 0 3		8	0 2
	氏　　　　　　　　　名		関 本 由 美					(男 ・ 女)	
	生 年 月 日		昭和63 年		6 月	29 日		(36 歳)	
	住　　　　　　　　所		東京都北区三崎町7-×-×						
	失 権 し た 年 月 日		令和6 年		8 月	17 日		(36 歳)	
	失 権 の 事 由		婚姻のため						
②	添 付 す る 書 類 名		戸 籍 謄 本						

上記のとおり失権しましたので届けます。
　令和6 年　8 月　18日

　　　　　　　　　　　　　　　　　　　　　　　　　　〒114－0000　　電話(03)391－××××
　　　　三 田　労働基準監督署長　殿　　　　届出人の　住　所　東京都北区三崎町7-×-×
　　　　　　　　　　　　　　　　　　　　　　　　　　　　　氏　名 関本由美

（注意）　「届出人の氏名」の欄は、記名押印することに代えて、自筆による署名をすることができること。

社 会 保 険 労 務 士 記 載 欄	作成年月日・提出代行者・事務代理者の表示	氏　　　　　名	電 話 番 号
			(　　)　－

年金受給権者に変更があったとき

様式第 22 号	労働者災害補償保険 遺族補償年金額 複数事業労働者遺族年金額 ⎫算定基礎変更届 遺　族　年　金　額 ⎭ 　　　　　　　　　　　　　インクの色黒
どんなとき	①　遺族補償年金又は遺族年金の受給権者と生計を同じくしている遺族補償年金を受けることができる遺族の数に増減を生じた場合 ②　遺族補償年金を受ける権利を有する遺族が妻であり、妻以外には遺族補償年金を受けることができる遺族がいないとき、その妻が、㋑55 歳に達したとき、㋺別表第 1 の厚生労働省令で定める「障害」の状態になり、又はその状態がなくなったとき。
だ　れ　が	受給権者
だ　れ　に	所轄労働基準監督署長
い　つ　ま　で	変更の事実が生じたとき遅滞なく
部　　　数	1　部
根 拠 条 文	法第 12 条の 7、則第 21 条の 2
添 付 書 類	戸籍謄本等、変更の事実を証明できる書類
作 成 上 の ポ イ ン ト	

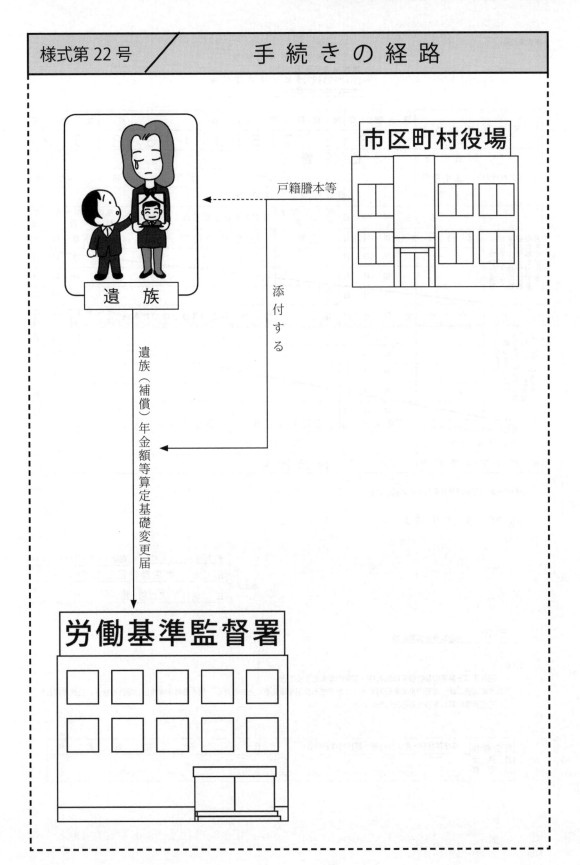

様式第22号 ／ 手 続 き の 経 路

市区町村役場

戸籍謄本等

遺 族

添付する

遺族（補償）年金額等算定基礎変更届

労働基準監督署

労働者災害補償保険
遺族補償年金額
複数事業労働者遺族年金額 算定基礎変更届
=遺族年金額=

① 年金証書の番号		管轄局		種別	西暦年		番			号		枝 番 号	
		1 3	5	7	5 0	1	8	3		0		2	

② 受給権者の	氏 名	松谷豊子						（ 男・⊛ ）	
	生年月日		昭和54年	5月	19日 （ 45 歳）				
	住 所	東京都港区三田8-××							

③ 複数事業労働者遺族年金又は、遺族補償年金の額の算定の基礎となつた遺族でなくなつた遺族	氏 名	生 年 月 日	死亡労働者との関係	算定の基礎とならなくなつた事由	左の事由が生じた年 月 日
	松谷 司	平成23年12月15日	三男	死亡したため	令和6年6月3日
		年 月 日			年 月 日
		年 月 日			年 月 日
		年 月 日			年 月 日

④ 新たに、複数事業労働者遺族年金又は遺族補償年金の額の算定の基礎となつた遺族年金となつた遺族	氏 名	生 年 月 日	住 所	算定の基礎となつた事由	左の事由が生じた年 月 日
		年 月 日			年 月 日
		年 月 日			年 月 日
		年 月 日			年 月 日
		年 月 日			年 月 日
		年 月 日			年 月 日

⑤ 新たに障害の状態となつた又はなくなつた妻	障害の状態となつた年月日	障害の状態でなくなつた年月日
	年 月 日	年 月 日

⑥ 添付する書類名	除籍抄本

上記のとおり変更がありましたので届けます。

令和6年 6月 18日

〒108-×××× 電話(03)××××-××××
届出人の 住 所 東京都港区三田8-××
氏 名 松谷豊子

三 田 労働基準監督署長殿

〔注意〕
1 記入すべき事項のない欄又は記入枠は空欄のままとすること。
2 この届書には、変更の事実を証明することができる書類を添えること。ただし、個人番号が未提出の場合を除き、当該書類として住民票の写しを添える必要はないこと。

社会保険労務士記載欄	作成年月日・提出代行者・事務代理者の表示	氏 名	電 話 番 号
			( ) －

特別加入をするとき

様式第 34 号の 7	労働者災害補償保険 特 別 加 入 申 請 書 （中小事業主等）　　　　　　　　インクの色黒
どんなとき	労働保険事務組合に、労働保険の事務処理を委託している中小企業の事業主が、特別加入の承認申請をするとき。
だ れ が	中小事業主（申請事務処理は事務組合が行う）
だ れ に	事務組合の主たる事務所の所在地を管轄する所轄の労働基準監督署長経由都道府県労働局長
い つ ま で	特別加入しようとするとき
部　　　数	1 部（事務組合用も必要な場合は 2 部）
根 拠 条 文	法第 33 条第 1 号、第 2 号、第 34 条、則第 46 条の 19
ポ イ ン ト	この様式には次のとおり記載します。 1　「特別加入予定者の氏名」欄は、中小事業主（事業主が法人その他の団体であるときは代表者）とともに包括加入しなければならない家族従事者や役員の氏名を全部記載します。 2　「業務の具体的内容」欄は、災害が発生したとき、それが労災保険給付の対象となるか否かに関係する重要な項目ですから、特別加入者として行う業務の具体的な内容、労働者の所定労働時間をはっきりと記載します。 3　「特定業務との関係」欄は、1 から 7 までに掲げる特定業務のいずれかを含む業務に従事する場合には、その該当する特定業務の記号を○で囲んで下さい。 　　なお 1 から 7 までに掲げる特定業務のいずれにも該当しない場合には、9 を○で囲んで下さい。 4　「業務歴」欄は、前記 3 に該当する場合であって、当該特別加入予定者が過去において、その該当する特定業務に従事したことがあるとき、その該当する特定業務に最初に従事した年月及び従事した期間の合計を記載します。 注 1　給付基礎日額 　　特別加入者の場合は、労働者と異なり、賃金というものがありませんので、これに代わるものとして、労災保険法施行規則によって給付基礎日額の範囲（3,500 円から 25,000 円まで）が定められていますので、この範囲内で特別加入者の希望を聴き（特別加入申請書に記入欄があります）都道府県労働局長が決定することになっています。 注 2　就業実体のない中小事業主の特別加入 　　中小事業主が就業実体のない事業主（病気療養中等のため就業しない場合、事業主本来の業務のみに従事する場合）に該当するため自ら特別加入しないことを希望する場合には、その事情を記載した理由書をこの様式に添付してください。

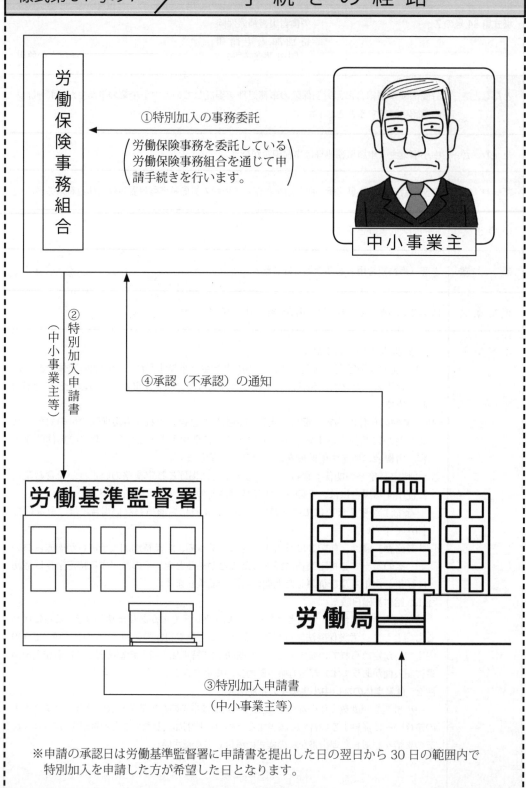

様式第34号の7 / 手続きの経路

①特別加入の事務委託

（労働保険事務を委託している
労働保険事務組合を通じて申
請手続きを行います。）

中小事業主

労働保険事務組合

②特別加入申請書
（中小事業主等）

④承認（不承認）の通知

労働基準監督署

労働局

③特別加入申請書
（中小事業主等）

※申請の承認日は労働基準監督署に申請書を提出した日の翌日から30日の範囲内で
特別加入を申請した方が希望した日となります。

234

■ 様式第34号の7（表面）

労働者災害補償保険　特別加入申請書（中小事業主等）

帳票種別　**3 6 2 1 1**

◎裏面の注意事項を読んでから記載してください。
※印の欄は記載しないでください。（職員が記載します。）

① 申請に係る事業の労働保険番号

府県	所掌	管轄	基幹番号	枝番号
1 3	3	0 7	9 0 0 2 0 9	0 0 1

※受付年月日　9 令和　元号　年　月　日
1～9年は右へ　1～9月は右へ　1～9日は右へ

② 事業主の氏名（法人その他の団体であるときはその名称）
　株式会社 渡辺塗装工業

③ 申請に係る事業

名称（フリガナ）　カブシキガイシャ ワタナベトソウコウギョウ
名称（漢字）　**株式会社 渡辺塗装工業**
事業場の所在地　**東京都世田谷区等々力１－×－×** ∞

④ 特別加入予定者　　加入予定者数　計 **3** 名　　　*この用紙に記載しきれない場合には、別紙に記載すること。

特別加入予定者	業務の内容	除染作業	従事する特定業務	業務歴		
フリガナ 氏名 ワタナベ テルオ **渡辺照夫** 生年月日 昭和31年 8月 12日	事業主との関係（地位又は続柄）①本人 3役員（ ）5家族従事者（ ） 業務の具体的内容 **有機溶剤（トルエン）を使用して行う木工品の塗装** 労働者の始業及び終業の時刻 8時 30分～ 17時 00分	1 有 ③無	1 粉じん 3 振動工具 5 鉛 ⑦有機溶剤 9 該当なし	最初に従事した年月 昭和○○年 4月 従事した期間の合計 38年間 0ヶ月 希望する給付基礎日額 14,000 円		
フリガナ 氏名 ワタナベ ケンタ **渡辺健太** 生年月日 昭和54年 6月 20日	事業主との関係（地位又は続柄）1本人 ③役員（常務取締役）5家族従事者（ ） 業務の具体的内容 **同　上** 労働者の始業及び終業の時刻 8時 30分～ 17時 00分	1 有 ③無	1 粉じん 3 振動工具 5 鉛 ⑦有機溶剤 9 該当なし	最初に従事した年月 平成○年 4月 従事した期間の合計 25年間 0ヶ月 希望する給付基礎日額 12,000 円		
フリガナ ワタナベ エミコ 氏名 **渡辺恵美子** 生年月日 昭和34年 2月 4日	事業主との関係（地位又は続柄）1本人 ③役員（常務取締役）5家族従事者（ ） 業務の具体的内容 **伝票整理等の経理事務及び集金** 労働者の始業及び終業の時刻 8時 30分～ 17時 00分	1 有 ③無	1 粉じん 3 振動工具 5 鉛 7 有機溶剤 ⑨該当なし	最初に従事した年月 年 月 従事した期間の合計 年間 ヶ月 希望する給付基礎日額 7,000 円		
フリガナ 氏名 生年月日 年 月 日	事業主との関係（地位又は続柄）1本人 3役員（ ）5家族従事者（ ） 業務の具体的内容 労働者の始業及び終業の時刻 時 分～ 時 分	1 有 3 無	1 粉じん 3 振動工具 5 鉛 7 有機溶剤 9 該当なし	最初に従事した年月 年 月 従事した期間の合計 年間 ヶ月 希望する給付基礎日額 円		

⑤ 労働保険事務の処理を委託した年月日　　　　　　令和6年 4月 1日

⑥ 労働保険事務組合の証明

上記⑤の日より労働保険事務の処理の委託を受けていることを証明します。

令和6年 4月 3日

労働保険事務組合の
名称　**労働保険事務組合世田谷中央会**
〒×××－××××　電話（03）3412－××××
主たる事務所の所在地　**世田谷区世田谷 ×－×**
代表者の氏名　**会長　中村 修**

⑦ 特別加入を希望する日（申請日の翌日から起算して30日以内）　　令和6年 5月 1日

上記のとおり特別加入の申請をします。

令和6年 4月 25日

東京 労働局長 殿

事業主の
〒158－××××　電話（03）3703－××××
住所　**世田谷区等々力１－×－×**
氏名　**株式会社渡辺塗装工業 代表取締役 渡辺照夫**
（法人その他の団体であるときはその名称及び代表者の氏名）

折り曲げる場合には（▶）の所で折り曲げてください。

特別加入に変更事項があるとき

様式第34号の8	労働者災害補償保険 特別加入に関する変更届・特別加入脱退申請書 （中小事業主等及び一人親方等）　　　　　　　　　インクの色黒
どんなとき	1　事業主の氏名、事業主の行う事業に従事する者の氏名に変更があったとき。 2　従事する業務又は作業の内容に変更があったとき。 3　事業主と事業主の行う事業に従事する者との関係に変更があったとき。 4　新たに事業主又は事業主の行う事業に従事する者となった者があるとき。 5　事業主又は事業主の行う事業に従事する者でなくなったとき。
だ れ が	中小事業主及び一人親方等の団体（申請事務処理は中小事業主等については事務組合が、一人親方等及び特定作業従事者については団体が行う）。
だ れ に	所轄労働基準監督署長経由都道府県労働局長
い つ ま で	変更事由が生じたとき、遅滞なく
部　　　数	1部
根 拠 条 文	則第46条の19、則第46条の23
記 載 上 の 注　　意	1　「特別加入に関する変更届」を○で囲んでください。 2　氏名に変更を生じた場合には、「変更を生じた者の氏名」の欄に変更前の氏名を、「変更後の氏名」の欄に変更後の氏名を記載してください。 3　新たに特別加入者になったものがある場合には、 （1）「業務又は作業の内容」の欄には、中小事業主等にあっては、特別加入者として行う業務の具体的内容並びにその従事する事業の使用労働者の所定の始業及び終業の時刻を記載して下さい。 （2）特別加入者として行う業務又は作業が「特定業務との関係」の欄に1から7までに掲げる特定業務のいずれかに該当する場合には、その該当する特定業務の記号を○で囲んでください。なお、1から7までに掲げる特定業務のいずれにも該当しない場合には、9を○で囲んで下さい。 （3）「業務歴」の欄には、特別加入者として行う業務又は作業が「特定業務との関係」の欄の1から7までに掲げる特定業務のいずれかに該当する場合であって、その者が過去においてその該当する特定業務に従事したことがあるときに、その該当する特定業務に最初に従事した年月及び従事した期間の合計を記載してください。なお、特別加入者として行う業務又は作業が「特定業務との関係」の欄の1から7までに掲げる特定業務のいずれにも該当しない場合は、「業務歴」の欄には斜線を引いてください。 4　「変更を生じたので届けます」を○で囲んで下さい。 5　記載すべき事項のない欄には斜線を引いてください。

様式第34号の8 ／ 手 続 き の 経 路

労働保険事務組合・団体

①変更の事由発生

⑤通　知

・中小事業主
・一人親方等の団体
・特定作業従事者の団体

②特別加入に関する変更届（中小事業主等及び一人親方等）

④承　認

労働基準監督署

労働局

③特別加入に関する変更届

※変更届の承認内容変更決定は、労働基準監督署に変更届を提出した日の翌日から30日の範囲内で希望した日となります。

労働者災害補償保険　**特別加入に関する変更届 / 特別加入脱退申請書**（中小事業主等及び一人親方等）

帳票種別					
3	6	2	4	1	

◎裏面の注意事項を読んでから記載してください。
※印の欄は記載しないでください。（職員が記載します。）

特別加入の承認に係る事業

労働保険番号	府県	所掌	管轄	基幹番号	枝番号
	1 3	3	0 7	9 0 0 2 0 9	0 0 1

※受付年月日	9 令和	元号	年	月	日

事業の名称　株式会社 渡辺塗装工業

事業場の所在地　世田谷区等々力 1 - × - ×

今回の変更届に係る者　合計：1人
内訳（変更：0人、脱退：0人、加入：1人）　　＊この用紙に記載しきれない場合には、別紙に記載すること。

変更届の場合（特別加入者のうち一部に変更がある場合）

特別加入者に関する事項の変更

変更年月日	変更を生じた者のフリガナ氏名	中小事業主又は一人親方との関係（地位又は続柄）	業務又は作業の内容
年 月 日		変更前	変更前
生年月日	変更後のフリガナ氏名	変更後 1 本人 3 役員（ ） 5 家族従事者	変更後
年 月 日 ※整理番号			

変更年月日	変更を生じた者のフリガナ氏名	中小事業主又は一人親方との関係（地位又は続柄）	業務又は作業の内容
年 月 日		変更前	変更前
生年月日	変更後のフリガナ氏名	変更後 1 本人 3 役員（ ） 5 家族従事者	変更後
年 月 日 ※整理番号			

特別加入者の異動（特別加入者でなくなった者）

異動年月日	フリガナ氏名	生年月日	※整理番号
年 月 日		年 月 日	
異動年月日	フリガナ氏名	生年月日	※整理番号
年 月 日		年 月 日	

特別加入者の異動（新たに特別加入者になった者）

	特別加入予定者	業務又は作業の内容		特定業務・給付基礎日額	
異動年月日 令和6年 6月 1日	中小事業主又は一人親方との関係（地位又は続柄） 1 本人 ③ 役員（専務取締役） 5 家族従事者（ ）	業務又は作業の具体的内容 木工品の塗装（トルエン）	除染作業 1 有 ③ 無	従事する特定業務 1 粉じん 3 振動工具 5 鉛 ⑦ 有機溶剤 9 該当なし	業務歴 最初に従事した年月 平成○○年 6月
フリガナ ワタナベ コウジ 氏名 渡辺康二					従事した期間の合計 5 年間 ヶ月
生年月日 昭和56年 12月 18日		労働者の始業及び終業の時刻（中小事業主等のみ） 8 時 30 分～ 17 時 00 分			希望する給付基礎日額 10,000 円
異動年月日 年 月 日	中小事業主又は一人親方との関係（地位又は続柄） 1 本人 3 役員（ ） 5 家族従事者（ ）	業務又は作業の具体的内容	除染作業 1 有 3 無	従事する特定業務 1 粉じん 3 振動工具 5 鉛 7 有機溶剤 9 該当なし	業務歴 最初に従事した年月 年 月
フリガナ 氏名					従事した期間の合計 年間 ヶ月
生年月日 年 月 日		労働者の始業及び終業の時刻（中小事業主等のみ） 時 分～ 時 分			希望する給付基礎日額 円

変更決定を希望する日（変更届提出の翌日から起算して30日以内）　　令和6年 6月 1日

脱退の場合申請

以下の＊欄は、承認を受けた事業に係る特別加入者の全員を特別加入者でないこととする場合に限って記載すること。

＊申請の理由（脱退の理由）	＊脱退を希望する日（申請日から起算して30日以内）
	年 月 日

上記のとおり **変更を生じたので届けます。** / 特別加入脱退を申請します。

令和6年 5月 26日

東京　労働局長　殿

〒 158- ××××　電話（ 03 ）3703-××××

住所　世田谷区等々力 1 - × - ×

事業主の氏名　株式会社 渡辺塗装工業　代表取締役 渡辺照夫
（法人その他の団体であるときはその名称及び代表者の氏名）

特別加入をやめるとき

様式第34号の8	労働者災害補償保険 特別加入に関する変更届・特別加入脱退申請書 （中小事業主等及び一人親方等）	インクの色黒

どんなとき	特別加入を脱退したいとき。
だ れ が	脱退しようとする中小事業主、一人親方等の団体、特定作業従事者の団体（申請事務処理は中小事業主等については事務組合が行う）。
だ れ に	所轄労働基準監督署長経由都道府県労働局長
い つ ま で	特別加入者が脱退を希望するとき速やかに
部　　　数	1部
根 拠 条 文	法第34条、則第46条の21
ポ イ ン ト	脱退の条件 1　特別加入した中小事業主等は、政府の承認を受ければ脱退することができる。 2　脱退は、特別加入の際と同様に包括して、特別加入している者全部について行わなければならない。 3　脱退の承認があったときは特別加入者の地位は、承認のあった日の翌日に消滅する。 特別加入承認の取消 1　取消 　中小事業主等及び一人親方等が、徴収法、同施行規則、労災法及び同施行規則等の関係法令に違反し、承認の取消を受けたり、保険関係が消滅した場合などは、特別加入者としての地位も当然に消滅する。 2　自動消滅 　中小事業主の場合は、特別加入者としての条件に該当しなくなったとき（労災法第33条の1号又は2号に該当しなくなったとき）。 　一人親方等及び特定作業従事者の場合は、①その団体の構成員でなくなったとき②事業を廃止又は終了したとき（団体の解散は、事業の廃止とみなされる。労災法第35条第1項第4号） ※労災法第33条の1号及び2号の条文は次のものです。 　　第33条　1　厚生労働省令で定める数以下の労働者を使用する事業（厚生労働省令で定める事業を除く）の事業主で徴収法第33条第3項の労働保険事務組合に同条第1項の労働保険事務の処理を委託するものである者（事業主が法人その他の団体であるときは、代表者） 　　　　　　2　前号の事業主が行う事業に従事する者 記載の方法 1　「特別加入脱退申請書」を○で囲んでください。 2　「脱退申請の場合」の欄（＊欄）に記載してください。 3　「特別加入脱退の申請をします」を○で囲んで下さい。 4　記載すべき事項のない欄には斜線を引いてください。

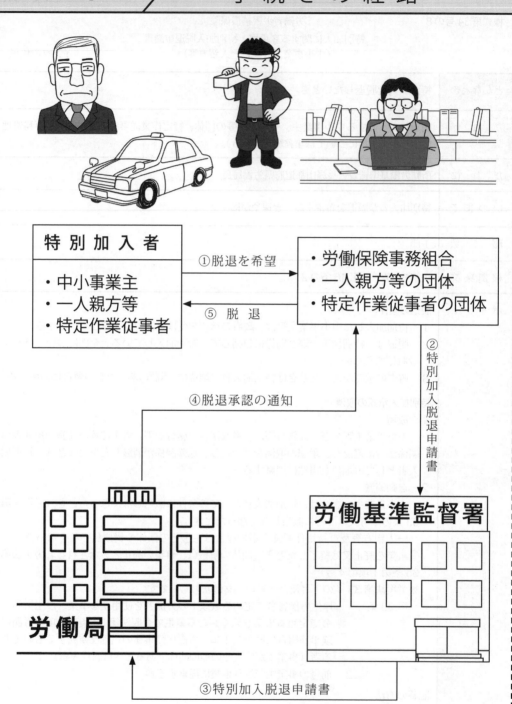

様式第34号の8 ／ 手 続 き の 経 路

特 別 加 入 者
・中小事業主
・一人親方等
・特定作業従事者

①脱退を希望 →

⑤ 脱 退 ←

・労働保険事務組合
・一人親方等の団体
・特定作業従事者の団体

②特別加入脱退申請書

④脱退承認の通知

労働基準監督署

労 働 局

③特別加入脱退申請書

※脱退申請の承認日は、労働基準監督署に申請書を提出した日から30日の範囲内で特別加入の脱退を申請した方が希望した日となっており、特別加入者の地位は承認日の翌日に消滅します。

240

■ 様式第34号の8（表面）

労働者災害補償保険　特別加入に関する変更届
特別加入脱退申請書（中小事業主等及び一人親方等）

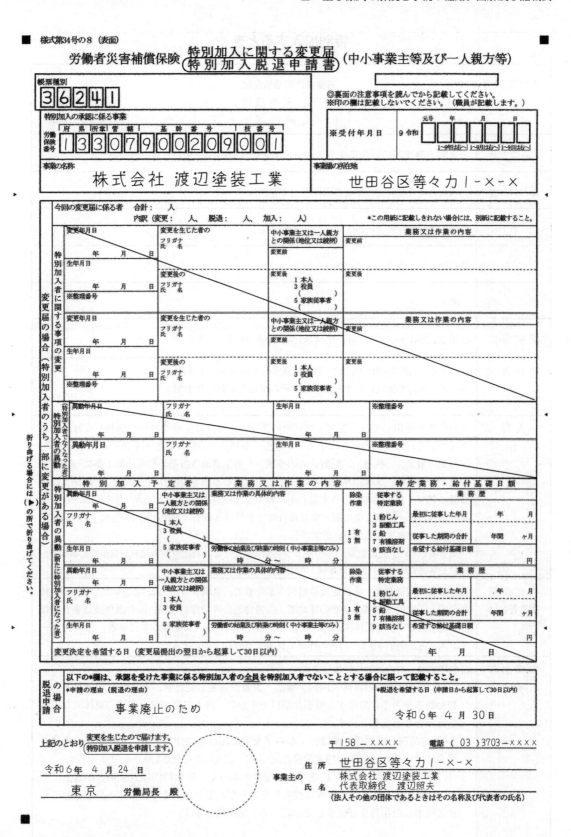

帳票種別
3 6 2 4 1

◎裏面の注意事項を読んでから記載してください。
※印の欄は記載しないでください。（職員が記載します。）

特別加入の承認に係る事業
労働保険番号
府県 1 3 所掌 3 管轄 0 7 基幹番号 9 0 0 2 0 9 0 0 枝番号 1

※受付年月日　9 令和　元号　年　月　日

事業の名称　株式会社 渡辺塗装工業

事業場の所在地　世田谷区等々力1-×-×

今回の変更届に係る者　合計： 人
内訳（変更： 人、脱退： 人、加入： 人）　　*この用紙に記載しきれない場合には、別紙に記載すること。

変更届の場合（特別加入者のうち一部に変更がある場合）

特別加入者に関する事項の変更	変更年月日 年 月 日	変更を生じた者の フリガナ 氏名	中小事業主又は一人親方との関係（地位又は続柄）変更前	業務又は作業の内容 変更前
	生年月日 年 月 日 ※整理番号	変更後の フリガナ 氏名	変更後 1 本人 3 役員 ( ) 5 家族従事者	変更後
	変更年月日 年 月 日	変更を生じた者の フリガナ 氏名	中小事業主又は一人親方との関係（地位又は続柄）変更前	業務又は作業の内容 変更前
	生年月日 年 月 日 ※整理番号	変更後の フリガナ 氏名	変更後 1 本人 3 役員 ( ) 5 家族従事者	変更後

| 特別加入者の異動（特別加入者でなくなった者） | 異動年月日 年 月 日 | フリガナ 氏名 | 生年月日 年 月 日 | ※整理番号 |
| | 異動年月日 年 月 日 | フリガナ 氏名 | 生年月日 年 月 日 | ※整理番号 |

特別加入者の異動（新たに特別加入者になった者）	特別加入予定者		業務又は作業の内容		特定業務・給付基礎日額	
	異動年月日 年 月 日	中小事業主又は一人親方との関係（地位又は続柄） 1 本人 3 役員 ( ) 5 家族従事者	業務又は作業の具体的内容	除染作業 1 有 3 無	従事する特定業務 1 粉じん 3 振動工具 5 鉛 7 有機溶剤 9 該当なし	業務歴 最初に従事した年月 年 月
	フリガナ 氏名 生年月日 年 月 日		労働者の始業及び終業の時刻（中小事業主等のみ） 時 分～ 時 分			従事した期間の合計 年間 ヶ月 希望する給付基礎日額 円
	異動年月日 年 月 日	中小事業主又は一人親方との関係（地位又は続柄） 1 本人 3 役員 ( ) 5 家族従事者	業務又は作業の具体的内容	除染作業 1 有 3 無	従事する特定業務 1 粉じん 3 振動工具 5 鉛 7 有機溶剤 9 該当なし	業務歴 最初に従事した年月 年 月
	フリガナ 氏名 生年月日 年 月 日		労働者の始業及び終業の時刻（中小事業主等のみ） 時 分～ 時 分			従事した期間の合計 年間 ヶ月 希望する給付基礎日額 円

変更決定を希望する日（変更届提出の翌日から起算して30日以内）　　年 月 日

折り曲げる場合には（▶）の所で折り曲げてください。

脱退申請の場合　以下の*欄は、承認を受けた事業に係る特別加入者の全員を特別加入者でないこととする場合に限って記載すること。

*申請の理由（脱退の理由）　　事業廃止のため

*脱退を希望する日（申請日から起算して30日以内）　　令和6年 4月 30日

上記のとおり 変更を生じたので届けます。
特別加入脱退を申請します。

令和6年 4月 24日

東京　労働局長 殿

〒158-××××　電話（ 03 ）3703-××××

住所　世田谷区等々力1-×-×

事業主の氏名　株式会社 渡辺塗装工業
代表取締役 渡辺照夫

（法人その他の団体であるときはその名称及び代表者の氏名）

特別加入するとき

様式第 34 号の 10	労働者災害補償保険 特 別 加 入 申 請 書 （ 一 人 親 方 等 ）　　　　　インクの色黒
どんなとき	一人親方等及び特定作業従事者が特別加入の承認申請をするとき。
だ れ が	一人親方等及び特定作業従事者が所属する団体
だ れ に	所轄労働基準監督署長経由都道府県労働局長
いつまで	特別加入をしようとするとき
部　　数	1 部
根 拠 条 文	法第 33 条第 3 号〜第 5 号、法第 35 条、則第 46 条の 23
添 付 書 類	ⓐ　定款、規約等団体の目的、組織、運営等を明らかにする書類 ⓑ　業務災害の防止に関する措置及びその事項を記載した書類
一 人 親 方 等 と は	①自動車を使用して行う旅客又は貨物の運送の事業又は原動機付自転車若しくは自転車を使用して行う貨物の運送の事業、②建設の事業、③漁船による水産動植物採捕の事業、④林業の事業、⑤医薬品の配置販売の事業、⑥再生資源取扱業⑦船員法第 1 条に規定する船員が行う事業、⑧柔道整復師法第 2 条に規定する柔道整復師が行う事業、⑨創業支援等措置に基づく高年齢者が行う事業⑩あん摩マツサージ指圧師、はり師、きゆう師が行う事業⑪歯科技工士法第 2 条に規定する歯科技工士が行う事業（労災則第 46 条の 17 の事業及び作業）に従事する者をいいます。 　※令和 6 年に上記に加え、「フリーランス法に規定する、特定受託事業者が業務委託事業者から業務委託を受けて行う事業」が追加される予定です。
特 定 作 業 従事者とは	①特定農作業従事者、②指定農業機械作業従事者、③国又は地方公共団体が実施する訓練従事者、④家内労働者及びその補助者、⑤労働組合等の常勤役員、⑥介護作業従事者及び家事支援従事者、⑦芸能関係作業従事者、⑧アニメーション制作作業従事者、⑨ IT フリーランス（労災則第 46 条の 18 の作業に従事する者）をいいます。
作 成 上 の ポ イ ン ト	この様式は、次のとおり記載します。 1　「業務又は作業の具体的内容」欄は、災害が発生したとき、それが労災事故として扱われるか否かに関係する重要な項目ですから、各人の業務又は作業の具体的な内容をはっきりと記載します。 2　「特定業務との関係」欄は、1 から 7 までに掲げる特定業務のいずれかに該当する場合には、その該当する特定業務の記号を○で囲んでください。 3　「業務歴」欄は、前記 2 に該当する場合であって、当該特別加入予定者が過去において、その該当する特定業務に従事したことがあるとき、その該当する特定業務に最初に従事した年月及び従事した期間の合計を記載します。

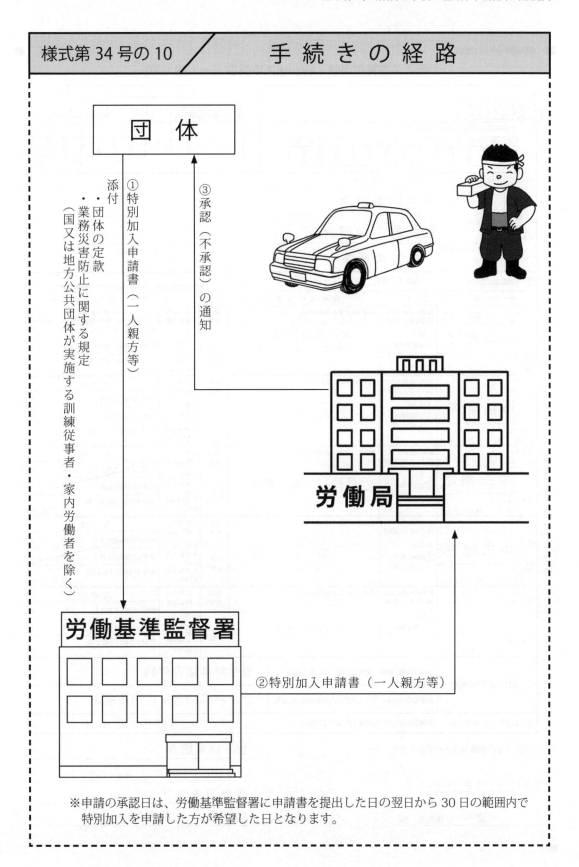

様式第34号の10 ／ 手 続 き の 経 路

団 体

① 特別加入申請書（一人親方等）

添付
・団体の定款
・業務災害防止に関する規定
（国又は地方公共団体が実施する訓練従事者・家内労働者を除く）

③ 承認（不承認）の通知

労働局

労働基準監督署

② 特別加入申請書（一人親方等）

※申請の承認日は、労働基準監督署に申請書を提出した日の翌日から30日の範囲内で特別加入を申請した方が希望した日となります。

労働者災害補償保険　特別加入申請書（一人親方等）

帳票種別	
3 6 2 2 1	

◎裏面の注意事項を読んでから記載してください。
※印の欄は記載しないでください。（職員が記載します。）

① 申請に係る事業の労働保険番号

府県	所掌	管轄	基幹番号	枝番号

※受付年月日　9令和　元号　年　月　日
1~9月は右へ　1~9月は右へ　1~9月は右へ

② 特別加入団体

名称（フリガナ）	イワテリンギョウクミアイ
名称（漢字）	岩手林業組合
代表者の氏名	組合長　中田光浩
事業又は作業の種類	林業の事業　　　　　　※特定業種区分

③ 特別加入予定者　　　加入予定者数　計 35 名

*この用紙に記載しきれない場合には、別紙に記載すること。

特別加入予定者	法第33条第3号に掲げる者との関係	業務又は作業の内容	除染作業	従事する特定業務	特定業務・給付基礎日額 業務歴	
フリガナ ナカタミツヒロ 氏名 中田光浩 生年月日 昭和52年 5月 7日	①本人 5 家族従事者 （　　　　）	業務又は作業の具体的内容 木の伐採搬出 （チェーンソー）	1 有 3 無	1 粉じん ③ 振動工具 5 鉛 7 有機溶剤 9 該当なし	最初に従事した年月　平成○年 4 月 従事した期間の合計　27 年間 1 ヶ月 希望する給付基礎日額	14,000 円
フリガナ ナカタジュンペイ 氏名 中田順平 生年月日 平成13年 7月 8日	1 本人 ⑤家族従事者 （1 の長男）	業務又は作業の具体的内容 同　上	1 有 3 無	1 粉じん 3 振動工具 5 鉛 7 有機溶剤 9 該当なし	最初に従事した年月　　年 月 従事した期間の合計　　年間 ヶ月 希望する給付基礎日額	12,000 円
フリガナ ナカタノリユキ 氏名 中田則之 生年月日 平成14年 4月 13日	1 本人 ⑤家族従事者 （1 の次男）	業務又は作業の具体的内容 伐採した木の搬出	1 有 3 無	1 粉じん 3 振動工具 5 鉛 7 有機溶剤 9 該当なし	最初に従事した年月　　年 月 従事した期間の合計　　年間 ヶ月 希望する給付基礎日額	9,000 円
フリガナ ナカタジュンゾウ 氏名 中田淳三 生年月日 平成15年 9月 10日	1 本人 ⑤家族従事者 （1 の三男）	業務又は作業の具体的内容 同　上	1 有 3 無	1 粉じん 3 振動工具 5 鉛 7 有機溶剤 9 該当なし	最初に従事した年月　　年 月 従事した期間の合計　　年間 ヶ月 希望する給付基礎日額	9,000 円
フリガナ 氏名 生年月日 年 月 日	1 本人 5 家族従事者 （　　　　）	業務又は作業の具体的内容 〈以下略〉	1 有 3 無	1 粉じん 3 振動工具 5 鉛 7 有機溶剤 9 該当なし	最初に従事した年月　　年 月 従事した期間の合計　　年間 ヶ月 希望する給付基礎日額	円

折り曲げる場合には（▶）の所で折り曲げてください。

④ 添付する書類の名称	団体の目的、組織、運営等を明らかにする書類	岩手林業組合規約
	業務災害の防止に関する措置の内容を記載した書類	岩手林業組合災害防止規定

⑤ 特別加入を希望する日（申請日の翌日から起算して30日以内）　　令和 6 年 5 月 1 日

上記のとおり特別加入の申請をします。

令和 6 年 4 月 24 日

岩手 労働局長　殿

団体の	名称	岩手林業組合
	主たる事務所の所在地	〒020-0011　電話（0196）25-xxxx 盛岡市本丸 3-×
	代表者の氏名	組合長　中田光浩

特別加入するとき

様式第 34 号の 11	労働者災害補償保険 特 別 加 入 申 請 書 （海外派遣者）	インクの色黒

どんなとき	1　独立行政法人国際協力機構等開発途上地域に対する技術協力の実施の事業（継続事業に限る）を行う団体から派遣されて、開発途上地域で行われている事業に労働者を派遣するとき。 2　日本国内で行われる事業（継続事業に限る）から、海外支店、工場、現場、現地法人、海外の提携先企業等、海外の事業に従事する労働者を派遣するとき。 3　日本国内で行われる事業（継続事業に限る）から、海外支店、工場、現場、現地法人、海外の提携先企業等海外で行われる 300 人（金融業、保険業、不動産業又は小売業にあっては 50 人、卸売業又はサービス業にあっては 100 人）以下の労働者を使用する事業に従事する事業主等（法人の場合にはその代表者）、その他労働者以外の者を派遣するとき。
だ れ が	派遣元の事業主又は団体
だ れ に	所轄労働基準監督署長経由都道府県労働局長
い つ ま で	特別加入をするとき
部　　　数	1 部
根 拠 条 文	法第 33 条第 6 号、第 7 号、法第 36 条、則第 46 条の 25 の 2
ポイント	申請書 　②欄の「団体の名称又は事業主の氏名」はこの申請手続きを行う派遣元の団体又は事業主。 　③欄の「申請に係る事業」は、その派遣手続を行う派遣元の団体又は事業主が、日本国内で行う事業であって、派遣先の事業ではありません。 　「事業の種類」欄には、労働保険率適用事業細目表における事業の種類を記載する。 　④欄の「特別加入予定者数」は、同申請書及び別紙に登録されている人の数と同数であること。 　「業務の内容」欄には、従事する業務・作業の内容、身分（地位、役職名）、派遣予定期間等について記載する。 　事業の代表者等として海外に派遣される方は労働者として派遣される方とは異なり、特別加入申請書に派遣先の事業の種類及び当該事業における労働者数及び労働者の所定労働時間を記載することが必要です。 　また、申請書には派遣先の事業の規模等を把握するための資料（派遣先事業に係る労働者名簿の写し又は派遣先の事業案内等）を添付する必要があります。 　派遣元事業主が労働保険事務組合に事務処理を委託しているときは、申請書の下部余白に、事務組合の名称、所在地並びに代表者の氏名を記入し、その事務組合を経由して申請すること。

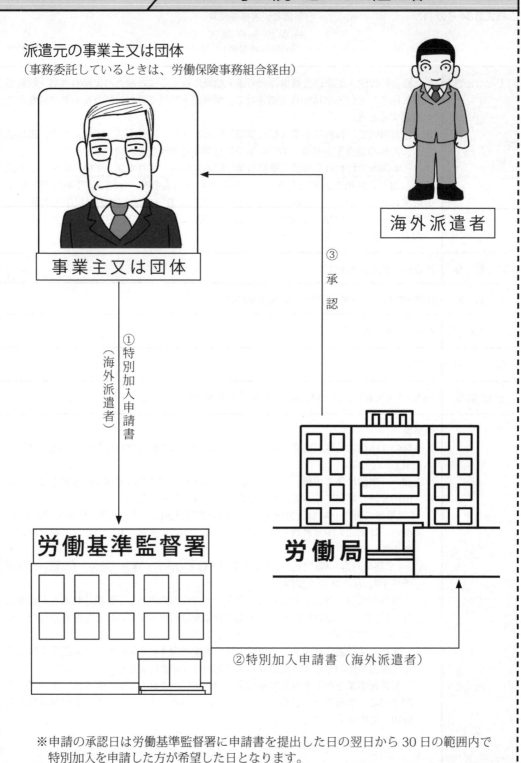

派遣元の事業主又は団体
（事務委託しているときは、労働保険事務組合経由）

事業主又は団体

海外派遣者

① 特別加入申請書（海外派遣者）

③ 承認

労働基準監督署

労働局

② 特別加入申請書（海外派遣者）

※申請の承認日は労働基準監督署に申請書を提出した日の翌日から30日の範囲内で特別加入を申請した方が希望した日となります。

246

■ 様式第34号の11（表面）

労働者災害補償保険　特別加入申請書（海外派遣者）

帳票種別	
3 6 2 3 1	

◎裏面の注意事項を読んでから記載してください。
※印の欄は記載しないでください。（職員が記載します。）

① ※第３種特別加入に係る労働保険番号

府県	所掌	管轄	基幹番号	枝番号

※受付年月日	9 令和	元号	年	月	日

1～9月は右へ　1～9月は右へ　1～9月は右へ

② 団体の名称又は事業主の氏名（事業主が法人その他の団体であるときはその名称）

大同電機株式会社

③ 申請に係る事業

労働保険番号

府県	所掌	管轄	基幹番号	枝番号
1 3	1	0 4	0 0 6 1 2 8	

名称（フリガナ）　ダイドウデンキ　カブシキガイシャ

名称（漢字）　大同電機株式会社

事業場の所在地　港区赤坂８-×-６

事業の種類　電気機械器具製造業

④ 特別加入予定者　　加入予定者数　計 ２ 名

*この用紙に記載しきれない場合には、別紙に記載すること。

特別加入予定者	派遣先		派遣先の事業において従事する業務の内容（業務内容、地位・役職名労働者の人数及び就業時間など）	希望する給付基礎日額
フリガナ 氏名 サトウノブオ 佐藤信男	事業の名称 大同電機株式会社	派遣先国 ニューヨーク工場	電子部品の研究開発研究員	
生年月日 平成7年 1月 5日	事業場の所在地 391 SUN STREET NEWYORK U・S・A		（9：00 ～ 17：00）	12,000 円
フリガナ 氏名 タグチジロウ 田口二郎	事業の名称 同上	派遣先国 同上	同上	
生年月日 平成7年 11月 22日	事業場の所在地 同上			12,000 円
フリガナ 氏名	事業の名称	派遣先国		
生年月日 年 月 日	事業場の所在地			円
フリガナ 氏名	事業の名称	派遣先国		
生年月日 年 月 日	事業場の所在地			円

⑤ 特別加入を希望する日（申請日の翌日から起算して30日以内）　　令和 6年 4月 15日

上記のとおり特別加入の申請をします。

〒 107-0052　　電話（03 ）5961-××××

令和 6年 4月 8日

東京 労働局長 殿

団体又は事業主の住所　港区赤坂８-×-６

団体の名称又は事業主の氏名　大同電機株式会社　代表取締役　岩戸明

（法人その他の団体であるときはその名称及び代表者の氏名）

折り曲げる場合には（▶）の所で折り曲げてください。

特別加入に変更事項があるとき（海外派遣者）

様式第34号の12		労働者災害補償保険
	特別加入に関する変更届・特別加入脱退申請書	
	（ 海 外 派 遣 者 ）	インクの色黒

どんなとき	既に承認されている事項について変更が生じたとき。
だ れ が	派遣元の事業主又は団体
だ れ に	所轄労働基準監督署長経由都道府県労働局長
い つ ま で	変更事項が生じたとき、遅滞なく
部 数	1部
根 拠 条 文	則第46条の25の2

特別加入に関する変更届について

　特別加入の承認は、当初提出された申請書及び申請書別紙の名簿に記載されている事項についてのみ有効ですので、特別加入者に関して、次に掲げるような内容変更があった場合には、遅滞なく「特別加入に関する変更届・特別加入脱退申請書」（海外派遣者用）（様式第34号の12）（以下「変更届」といいます）を所轄の労働基準監督署長を経由して都道府県労働局長に提出しなければなりません。

　　①派遣された方が結婚等により氏名を変更した場合

　　②派遣された方の勤務する派遣先事業場の名称や所在地が変わった場合

　　③派遣された方の行う業務の内容、地位等に変更が生じた場合

　　④派遣先の国が変わった場合

　　⑤派遣期間が変更になった場合

　　⑥その他特別加入者に関する事項に変更があった場合

　　⑦新たに海外派遣者となった方を追加して特別加入をさせようとする場合

　　⑧帰国等派遣先の事業に従事しなくなり、特別加入者の資格を失った場合

　この変更届が提出されないと海外で被災した場合に保険給付が受けられないような場合も生じますので十分な注意をしてください。

記載の方法

　「特別加入に関する変更届」及び「変更を生じたので届けます」を○で囲んで下さい。

III 主な様式の解説と手続の経路、図解及び記載例

| 様式第 34 号の 12 | 手 続 き の 経 路 |

派遣元の事業主又は団体
（事務委託しているときは、労働保険事務組合経由）

海外派遣者

事業主

① 特別加入に関する変更届
（海外派遣者）

③ 承認（不承認）の通知

（新たに特別加入を申請した方について の加入承認（不承認）等に ついて通知が行われます。）

労働基準監督署

労働局

② 特別加入に関する変更届（海外派遣者）

※変更届の承認内容変更決定は、労働基準監督署に変更届を提出した日の翌日から 30 日の
　範囲内で希望した日となります。

労働者災害補償保険　特別加入に関する変更届　特別加入脱退申請書（海外派遣者）

帳票種別
3 6 2 4 3

特別加入の承認に係る事業

労働保険番号	府県	所掌	管轄	基幹番号	枝番号
	1 3	1	0 4	0 0 6 1 2 8 3	0 1

◎裏面の注意事項を読んでから記載してください。
※印の欄は記載しないでください。（職員が記載します。）

※受付年月日	9 令和	元号	年	月	日

事業の名称	事業場の所在地
大同電機株式会社	港区赤坂8-×-6

今回の変更届に係る者　合計：1 人
　内訳（変更：0人、脱退；0人、加入；1人）　*この用紙に記載しきれない場合には、別紙に記載すること。

変更届の場合（特別加入者のうち一部に変更がある場合）

特別加入者に関する事項の変更

変更年月日	変更を生じた者の フリガナ 氏名	派遣先の事業の名称及び事業場の所在地 変更前	派遣先の事業において従事する業務の内容 変更前
年 月 日 生年月日 年 月 日 ※整理番号	変更後の フリガナ 氏名	変更後	変更後
変更年月日 年 月 日 生年月日 年 月 日 ※整理番号	変更を生じた者の フリガナ 氏名 変更後の フリガナ 氏名	派遣先の事業の名称及び事業場の所在地 変更前 変更後	派遣先の事業において従事する業務の内容 変更前 変更後

特別加入者の異動（なくなった者で特別加入者で）

異動年月日 年 月 日	フリガナ 氏名	生年月日 年 月 日	※整理番号
異動年月日 年 月 日	フリガナ 氏名	生年月日 年 月 日	※整理番号

特別加入者の異動（新たに特別加入者になった者）

特別加入予定者	派遣先		派遣先の事業において従事する業務の内容（業務内容、地位・役職名、労働者の人数及び就業時間など）	希望する給付基礎日額
異動年月日 令和6年5月15日 フリガナ ハセガワ タロウ 氏名 長谷川太郎 生年月日 平成10年5月5日	事業の名称 大同電機㈱ 事業場の所在地 391 SUN STREET NEWYORK U・S・A	派遣先国 ニューヨーク工場	電子部品の研究開発研究員 （9：00～17：00）	円
異動年月日 年 月 日 フリガナ 氏名 生年月日 年 月 日	事業の名称 事業場の所在地	派遣先国		円
異動年月日 年 月 日 フリガナ 氏名 生年月日 年 月 日	事業の名称 事業場の所在地	派遣先国		円

変更決定を希望する日（変更届提出の翌日から起算して30日以内）	令和6年5月15日

脱退申請の場合

以下の*欄は、承認を受けた事業に係る特別加入者の全員を特別加入者でないこととする場合に限って記載すること。

*申請の理由（脱退の理由）	*脱退を希望する日（申請日から起算して30日以内） 年 月 日

上記のとおり　変更を生じたので届けます。　特別加入脱退を申請します。

令和6年5月8日

東京　労働局長　殿

〒107-0052　　電話（03）5961-××××
団体又は事業主の住所　港区赤坂8-×-6
団体の名称又は事業主の氏名　大同電機株式会社　代表取締役　岩戸明
（法人その他の団体であるときはその名称及び代表者の氏名）

特別加入をやめるとき

様式第 34 号の 12	労働者災害補償保険 特別加入に関する変更届・特別加入脱退申請書 （海 外 派 遣 者）　　　　　　インクの色黒
どんなとき	特別加入を脱退したいとき。
だ れ が	脱退しようとする海外派遣者の派遣元の事業主又は団体
だ れ に	所轄労働基準監督署長経由都道府県労働局長
い つ ま で	特別加入者が脱退を希望するとき速やかに
部　　数	3 通（事務組合加入事業所の場合は 4 通）
根 拠 条 文	法第 36 条、則第 46 条の 25 の 3
ポ イ ン ト	**脱退の条件** 1　特別加入した海外派遣者の派遣元の事業主は、政府の承認を受ければ脱退することができる。 2　脱退は、特別加入の際と同様に包括して、特別加入している者全部について行わなければならない。 2　脱退の承認があったときは、特別加入者の地位は、承認のあった日の翌日に消滅する。 **特別加入承認の取消及び自動消滅** 1　取消 　　海外派遣者の派遣元の事業主や団体が、徴収法、同施行規則、労災法及び同施行規則等の関係法令に違反し、承認の取消を受けたり、保険関係が消滅した場合などは、特別加入者としての地位も当然に消滅する。 2　自動消滅 　　海外派遣者の場合は、①事業を廃止又は終了したとき。②海外派遣者が、海外派遣期間の終了により国内に帰国した場合。 **記載の方法** 　「特別加入脱退申請書」及び「特別加入脱退の申請をします」を○で囲んで下さい。

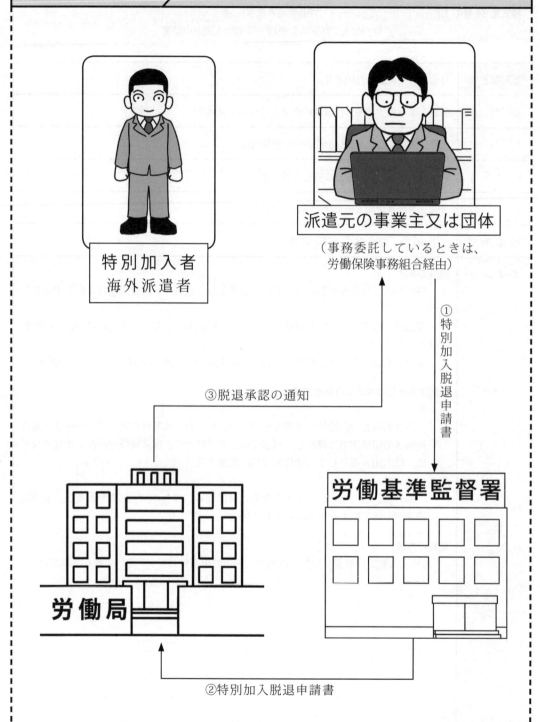

様式第 34 号の 12　　手続きの経路

特別加入者
海外派遣者

派遣元の事業主又は団体
（事務委託しているときは、
労働保険事務組合経由）

① 特別加入脱退申請書

③脱退承認の通知

労働基準監督署

労働局

②特別加入脱退申請書

※脱退申請の承認日は、労働基準監督署に申請書を提出した日から 30 日の範囲内で特別
加入の脱退を希望した日となっており、特別加入者の地位は承認日の翌日に消滅します。

252

様式第34号の12（表面）

労働者災害補償保険　**特別加入に関する変更届**
　　　　　　　　　　特別加入脱退申請書（海外派遣者）

帳票種別
3 6 2 4 3

◎裏面の注意事項を読んでから記載してください。
※印の欄は記載しないでください。（職員が記載します。）

特別加入の承認に係る事業

労働保険番号
府県	所掌	管轄	基幹番号	枝番号
1 3	1	0 4	0 0 6 1 2 8 3	0 1

※受付年月日	9 令和	元号	年	月	日

事業の名称　　大同電機株式会社

事業場の所在地　　港区赤坂8-×-6

今回の変更届に係る者 合計：　　人
　内訳（変更：　人、脱退：　人、加入：　人）　　　　　*この用紙に記載しきれない場合には、別紙に記載すること。

変更届の場合

特別加入者に関する事項の変更

変更年月日	変更を生じた者の フリガナ 氏名	派遣先の事業の名称及び事業場の所在地 変更前	派遣先の事業において従事する業務の内容 変更前
年　月　日 生年月日　年　月　日 ※整理番号	変更後の フリガナ 氏名	変更後	変更後
変更年月日　年　月　日 生年月日　年　月　日 ※整理番号	変更を生じた者の フリガナ 氏名 変更後の フリガナ 氏名	派遣先の事業の名称及び事業場の所在地 変更前 変更後	派遣先の事業において従事する業務の内容 変更前 変更後

特別加入者の異動（特別加入者でなくなった者）

異動年月日	フリガナ 氏名	生年月日	※整理番号
年　月　日		年　月　日	
異動年月日　年　月　日	フリガナ 氏名	生年月日　年　月　日	※整理番号

特別加入者のうち一部に変更がある場合（特別加入者の異動 新たに特別加入者になった者）

特別加入予定者	派遣先		派遣先の事業において従事する業務の内容 （業務内容、地位・役職名、労働者の人数及び就業時間など）	希望する 給付基礎日額
異動年月日　年　月　日 フリガナ 氏名 生年月日　年　月　日	事業の名称 事業場の所在地	派遣先国		円
異動年月日　年　月　日 フリガナ 氏名 生年月日　年　月　日	事業の名称 事業場の所在地	派遣先国		円
異動年月日　年　月　日 フリガナ 氏名 生年月日　年　月　日	事業の名称 事業場の所在地	派遣先国		円

変更決定を希望する日（変更届提出の翌日から起算して30日以内）　　　　　年　月　日

脱退申請の場合

*以下の*欄は、承認を受けた事業に係る特別加入者の全員を特別加入者でないこととする場合に限って記載すること。

*申請の理由（脱退の理由）	*脱退を希望する日（申請日から起算して30日以内）
海外での事業が終了し特別加入者全員が帰国し当分の間 海外の事業へ派遣する予定がないため	令和6年　3月　31日

上記のとおり　変更を生じたので届けます。
　　　　　　　特別加入脱退を申請します。

令和6年　3月　25日

東京　労働局長　殿

〒107-0052　　　電話（03）5961-××××
団体又は事業主の住所　　港区赤坂8-×-6
団体の名称又は事業主の氏名　　大同電機株式会社　代表取締役　岩戸明
（法人その他の団体であるときはその名称及び代表者の氏名）

折り曲げる場合には（▶）の所で折り曲げてください。

	労働者災害補償保険法適用事業場検査証	
どんなとき	行政庁が、立ち入り、質問、検査を行う場合	
だ れ が	当該職員	
だ れ に	この法律の適用を受ける事業の行われる場所又は労働保険事務組合若しくは労働者災害補償保険法第35条第1項に規定する団体	
注 意 点	立ち入り、質問又は検査を行う場合は、当該職員は身分を証明する証票を携帯しなければなりません。	
根 拠 条 文	法第48条	

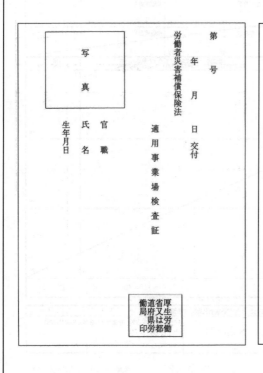

労働者災害補償保険法（抄）

第四十八条　行政庁は、この法律の施行に必要な限度において、当該職員に、適用事業の事業場、労働保険事務組合若しくは第三十五条に規定する団体の事務所、労働者派遣法第四十四条第一項に規定する派遣先の事業の事業場又は船員派遣の役務の提供を受ける者の事業場に立ち入り、関係者に質問させ、又は帳簿書類その他の物件を検査させることができる。

254

労働者災害補償保険法診療録検査証

どんなとき	行政庁が、診療に関する事項について、報告若しくは診療録、帳簿書類その他の物件の提出を命じ、又はこれらの物件の検査を行う場合
だ れ が	当該職員
だ れ に	診療を担当した医師その他の者
注 意 点	診療に関する事項について、報告若しくは診療録、帳簿書類その他の物件の提示を命じ、又はこれらの物件の検査を行う場合は、当該職員は、この証票を携帯する。
根 拠 条 文	法第49条

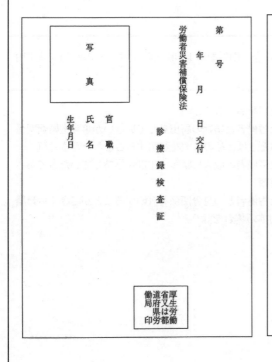

労働者災害補償保険法（抄）

第四十九条　行政庁は、保険給付に関して必要があると認めるときは、厚生労働省令で定めるところによつて、保険給付を受け、又は受けようとする者（遺族補償年金、複数事業労働者遺族年金又は遺族年金の額の算定の基礎となる者を含む）の診療を担当した医師その他の者に対して、その行つた診療に関する事項について、報告若しくは診療録、帳簿書類その他の物件の提示を命じ、又は当該職員に、これらの物件を検査させることができる。

労働者が死亡したとき

様式第37号の2	労働者災害補償保険

	障　害　補　償　年　金	
	複数事業労働者障害年金	⎱ 差額一時金支給請求書
	障　害　　　年　金	
	障　害　特　別　年　金　差額一時金支給申請書	インクの色黒

どんなとき	障害補償年金又は障害年金の受給権者が死亡した場合、支給済の年金の合計額が一定の額に満たないときに受給権者の遺族がその差額を請求するとき。
だ　れ　が	受給権者
だ　れ　に	所轄労働基準監督署長
い　つ　ま　で	年金の受給権者の死亡の翌日から5年以内に
部　　　数	1部
根　拠　条　文	法附則第58条、第60条の2、第61条、則附則第18項〜第23項、35項、特支金則附則第6項〜第9項
添　付　書　類	この請求書（申請書）には、次の書類を添えること。 (1) 請求人（申請人）が死亡した労働者と婚姻の届出をしていないが事実上婚姻関係と同様の事情にあった者であるときは、その事実を証明することができる書類。 (2) 請求人（申請人）が死亡した労働者の収入によって生計を維持していた者であるときは、その事実を証明する書類 (3) 請求人（申請人）と死亡した労働者との身分関係を証明することができる戸籍謄本又は抄本（(1)の書類を添付する場合を除く）

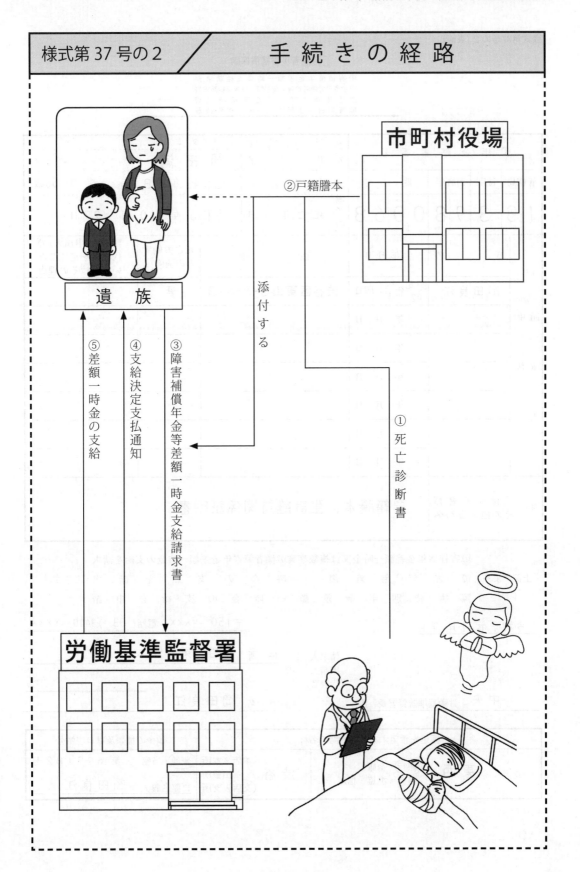

様式第37号の2　／　手 続 き の 経 路

市町村役場

②戸籍謄本

遺　族

添付する

⑤差額一時金の支給

④支給決定支払通知

③障害補償年金等差額一時金支給請求書

①死亡診断書

労働基準監督署

労働者災害補償保険

障害補償年金差額一時金支給請求書
複数事業労働者障害年金差額一時金支給請求書
障害年金差額一時金支給請求書
障害特別年金差額一時金支給申請書

① 年金証書番号				② 死亡労働者の	フリガナ	オカダ ミツル	
					氏 名	岡田 満 （男・女）	
管轄局	種別	西暦年	番 号		生 年 月 日	昭和43年 8 月 6 日（56歳）	
1 3	3	9 8	0 0 6 8		死 亡 年 月 日	令和6年 10 月 27 日	

	氏 名	生年月日	住 所	死亡労働者との関係	請求人（申請人）の代表者を選任しないときはその理由
③請求人申請人	岡田 良江	昭和42年2月19日	渋谷区東山 5-x-x-3	妻	
		年 月 日			
		年 月 日			
		年 月 日			
		年 月 日			
		年 月 日			
		年 月 日			

④	添付する書類その他の資料名	戸籍謄本、生計維持関係証明書

障害補償年金差額一時金又は複数事業労働者障害年金差額一時金の支給を請求

上記により　障 害 年 金 差 額 一 時 金 の 支 給 を 請 求 します。
　　　　　　障 害 特 別 年 金 差 額 一 時 金 の 支 給 を 申 請

令和7年 1 月 7 日　　　　　　　　　　　　〒150 —xxxx　電話（ 03 ）3440—xxxx

　　　　　　　　　　　　請求人　　　住 所　渋谷区東山 5-x-x-3
　　　　　　　　　　　　申請人　の
　　　　　　　　　　　　（代表者）　　　　　　　　　　　　　　　　　　　　　方
　　中央　労働基準監督署長　殿　　　　氏 名　岡田 良江

振込を希望する金融機関の名称			預金の種類及び口座番号	
東西	銀行・金庫農協・漁協・信組	渋谷　本店・本所出張所支店・支所	普通・当座　第 6 9 7 1 8 2 号	
			口座名義人　岡田 良江	

様式第 37 号の 3	労働者災害補償保険 事業主責任災害損害賠償受領届　　　　　　　　　インクの色黒
どんなとき	労働者又はその遺族が、労働災害について事業主から損害賠償を受けることができる場合であって、同時に労災保険給付の支給要件を満たしているときに、同一の事由について損害賠償を受けたとき。
だ れ が	当該労働者又はその遺族
だ れ に	所轄労働基準監督署長
いつまで	損害賠償を受けたとき遅滞なく
部　　数	1　部
根 拠 条 文	法附則第 64 条、則附則第 54 項、第 55 項、第 56 項
注　　意	記載上の注意は様式の裏面にあります。

被災労働者

中小事業主

①損害賠償を行う

②受領届に証明

遺族

③事業主責任災害

損害賠償受領届

労働基準監督署

様式第37号の3

労働者災害補償保険

事業主責任災害損害賠償受領届

6 年 4 月 15 日

（郵便番号 150 － 0000 ）

中央 労働基準監督署長　殿

住所　渋谷区南参道2-×

電話　　360　局××××番

損害賠償受領者の　氏名　三浦由起子

被災労働者との関係〔本人、その他（　妻　）〕

下記のとおり届けます。

① 被災労働者の	フリガナ	ミウラナオフミ		災 害 発 生 日 時	
	氏　　名	三浦尚文　（男・女）		6 年 2 月 2 日午前後 10 時 00分頃	
	生年月日	昭和54 年 12 月 2 日(災害発生時年齢44歳)		災 害 発 生 場 所	
	住　　所	渋谷区南参道2-×		株式会社大東商事構内	

② 被災労働者の所属する	事業場の労働保険番号	府 県 13 / 所掌 1 / 管 轄 01 / 基 000 / 幹 111 / 番 号 1 / 枝 番 号
	事業場の事業の名称	株式会社　大東商事
	事業場の所在地	千代田区大手町1-×-1　郵便番号(100 ─××××)
	事業場の事業主の氏名 [法人その他の団体であるときはその名称及び代表者の氏名]	株式会社　大東商事 代表取締役　渡辺一輝

③ 既に保険給付の種類等支給決定を受けている	種　　　類	支給決定年月日	年 金 証 書 の 番 号					給付基礎日額
			管轄局	種別	西暦年	番号	枝番号	
	遺族補償年金	6 年 3 月 8 日	13	5	88	0001	02	5,600 円
	葬祭料	年 月 日						円
		年 月 日						円
		年 月 日						円
	障害補償給付又は障害給付の場合　　障害等級　　　級							
	傷病補償年金又は傷病年金の場合　　傷病等級　　　級							

④損害賠償の内容	ロ 損害賠償の受領状況	(イ) 損害賠償の内訳が明らかな場合	㋑ 逸失利益	イ 損害賠償の形態	判決・和解・示談・その他（ 　　　　　　　　　　　　　　　　）			

イ 損 害 賠 償 の 形 態 　判決・和解・示談・その他（ 　　　　　　　　　　　　　　　　）

			ⓐ 逸 失 利 益 額	ⓑ 受 領 額	ⓒ 算定基礎期間	ⓓ 備　　　　　　　考
④ 損 害 賠 償 の 内 容	ロ 損 害 賠 償 の 受 領 状 況	(イ) 損害賠償の内訳が明らかな場合 / ㋑ 逸失利益	21,183,198円	ⅰ受 領 済 額 15,583,198円 ⅱ受領予定額 　　　　　　　円	6 年 2月 2日 〜 29 年 2月 1日	ⅰ 厚生年金等公的年金の併給の有無・給付の種類 （有・⑯） （ 　　　　　　　　　　　） ⅱ その他参考となる事項

	ⓐ 受 領 額	ⓑ 算定基礎期間	ⓒ 備　　　　　　　考
㋺ 療養費	ⅰ受 領 済 額 　　　　　　　円 ⅱ受領予定額 　　　　　　　円	年 月 日 〜 年 月 日	

	ⓐ 受 領 額	ⓑ 備　　　　　　　考
㋩ 葬祭費用	ⅰ受 領 済 額 500,000円 ⅱ受領予定額 　　　　　　　円	

(ロ) 損害賠償の内訳が不明な場合	ⓐ 受 領 額	ⓑ 備　　　　　　　考
	ⅰ受 領 済 額 　　　　　　　円 ⅱ受領予定額 　　　　　　　円	ⅰ 厚生年金等公的年金の併給の有無・給付の種類 （有・無）（ 　　　　　　　　　　） ⅱ その他参考となる事項

(ハ) 損 害 賠 償 受 領 年 月 日	令和6年 　4月 　1日

⑤第三者行為災害との関係	イ 第 三 者 行 為 災 害 届 の 有 無	有 ・ 無
	ロ 第三者の	氏名 ⎯⎯⎯⎯⎯⎯⎯⎯⎯⎯⎯⎯⎯⎯⎯ 電話 　　　　　局　　　　番 （　　　歳） 郵便番号（　　　−　　　） 住所
	ハ その他	

⑥その他	参考事項	

① 欄のものについては、②、④及び⑤欄に記載したとおりであることを証明します。
　　　6 年 4 月 5 日

事業の名称　株式会社　大東商事　　　　電話　　5300 局 XXXX 番

事業主の氏名　代表取締役　渡辺一輝
　　　　　　（法人その他の団体であるときは、その名称及び代表者の氏名）

労働者が病気やけがをしたとき

様式第 38 号	特別給与に関する届　　　　　　　　　　　　　　　　　インクの色黒
どんなとき	休業特別支給金の支給の申請をするとき。
だ れ が	被災労働者（本人）
だ れ に	所轄労働基準監督署長
部　　数	1　部
根 拠 条 文	特別支給金則第 12 条
作 成 上 の ポ イ ン ト	この届書には、負傷又は発病の日以前 2 年間（雇入後 2 年に満たない者については、雇入後の期間）に支払われた労働基準法第 12 条第 4 項の 3 カ月を超える期間ごとに支払われる賃金について記載すること。 本様式は、様式第 8 号及び第 16 の 6 の各様式の別紙裏面に書き入れるようになっております。 したがって、本様式単独では現在ほとんど使われておりません。

二次健康診断等給付について

様式第 16 号の 10 の 2	労働者災害補償保険 二次健康診断等給付請求書　　　　　　　　　インクの色黒
どんなとき	定期健康診断等の結果、脳・心臓疾患を発症する危険性が高いと診断されたとき。
だ れ が	労働者（本人）
だ れ に	病院又は診療所を経て所轄労働局長
い つ ま で	一次健康診断を受診した日から 3 カ月以内に
部　　　数	1　部
根 拠 条 文	法第 26 条、則第 18 条の 19
添 付 書 類	一次健康診断の結果を証明することができる書類（一次健康診断の結果の写しなど）
作 成 上 の ポ イ ン ト	1　（裏面）注意欄をよく読んでから記入すること。 2　一次健康診断の結果を証明することができる書類（一次健康診断の結果の写しなど） 　　を忘れずに添付します。

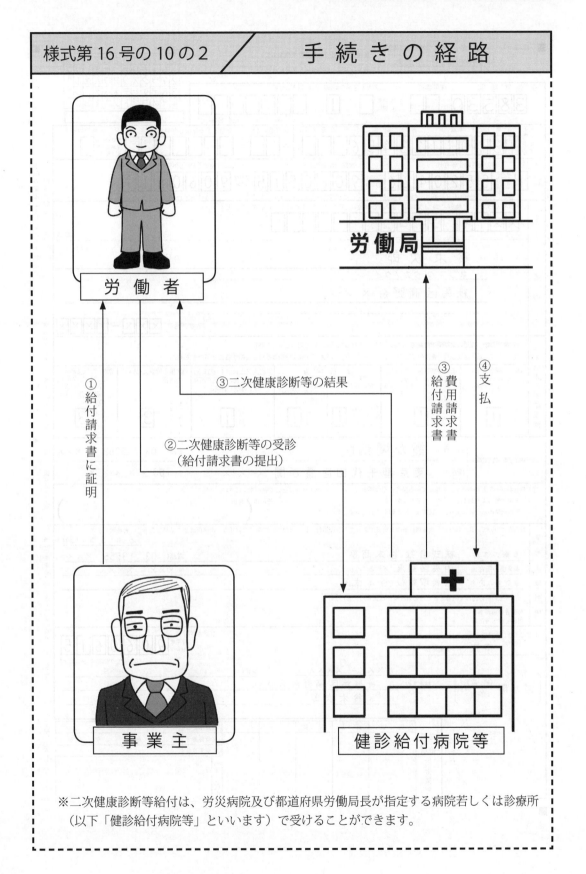

| 様式第 16 号の 10 の 2 | 手 続 き の 経 路 |

※二次健康診断等給付は、労災病院及び都道府県労働局長が指定する病院若しくは診療所（以下「健診給付病院等」といいます）で受けることができます。

二次健康診断等給付請求書

裏面に記載してある注意事項をよく
読んだ上で、記入してください。

※ 帳票種別	①管轄局	②帳票区分	③保留	④受付年月日
3 8 5 3 0		無 新規 1 移行	1	

1～9年は右へ　1～9月は右へ　1～9日は右へ

⑤労働保険番号	府県 所掌 管轄	基幹番号	枝番号	⑥処理区分	⑦支給・不支給決定年月日	⑧特例コード
	1 3 1 0 1	1 2 3 4 5 6		※		3か月超産業医等 1 5 1及び3

⑨性別	⑩労働者の生年月日	⑪一次健康診断受診年月日	⑫二次健康診断受診年月日
1 男 3 女 5 昭和 7 平成 9 令和　1	5 5 2 0 4 2 6	7平成 9令和 9 0 6 0 5 1 5	7平成 9令和 9 0 6 0 6 1 9

1～9年は右へ　1～9月は右へ　1～9日は右へ

⑬ 労働者の

シメイ（カタカナ）：姓と名の間は1文字あけて記入してください。濁点・半濁点は1文字として記入してください。

ス　ス゛キ　シ゛ロウ

氏 名	鈴木次郎	（ 47 歳）
フリガナ	ネリマクタカノダイ	
住 所	練馬区高野台 x-x-x	

⑫郵便番号 ×××-××××

一次健康診断結果欄

一次健康診断（直近の定期健康診断等）における以下の検査結果について記入してください。
（以下の⑭、⑮、⑰及び⑱の異常所見について、すべて「有」の方が二次健康診断等給付を受給することができます。）

⑭血圧の測定における異常所見（高い場合に限る。）	⑮血中脂質検査における異常所見（高い場合に限る。ただし、HDLコレステロールについては、低い場合に限る。）	血 糖 検 査		⑱腹囲又はBMI（肥満度）の測定における異常所見（高い場合に限る。）	⑲尿蛋白検査についての所見	⑳脳又は心臓疾患について療養を行っているなど、当該疾患の症状の有無
		⑯検査方法	⑰異常所見（高い場合に限る。）			
1 有 3 無　1	1 有 3 無　1	1 血糖値検査 3 ヘモグロビン A₁c検査　1	1 有 3 無　1	1 有 3 無　1	1 − 3 ± 5 + 7 ++ 9 +++　3	1 有 3 無　3

二次健康診断等実施機関の

名 称	霞が関病院	電話（ 03 ）5253-××××
所在地	東京都千代田区霞が関 x-x-x	〒 100-××××

㉑の期日が⑪の期日から3か月を超えている場合、その理由について、該当するものを○で囲んでください。

イ　天災地変により請求を行うことができなかった。　　　　ハ　その他（理由：
ロ　医療機関の都合等により、一次健康診断の結果の通知が著しく遅れた。　　　　　　　　　　　　　　　　　　　　　　　　　　）

事業主証明欄

⑬の者について、⑪の期日が一次健康診断の実施日であること及び添付された書類が⑪の期日における一次健康診断の結果であることを証明します。

6 年 6 月 15日

事業の名称	株式会社 谷本商事	電話（ 03 ）3555-××××
事業場の所在地	中央区銀座 x-x-x	〒×××-××××
事業主の氏名	代表取締役 谷本太平	

（法人その他の団体であるときはその名称及び代表者の氏名）

労働者の所属事業場の名称・所在地		電話（ ）　−

上記により二次健康診断等給付を請求します。

東京　労働局長　殿

㉑請求年月日

7平成 9令和	9 0 6 0 6 1 5

1～9年は右へ　1～9月は右へ　1～9日は右へ

霞が関　病院 診療所　経由

請求人の	〒×××-××××　　電話（ ）　−
住 所	練馬区高野台 x-x-x
氏 名	鈴木次郎

支給不支給決定決議書

	局 長	部 長	課 長		調査年月日	・　・
					復命書番号	第　　号
					決定年月日	・　・
				不支給理由		

社会復帰促進等事業＝外科後処置診療を受けるとき

様式第1号	外科後処置申請書	インクの色黒
どんなとき	障害補償給付、複数事業労働者障害給付又は障害給付の支給決定を受けた者であって、傷病が治ゆした後に、義肢装着のための断端部の再手術、醜状の軽減のための再手術等を受ける必要があるとき。	
だ れ が	障害補償給付、複数事業労働者障害給付又は障害給付の支給決定を受けた者であって、外科後処置により、失った労働能力を回復し、又は醜状を軽減し得る見込みのある者	
だ れ に	所轄労働基準監督署長経由都道府県労働局長	
い つ ま で	外科後処置を受けようとするとき	
部　　数	1　部	
添 付 書 類	医師による「診査表」1通	
根 拠 条 文	法第29条	

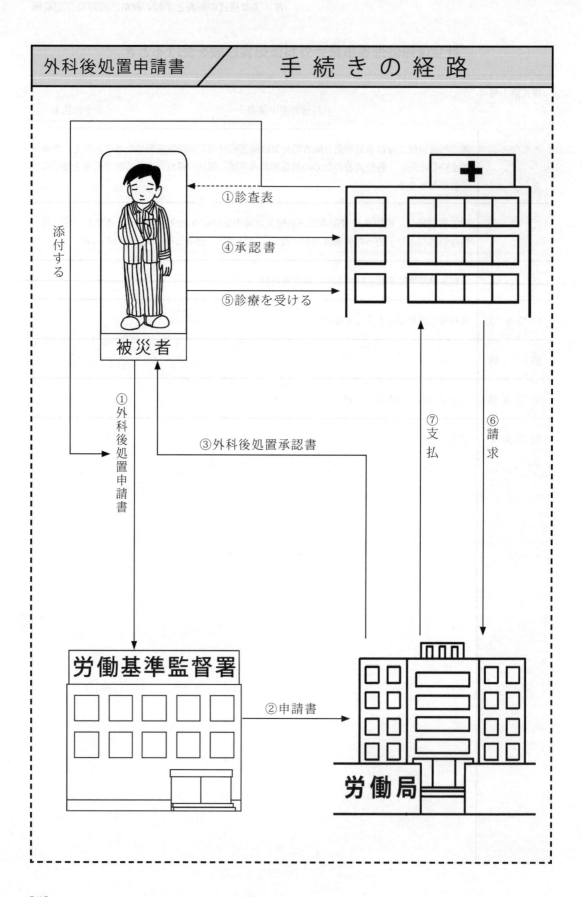

外科後処置申請書 ／ 手 続 き の 経 路

①診査表

④承認書

⑤診療を受ける

被災者

添付する

①外科後処置申請書

③外科後処置承認書

⑦支払

⑥請求

労働基準監督署

②申請書

労働局

様式第1号

労働者災害補償保険

外 科 後 処 置 申 請 書

東京 労働局長 殿

外科後処置を受けたいので、診査表を添付の上、下記のとおり申請します。

令和 6 年 5 月 11 日

(〒 116 - ××××)

住 所 東京都荒川区西日暮里4-×

申請者の 電話番号 03-×××-××××

氏 名 小野一郎 　　生年月日 昭和43年 1 月 7 日生

---

1. 労働保険番号

府県	所掌	管轄	基 幹 番 号	枝番号
1 3	1	0 3	2 3 4 5 0 0 0 0 0	0 0

2. 負傷(発病) 令和4 年 9 月 17 日

治 ゆ 令和6 年 2 月 21 日

3. 傷 病 名 顔面、頭部第2度火傷

傷害の部位 頭部

4. 障害等級 第 12 級 第 14 号

5. 障害補償一時金又は 障害一時金の受領 令和6 年 4 月 12 日

障害補償年金又は 障害年金の支給決定 　　　　　年　　月　　日

(年金証書 第　　　　　　　　号)

6. 外科後処置を受けたい医療機関名、所在地

医療機関名 東京労災病院

所在地 東京都大田区大森南4-×

7. 受けたい外科後処置のあらまし

右頭頂部に手のひら大の瘢痕性脱毛が残って

いるので修復してほしい

保 険 給 付 記録票照合欄	局　　処　　理　　欄			原票記入者印
申請書記載事項 1～5 と照合のこと。	本件承認してよろしいか。 局 長 部 長 課 長 補 佐 係 長	交付年月日 年 月 日 承認番号 No.(整)	承認書契印	
署名				
照 合 責任者印				

社会復帰促進等事業＝義肢等の購入費用支給を受けるとき

様式第 1 号	労働者災害補償保険 義肢等補装具購入・修理費用支給申請書　　　　　　　インクの色黒
どんなとき	仕事中や通勤途中で、けがや病気になり、そのために体の一部を失ったり、障害が残った方に対して、労災保険では、社会生活への復帰を支援するための制度（社会復帰促進等事業）として、義肢等補装具の購入費用や修理費用を支給しています。この申請書は、義肢等の購入又は修理に要する費用の支給を受けようとするときに提出します。
だ れ が	業務災害、複数業務要因災害又は通勤災害による被災労働者で、それぞれの義肢等の支給要件に該当する者
だ れ に	所轄都道府県労働局長
いつまで	購入又は修理に要する費用の支給を受けようとするとき
部　　数	1 部
添付書類	介助用リフターの支給申請の場合は「介護人等の状況報告書」を添付、片側上肢切断者の筋電電動義手支給申請の場合は「就労状況に関する申立書」を添付
根拠条文	法第 29 条
ポイント	都道府県労働局に支給申請書を提出し、承認されると、支給承認決定通知書が交付されます。申請者は、義肢等補装具業者に支給承認決定通知書を提示し、購入・修理の注文を行い、引き渡しを受けた後、都道府県労働局に「義肢等補装具購入・修理費用請求書」（本書では省略）を提出するという流れになります。 ・義肢等の種類と主な受給対象者 1　義肢：上肢または下肢の全部または一部を亡失したことで、障害（補償）等給付の支給決定を受けた（受ける）者等 1-2　筋電電動義手：両上肢切断者または片側上肢切断者で障害（補償）等給付の支給決定を受けた（受ける）者等 3　体幹装具：せき柱に荷重障害を残すことで、障害等級第 8 級以上の障害（補償）等給付の支給決定を受けた（受ける）者等 4　座位保持装置：四肢または体幹に著しい障害を残すことで、障害等級第 1 級の障害（補償）等給付の支給決定を受けた（受ける）者で、座位が不可能もしくは著しく困難な状態にあると認められる者等 5　視覚障害者安全つえ：両眼に視力障害を残すことで、障害等級第 4 級以上の障害（補償）等給付の支給決定を受けた（受ける）者等 6　義眼：一眼または両眼を失明したことで、障害（補償）等給付の支給決定を受けた（受ける）者等 7　眼鏡（含 コンタクトレンズ）：一眼または両眼に視力障害を残すことで、障害等級第 13 級以上の障害（補償）等給付の支給決定を受けた（受ける）者等 8　点字器：両眼に視力障害を残すことで、障害等級第 4 級以上の障害（補償）等給付の支給決定を受けた（受ける）者等 9　補聴器：一耳または両耳に聴力障害を残すことで、障害等級第 11 級以上の障害（補償）等給付の支給決定を受けた（受ける）者等 10　人工喉頭：言語の機能を廃したことで、障害（補償）等給付の支給決定を受けた（受ける）者等 11　車椅子：両下肢の用を全廃または両下肢を亡失したことで、障害（補償）等給付の支給決定を受けた（受ける）者等 12　電動車椅子：両下肢と両上肢に著しい障害を残すことで、障害（補償）等給付の支給決定を受けた（受ける）者等 13　歩行車：高度の失調または平衡機能障害を残すことで、障害等級第 3 級以上の障害（補償）等給付の支給決定を受けた（受ける）者等 14　収尿器：せき髄損傷、外傷性泌尿器障害、尿路系腫瘍等の傷病のため、尿失禁を伴うこと、または尿路変向を行ったことで、障害（補償）等給付の支給決定を受けた（受ける）者等 15　ストマ用装具：大腸または小腸に人工肛門を造設したことで、障害（補償）等給付の支給決定を受けた（受ける）者等 16　歩行補助つえ：下肢の全部または一部を亡失し、または下肢の機能に障害を残すことで、障害等級第 7 級以上の障害（補償）等給付の支給決定を受けた（受ける）者で義足または下肢装具の使用が可能な者等 17　かつら：頭部に著しい醜状を残すことで、障害（補償）等給付の支給決定を受けた（受ける）者等 18　浣腸器付排便剤：せき髄損傷者または排便反射を支配する神経の損傷で、用手摘便を要する状態または恒常的に 1 週間に排便が 2 回以下の高度な便秘を残すことで、障害（補償）等給付の支給決定を受けた（受ける）者で、医師が浣腸器付排便剤の使用の必要があると認める者 19　床ずれ防止用敷ふとん：傷病（補償）等年金または障害（補償）等給付を受けている神経系統の機能に著しい障害を残す者または両上下肢の用の全廃もしくは両上下肢を亡失した者のうち、常時介護に関する介護（補償）等給付を受けている者 20　介助用リフター（移動式に限る。電動式を含む）：傷病等級第 1 級第 1 号もしくは第 2 号の傷病（補償）等年金の支給決定を受けた者で、車椅子または義肢の使用が不可能である自宅療養者等 21　フローテーションパッド（車椅子・電動車椅子用）：社会復帰促進等事業として支給された車椅子または電動車椅子を使用する者のうち、床ずれがでん部または大腿部に発生するおそれがあり、かつ、診療担当医がフローテーションパッドの使用を必要と認めた者等 22　ギャッチベッド：傷病等級第 1 級第 1 号もしくは第 2 号の傷病（補償）等年金の支給決定を受けた自宅療養者で、車椅子（手押し型車椅子を除く）または義肢の使用が不可能である者等 23　重度障害者用意思伝達装置：両上下肢の用を全廃または両上下肢を亡失し、かつ、言語の機能を廃したことで、障害（補償）等給付の支給決定を受けた（受ける）者で、重度障害者用意思伝達装置によらなければ、意思の伝達が困難であると認められる者等

義肢等支給・修理申請書 ／ 手続きの経路

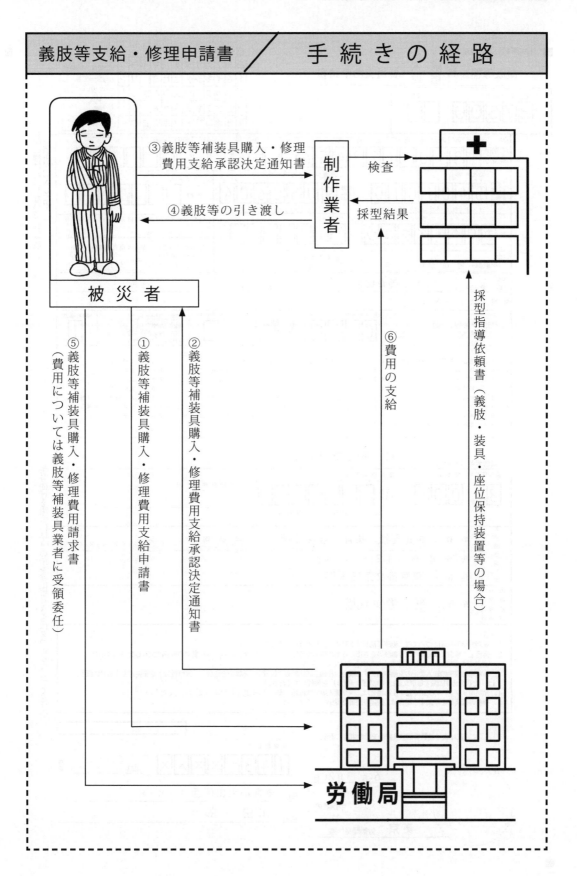

③義肢等補装具購入・修理
　費用支給承認決定通知書

④義肢等の引き渡し

制作業者

検査

採型結果

被災者

採型指導依頼書（義肢・装具・座位保持装置等の場合）

⑥費用の支給

②義肢等補装具購入・修理費用支給承認決定通知書

①義肢等補装具購入・修理費用支給申請書

⑤義肢等補装具購入・修理費用請求書（費用については義肢等補装具業者に受領委任）

労働局

義肢等補装具 購入／修理 費用支給申請書

標準字体

0	5	ア	カ	サ	タ	ナ	ハ	マ	ヤ	ラ	ワ
1	6	イ	キ	シ	チ	ニ	ヒ	ミ		リ	ン
2	7	ウ	ク	ス	ツ	ヌ	フ	ム	ユ	ル	゛
3	8	エ	ケ	セ	テ	ネ	ヘ	メ		レ	゜
4	9	オ	コ	ソ	ト	ノ	ホ	モ	ヨ	ロ	ー

○濁点、半濁点は一文字として書いてください。
（例）
カ゛ ハ゜

※ 帳票種別 **37500**　①管轄局 □□

② 労働保険番号

府県	所掌	管轄	基幹番号	枝番号
1 3	1	0 1	1 2 3 4 5 6	

③ 年金証書番号

管轄局	種別	西暦年	番号

④生年月日
1明治 3大正 5昭和 7平成 9令和
5 4 0 1 0 1 0
元号 年 月 日
1～9年は右へ 1～9月は右へ 1～9日は右へ

⑤負傷又は発病年月日
5昭和 7平成 9令和
9 0 5 0 6 0 4
元号 年 月 日
1～9年は右へ 1～9月は右へ 1～9日は右へ

※⑥受付年月日
9令和
年 月 日

（ア）障害補償一時金又は障害一時金の受領年月日
年 月 日

⑦シメイ（カタカナ）：姓と名の間は1字あけて記入してください
カワタ゛ イチロウ

（イ）障害（補償）年金又は傷病（補償）年金の支給決定年月日
令和 6 年 3 月 15 日

（ウ）障害等級 第 4 級第 4 号
（エ）治ゆ年月日　令和 6 年 1 月 15 日
（オ）傷病名　右上腕骨切断
（カ）障害の部位　上腕

修理または交換箇所

下記より申請を行う種目　一つだけ選び番号を記入してください。

⑧支給種目 **0110**

⑨購修別
購入の場合は「1」修理の場合は「3」を記入してください。 **1**

新規の場合は「1」継続の場合は「3」銘柄・容量変更の場合は「5」を記入してください。 **1**

⑩新継別 **1**

0110	義肢（筋電電動義手を除く）	0120	筋電電動義手	0210	上肢装具	0220	下肢装具
0300	体幹装具	0400	座位保持装置	0500	視覚障害者安全つえ	0600	義眼
0710	矯正用眼鏡	0720	コンタクトレンズ	0730	弱視用眼鏡	0800	点字器
0900	補聴器	1000	人工喉頭	1100	車椅子	1200	電動車椅子
1300	歩行器	1410	男性用収尿器	1420	女性用収尿器	1430	人工膀胱用収尿器
1500	ストマ用装具	1600	歩行補助つえ	1700	かつら	1800	浣腸器付排便剤
1900	床ずれ防止用敷ふとん	2000	介助用リフター	2100	フローテーションパッド	2200	ギャッチベッド
2300	重度障害者用意思伝達装置	2400	人工内耳				

⑪義肢等補装具の名称　右上腕殻構造義手

⑫左右の別
1左 3右 5両方 **3**

⑬数量 **0 0 1**

⑭き損年月日
7平成 9令和
元号 年 月 日
1～9年は右へ 1～9月は右へ 1～9日は右へ

前回受給年月日
年 月 日

希望補装具業者
名称　株式会社　東洋義肢製作所　電話番号　03（××××）××××
郵便番号　112 － ××××
住所　東京都文京区本郷1-×-×

指導機関／希望採型　名称　東京労災病院

（注意）
1．前回受給年月日については、義肢等補装具を受給した年月日を記入してください。
2．業務上の事由又は通勤により義肢等をき損したため申請する場合は、上記（ア）から（カ）までの事項は記入しないで裏面の「義肢等き損認証証明欄」に事業主の証明を受けてください。
3．筋電電動義手の購入費用の支給申請をする場合（片側上肢切断者で就労中（休職中を含む。）又は就労予定を要件とする者に限る。）は「就労状況等に関する申立書」（様式第1号(2)）を添付してください。
4．介助用リフターの支給申請をする場合は、「介護人等の状況報告書」（様式第1号(3)）を添付してください。
5．複数の補装具を申請する場合は、別途申請書を提出してください。

上記により義肢等補装具費の支給を申請します。

6 年 3 月 20 日

申請者の

東京　労働局長　殿

⑮郵便番号 **143－××××**　電話 03 ×××× ×××× 局番
住所　東京都大田区西 ×-×-×　（　　方）
氏名　川田 一郎

折り曲げる場合には ◀ の所を谷に折りさらに2つ折りにしてください。

社会復帰促進等事業＝旅費の支給を受けるとき

1）様式第5号 2）様式第10号	旅費支給申請書　　　　　　　　　　　　　インクの色黒
どんなとき	（1）外科後処置のために旅行する場合（様式第5号） （2）義肢、装具又はかつらの採型、装着、義眼装かん等のために旅行する場合（様式第10号）
だ れ が	外科後処置又は義肢等の支給の承認を受けた者であって、旅費を必要とする者
だ れ に	（1）外 科 後 処 置：所轄の労働基準監督署長経由都道府県労働局長 （2）義肢等装かん：所轄の都道府県労働局長
い つ ま で	支給を受けようとするとき
部　　数	1　部
根 拠 条 文	法第29条
ポ イ ン ト	支給の内容 　鉄道賃、船賃、車賃、日当及び宿泊料が支給されます。 　なお、支給額は、鉄道賃、船賃については普通旅客運賃が支給され、また、急行列車を運行する線路による旅行で片道50km以上のものについては急行料金が、特急列車を運行する線路による旅行で片道100km以上のものについては特急料金がそれぞれ支給されます。 　車賃は1kmについて37円となっており、日当は外科後処置を受けるため入院した期間1日につき850円です。宿泊料は地理的事情等により宿泊の必要が認められる場合に限り、1夜につき8,700円の範囲内で実費額が支給されます。

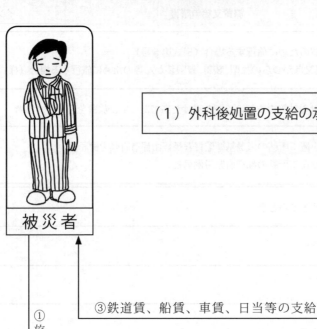

（1）外科後処置の支給の承認を受けた者

被災者

①旅費支給申請書

③鉄道賃、船賃、車賃、日当等の支給

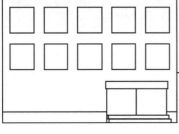

労働基準監督署

労働局

②旅費支給申請書

様式第5号（1）（表面）

労 働 者 災 害 補 償 保 険

外 科 後 処 置 旅 費 支 給 申 請 書

神奈川 労働局長　殿

外科後処置旅費の支給を受けたいので、下記のとおり申請します。

令和〇〇年 12月 9日

（〒986-××××）

住　　所　宮城県石巻市泉町 ×-×-×

申請者　の　電話番号　（0225）－ 22 －××××

氏　　名　岩戸 太郎

1　承認書番号　№. 0543 ※前払いを受ける場合、記入は不要です。

2　旅　　費　　　　　24,080　円　（内訳を裏面に記入してください。）

事実証明 ※前払いを受ける場合、記入は不要です。	上記申請者が、当医療機関において、令和〇〇 年 11月 15 日より令和〇〇年 11月 28日まで、外科後処置を行ったことを証明します。 令和〇〇年 11月 28日 住　　所　宮城県仙台市青葉区〇〇町 ×-×× 電話番号（022 ）－ ××× －×××× 医療機関名　国立仙台病院 氏　　名　　　高田 和夫		
振り込みを希望する金融機関の名称	〇〇⑭銀行・金庫　　　本店・本所 農協・漁協　　　　出張所 信組 ×× ⑭支店・支所	預金の種類	⑭普通・当座
		口座番号	××××××
		口座名義人	岩戸 太郎

275

様式第5号（1）（裏面）

発着 年月日	発着地名	経路	宿泊地	鉄道		船舶		車		日当		宿泊		計
				距離 km	金額 円	距離 km	金額 円	距離 km	金額 円	日数 日	金額 円	泊数 泊	金額 円	
00.11.15 〜 00.11.28	石巻 仙台	JR 仙台線		49.7	(往復)円 1,720× 14									24,080
合 計					24,080									24,080

276

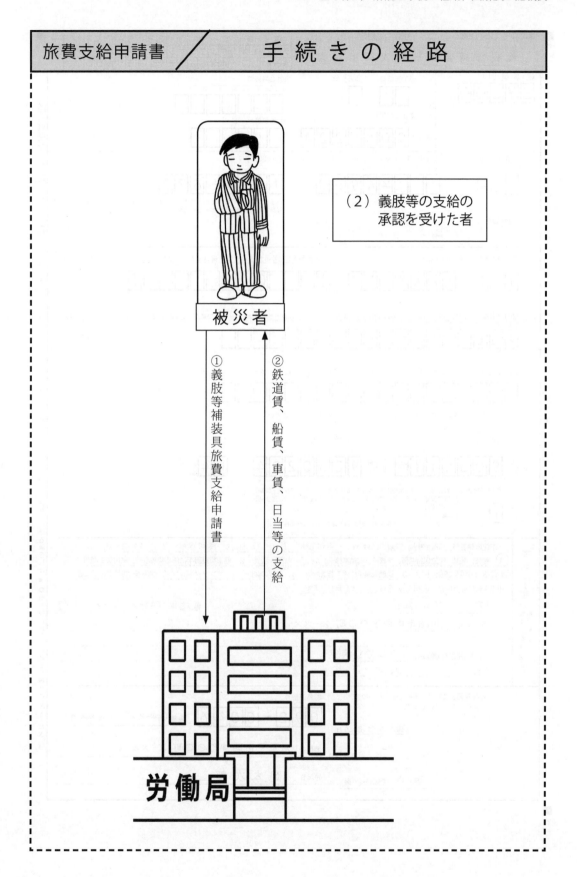

旅費支給申請書 ／ 手 続 き の 経 路

被災者

（２）義肢等の支給の
　　承認を受けた者

① 義肢等補装具旅費支給申請書

② 鉄道賃、船賃、車賃、日当等の支給

労働局

労働者災害補償保険

義肢等補装具旅費支給申請書

標　準　字　体

0	1	2	3	4	5	6	7	8	9	゛	゜	ー
ア	イ	ウ	エ	オ	カ	キ	ク	ケ	コ	サ	シ	ス	セ	ソ	タ	チ	ツ	テ	ト	ナ	ニ	ヌ
ネ	ノ	ハ	ヒ	フ	ヘ	ホ	マ	ミ	ム	メ	モ	ヤ	ユ	ヨ	ラ	リ	ル	レ	ロ	ワ	ン

帳票種別　`3 7 6 0 0`

※①管轄局 □□　　※②未支給 □ 3 未支給

※⑫金融機関コード

金融機関 □□□□　店舗 □□□

※③受付年月日　元号　年　月　日
9 令和　`9 0 6 0 2 2 4`

※⑬郵便局コード　□□□□□

④概算・精算の別

□ 1 概算払い
　 2 精算払い

⑤請求金額 金額の頭に¥マークを付けてください。

千万 百万 十万 万 千 百 十 円
`¥ 4 9 6 0`

（旅費の内訳を裏面に記入してください。）

⑥承認番号　`1 2 3 4 5 6 7 8`

（承認番号を1つ記入してください。わからない場合は、記入不要です。複数ある場合は、承認番号欄の右余白部分に記入してください。）

金融機関名　　店舗名　　口座名義人

銀行・金庫　　　　　本店・本所
農協・漁協　　　　　出張所
信組　　　　　　　　支店・支所

⑦預金の種類　`1` 1 普通　3 当座

⑧口座番号　`X X X X X X`

⑨預金通帳の記号番号：番号に空欄ができる場合は「0」を記入してください。

記号 `1 _ _ _ 0`　番号（右ヅメ）`1 _ _ _ _ _ _ 1`

⑩口座名義人（カタカナ）：姓と名の間は1文字あけてください。濁点・半濁点は1文字として記入してください。

`オ カ モ ト _ シ ゛ ロ ウ`
　　　　　　　10

⑪口座名義人つづき（カタカナ）：姓と名の間は1文字あけてください。濁点・半濁点は1文字として記入してください。

（空欄）
20　　　　　30

ゆうちょ銀行の口座の場合、口座名義人は30文字以内で記入してください。

⑭旅行期間初日　元号　年　月　日
7 平成
9 令和　`9 0 6 0 1 1 6`

⑮旅行期間末日　元号　年　月　日
7 平成
9 令和　`9 0 6 0 2 2 4`

⑯旅行回数　`0 4` 回

⑰旅行事由

`1`

1 義肢、装具、座位保持装置、車椅子、電動車椅子、かつらの採型・装着
2 筋電動義手に係る装着訓練、試用装着期間における指導等及び適合判定
3 能動式義手に係る装着訓練
4 義眼の装嵌
5 コンタクトレンズ、浣腸器付排便剤の購入費用の支給に係る検査

事実証明

（概算払いを受ける場合は、記入不要です。）

下記申請者が、当医療機関（施設）において、令和6年 1 月 16 日より 令和6年 2 月 24 日まで、

① 義肢、装具、座位保持装置、車椅子、電動車椅子、かつらの採型・装着　2. 筋電動義手に係る装着訓練、試用装着期間における指導等及び適合判定　3. 能動式義手に係る装着訓練　4. 義眼の装嵌　5. コンタクトレンズ、浣腸器付排便剤の購入費用の支給に係る検査（該当に○）を行ったことを証明します。

令和6年 2 月 24 日　　　　　　　　　　　　電話番号 044-×××-×××× 局番

住　所　　川崎市中原区○○町 x-xx

医療機関又は施設名　　○○労災病院

氏　名　　鈴木　正

義肢等補装具旅費の支給を受けたいので、上記のとおり申請します。

⑱郵便番号　`0 9 2 - 0 0 4 6`　電話 044-×××-×××× 局番

令和6 年 2 月 24 日

申請者の

⑲住所　八王子市明神町○○町 x-xx-x　（　　　　方）

フリガナ
⑳氏名　岡本次郎

東京 労働局長 殿

◎折り曲げる場合には◀の所を谷に折りさらに2つ折りにしてください。

様式第10号（1）（裏面）

発着 年月日	発着地名	経路	宿泊地	鉄　道		船　舶		車		宿　泊			計
				距離 km	金　額 円	距離 km	金　額 円	距離 km	金　額 円	泊数 泊	金　額 円		円
06 1 16	八王子 武蔵小杉	JR中央線 JR南武線		37.9	（往復） 1,240								1,240
06 1 23	〃	〃		37.9	（往復） 1,240								1,240
06 2 6	〃	〃		37.9	（往復） 1,240								1,240
06 2 24	〃	〃		37.9	（往復） 1,240								1,240
合　計					4,960								4,960

社会復帰促進等事業＝労災就学等援護費の支給を受けるとき

様式第1号	労働者災害補償保険 労災就学等援護費 支給/変更 申請書　　　　　　　　インクの色黒
どんなとき	業務災害、複数業務要因災害又は通勤災害により死亡した労働者の遺族及び重度障害を受けた労働者がその子供等に係る学資等の支弁が困難であるとき。
だ れ が	業務災害、複数業務要因災害又は通勤災害により死亡した労働者の遺族、又は障害等級第3級以上の障害を受けた労働者又はその子若しくは傷病（補償）年金受給者のうち子供が学校等に在学している者であって、それぞれその学資等の支払いが困難であると認められる者
だ れ に	所轄労働基準監督署長
いつまで	支給を受けようとするとき
部　　数	1　部
添付書類	①在学証明書、②戸籍謄（抄）本、③在学校者が死亡労働者に扶養されていたことの証明書、④在学校者が申請者と生計を同じくしていることの証明書
ポイント	・学校の種別に応じて次の就学援護費が支給されます。 ①　小学校、義務教育学校の前期課程又は特別支援学校の小学部に在学する者……………………………………………………月額 15,000 円 ②　中学校、義務教育学校の後期課程中等教育学校の前期課程又は特別支援学校の中学部に在学する者…………………………………………………………月額 21,000 円 　　（ただし、通信制課程に在学する者にあっては、月額 18,000 円） ③　高等学校、中等教育学校の後期課程、高等専門学校の第一学年から第三学年まで、特別支援学校の高等部、専修学校の高等課程若しくは一般課程に在学する者又は公共職業能力開発施設において中学校卒業者若しくは義務教育学校卒業者若しくは中等教育学校前期課程修了者若しくはこれらと同等以上の学力を有すると認められる者を対象とする普通職業訓練若しくは職業訓練法施行規則の一部を改正する省令（昭和53年労働省令第37号）附則第2条に規定する第1類の専修訓練課程の普通職業訓練を受ける者若しくは国等が設置する施設において中学校の卒業者若しくはこれと同等以上の学力を有すると認められる者を対象とする教育訓練等を受ける者……………………………………………………………月額 20,000 円 　　（ただし、通信制課程に在学する者にあっては、月額 17,000 円） ④　大学、専門職大学、短期大学、専門職短期大学、大学院、専門職大学院、高等専門学校の第四学年、第五学年若しくは専攻科若しくは専修学校の専門課程に在学する者又は公共職業能力開発施設において普通職業訓練を受ける者（③に掲げる者を除く）若しくは高度職業訓練を受ける者若しくは国等が設置する施設において教育訓練等を受ける者（③に掲げる者を除く）……………………………………………月額 39,000 円 　　（ただし、通信制課程に在学する者にあっては、月額 30,000 円） 労災就労保育援護費（P 283 参照） 労災就労保育援護費の支給額は、要保育児一人につき、月額 9,000 円とする 　　　　　　　　　　　　　　　　　　　　　　※金額は令和6年4月1日以降のもの

労災就学等援護費支給変更申請書 ／ 手続きの経路

遺族・重度障害者

市区町村役場

①戸籍謄（抄）本

添付する

②援護費の支給

①労災就等援護費支給・変更申請書

①在学証明書

労働基準監督署

小学校等

労災就労保育援護費申請の場合の「手続の経路」は本経路と同じです。

■ 労働者災害補償保険
年金・一時金システム　　様式第1号

労災就学等援護費支給・変更申請書

標準字体

0	5	アカサタナハマヤラワ
1	6	イキシチニヒミ　リン
2	7	ウクスツヌフムユル゛
3	8	エケセテネヘメ　レ゜
4	9	オコソトノホモヨロー

濁点、半濁点は一文字として取り扱うこと。

（例）　ガ　ハ゜

帳票種別　3 9 5 6 5

※①データ受付番号

※②実行コード　記入力欄 登録済再出力取

※③受付年月日　元号 年 月 日　　④職権コード　1 職権

※印の欄は記入しないこと。（職員が記入します。）

受付必須項目

⑤年金証書番号　管轄局 1 3 種別 6 0 西暦年 9 5 番号 2 9 1

⑥被災者生年月日 明治大正昭和平成令和 1357 9 　5 4 8 0 9 2 3

1〜9年は右へ→　1〜9月は右へ→　1〜9日は右へ→　0も記入する

⑦枝番号　0 3

⑧新規・変更　1　1 新規（支給区分の変更も含む）　2 変更（変更理由⑯㉙㉞に該当する場合）

在学者・要保育児1

在学者等情報

⑨枝番号　□□（不支給88）

⑩在学者・要保育児氏名（カタカナ）：姓と名の間は1字あけて記入してください。　ヤマカワ　タロウ

⑪在学者・要保育児生年月日　元号 年 月 日　7 2 1 0 6 1 5

◎被災労働者との続柄　1 本人 ② 子 3 その他（　）

◎受給権者との同一生計の有無　① 有 2 無

◎就労者との同一生計の有無　① 有 2 無

学校等情報　1 保育所等　3 小学校　4 通信制中学校等　5 中学校　6 通信制高校等　7 高等学校等　8 通信制大学等　9 大学等

⑫支給区分　5　⑬学年　3　⑭支給開始年月 元号 年 月　9 0 6 0 4　⑮支給終了（予定）年月 元号 年 月　9 0 7 0 3

変更　01 休学　02 停学　03 留年　04 退学　05 同一生計無　06 不就労　07 就労者との同一生計無　11 死亡　12 婚姻　13 養子縁組　14 養子離縁　15 学資等支弁容易　51 再入学

⑯変更理由　⑰変更年月 元号 年 月

在学者・要保育児2

在学者等情報

※⑱枝番号　□□（不支給88）

⑲在学者要保育児氏名（カタカナ）：姓と名の間は1字あけて記入してください。

⑳在学者・要保育児生年月日　元号 年 月 日

◎被災労働者との続柄　1 本人 2 子 3 その他（　）

◎受給権者との同一生計の有無　1 有 2 無

◎就労者との同一生計の有無　1 有 2 無

学校等情報　1 保育所等　3 小学校　4 通信制中学校等　5 中学校　6 通信制高校等　7 高等学校等　8 通信制大学等　9 大学等

㉑支給区分　㉒学年　㉓支給開始年月 元号 年 月　㉔支給終了（予定）年月 元号 年 月

変更　01 休学　02 停学　03 留年　04 退学　05 同一生計無　06 不就労　07 就労者との同一生計無　11 死亡　12 婚姻　13 養子縁組　14 養子離縁　15 学資等支弁容易　50 復帰（復学・同一生計有・就労等）　51 再入学

㉕変更理由　㉖変更年月 元号 年 月

在学者・要保育児3

在学者等情報

※㉗枝番号　□□（不支給88）

㉘在学者要保育児氏名（カタカナ）：姓と名の間は1字あけて記入してください。

㉙在学者・要保育児生年月日　元号 年 月 日

◎被災労働者との続柄　1 本人 2 子 3 その他（　）

◎受給権者との同一生計の有無　1 有 2 無

◎就労者との同一生計の有無　1 有 2 無

学校等情報　1 保育所等　3 小学校　4 通信制中学校等　5 中学校　6 通信制高校等　7 高等学校等　8 通信制大学等　9 大学等

㉚支給区分　㉛学年　㉜支給開始年月 元号 年 月　㉝支給終了（予定）年月 元号 年 月

変更　01 休学　02 停学　03 留年　04 退学　05 同一生計無　06 不就労　07 就労者との同一生計無　11 死亡　12 婚姻　13 養子縁組　14 養子離縁　15 学資等支弁容易　50 復帰（復学・同一生計有・就労等）　51 再入学

㉞変更理由　㉟変更年月 元号 年 月

三、折り曲げる場合には折り曲げマーク（▶）の所で折り曲げてください。

二、記入すべき事項のない欄又は折り曲げ枠は、空欄のままとし、事項を選択する場合には当該事項を○でかこむこと。

一、この用紙は汚したり、穴をあけたり、必要以上に強く折りまげたりしないこと。

□□□で表示された枠（以下、「記入枠」という。）に記入する文字は、光学的文字読み取り装置（OCR）で直接読取を行うので

上記のとおり労災就学等援護費の（支給・変更）を申請します。

申請者の　郵便番号 102 - ×××× 　電話番号（市外局番 03 ）- 市内局番 3210 - 番号（××××）　（自宅・呼出・勤務先）

フリガナ トウキョウト チヨダク　クダンミナミ

住所　東京都千代田区九段南9-×-×（　　方）

フリガナ ヤマカワ ハルコ

6 年 4 月 14日 氏名　山川 春子

中央 労働基準監督署長 殿

※　| 課長 | 係長 | 係 |
|---|---|---|
| | | |

社会復帰促進等事業＝労災就学保育援護費の支給を受けるとき

様式第1号	労働者災害補償保険 労災就学等援護費 支給／変更 申請書		インクの色黒
どんなとき	業務災害、複数業務要因災害又は通勤災害により死亡した労働者の遺族及び重度障害を受けた労働者の家族が、就労のため未就学の児童を保育所、幼稚園に預けている場合、その保育に要する費用の援護を必要とするとき。		
だ れ が	遺族 (補償) 年金、障害等級第3級以上の障害 (補償) 年金又は傷病 (補償) 年金の受給権者であって、その家族等の就労のため未就学の児童を保育所、幼稚園等に預けており、保育に要する費用の援護の必要があると認められる者		
だ れ に	所轄労働基準監督署長		
い つ ま で	支給を受けようとするとき		
部 　 数	1　通		
添 付 書 類	①在園児証明書、②戸籍謄 (抄) 本、③在園児が死亡労働者に扶養されていたことの証明書		
根 拠 条 文	法第29条		
ポ イ ン ト	保育を要する児童1人につき……月額9,000円 様式記載例は前ページの労災就学等援護費支給・変更申請書を参照してください。		

事故の原因が第三者の不法行為にあるとき

任意様式	第 三 者 行 為 災 害 届
どんなとき	労働者が事業主の指揮命令を受けて業務に従事しているとき、又は通勤途上において交通事故等、他人の不法行為が原因で負傷した場合等の第三者の行為により災害を受けた場合
だ れ が	被災労働者
だ れ に	所轄労働基準監督署長
い つ ま で	事故発生後、遅滞なく
部　　数	2 部
添 付 書 類	①示談書の謄本（示談が行われた場合（写しでも可））②交通事故証明書又は交通事故発生届③念書（兼同意書）④死亡診断書、死体検案書（死亡の場合（写しでも可））⑤戸籍謄本（死亡の場合（写しでも可））
根 拠 条 文	法第 12 条の 4、則第 22 条

被害にあったとき
・すぐ警察に届ける
軽いけがのときでも事故にあったら必ずすぐ警察に届けましょう。 110 番 （119 番）

↓

・加害者を確かめる
1　車の登録番号
2　運転者の住所、氏名
3　持主の住所、氏名、TEL

↓

・保険証番号をメモする
加害者と話し合うとき、強制保険の証明書を見せてもらう
1　保険会社名
2　証明書の番号
3　加入年月日

・むやみに判は押さない
示談書や領収書にむやみに判を押すのは危険です。軽々しく判を押すと、あとで取返しがつかなくなってしまうことがよくあります。書類を十分読んで、内容をよく確かめ、不服のあるときは、判を押さないようにしましょう。

↓

・被害者は事業主に良く相談する
1　労災保険の各種請求
2　強制保険（自賠責）の関係
3　けがの程度

（届その１）

第三者行為災害届　（業務災害・通勤災害）
　　　　　　　　　（交通事故・交通事故以外）

令和　6　年　2　月　14　日

労働者災害補償保険法施行規則第22条の規定により届け出ます。

署受付日付

保険給付請求権者

住　所　東京都品川区北品川5-××-2

郵便番号（ 141 - 0001 ）

フリガナ　ヤマモト　タロウ
氏　名　山本　太郎

渋谷　労働基準監督署長　殿

電　話　（自宅）　　03　-　0000　-　0000
　　　　（携帯）　　-　　-

1　第一当事者（被災者）

フリガナ　ヤマモト　タロウ
氏　名　山本　太郎　　　　　　（男・女）　　生年月日　昭和51年　1　月　27　日　　（48歳）

住　所　東京都品川区北品川5-××-2

職　種　営業

2　第一当事者（被災者）の所属事業場

労働保険番号

府県	所掌	管轄	基幹番号	枝番号
1 3	1	0 7 7	9 6 5 4 3	

名称　新日本商事株式会社　　　　　　　　　　電話　03 - 3412 - ××××

所在地　東京都渋谷区幡ヶ谷2-×-5　　　　　　　　郵便番号 151 - 0072

代表者　（役職）　代表取締役　　　　　担当者　（所属部課名）

　　　　（氏名）　小林　正三　　　　　　　　（氏名）

3　災害発生日

日時　　令和6　年　2　月　7　日　　　午前・午後　2　時　40　分頃

場所　　東京都中央区銀座2-×-× 五井銀行本店前

4　第二当事者（相手方）

氏名　鈴木　勇　　　　　　（49歳）　　電　話　（自宅）　03 - 3685 - ××××
　　　　　　　　　　　　　　　　　　　　　　　（携帯）　-　-

住所　東京都江東区大島9-××-2　　　　　　　郵便番号 136 - 0072

第二当事者（相手方）が業務中であった場合

所属事業場名称　隅田運送 株式会社　　　　　電　話　03 - 3624 - ××××

所在地　東京都墨田区西駒形8-××-6　　　　　　郵便番号 130 - 0005

代表者　（役職）　代表取締役　　　　（氏名）　田中　一義

5　災害調査を行った警察署又は派出所の名称

築地　　警察署　　　交通 係（派出所）

6　災害発生の事実の現認者（5の災害調査を行った警察署又は派出所がない場合に記入してください）

氏名　　　　　　　　　　　（　歳）　　電　話　（自宅）　-　-
　　　　　　　　　　　　　　　　　　　　　　　（携帯）　-　-

住所　　　　　　　　　　　　　　　　　　　　郵便番号　-

7　あなたの運転していた車両（あなたが運転者の場合にのみ記入してください）

車種	大・中・(普)・特・自二・軽自・原付自		登録番号（車両番号）	練馬 500 あ 2222		
運転者の免許	(有)	免許の種類	免許証番号	資格取得	有効期限	免許の条件
	無	普　通	5397002891 51	15 年 2 月 1 日	令和9年 2 月 27 日まで	

8　事故現場の状況

天　　候　（晴）・曇・小雨・雨・小雪・雪・暴風雨・霧・濃霧

見透し　（良い）・悪い（障害物　　　　　　　　　　　　　　　　があった。）

道路の状況　（あなた（被災者）が運転者であった場合に記入してください。）

道路の幅　（　　5　　m）、（舗装）・非舗装、坂（上り・下り・緩・急）

でこぼこ・砂利道・道路欠損・工事中・凍結・その他　（　　　　　　　　　　　）

（あなた（被災者）が歩行者であった場合に記入してください。）

歩車道の区別が（ある・ない）道路、車の交通頻繁な道路、住宅地・商店街の道路

歩行者用道路（車の通行　許・否）、その他の道路（　　　　　　　　　　　　）

標　　識　速度制限（　40　km/h）・追い越し禁止・一方通行・歩行者横断禁止

一時停止（有・無）・停止線（有・無）

信号機　（無）・有（　　　色で交差点に入った。）、信号機時間外（黄点滅・赤点滅）

横断歩道上の信号機（有・無）

交通量　多い・少ない・（中位）

9　事故当時の行為、心身の状況及び車両の状況

心身の状況　（正常）・いねむり・疲労・わき見・病気（　　　　　　　　　　　）・飲酒

あなたの行為　（あなた（被災者）が運転者であった場合に記入してください。）

直前に警笛を（鳴らした・鳴らさない）相手を発見したのは（　　　）m手前

ブレーキを（かけた（スリップ　　　m）・かけない）、方向指示灯（だした・ださない）

停止線で一時停止（した・しない）、速度は約（　30　）km/h　相手は約（　15　）km/h

（あなた（被災者）が歩行者であった場合に記入してください。）

横断中の場合　横断場所（　　　　　　）、信号機（　　　）色で横断歩道に入った。

左右の安全確認（した・しない）、車の直前・直後を横断（した・しない）

通行中の場合　通行場所　（歩道・車道・歩車道の区別がない道路）

通行のしかた　（車と同方向・対面方向）

10　第二当事者（相手方）の自賠責保険（共済）及び任意の対人賠償保険（共済）に関すること

(1)　自賠責保険（共済）について

証明書番号　　第　　H279315　号

保険（共済）契約者　　（氏名）隅田運送株式会社　　第二当事者（相手方）と契約者との関係　労働者

（住所）東京都墨田区西駒形8-×-6

保険会社の管轄店名　全東京火災海上保険株式会社　　　　　電話　　03－××××－××××

管轄店所在地　　東京都千代田区大手町3-×-1　　　　　　　　　　　　郵便番号100-8916

(2)　任意の対人賠償保険（共済）について

証券番号　　第　　881234　号　　　保険金額　対人　　　　　10,000　万円

保険（共済）契約者　　（氏名）隅田運送株式会社　　第二当事者（相手方）と契約者との関係

（住所）東京都墨田区西駒形8-××-6

保険会社の管轄店名　全東京火災海上保険株式会社　　　　　電話　　03－××××－××××

管轄店所在地　　東京都千代田区大手町3-×-1　　　　　　　　　　　　郵便番号100-8916

(3)　保険金（損害賠償額）請求の有無　　（有）・無

有の場合の請求方法　　イ　自賠責保険（共済）単独

（ロ）　自賠責保険（共済）と任意の対人賠償保険（共済）との一括

保険金（損害賠償額）の支払を受けている場合は、受けた者の氏名、金額及びその年月日

氏名	金額	円	受領年月日	年	月	日

11　運行供用者が第二当事者（相手方）以外の場合の運行供用者

名称（氏名）隅田運送株式会社　　　　　　　　　電話　　03－3624－××××

所在地（住所）東京都墨田区西駒形8-××-6　　　　　　　　　　郵便番号130-0005

12　あなた（被災者）の人身傷害補償保険に関すること

人身障害補償保険に　（加入している・（していない）

証券番号　第	号	保険金額	万円
保険（共済）契約者　（氏名）		あなた（被災者）と契約者との関係	
（住所）			

保険会社の管轄店名　　　　　　　　　　　　　　電話　　　　－　　　　－

管轄店所在地　　　　　　　　　　　　　　　　　郵便番号　　　－

人身傷害補償保険金の請求の有無　　　有・無

人身傷害補償保険の支払を受けている場合は、受けた者の氏名、金額及びその年月日

氏名	金額	円	受領年月日	年	月	日

（届その３）

13　災害発生状況

第一当事者（被災者）・第二当事者（相手方）の行動、災害発生原因と状況をわかりやすく記入してください。

私が当社晴海営業所に業務打合せのため自家用乗用車（カローう）で晴海通りを東銀座に向け進行中、五井銀行本店前に差し掛かったところ、同店前に停車中の加害者の運転する大型貨物自動車が突然発車し、同車輌の右側面と私の運転する車輌の左側が接触し負傷した。

14　現場見取図

道路方向の地名（至○○方面）、道路幅、信号、横断歩道、区画線、道路標識、接触点等くわしく記入してください。

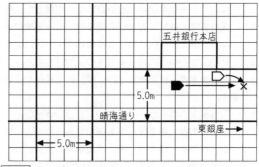

表示符号

自　車	■	横断禁止		信　号（赤、黄、青の表示）		横断歩道
相手車	◇	人　間		自転車		接触点　✕
進行方向	↑	オートバイ		一時停止		

15　過失割合

私の過失割合は　　　　０　　　　％、相手の過失割合は　　　　１００　　　％だと思います。

理由　私が直進中のところへ、突然、相手が発進し、接触してきたもので、後方確認を怠って発進した相手方に過失がある

16　示談について

イ　示談が成立した。（　　　年　　　月　　　日）　　　ロ　交渉中

ハ　示談はしない。　　　　　　　　　　　　　　　㊁　示談をする予定（　6　年　4月下旬日頃予定）

ホ　裁判の見込み（　　　年　　　月　　　日頃提訴予定）

17　身体損傷及び診療機関

	私（被災者）側	相手側（わかっていることだけ記入してください。）
部位・傷病名	頭部打撲、左上腕骨折	なし
程　　　度	全治２カ月の見込み	
診療機関名称	中川整形外科	
所　在　地	東京都中央区銀座２－✕	

18　損害賠償金の受領

受領年月日	支払者	金額・品目	名目	受領年月日	支払者	金額・品目	名目

事業主の証明	１欄の者については、２欄から６欄、13欄及び14欄に記載したとおりであることを証明します。 　令和　6　年　2　月　12　日 　　　　　事業場の名称　新日本商事株式会社 　　　　　事業主の氏名　代表取締役　小林正三 　　　　　　　　　　　　（法人の場合は代表者の役職・氏名）

第三者行為災害届を記載するに当たっての留意事項

1 災害発生後、すみやかに提出してください。
   なお、不明な事項がある場合には、空欄とし、提出時に申し出てください。

2 業務災害・通勤災害及び交通事故・交通事故以外のいずれか該当するものに○をしてください。
   なお、例えば構内における移動式クレーンによる事故のような場合には交通事故に含まれます。

3 通勤災害の場合には、事業主の証明は必要ありません。

4 第一当事者（被災者）とは、労災保険給付を受ける原因となった業務災害又は通勤災害を被った者をいいます。

5 災害発生の場所は、○○町○丁目○○番地○○ストア前歩道のように具体的に記入してください。

6 第二当事者（相手方）が業務中であった場合には、「届その１」の４欄に記入してください。

7 第二当事者（相手方）側と示談を行う場合には、あらかじめ所轄労働基準監督署に必ず御相談ください。
   示談の内容によっては、保険給付を受けられない場合があります。

8 交通事故以外の災害の場合には「届その２」を提出する必要はありません。

9 運行供用者とは、自己のために自動車の運行をさせる者をいいますが、一般的には自動車の所有者及び使用者等がこれに当たります。

10 「現場見取図」について、作業場における事故等で欄が不足し書ききれない場合にはこの用紙の下記記載欄を使用し、この「届その４」もあわせて提出してください。

11 損害賠償金を受領した場合には、第二当事者（相手方）又は保険会社等からを問わずすべて記入してください。

12 この届用紙に書ききれない場合には、適宜別紙に記載してあわせて提出してください。

現 場 見 取 図

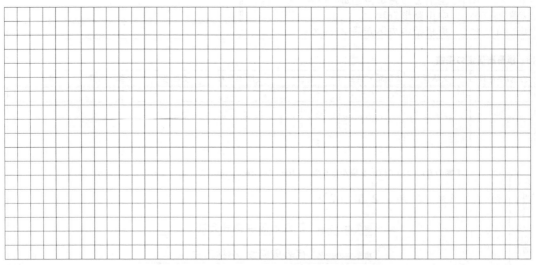

石綿健康被害救済法

様式第1号	石綿健康被害救済法 特別遺族年金支給請求書　　　　　　　　　　インクの色黒	
どんなとき	労働者が石綿にさらされる業務に従事することにより、指定疾病等（※）にかかり、令和8年3月26日までに死亡し、労災保険の遺族補償給付を受ける権利が時効（5年）によって消滅したとき。	
だ れ が	労働者の死亡の当時、その労働者の収入によって生計を維持していた遺族（配偶者、子、父母、孫、祖父母、兄弟姉妹）	
だ れ に	所轄労働基準監督署長	
いつまで	令和14年3月27日までに	
部　　数	1　部	
添 付 書 類	死亡診断書、死体検案書もしくは検視調書に記載してある死亡原因等の事項についての法務局等の証明書。戸籍謄本又は抄本。生計維持関係又は生計を一にしていたことを証明する書類（住民票など）。 障害の状態にある遺族の場合は、医師又は歯科医師の診断書その他の資料。	
根 拠 条 文	石綿健康被害救済法第59条、法第60条、法第61条、則第6条、則第7条	
受給権者 の 順 位	1　妻又は55歳以上若しくは一定の障害状態の夫 2　18歳に達する日以後の最初の3月31日までの間にあること又は一定障害の子 3　55歳以上又は一定の障害状態の父母 4　18歳に達する日以後の最初の3月31日までの間にあること又は一定障害の孫 5　55歳以上又は一定の障害状態の祖父母 6　18歳に達する日以後の最初の3月31日までの間にあること若しくは55歳以上又は一定障害の兄弟姉妹	
特 に 注 意 す る こ と	・労災保険法に基づく遺族補償給付の支給を受ける権利が消滅した人が対象です。 ・年金は、請求のあった日の属する月の翌月分から支給されます。 ※指定疾病等とは、石綿肺、肺がん、中皮腫、良性石綿胸水、びまん性胸膜肥厚です。	
作 成 上 の ポ イ ン ト	・記載する前に裏面の（注意）をよく読んでください。	
年 金 の 額	下記の額	
遺族の数	1人 2人 3人 4人以上	年240万円 年270万円 年300万円 年330万円

③請求書に証明

事 業 主

遺 族

添付する

市区町村役場

②戸籍謄本

①死亡診断書等

法 務 局 等

法務局

⑥特別遺族年金支払い通知・特別遺族年金の支払

⑤特別遺族年金支給決定通知・特別遺族年金証書交付

④特別遺族年金支給請求書

厚生労働省

労働基準監督署

報告

様式第1号（表面）

石綿健康被害救済法
特別遺族年金支給請求書

① 労 働 保 険 番 号						② 死亡労働者等の	フリガナ	アキヤマ ハルオ	
府県	所掌	管轄	基幹番号		枝番号		氏 名	秋山春夫	（男・女）
4 0	1	0 1	△△△△△△				生年月日	昭和32年 2月 16日（○○歳）	
③ 発 病 年 月 日		④ 死 亡 年 月 日					職 種	製造工	
平成16年 9月 16日頃		平成18年 11月 14日					所属事業場名 称所在地		

⑤ 石綿ばく露作業の従事時期及びその内容

昭和52年から平成7年までの間に、石綿スレート版の製造に従事していた。

②の者については、⑤に記載したとおりであることを証明します。

○○年　3月　27日

事業の名称　○×建材株式会社　　電話番号 ××××番　1234 局
事業場の所在地　福岡市博多区 ×－××－×　郵便番号 812-0000
事業主の氏名　代表取締役 労務次郎
（法人その他の団体であるときはその名称及び代表者の氏名）

⑥ 上記以外の事業場における石綿ばく露作業の従事状況	事 業 の 名 称	就 業 時 期	業 務 内 容
	(有)○△木工所	昭和50年～51年	石綿の吹付け作業

⑦ 請 求 人	フリガナ 氏 名	生年月日	フリガナ 住 所	死亡労働者等との関係	障害の有無	請求人の代表者を選任しないときはその理由
	アキヤマハナコ 秋山花子	昭和33年9月2日	クルメシ ミイマチ 久留米市御井町×-×-×	妻	ある・(ない)	
		年 月 日			ある・ない	
		年 月 日			ある・ない	
		年 月 日			ある・ない	

⑧ 請求人以外の特別遺族年金を受けることができる遺族	フリガナ 氏 名	生年月日	フリガナ 住 所	死亡労働者等との関係	障害の有無	請求人と生計を同じくしている
	アキヤマ 秋山チヨ	昭和7年2月6日	クルメシ ミイマチ 久留米市御井町×-×-×	母	ある・(ない)	(いる)・いない
		年 月 日			ある・ない	いる・いない
		年 月 日			ある・ない	いる・いない
		年 月 日			ある・ない	いる・いない

⑨ 添付する書類その他の資料名　死亡診断書、戸籍謄本

⑩ 年金の払渡しを受けることを希望する金融機関又は郵便局	金融機関	名 称	※金融機関店舗コード				
			八女	(銀行)・金庫・農協・漁協・信組		(本店)・支店・支所	
		預金通帳の記号番号	(普)・当	第 123456 号			
	郵便局	フリガナ 名 称	※郵便局コード				
						郵便局	
		所 在 地	都道府県		市郡区		
		郵便振替口座の口座番号	第 号				

⑪ 救済給付における特別遺族弔慰金等の認定等の有無	(申請の予定なし)・申請予定・申請中・不認定・受給済

上記により特別遺族年金の支給を請求します。

○○年　3月　28日
福岡中央 労働基準監督署長　殿

請求人（代表者）の

郵便番号 839-××××　電話番号　××××番　1234 局

住 所　久留米市御井町×-×-×
氏 名　秋山花子

様式第7号	石綿健康被害救済法 特別遺族一時金支給請求書	インクの色黒
どんなとき	労働者が石綿にさらされる業務に従事することにより指定疾病等（※）にかかり、これにより令和8年3月26日までに死亡した場合で、 (1) 特別遺族年金の受給権者がいないとき。 (2) 受給権者が失権した場合、他に年金受給資格者がなく、かつ、既に支給された年金の合計額が、1,200万円に満たないとき。 ※指定疾病等とは、石綿肺、肺がん、中皮腫、良性石綿胸水、びまん性胸膜肥厚です。	
だ れ が	遺族（ポイント欄参照）	
だ れ に	所轄労働基準監督署長	
い つ ま で	令和14年3月27日までに	
部 数	1 部	
添 付 書 類	この請求書には、次の書類を添付します。 (1) 請求人が、死亡した労働者と婚姻の届出をしていないが事実上婚姻関係と同様の事情にあった者であるときは、その事実を証明することができる書類。 (2) 請求人が、死亡した労働者の収入によって生計を維持していた者であるときは、その事実を証明することができる書類 (3) 特別遺族年金を受けることができる遺族がない場合の特別遺族一時金の支給の請求であるときは、次の書類 　イ　死亡診断書、死体検案書もしくは検視調書に記載してある死亡原因等の事項についての法務局等の証明書 　ロ　請求人と死亡した労働者との身分関係を証明することができる戸籍の謄本又は抄本（(1) の書類を添付する場合を除きます） (4) 特別遺族年金を受ける権利を有する者の権利が消滅し、他に特別遺族年金を受けることができる遺族がない場合の特別遺族一時金の支給の請求であるときは、(3) のロの書類（(1) の書類を添付する場合を除きます） ※死亡労働者が特別加入者であった場合には、⑤「石綿ばく露作業の従事時期及びその内容」の事項を証明することができる書類、その他の資料を添付します。	
根 拠 条 文	石綿健康被害救済法第62条、法第63条、則第9条	
ポ イ ン ト	〔遺族〕特別遺族一時金は、次にあげる遺族のうち最先順位者に支給されます。 　　1　配偶者 　　2　労働者の死亡当時その収入によって生計を維持していた子、父母、孫及び祖父母 　　3　その他の子、父母、孫及び祖父母 　　4　兄弟姉妹	
作 成 上 の ポ イ ン ト	1　死亡労働者に関し特別遺族年金が支給されていた場合には、 (1) ①、③及び⑤欄には記載する必要がありません。 (2) 事業主の証明は受ける必要がありません。 2　死亡労働者が特別加入者であった場合には、事業主の証明は受ける必要がありません。 3　⑥から⑧欄に記載することができない場合には、別紙を付けて所要の事項を記載してください。	
年 金 の 額	(1)「どんなとき」欄の (1) の場合 1,200万円 (1)「どんなとき」欄の (2) の場合 1,200万円 − 既支給年金額	

石綿健康被害救済法
様式第7号 ／ 手 続 き の 経 路

③請求書に証明

事 業 主

遺 族 等

④特別遺族一時金支給請求書　添付する

⑤支給決定支払通知

⑥特別遺族一時金支給

市区町村役場

②戸籍謄本

①死亡診断書等　法務局等

労働基準監督署

法務局

厚生労働省関係機関等所在地一覧

◇厚生労働省

東京都千代田区霞が関1－2－2　中央合同庁舎第5号館

〒100-8916　電話03（5253）1111（代）

◇労災保険業務室

東京都練馬区上石神井4－8－4

〒177-0044　電話03（3920）3311（代）

◇労働保険審査会

東京都港区芝公園1－5－32　労働委員会会館8階

〒105-0011　電話03（5403）2211

◇独立行政法人労働者健康安全機構

神奈川県川崎市中原区木月住吉町1番1号

〒211-0021　電話044（431）8600（総務部）

都道府県労働局所在地一覧

労働局名	所在地及び電話番号
北海道労働局	〒060-8566　札幌市北区北八条西 2-1-1　　札幌第 1 合同庁舎 労働保険徴収課、労働保険適用室、労災補償課、職業安定課　011-709-2311（代）
青森労働局	〒030-8558　青森市新町 2-4-25　　青森合同庁舎 労働保険徴収室　017-734-4145　　労災補償課　017-734-4115 職業安定課　017-721-2000
岩手労働局	〒020-8522　盛岡市盛岡駅西通 1 丁目 9 番 15 号 　　　　　　　盛岡第 2 合同庁舎 5 階 労働保険徴収室　019-604-3003　　職業安定課　019-604-3004 労災補償課　019-604-3009
宮城労働局	〒983-8585　仙台市宮城野区鉄砲町 1　　仙台第 4 合同庁舎 労働保険徴収課　022-299-8842　　労災補償課　022-299-8843 職業安定課　022-299-8061
秋田労働局 （第 1 庁舎）	〒010-0951　秋田市山王 7-1-3　　秋田合同庁舎 労働保険徴収室　018-883-4267　　労災補償課　018-883-4275
（第 2 庁舎）	〒010-0951　秋田市山王 3-1-7　　東カンビル 5 階 職業安定課　018-883-0007~9
山形労働局	〒990-8567　山形市香澄町 3-2-1　　山交ビル 3 階 労働保険徴収室　023-624-8225　　労災補償課　023-624-8227 職業安定課　023-626-6109
福島労働局	〒960-8513　福島市花園町 5-46　　福島第二地方合同庁舎 労働保険徴収室　024-536-4607~8　　労災補償課　024-536-4605 職業安定課　024-529-5338（代）
茨城労働局	〒310-8511　水戸市宮町 1-8-31　　茨城労働総合庁舎 労働保険徴収室　029-224-6213　　労災補償課　029-224-6217 職業安定課　029-224-6218
栃木労働局	〒320-0845　宇都宮市明保野町 1-4　　宇都宮第 2 地方合同庁舎 労働保険徴収室　028-634-9113　　労災補償課　028-634-9118 職業安定課　028-610-3555
群馬労働局	〒371-8567　前橋市大手町 2-3-1　　前橋地方合同庁舎 　　　　　　　8F（基準・雇均）　　9F（総務・雇均） 　　　　　　　8F 027-896-4739　9F 027-896-4733
群馬労働局 （大渡町分庁舎）	〒371-0854　前橋市大渡町 1-10-7　　群馬県公社総合ビル 9 階 労働保険徴収室　027-896-4734　　労災補償課　027-896-4738 職業安定課　027-210-5007

埼玉労働局	〒330-6016　さいたま市中央区新都心11-2 ランド・アクシス・タワー14・15・16階 14F（安定）　15F（総務・基準・安定）　16F（総務・雇均） 労働保険徴収課　048-600-6203　　労災補償課　048-600-6207 職業安定課　048-600-6208
千葉労働局	〒260-0013　千葉市中央区中央4丁目11-1　千葉第2地方合同庁舎 労働保険徴収課　043-221-4317　　労災補償課　043-221-4313 職業安定課　043-221-4081
東京労働局	〒102-8305　千代田区九段南1-2-1　　九段第3合同庁舎12階〜14階 徴収課　03-3512-1627　　適用・事務組合課　03-3512-1628（適用担当） 適用・事務組合課　03-3512-1629（事務組合担当）　労災補償課　03-3512-1617 職業安定課　03-3512-1653　　雇用保険課　03-3512-1670
神奈川労働局 （分庁舎）	〒231-0015　横浜市中区尾上町5-77-2　　馬車道ウエストビル 労働保険徴収課　045-650-2802（9階）　　職業安定課　045-650-2800（3階）
（本庁舎）	〒231-8434　横浜市中区北仲通5-57　　横浜第2合同庁舎 労災補償課　045-211-7355
（労災補償課分室）	〒231-0006　横浜市南仲通3-32-1　　みなとファンタジアビル5階 労災補償課　045-222-6625（直通）
新潟労働局	〒950-8625　新潟市中央区美咲町1-2-1　　新潟美咲合同庁舎2号館 労働保険徴収課　025-288-3502　　労災補償課　025-288-3506 職業安定課　025-288-3507
富山労働局	〒930-8509　富山市神通本町1-5-5　　富山労働総合庁舎 労働保険徴収室　076-432-2714　　労災補償課　076-432-2739 職業安定課　076-432-2782
石川労働局	〒920-0024　金沢市西念3-4-1　　金沢駅西合同庁舎5階・6階 労働保険徴収室　076-265-4422　　労災補償課　076-265-4426 職業安定課　076-265-4427
福井労働局	〒910-8559　福井市春山1-1-54　　福井春山合同庁舎 労働保険徴収室　0776-22-0112　　労災補償課　0776-22-2656 職業安定課　0776-26-8609
山梨労働局	〒400-8577　甲府市丸の内1-1-11 労働保険徴収室　055-225-2852　　労災補償課　055-225-2856 職業安定課　055-225-2857
長野労働局	〒380-8572　長野市中御所1-22-1 労働保険徴収室　026-223-0552　　労災補償課　026-223-0556 職業安定課　026-226-0865
岐阜労働局	〒500-8723　岐阜市金竜町5-13　　岐阜合同庁舎3階・4階 労働保険徴収室（3階）058-245-8115　　労災補償課　058-245-8105 職業安定課　058-245-1311

静岡労働局	〒 420-8639　静岡市葵区追手町 9-50　　静岡地方合同庁舎 3 階・5 階 労働保険徴収課　054-254-6316　　労災補償課　054-254-6369 職業安定課　054-271-9950
愛知労働局 （広小路庁舎）	〒 460-0008　名古屋市中区栄 2-3-1　名古屋広小路ビルヂング 6F・11F・15F 労働保険徴収課　052-219-5501　労働保険適用・事務組合課　052-219-5502,5503 職業安定課　052-219-5504~6.5568
（三の丸庁舎）	〒 460-8507　　名古屋市中区三の丸 2-5-1　　　名古屋合同庁舎第 2 号館 労災補償課　052-972-0260,0261
三重労働局	〒 514-8524　　津市島崎町 327-2　　　津第 2 地方合同庁舎 労働保険徴収室　059-226-2100　　労災補償課　059-226-2109 職業安定課　059-226-2305
滋賀労働局	〒 520-0806　　大津市打出浜 14-15　　　滋賀労働総合庁舎 4 階 労働保険徴収室　077-522-6520　　労災補償課　077-522-6630 職業安定課　077-526-8609　　　　　　　　（安定部）（雇用環境・均等室）
京都労働局	〒 604-0846　　京都市中京区両替町通御池上ル金吹町 451 労働保険徴収課　075-241-3213　　労災補償課　075-241-3217 職業安定課　075-241-3268
大阪労働局 （第 2 庁舎）	〒540-0028　　大阪市中央区常盤町 1-3-8　　中央大通 FN ビル 9F・14F・17F・21F 労働保険徴収課　06-4790-6330　労働保険適用・事務組合課　06-4790-6340 職業安定課　06-4790-6300
（第 1 庁舎）	〒 540-8527　大阪市中央区大手前 4-1-67　　大阪合同庁舎第 2 号館 8F・9F 労災補償課　06-6949-6507　　　　　　　　　　　　（総務・雇均）（基準）
（労災補償課分室）	〒 540-0003　　大阪市中央区森ノ宮中央 1-15-10 　　　　　　　大阪中央労働総合庁舎 3 階　06-7711-0740（直通）
兵庫労働局	〒 650-0044　　神戸市中央区東川崎町 1-1-3 　　　　　　　神戸クリスタルタワー 14・15・16 階・17 階 労働保険徴収課　078-367-0780　　労働保険適用室　078-367-0790 労災補償課　078-367-9155　　職業安定課　078-367-0800
奈良労働局	〒 630-8570　　奈良市法蓮町 387　　　奈良第 3 地方合同庁舎 労働保険徴収室　0742-32-0203　　労災補償課　0742-32-0207 職業安定課　0742-32-0208
和歌山労働局	〒 640-8581　　和歌山市黒田 2-3-3　　　和歌山労働総合庁舎 労働保険徴収室　073-488-1102　　労災補償課　073-488-1153 職業安定課　073-488-1160
鳥取労働局	〒 680-8522　　鳥取市富安 2-89-9 労働保険徴収室　0857-29-1702　　労災補償課　0857-29-1706 職業安定課　0857-29-1707

島根労働局	〒690-0841　松江市向島町 134-10　　松江地方合同庁舎 5 階 労働保険徴収室　0852−20-7010~4　　労災補償課　0852-31-1159,1160 職業安定課　0852-20-7016~9
岡山労働局	〒700-8611　岡山市北区下石井 1-4-1　　岡山第 2 合同庁舎 労働保険徴収室　086-225-2012　　労災補償課　086-225-2019 職業安定課　086-801-5103
広島労働局 （上八丁堀庁舎）	〒730-8538　広島市中区上八丁堀 6-30　　広島合同庁舎第 2 号館 労働保険徴収課　082-221-9246　　労災補償課　082-221-9245
（職業安定部庁舎）	〒730-0013　広島市中区八丁堀 5-7　　広島 KS ビル 4F 職業安定課　082-502-7831
山口労働局	〒753-8510　山口市中河原町 6-16　　山口地方合同庁舎 2 号館 労働保険徴収室　083-995-0366　　労災補償課　083-995-0374 職業安定課　083-995-0380
徳島労働局	〒770-0851　徳島市徳島町城内 6-6　　徳島地方合同庁舎 労働保険徴収室　088-652-9143　　労災補償課　088-652-9144 職業安定課　088-611-5383
香川労働局	〒760-0019　高松市サンポート 3-33　　高松サンポート合同庁舎 2・3 階 労働保険徴収室　087-811-8917　　労災補償課　087-811-8921 職業安定課　087-811-8922
愛媛労働局	〒790-8538　松山市若草町 4-3　　松山若草合同庁舎 5F・6F 労働保険徴収室　089-935-5202　　労災補償課　089-935-5206 職業安定課　089-943-5221
高知労働局	〒780-8548　高知市南金田 1-39 労働保険徴収室　088-885-6026　　労災補償課　088-885-6025 職業安定課　088-885-6051
（労災補償課分室）	〒780-0870　高知市本町 4-3-41　　高知地方合同庁舎 1 階 088-820-5135（直通）
福岡労働局	〒812-0013　福岡市博多区博多駅東 2-11-1 　　　　　　　福岡合同庁舎新館 4F・5F・6F 労働保険徴収課（徴収関係）　092-434-9831,9832 （適用関係）　092-434-9833~9836 労災補償課　092-411-4799　　職業安定課　092-434-9801~4
佐賀労働局	〒840-0801　佐賀市駅前中央 3-3-20　　佐賀第 2 合同庁舎 労働保険徴収室　0952-32-7168　　労災補償課　0952-32-7193 職業安定課　0952-32-7216
長崎労働局	〒850-0033　長崎市万才町 7-1　　住友生命長崎ビル 3・4・6 階 労働保険徴収室　095-801-0025　　労災補償課　095-801-0034 職業安定課　095-801-0040

熊本労働局	〒860-8514　熊本市西区春日 2-10-1　　熊本地方合同庁舎 A 棟 9 階
	労働保険徴収室　096-211-1702　　労災補償課　096-355-3183
	職業安定課　096-211-1703
大分労働局	〒870-0037　大分市東春日町 17-20
	大分第 2 ソフィアプラザビル 3 階・4 階・6 階
	労働保険徴収室　097-536-7095　　労災補償課　097-536-3214
	職業安定課　097-535-2090
宮崎労働局	〒880-0805　宮崎市橘通東 3-1-22　　宮崎合同庁舎
	労働保険徴収室　0985-38-8822　　労災補償課　0985-38-8837
	職業安定課　0985-38-8823
鹿児島労働局 （山下町庁舎）	〒892-8535　鹿児島市山下町 13-21　　鹿児島合同庁舎 2 階
	労働保険徴収室　099-223-8276　　労災補償課　099-223-8280
（西千石庁舎）	〒892-0847　鹿児島市西千石町 1-1
	鹿児島西千石第一生命ビル1階〜3階（安定）、2F（均等）
	職業安定課　099-219-8711
沖縄労働局	〒900-0006　那覇市おもろまち 2-1-1
	那覇第 2 地方合同庁舎（1 号館）3 階
	労働保険徴収室　098-868-4038　　労災補償課　098-868-3559
	職業安定課　098-868-1655

労働基準監督署・所在地・管轄区域一覧

労働基準監督署		所在地及び電話番号	管轄区域
北海道			
０１	札幌中央	〒060-8587 札幌市北区北８条西２丁目 １番１号札幌第１合同庁舎 011-737-1195	札幌市のうち中央区、北区、南区、西区、手稲区、石狩市（浜益区を除く）
１８	札　幌　東	〒004-8518 札幌市厚別区厚別中央二条 1-2-5 011-894-1121	札幌市のうち白石区、東区、厚別区、豊平区、清田区、江別市、恵庭市、北広島市、新篠津村、当別町
０２	函　　　館	〒040-0032 函館市新川町 25-18 函館地方合同庁舎 0138-87-7600	函館市、北斗市、福島町、松前町、木古内町、知内町、七飯町、鹿部町、森町、長万部町、今金町、厚沢部町、江差町、上ノ国町、乙部町、せたな町、奥尻町、八雲町
０３	小　　　樽	〒047-0007 小樽市港町 5-2 小樽地方合同庁舎 0134-33-7651	小樽市、積丹町、古平町、赤井川村、仁木町、余市町
０４	岩　見　沢	〒068-0005 岩見沢市５条東 15-7-7 岩見沢地方合同庁舎 0126-28-2430	岩見沢市、夕張市、美唄市、三笠市、月形町、浦臼町、南幌町、栗山町、長沼町、由仁町
０５	旭　　　川	〒078-8505 旭川市宮前１条 3-3-15 旭川合同庁舎西館６階 0166-99-4703	旭川市、富良野市、鷹栖町、東神楽町、当麻町、比布町、愛別町、上川町、東川町、美瑛町、上富良野町、中富良野町、南富良野町、占冠村、雨竜郡（幌加内町）
０６	帯　　　広	〒080-0016 帯広市西６条南７丁目３ 帯広地方合同庁舎 0155-97-1242	帯広市、音更町、上士幌町、鹿追町、士幌町、更別村、中札内村、芽室町、大樹町、広尾町、池田町、豊頃町、本別町、幕別町、浦幌町、足寄町、陸別町、新得町、清水町（十勝管内の１市 16 町２村）
０７	滝　　　川	〒073-8502 滝川市緑町 2-5-30 0125-24-7361	滝川市、芦別市、赤平市、砂川市、歌志内市、深川市、雨竜郡町、秩父別町、沼田町、北竜町、妹背牛町、奈井江町、上砂川町、新十津川町、石狩市のうち浜益区
０８	北　　　見	〒090-8540 北見市青葉町 6-8 北見地方合同庁舎 0157-88-3982	北見市、網走市、大空町、津別町、美幌町、置戸町、訓子府町、佐呂間町、清里町、小清水町、斜里町、湧別町、遠軽町
０９	室　　　蘭	〒051-0023 室蘭市入江町 1-13 室蘭地方合同庁舎 0143-23-6131	室蘭市、登別市、伊達市、壮瞥町、洞爺湖町、豊浦町
１７	苫　小　牧	〒053-8540 苫小牧市港町 1-6-15 苫小牧港湾合同庁舎 0144-88-8898	苫小牧市、千歳市、白老町、厚真町、安平町、むかわ町
１０	釧　　　路	〒085-8510 釧路市柏木町 2-12 0154-45-7834	釧路市、根室市、釧路町、厚岸町、浜中町、標茶町、弟子屈町、鶴居村、白糠町、別海町、標津町、中標津町、羅臼町
１１	名　　　寄	〒096-0014 名寄市西四条南９丁目 16 番地 01654-2-3186	名寄市、紋別市、士別市、美深町、音威子府村、中川町、雄武町、興部町、滝上町、西興部村、剣淵町、和寒町、下川町

１３	留　萌	〒 077-0048 留萌市大町 2 留萌地方合同庁舎 0164-42-0463	留萌市、増毛町、小平町、初山別村、苫前町、羽幌町
１４	稚　内	〒 097-0001 稚内市末広 5 丁目 6 番 1 号 稚内地方合同庁舎 3 階 0162-73-0777	稚内市、猿払村、枝幸町、中頓別町、浜頓別町、礼文町、利尻町、利尻富士町、遠別町、天塩町、豊富町、幌延町
１５	浦　河	〒 057-0034 浦河郡浦河町堺町西 1-3-31 0146-22-2113	日高町、平取町、新冠町、浦河町、様似町、えりも町、新ひだか町
１２	小樽署倶 知安支署	〒 044-0011 虻田郡倶知安町南 1 条東 3-1 倶知安地方合同庁舎 4 階 0136-22-0206	黒松内町、寿都町、蘭越町、岩内町、共和町、神恵内村、泊村、島牧村、喜茂別町、京極町、倶知安町、ニセコ町、真狩村、留寿都村
青　森			
０１	青　森	〒 030-0861 青森市長島 1-3-5 青森第 2 合同庁舎 017-734-4444	青森市（浪岡を除く）、東津軽郡
０２	弘　前	〒 036-8172 弘前市大字南富田町 5-1 0172-33-6411	弘前市、黒石市、平川市、中津軽郡、南津軽郡、青森市のうち浪岡
０３	八　戸	〒 039-1166 八戸市根城 9-13-9 八戸合同庁舎 0178-46-3311	八戸市、三戸郡
０４	五所川原	〒 037-0004 五所川原市大字唐笠柳字藤巻 507-5 五所川原合同庁舎 0173-35-2309	五所川原市、つがる市、北津軽郡、西津軽郡
０５	十 和 田	〒 034-0082 十和田市西二番町 14-12 十和田奥入瀬合同庁舎 0176-23-2780	十和田市、三沢市、上北郡のうち、おいらせ町、七戸町、東北町、野辺地町、六戸町
０６	む　つ	〒 035-0072 むつ市金谷 2-6-15 下北合同庁舎 0175-22-3136	むつ市、下北郡、上北郡のうち横浜町、六ヶ所村
岩　手			
０１	盛　岡	〒 020-8523 盛岡市盛岡駅西通 1 丁目 9-15 盛岡第 2 合同庁舎 6 階 019-604-2530	盛岡市、八幡平市、滝沢市、葛巻町、岩手町、雫石町、矢巾町、紫波町
０２	宮　古	〒 027-0073 宮古市緑ケ丘 5-29 0193-62-6455	宮古市、田野畑村、岩泉町、山田町
０４	釜　石	〒 026-0041 釜石市上中島町 4-3-50 NTT 東日本上中島ビル 1 階 0193-23-0651	釜石市、大槌町、遠野市 (宮守を除く)
０３	花　巻	〒 025-0076 花巻市城内 9-27 花巻合同庁舎 2 階 0198-23-5231	花巻市、西和賀町、遠野市のうち宮守町、北上市、金ケ崎町、奥州市のうち水沢・江刺・胆沢
０５	一　関	〒 021-0864 一関市旭町 5-11 0191-23-4125	一関市、西磐井郡、奥州市のうち前沢、衣川

0 7	大 船 渡	〒 022-0002 大船渡市大船渡町字台 13-14 0192-26-5231	大船渡市、住田町、陸前高田市
0 6	二 戸	〒 028-6103 二戸市石切所字荷渡 6-1 二戸合同庁舎　0195-23-4131	二戸市、洋野町、軽米町、一戸町、九戸村、久慈市、 野田村、普代村

宮 城

0 1	仙 台	〒 983-8507 仙台市宮城野区鉄砲町 1 番地 仙台第四合同庁舎 022-299-9074	仙台市、塩釜市、名取市、岩沼市、多賀城市、富谷市、 亘理郡、山元町、松島町、七ヶ浜町、利府町
0 2	石 巻 石 巻 気 仙 沼 臨 時 窓 口	〒 986-0832 石巻市泉町 4-1-18 石巻合同庁舎　0225-85-3484 〒 988-0077 気仙沼市古町 3-3-8 気仙沼駅前プラザ 2 階 0226-25-6921	石巻市、気仙沼市、東松島市、女川町、南三陸町
0 3	古 川	〒 989-6161 大崎市古川駅南 2-9-47 0229-22-2112	大崎市、大和町、大郷町、大衡村、加美町、色麻町、 涌谷町、美里町
0 4	大 河 原	〒 989-1246 柴田郡大河原町字新東 24-25 0224-53-2154	白石市、角田市、蔵王町、七ヶ宿町、川崎町、村田町、 大河原町、柴田町、丸森町
0 6	瀬 峰	〒 989-4521 栗原市瀬峰下田 50-8 0228-38-3131	登米市、栗原市

秋 田

0 1	秋 田	〒 010-0951 秋田市山王 7-1-4 秋田第 2 合同庁舎 2 F 018-865-3671	秋田市、男鹿市、潟上市、南秋田郡
0 2	能 代	〒 016-0895 能代市末広町 4-20 能代地方合同庁舎 3 F 0185-52-6151	能代市、山本郡
0 3	大 館	〒 017-0897 大館市字三の丸 6-2 0186-42-4033	大館市、鹿角市、北秋田市、北秋田郡、鹿角郡
0 4	横 手	〒 013-0033 横手市旭川 1-2-23 0182-32-3111	横手市、湯沢市、雄勝郡
0 5	大 曲	〒 014-0063 大仙市大曲日の出町 1-3-4 0187-63-5151	大仙市、仙北市、仙北郡
0 6	本 荘	〒 015-0874 由利本荘市給人町 17 本荘合同庁舎 2F 0184-22-4124	由利本荘市、にかほ市

山 形

0 1	山 形	〒 990-0041 山形市緑町 1-5-48 山形地方合同庁舎 023-624-6211	山形市、天童市、上山市、寒河江市、山辺町、中山町、 大江町、河北町、朝日町、西川町
0 2	米 沢	〒 992-0012 米沢市金池 3-1-39 米沢地方合同庁舎 0238-23-7120	米沢市、長井市、南陽市、川西町、高畠町、小国町、 飯豊町、白鷹町

0 3	庄 内	〒 997-0047	鶴岡市大塚町 17-27 鶴岡合同庁舎　0235-22-0714	鶴岡市、酒田市、庄内町、三川町、遊佐町
0 5	新 庄	〒 996-0011	新庄市東谷地田町 6-4 新庄合同庁舎　0233-22-0227	新庄市、舟形町、真室川町、金山町、最上町、鮭川村、大蔵村、戸沢村
0 6	村 山	〒 995-0021	村山市楯岡楯 2-28 村山地方合同庁舎 2F 　　　　　0237-55-2815	村山市、東根市、尾花沢市、大石田町

福 島

0 1	福 島	〒 960-8021	福島市霞町 1-46 福島合同庁舎 1F 　　　　　024-536-4611	福島市、二本松市、伊達市、伊達郡、相馬郡飯舘村
0 2	郡 山	〒 963-8071	郡山市富久山町久保田愛宕 78-1　2F 　　　　　024-922-1370	郡山市、田村市、本宮市、田村郡、安達郡
0 3	い わ き	〒 970-8026	いわき市平堂根町 4-11 いわき地方合同庁舎 4 F 　　　　　0246-23-2255	いわき市
0 4	会 津	〒 965-0803	会津若松市城前 2-10 　　　　　0242-26-6494	会津若松市、大沼郡、南会津郡、耶麻郡（猪苗代町、磐梯町）河沼郡
0 6	白 河	〒 961-0074	白河市郭内 1-136 白河小峰城合同庁舎 5F 　　　　　0248-24-1391	白河市、西白河郡、東白川郡
0 5	須 賀 川	〒 962-0834	須賀川市旭町 204-1 　　　　　0248-75-3519	須賀川市、岩瀬郡、石川郡
0 7	喜 多 方	〒 966-0896	喜多方市諏訪 91 　　　　　0241-22-4211	喜多方市、耶麻郡（西会津町、北塩原村）
0 8	相 馬	〒 976-0042	相馬市中村字桜ケ丘 68 　　　　　0244-36-4175	相馬市、南相馬市、相馬郡新地町
0 9	富 岡	〒 979-1112	双葉郡富岡町中央 2-104 　　　　　0240-22-3003	双葉郡

茨 城

0 1	水 戸	〒 310-0015	水戸市宮町 1 丁目 8-31 茨城労働総合庁舎 　　　　　029-226-2237	水戸市、常陸太田市、ひたちなか市、常陸大宮市、那珂市、笠間市、茨城町、大洗町、城里町、大子町、東海村
0 2	日 立	〒 317-0073	日立市幸町 2-9-4 　　　　　0294-22-5187	日立市、高萩市、北茨城市
0 3	土 浦	〒 300-0805	土浦市宍塚 1838 土浦労働総合庁舎 4F 　　　　　029-821-5127	土浦市、石岡市、つくば市、かすみがうら市、小美玉市、阿見町
0 4	筑 西	〒 308-0825	筑西市下中山 581-2 　　　　　0296-22-4564	筑西市、結城市、下妻市、桜川市、八千代町
0 5	古 河	〒 306-0011	古河市東 3-7-32 　　　　　0280-32-3232	古河市、境町、五霞町

			所在地・電話番号	管轄区域
０７	常 総	〒 303-0022	常総市水海道淵頭町 3114-4 0297-22-0264	常総市、守谷市、坂東市、つくばみらい市
０８	龍 ヶ 崎	〒 301-0005	龍ヶ崎市川原代町 4-6336-1 0297-62-3331	龍ヶ崎市、取手市、牛久市、稲敷市、利根町、河内町、美浦村
０９	鹿 嶋	〒 314-0031	鹿嶋市宮中 1995-1 鹿嶋労働総合庁舎 0299-83-8461	鹿嶋市、潮来市、神栖市、行方市、鉾田市

栃 木

０１	宇 都 宮	〒 320-0845	宇都宮市明保野町 1-4 宇都宮第 2 地方合同庁舎別館 028-633-4251	宇都宮市、さくら市、那須烏山市、高根沢町、那珂川町
０２	足 利	〒 326-0807	足利市大正町 864 0284-41-1188	足利市
０３	栃 木	〒 328-0042	栃木市沼和田町 20-24 0282-24-7766	栃木市、小山市、下野市、壬生町、野木町、佐野市
０５	鹿 沼	〒 322-0063	鹿沼市戸張町 2365-5 0289-64-3215	鹿沼市
０６	大 田 原	〒 324-0041	大田原市本町 2-2828-19 0287-22-2279	大田原市、矢板市、那須塩原市、那須町
０７	日 光	〒 321-1261	日光市今市 305-1 0288-22-0273	日光市、塩谷町
０８	真 岡	〒 321-4305	真岡市荒町 5203 0285-82-4443	真岡市、益子町、茂木町、市貝町、芳賀町、上三川町

群 馬

０１	高 崎	〒 370-0045	高崎市東町 134-12 高崎地方合同庁舎 027-322-4661	高崎市（藤岡労働基準監督署の管轄区域を除く）、富岡市、安中市、甘楽郡（甘楽町・下仁田町・南牧村）
０２	前 橋	〒 371-0026	前橋市大手町 2-3-1 前橋地方合同庁舎 7F 027-896-3019	前橋市、渋川市、北群馬郡（榛東村・吉岡町）、伊勢崎市、佐波郡（玉村町）
	前橋伊勢崎分庁舎	〒 372-0024	伊勢崎市下植木町 517 0270-25-3363	
０４	桐 生	〒 376-0045	桐生市末広町 13 番地 5 桐生地方合同庁舎 0277-44-3523	桐生市、みどり市
０５	太 田	〒 373-0817	太田市飯塚町 104-1 0276-45-9920	太田市、館林市、邑楽郡
０６	沼 田	〒 378-0031	沼田市薄根町 4468-4 0278-23-0323	沼田市、利根郡（片品村・川場村・昭和村・みなかみ町）
０７	藤 岡	〒 375-0014	藤岡市下栗須 124-10 0274-22-1418	藤岡市、多野郡、高崎市のうち新町、吉井町、多野郡（上野村・神流町）
０８	中 之 条	〒 377-0424	吾妻郡中之条町中之条 664-1 0279-75-3034	吾妻郡（東吾妻町・草津町・高山村・嬬恋村・中之条町・長野原町）

埼 玉

0 1	さいたま	〒 330-6014 さいたま市中央区新都心 11-2 ランド・アクシス・タワー 14F 048-600-4801	さいたま市（岩槻区を除く）、鴻巣市（旧川里町　赤城、赤城台、新井、上会下、北根、屈巣、境、関新田、広田 を除く）、上尾市、朝霞市、志木市、和光市、新座市、桶川市、北本市、北足立郡伊奈町
0 2	川　口	〒 332-0015 川口市川口 2-10-2 048-252-3773	川口市、蕨市、戸田市
0 4	熊　谷	〒 360-0856 熊谷市別府 5-95 048-533-3611	熊谷市、本庄市、深谷市、大里郡寄居町、児玉郡（美里町、神川町、上里町）
0 5	川　越	〒 350-1118 川越市豊田本 1-19-8 川越合同庁舎 049-242-0891	川越市、東松山市、富士見市、坂戸市、鶴ケ島市、ふじみ野市、比企郡（滑川町、嵐山町、小川町、ときがわ町、川島町、吉見町、鳩山町）、入間郡（毛呂山町、越生町）、秩父郡東秩父村
0 6	春 日 部	〒 344-8506 春日部市南 3-10-13 048-735-5226	春日部市、さいたま市（のうち岩槻区）、草加市、八潮市、三郷市、久喜市、越谷市、蓮田市、幸手市、吉川市、白岡市、南埼玉郡宮代町、北葛飾郡（杉戸町、松伏町）
0 7	所　沢	〒 359-0042 所沢市並木 6-1-3 所沢合同庁舎 04-2995-2555	所沢市、飯能市、狭山市、入間市、日高市、入間郡三芳町
0 8	行　田	〒 361-8504 行田市桜町 2-6-14 048-556-4195	行田市、加須市、羽生市、鴻巣市（のうち旧川里町 赤城、赤城台、新井、上会下、北根、屈巣、境、関新田、広田）
0 9	秩　父	〒 368-0024 秩父市上宮地町 23-24 0494-22-3725	秩父市、秩父郡（皆野町、長瀞町、小鹿野町、横瀬町）

千 葉

0 1	千　葉	〒 260-8506 千葉市中央区中央 4-11-1 千葉第 2 地方合同庁舎 業務課（庶務、経理）　　　043-308-0670 方面（賃金・解雇・労働時間等） 　　　　　　　　　　　043-308-0671 安全衛生課　　　　　　　043-308-0672 労災第一・第二課　　　　043-308-0673	千葉市、市原市、四街道市
0 2	船　橋	〒 273-0022 船橋市海神町 2-3-13 業務課　　　　　　　　　047-431-0181 方面（労働基準法関係）　047-431-0182 労災課（労災保険法関係）047-431-0183 安全衛生課（安衛法関係）047-431-0196	船橋市、市川市、習志野市、八千代市、鎌ヶ谷市、浦安市、白井市
0 3	柏	〒 277-0021 柏市中央町 3-2 柏トーセイビル 3 階 04-7163-0245（代）	柏市、松戸市、野田市、流山市、我孫子市
0 4	銚　子	〒 288-0041 銚子市中央町 8-16 0479-22-8100	銚子市、匝瑳市、旭市、香取郡（東庄町）
0 6	木 更 津	〒 292-0831 木更津市富士見 2-4-14 木更津地方合同庁舎 0438-22-6165	木更津市、君津市、富津市、袖ヶ浦市、館山市、鴨川市、南房総市、安房郡

0 7	茂　　原	〒 297-0018 茂原市萩原町 3-20-3 0475-22-4551	茂原市、勝浦市、いすみ市、長生郡、夷隅郡
0 8	成　　田	〒 286-0134 成田市東和田 553-4 0476-22-5666	成田市、香取市、印西市、富里市、印旛郡（栄町）、香取郡（神崎町　多古町）
0 9	東　　金	〒 283-0005 東金市田間 65 0475-52-4358	東金市、佐倉市、八街市、山武市、大網白里市、山武郡、印旛郡のうち酒々井町

東　京

0 1	中　　央	〒 112-8573 文京区後楽 1-9-20 　　　　飯田橋合同庁舎 6・7 階 方面（監督）　　　　　　　03-5803-7381 安全衛生課　　　　　　　　03-5803-7382 労災課　　　　　　　　　　03-5803-7383 総合労働相談コーナー　　　03-6866-0008	千代田区、中央区、文京区、大島町、八丈町、利島村、新島村、神津島村、三宅村、御蔵島村、青ヶ島村
0 3	上　　野	〒 110-0008 台東区池之端 1-2-22 　　　　上野合同庁舎 7 階 方面（監督）　　　　　　　03-6872-1230 安全衛生担当　　　　　　　03-6872-1315 労災課　　　　　　　　　　03-6872-1316 総合労働相談コーナー　　　03-6872-1144	台東区
0 4	三　　田	〒 108-0014 港区芝 5-35-2 　　　　安全衛生総合会館 3 階 方面（監督）　　　　　　　03-3452-5473 安全衛生課　　　　　　　　03-3452-5474 労災課　　　　　　　　　　03-3452-5472 総合労働相談コーナー　　　03-6858-0769	港区
0 5	品　　川	〒 141-0021 品川区上大崎 3-13-26 方面（監督）　　　　　　　03-3443-5742 安全衛生課　　　　　　　　03-3443-5743 労災課　　　　　　　　　　03-3443-5744 総合労働相談コーナー　　　03-6681-1521	品川区、目黒区
0 6	大　　田	〒 144-8606 大田区蒲田 5-40-3 　　　　TT 蒲田駅前ビル 8・9 階 方面（監督）　　　　　　　03-3732-0174 安全衛生課　　　　　　　　03-3732-0175 労災課　　　　　　　　　　03-3732-0173 総合労働相談コーナー　　　03-6842-2143	大田区
0 7	渋　　谷	〒 150-0041 渋谷区神南 1-3-5 　　　　渋谷神南合同庁舎 方面（監督）　　　　　　　03-3780-6527 安全衛生課　　　　　　　　03-3780-6535 労災課　　　　　　　　　　03-3780-6507 総合労働相談コーナー　　　03-6849-1167	渋谷区、世田谷区

0 8	新　宿	〒 169-0073　新宿区百人町 4-4-1 新宿労働総合庁舎 4・5 階 方面（監督）　　　　　　03-3361-3949 安全衛生課　　　　　　　03-3361-3974 労災課　　　　　　　　　03-3361-4402 総合労働相談コーナー　　03-6849-4460	新宿区、中野区、杉並区
0 9	池　袋	〒 171-8502　豊島区池袋 4-30-20 豊島地方合同庁舎 1 階 方面（監督）　　　　　　03-3971-1257 安全衛生課　　　　　　　03-3971-1258 労災課　　　　　　　　　03-3971-1259 総合労働相談コーナー　　03-6871-6537	豊島区、板橋区、練馬区
1 0	王　子	〒 115-0045　北区赤羽 2-8-5 方面（監督）　　　　　　03-6679-0183 安全衛生担当　　　　　　03-6679-0186 労災課　　　　　　　　　03-6679-0226 総合労働相談コーナー　　03-6679-0133	北区
1 1	足　立	〒 120-0026　足立区千住旭町 4-21 足立地方合同庁舎 4 階 方面（監督）　　　　　　03-3882-1188 安全衛生課　　　　　　　03-3882-1190 労災課　　　　　　　　　03-3882-1189 総合労働相談コーナー　　03-6684-4573	足立区、荒川区
1 2	向　島	〒 131-0032　墨田区東向島 4-33-13 方面（監督）　　　　　　03-5630-1031 安全衛生課　　　　　　　03-5630-1032 労災課　　　　　　　　　03-5630-1033 総合労働相談コーナー　　03-5630-1043	墨田区、葛飾区
1 3	亀　戸	〒 136-8513　江東区亀戸 2-19-1 カメリアプラザ 8 階 方面（監督）　　　　　　03-3637-8130 安全衛生課　　　　　　　03-3637-8131 労災課　　　　　　　　　03-3637-8132	江東区
1 4	江 戸 川	〒 134-0091　江戸川区船堀 2-4-11 方面（監督）　　　　　　03-6681-8212 安全衛生担当　　　　　　03-6681-8213 労災課　　　　　　　　　03-6681-8232 総合労働相談コーナー　　03-6681-8125	江戸川区
1 5	八 王 子	〒 192-0046　八王子市明神町 4-21-2 方面（監督）　　　　　　042-680-8752 安全衛生課　　　　　　　042-680-8785 労災課　　　　　　　　　042-680-8923 総合労働相談コーナー　　042-680-8081	八王子市、日野市、多摩市、稲城市
1 6	立　川	〒 190-8516　立川市緑町 4-2 立川地方合同庁舎 3 階 方面（監督）　　　　　　042-523-4472 安全衛生課　　　　　　　042-523-4473 労災課　　　　　　　　　042-523-4474 総合労働相談コーナー　　042-846-4821	立川市、昭島市、府中市、小金井市、小平市、東村山市、国分寺市、国立市、東大和市、武蔵村山市

１７	青　　梅	〒198-0042 青梅市東青梅 2-6-2 監督課　　　　　　　　　0428-28-0058 安全衛生課　　　　　　　0428-28-0331 労災課　　　　　　　　　0428-28-0392 総合労働相談コーナー　　0428-28-0854	青梅市、福生市、あきる野市、羽村市、西多摩郡
１８	三　　鷹	〒180-8518 武蔵野市御殿山 1-1-3 　　　　　クリスタルパークビル 3 階 方面（監督）　　　　　　0422-67-0651 安全衛生担当　　　　　　0422-67-1502 労災課　　　　　　　　　0422-67-3422 総合労働相談コーナー　　0422-67-6340	三鷹市、武蔵野市、調布市、狛江市、清瀬市、東久留米市、西東京市
１９	町　　田	〒194-0022 町田市森野 2-28-14 　　　　　町田地方合同庁舎 2 階 監督担当　　　　　　　　042-718-8610 安全衛生課　　　　　　　042-718-9134 労災課　　　　　　　　　042-718-8592 総合労働相談コーナー　　042-718-8342	町田市
	小笠原総合事務所	〒100-2101 東京都小笠原村父島字東町152 　　　　　　　　　　　　04998-2-2245	小笠原村
神奈川			
０１	横 浜 南	〒231-0003 横浜市中区北仲通 5 丁目 57 　　　　　横浜第 2 合同庁舎 9 階 監督担当　　　　　　　　045-211-7374 安全衛生課　　　　　　　045-211-7375 労災課　　　　　　　　　045-211-7376	横浜市（中区、南区、港南区、磯子区、金沢区）
０６	横 浜 北	〒222-0033 横浜市港北区新横浜 2-4-1 　　　　　日本生命新横浜ビル 3・4 階 方面　　　　　　　　　　045-474-1251 安全衛生課　　　　　　　045-474-1252 労災課　　　　　　　　　045-474-1253	横浜市（神奈川区、西区、港北区、緑区、青葉区、都筑区）
１２	横 浜 西	〒240-8612 横浜市保土ヶ谷区岩井町 1-7 　　　　　保土ヶ谷駅ビル 4 階 　　　　　　　　　　　　045-332-9311	横浜市（戸塚区、栄区、泉区、旭区、瀬谷区、保土ケ谷区）
０３	川 崎 南	〒210-0012 川崎市川崎区宮前町 8-2 監督・労働条件　　　　　044-244-1271 労災保険関係　　　　　　044-244-1272 安全衛生関係　　　　　　044-244-1273	川崎市（川崎区、幸区）、横浜市（鶴見区扇島）
０４	川 崎 北	〒213-0001 川崎市高津区溝口 1-21-9 監督・労働条件関係　　　044-382-3190 安全衛生関係　　　　　　044-382-3191 労災保険関係　　　　　　044-382-3192	川崎市（中原区、宮前区、高津区、多摩区、麻生区）
０２	鶴　　見	〒230-0051 横浜市鶴見区鶴見中央 2-6-18 監督・労働条件関係　　　045-501-4968 安全衛生関係　　　　　　045-279-5486 労災保険関係　　　　　　045-279-5487	横浜市（鶴見区（扇島を除く））
０５	横 須 賀	〒238-0005 横須賀市新港町 1-8 　　　　　横須賀地方合同庁舎 5 階 　　　　　　　　　　　　046-823-0858	横須賀市、三浦市、逗子市、葉山町

0 7	平　塚	〒254-0041　平塚市浅間町10-22 平塚地方合同庁舎3階 監督課・安全衛生課　　　0463-43-8615 労災課　　　　　　　　　0463-43-8616	平塚市、伊勢原市、秦野市、大磯町、二宮町
0 8	藤　沢	〒251-0054　藤沢市朝日町5-12 藤沢労働総合庁舎3階 監督・労働条件関係　　　0466-23-6753 安全衛生関係　　　　　　0466-97-6748 労災保険関係　　　　　　0466-97-6749	藤沢市、茅ヶ崎市、鎌倉市、寒川町
0 9	小 田 原	〒250-0011　小田原市栄町1-1-15 ミナカ小田原9階 　　　　　　　　　　　　0465-22-0074	小田原市、南足柄市、足柄上郡、足柄下郡
1 0	厚　木	〒243-0018　厚木市中町3-2-6 厚木Tビル5階 監督・労働条件関係　　　046-401-1641 安全衛生関係　　　　　　046-401-1960 労災保険関係　　　　　　046-401-1642	厚木市、大和市、海老名市、座間市、綾瀬市、愛甲郡
1 1	相 模 原	〒252-0236　相模原市中央区富士見6-10-10 相模原地方合同庁舎4階 監督・労働条件関係　　　042-752-2051 安全衛生関係　　　　　　042-861-8631 労災保険関係　　　　　　042-401-8632	相模原市

新　潟

0 1	新　潟	〒950-8624　新潟市中央区美咲町1-2-1 新潟美咲合同庁舎2号館 監督・労働条件関係　　　025-288-3572 安全衛生関係　　　　　　025-288-3573 労災保険関係　　　　　　025-288-3574	新潟市（秋葉区・南区を除く）
0 2	長　岡	〒940-0082　長岡市千歳1-3-88 長岡地方合同庁舎7階 　　　　　　　　　　　　0258-33-8711	長岡市（小出監督署の管轄区域を除く）、柏崎市、三島郡、刈羽郡
0 3	上　越	〒943-0803　上越市春日野1-5-22 上越地方合同庁舎3階 　　　　　　　　　　　　025-524-2111	上越市、糸魚川市、妙高市
0 4	三　条	〒955-0055　三条市塚野目2-5-11 　　　　　　　　　　　　0256-32-1150	三条市、加茂市、見附市、燕市、西蒲原郡、南蒲原郡
0 6	新 発 田	〒957-8506　新発田市日渡96 新発田地方合同庁舎 　　　　　　　　　　　　0254-27-6680	新発田市、村上市、阿賀野市、胎内市、北蒲原郡、岩船郡
0 7	新　津	〒956-0864　新潟市秋葉区新津本町4-18-8 新津労働総合庁舎 　　　　　　　　　　　　0250-22-4161	新潟市のうち秋葉区・南区、五泉市、東蒲原郡
0 8	小　出	〒946-0004　魚沼市大塚新田87-3 　　　　　　　　　　　　025-792-0241	長岡市のうち川口相川、川口荒谷、川口牛ヶ島、東川口、川口木沢、川口田麦山、川口峠、川口中山、西川口、川口武道窪、川口和南津、小千谷市、魚沼市、南魚沼市、南魚沼郡

0 9	十 日 町	〒 948-0073 十日町市稲荷町 2 丁目 9 番地 3 025-752-2079	十日町市、中魚沼郡
1 1	佐 渡	〒 952-0016 佐渡市原黒 333-38 0259-23-4500	佐渡市

富 山

01	富 山	〒 930-0008 富山市神通本町 1 丁目 5 番 5 富山労働総合庁舎 2 階 076-432-9141	富山市
02	高 岡	〒 933-0046 高岡市中川本町 10-21 高岡法務合同庁舎 2 階 0766-23-6446	高岡市、氷見市、射水市
0 3	魚 津	〒 937-0801 魚津市新金屋 1-12-31 魚津合同庁舎 4 階 0765-22-0579	魚津市、滑川市、黒部市、中新川郡、下新川郡
0 4	砺 波	〒 939-1367 砺波市広上町 5-3 0763-32-3323	砺波市、小矢部市、南砺市

石 川

01	金 沢	〒 921-8013 金沢市新神田 4-3-10 金沢新神田合同庁舎 3 階 076-292-7933（代）	金沢市、かほく市、白山市、野々市市、河北郡
0 2	小 松	〒 923-0868 小松市日の出町 1-120 小松日の出合同庁舎 7 階 0761-22-4231（代）	小松市、加賀市、能美市、能美郡
0 3	七 尾	〒 926-0852 七尾市小島町西部 2 七尾地方合同庁舎 2 階 0767-52-3294	七尾市、羽咋市、鹿島郡、羽咋郡
0 5	穴 水	〒 927-0027 鳳珠郡穴水町川島キ 84 穴水地方合同庁舎 2 階 0768-52-1140	輪島市、珠洲市、鳳珠郡

福 井

0 1	福 井	〒 910-0842 福井市開発 1-121-5 0776-54-7722	福井市、あわら市、坂井市、吉田郡
0 2	敦 賀	〒 914-0055 敦賀市鉄輪町 1-7-3 敦賀駅前合同庁舎 2 階 0770-22-0745	敦賀市、小浜市、三方郡、大飯郡、三方上中郡
0 3	武 生	〒 915-0814 越前市中央 1-6-4 0778-23-1440	鯖江市、越前市、今立郡、南条郡、丹生郡
0 4	大 野	〒 912-0052 大野市弥生町 1-31 0779-66-3838	大野市、勝山市

山 梨

0 1	甲 府	〒 400-8579 甲府市下飯田 2-5-51 方面（監督）　　055-224-5616 安全衛生課　　055-224-5617 労災課　　055-224-5619	甲府市、山梨市、韮崎市、南アルプス市、北杜市、甲斐市、笛吹市、甲州市、中央市、中巨摩郡

０２	都　留	〒402-0005　都留市四日市場 23-2 0554-43-2195	都留市、富士吉田市、大月市、上野原市、南都留郡、北都留郡
０３	鰍　沢	〒400-0601　南巨摩郡富士川町鰍沢 1760-1 0556-22-3181	南巨摩郡、西八代郡

長　野

０１	松　本	〒390-0852　松本市大字島立 1696 0263-48-5693	松本市（大町労働基準監督署の管轄区域を除く）、塩尻市、安曇野市のうち明科東川手、明科中川手、明科光、明科七貴、明科南陸郷、東筑摩郡、木曽郡
０２	長　野	〒380-8573　長野市中御所 1 丁目 22-1 026-223-6310	長野市（中野労働基準監督署の管轄区域を除く）、千曲市、上水内郡、埴科郡
０３	岡　谷	〒394-0027　岡谷市中央町 1-8-4 0266-22-3454	岡谷市、諏訪市、茅野市、諏訪郡
０４	上　田	〒386-0025　上田市天神 2-4-70 上田労働総合庁舎 0268-22-0338	上田市、東御市、小県郡
０５	飯　田	〒395-0051　飯田市高羽町 6-1-5 飯田高羽合同庁舎 0265-22-2635	飯田市、下伊那郡
０６	中　野	〒383-0022　中野市中央 1-2-21 0269-22-2105	中野市、須坂市、飯山市、長野市のうち若穂綿内、若穂川田、若穂牛島、若穂保科、上高井郡、下高井郡、下水内郡
０７	小　諸	〒384-0017　小諸市三和 1-6-22 0267-22-1760	小諸市、佐久市、北佐久郡、南佐久郡
０８	伊　那	〒396-0015　伊那市中央 5033-2 0265-72-6181	伊那市、駒ヶ根市、上伊那郡
１０	大　町	〒398-0002　大町市大町 2943-5 大町地方合同庁舎 4F 0261-22-2001	松本市のうち梓川上野、梓川梓、梓川倭、大町市、安曇野市（松本労働基準監督署の管轄区域を除く）、北安曇郡

岐　阜

０１	岐　阜	〒500-8157　岐阜市五坪 1-9-1 岐阜労働総合庁舎 058-247-1101	岐阜市、羽島市、各務原市、山県市、瑞穂市、本巣市、羽島郡、本巣郡
０２	大　垣	〒503-0893　大垣市藤江町 1-1-1 0584-78-5184	大垣市、海津市、養老郡、不破郡、安八郡、揖斐郡
０３	高　山	〒506-0009　高山市花岡町 3-6-6 0577-32-1180	高山市、飛騨市、下呂市、大野郡
０４	多治見	〒507-0037　多治見市音羽町 5-39-1 多治見労働総合庁舎 0572-22-6381	多治見市、瑞浪市、土岐市、可児市、可児郡
０５	関	〒501-3803　関市西本郷通 3-1-15 0575-22-3251	関市、美濃市、美濃加茂市、加茂郡

0 6	恵　　那	〒 509-7203 恵那市長島町正家 1-3-12 恵那合同庁舎 0573-26-2175	恵那市、中津川市
0 7	岐阜八幡	〒 501-4235 郡上市八幡町有坂 1209-2 郡上八幡地方合同庁舎 0575-65-2101	郡上市

静　岡

0 1	浜　　松	〒 430-8639 浜松市中区中央 1-12-4 浜松合同庁舎 8 階 監督関係　　　　053-456-8148 安衛関係　　　　053-456-8149 労災関係　　　　053-456-8150 庶務関係　　　　053-456-8151	浜松市、湖西市
0 2	静　　岡	〒 420-0837 静岡市葵区伝馬町 24-2 伝馬町ビル 監督関係　　　　054-252-8106 安衛関係　　　　054-252-8107 労災関係　　　　054-252-8108 庶務関係　　　　054-252-8165	静岡市
0 3	沼　　津	〒 410-0831 沼津市市場町 9-1 沼津合同庁舎 4 階 055-933-5830	沼津市、御殿場市、裾野市、駿東郡
0 5	三　　島	〒 411-0033 三島市文教町 1-3-112 三島労働総合庁舎 3 階 055-986-9100	熱海市、三島市、伊東市、下田市、伊豆市、伊豆の国市、賀茂郡、田方郡
	下田駐在 事 務 所	〒 415-0036 下田市西本郷 2-55-33 下田地方合同庁舎 1 階 0558-22-0649	
0 6	富　　士	〒 417-0041 富士市御幸町 13-28 0545-51-2255	富士市、富士宮市
0 7	磐　　田	〒 438-8585 磐田市見付 3599-6 磐田地方合同庁舎 4 階 0538-32-2205	磐田市、掛川市、袋井市、御前崎市、菊川市、周智郡
0 8	島　　田	〒 427-8508 島田市本通 1 丁目 4677-4 島田労働総合庁舎 3 階 0547-37-3148	島田市、焼津市、藤枝市、榛原郡、牧之原市

愛　知

0 1	名古屋北	〒 461-8575 名古屋市東区白壁 1-15-1 名古屋合同庁舎第 3 号館 8 階 監督関係　　　　052-961-8653 安衛関係　　　　052-961-8654 労災関係　　　　052-961-8655 業務課　　　　　052-961-8652	名古屋市（東区、北区、中区、守山区、春日井市、小牧市）

14	名古屋西	〒453-0813 名古屋市中村区二ツ橋町 3-37 監督関係　　　　052-481-9533 安衛関係　　　　052-855-2572 労災関係　　　　052-481-9534 業務関係　　　　052-481-9532		名古屋市（西区、中村区、清須市、北名古屋市、西春日井郡豊山町）
02	名古屋南	〒455-8525 名古屋市港区港明 1-10-4 監督関係　　　　052-651-9207 安衛関係　　　　052-651-9208 労災関係　　　　052-651-9209 業務関係　　　　052-651-9206		名古屋市（中川区、港区、南区）
03	名古屋東	〒468-8551 名古屋市天白区中平 5-2101 監督関係　　　　052-800-0792 安衛関係　　　　052-800-0793 労災関係　　　　052-800-0794 業務関係　　　　052-800-0795		名古屋市（千種区、昭和区、瑞穂区、熱田区、緑区、名東区、天白区、豊明市、日進市、愛知郡東郷町）
04	豊　　橋	〒440-8506 豊橋市大国町 111 豊橋地方合同庁舎 6 階 監督関係　　　　0532-54-1192 安衛関係　　　　0532-54-1193 労災関係　　　　0532-54-1194 業務関係　　　　0532-54-1191		豊橋市、豊川市、蒲郡市、新城市、田原市、北設楽郡設楽町、東栄町、豊根村
06	岡　　崎	〒444-0813 岡崎市羽根町字北乾地 50-1 岡崎合同庁舎 5 階 0564-52-3161		岡崎市、額田郡幸田町
	岡崎署西尾支署	〒445-0072 西尾市徳次町下十五夜 13 0563-57-7161		西尾市
15	豊　　田	〒471-0867 豊田市常盤町 3-25-2 0565-35-2323		豊田市、みよし市
07	一　　宮	〒491-0903 一宮市八幡 4-8-7 一宮労働総合庁舎 0586-45-0206		一宮市、稲沢市
08	半　　田	〒475-8560 半田市宮路町 200-4 半田地方合同庁舎 0569-21-1030		半田市、常滑市、東海市、大府市、知多市、知多郡阿久比町、東浦町、南知多町、美浜町、武豊町
09	津　　島	〒496-0042 津島市寺前町 3-87-4 0567-26-4155		津島市、愛西市、弥富市、あま市、海部郡大治町、蟹江町、飛島村
10	瀬　　戸	〒489-0881 瀬戸市熊野町 100 0561-82-2103		瀬戸市、尾張旭市、長久手市
11	刈　　谷	〒448-0858 刈谷市若松町 1-46-1 刈谷合同庁舎 3 階 0566-21-4885		刈谷市、碧南市、安城市、知立市、高浜市
13	江　　南	〒483-8162 江南市尾崎町河原 101 0587-54-2443		江南市、犬山市、岩倉市、丹羽郡大口町、扶桑町
三　重				
01	四 日 市	〒510-0064 四日市市新正 2-5-23 059-351-1661		四日市市、桑名市、いなべ市、桑名郡、員弁郡、三重郡

02	松 阪	〒 515-0011 松阪市高町 493-6 松阪合同庁舎 3 階 0598-51-0015	松阪市、多気郡
	津	〒 514-0002 津市島崎町 327 番 2 津第二地方合同庁舎 1 階 方面（監督） 059-227-1282 安全衛生課 059-227-1284 労災課 059-227-1286	津市、鈴鹿市、亀山市
04	伊 勢	〒 516-0008 伊勢市船江 1-12-16 0596-28-2164	伊勢市、鳥羽市、志摩市、度会郡
06	伊 賀	〒 518-0836 伊賀市緑ケ丘本町 1507-3 伊賀上野地方合同庁舎 0595-21-0802	伊賀市、名張市
07	熊 野	〒 519-4324 熊野市井戸町 672-3 0597-85-2277	熊野市、尾鷲市、北牟婁郡、南牟婁郡
滋 賀			
01	大 津	〒 520-0806 大津市打出浜 14-15 滋賀労働総合庁舎 3 階 077-522-6616	大津市、草津市、守山市、栗東市、野洲市、高島市
02	彦 根	〒 522-0054 彦根市西今町 58-3 彦根地方合同庁舎 3 階 0749-22-0654	彦根市、長浜市、米原市、愛知郡、犬上郡
04	東 近 江	〒 527-8554 東近江市八日市緑町 8-14 0748-22-0394	近江八幡市、東近江市、甲賀市、湖南市、蒲生郡
京 都			
01	京 都 上	〒 604-8467 京都市中京区西ノ京大炊御門 町 19-19 075-462-5112	京都市（上京区、中京区、左京区、右京区、西京区、北区）
02	京 都 下	〒 600-8009 京都市下京区四条通室町東入 函谷鉾町 101 アーバンネッ ト四条烏丸ビル 5 階 075-254-3195	京都市（下京区、東山区、山科区、南区、長岡京市、 向日市、乙訓郡）
03	京 都 南	〒 612-8108 京都市伏見区奉行前町 6 番地 075-601-8321	京都市（伏見区、宇治市、城陽市、京田辺市、木津川 市、八幡市、久世郡、綴喜郡、相楽郡）
04	福 知 山	〒 620-0035 福知山市内記 1-10-29 福知山地方合同庁舎 4 階 0773-22-2181	福知山市、綾部市
05	舞 鶴	〒 624-0946 舞鶴市字下福井 901 舞鶴港湾合同庁舎 6 階 0773-75-0680	舞鶴市
06	丹 後	〒 627-0012 京丹後市峰山町杉谷 147-14 0772-62-1214	宮津市、京丹後市、与謝郡
07	園 部	〒 622-0003 南丹市園部町新町 118-13 0771-62-0567	亀岡市、南丹市、船井郡

大 阪

０１	大阪中央	〒 540-0003	大阪市中央区森ノ宮中央 1-15-10 06-7669-8726	大阪市（中央区、天王寺区、浪速区、東成区、生野区、城東区、鶴見区）
０２	大 阪 南	〒 557-8502	大阪市西成区玉出中 2-13-27 06-7688-5580	大阪市（住之江区、住吉区、西成区、阿倍野区、東住吉区、平野区）
０４	天　満	〒 530-6007	大阪市北区天満橋 1-8-30 OAP タワー 7 階 06-7713-2003	大阪市（北区、都島区、旭区）
０５	大 阪 西	〒 550-0014	大阪市西区北堀江 1-2-19 アステリオ北堀江ビル 9 階 06-7713-2021	大阪市（西区、港区、大正区）
０６	西 野 田	〒 554-0012	大阪市此花区西九条 5-3-63 06-7669-8787	大阪市（此花、西淀川区、福島区
０７	淀　川	〒 532-8507	大阪市淀川区西三国 4-1-12 06-7668-0268	大阪市（淀川区、東淀川区、池田市、豊中市、箕面市、豊能郡）
０８	東 大 阪	〒 577-0809	東大阪市永和 2-1-1 東大阪商工会議所 3 階 06-7713-2025	東大阪市、八尾市
０９	岸 和 田	〒 596-0073	岸和田市岸城町 23-16 072-498-1012	岸和田市、貝塚市、泉佐野市、泉南市、阪南市、泉南郡
１０	堺	〒 590-0078	堺市堺区南瓦町 2-29 堺地方合同庁舎 3 階 072-340-3829	堺市
１１	羽 曳 野	〒 583-0857	羽曳野市誉田 3-15-17 072-942-1308	富田林市、河内長野市、松原市、柏原市、羽曳野市、藤井寺市、大阪狭山市、南河内郡
１２	北 大 阪	〒 573-8512	枚方市東田宮 1-6-8 072-391-5825	守口市、枚方市、寝屋川市、大東市、門真市、四條畷市、交野市
１３	泉 大 津	〒 595-0025	泉大津市旭町 22-45 テクスピア大阪 6 階 0725-27-1211	泉大津市、和泉市、高石市、泉北郡
１４	茨　木	〒 567-8530	茨木市上中条 2-5-7 072-604-5308	茨木市、高槻市、吹田市、摂津市、三島郡

兵 庫

０１	神 戸 東	〒 650-0024	神戸市中央区海岸通 29 神戸地方合同庁舎 3 階 078-332-5353	神戸市中央区、灘区
０２	神 戸 西	〒 652-0802	神戸市兵庫区水木通 10-1-5 078-576-1831	神戸市（兵庫区、北区、長田区、須磨区、垂水区、西区）
０３	尼　崎	〒 660-0892	尼崎市東難波町 4-18-36 尼崎地方合同庁舎 06-6481-1541	尼崎市

0 4	姫　　路	〒 670-0947 姫路市北条 1-83 079-224-1481	姫路市、宍粟市、たつの市、神崎郡、揖保郡
0 5	伊　　丹	〒 664-0881 伊丹市昆陽 1-1-6 伊丹労働総合庁舎 072-772-6224	伊丹市、川西市、三田市、篠山市、川辺郡
0 6	西　　宮	〒 662-0942 西宮市浜町 7-35 西宮地方合同庁舎 0798-24-8603	西宮市、芦屋市、宝塚市、神戸市（東灘区）
0 7	加 古 川	〒 675-0017 加古川市野口町良野 1737 079-422-5001	明石市、加古川市、三木市、高砂市、小野市、加古郡
0 8	西　　脇	〒 677-0015 西脇市西脇 885-30 西脇地方合同庁舎 0795-22-3366	西脇市、加西市、丹波市、加東市、多可郡
0 9	但　　馬	〒 668-0031 豊岡市大手町 9-15 0796-22-5145	豊岡市、養父市、朝来市、美方郡
1 0	相　　生	〒 678-0031 相生市旭 1-3-18 相生地方合同庁舎 0791-22-1020	相生市、赤穂市、赤穂郡、佐用郡
1 1	淡　　路	〒 656-0014 洲本市桑間 280-2 0799-22-2591	洲本市、南あわじ市、淡路市
奈　良			
0 1	奈　　良	〒 630-8301 奈良市高畑町 552 奈良第 2 地方合同庁舎 0742-23-0435	奈良市、大和郡山市、天理市、生駒市、生駒郡、山辺郡
0 2	葛　　城	〒 635-0095 大和高田市大中 393 0745-52-5891	大和高田市、橿原市、御所市、香芝市、葛城市、北葛城郡、高市郡
0 3	桜　　井	〒 633-0062 桜井市粟殿 1012 0744-42-6901	桜井市、宇陀市、磯城郡、宇陀郡、吉野郡（東吉野村）
0 4	大　　淀	〒 638-0821 吉野郡大淀町下淵 364-1 0747-52-0261	五條市、吉野郡（東吉野村を除く各町村）
和歌山			
0 1	和 歌 山	〒 640-8582 和歌山市黒田二丁目 3 番 3 号 和歌山労働総合庁舎 073-407-2200	和歌山市、海南市、岩出市、海草郡
0 2	御　　坊	〒 644-0011 御坊市湯川町財部 1132 0738-22-3571	御坊市、有田市、有田郡、日高郡（みなべ町を除く）
0 3	橋　　本	〒 648-0072 橋本市東家 6-9-2 0736-32-1190	橋本市、紀の川市、伊都郡
0 4	田　　辺	〒 646-8511 田辺市明洋二丁目 24-1 0739-22-4694	田辺市、西牟婁郡、日高郡（みなべ町）
0 5	新　　宮	〒 647-0033 新宮市清水元 1-2-9 0735-22-5295	新宮市、東牟婁郡

鳥 取			
0 1	鳥　取	〒 680-0845　鳥取市富安 2-89-4 鳥取第 1 地方合同庁舎 4F 0857-24-3211	鳥取市、岩美郡、八頭町
0 2	米　子	〒 683-0067　米子市東町 124-16 米子地方合同庁舎 5F 0859-34-2231	米子市、境港市、西伯郡、日野郡
0 3	倉　吉	〒 682-0816　倉吉市駄経寺町 2-15 倉吉地方合同庁舎 3F 0858-22-6274	倉吉市、東伯郡
島 根			
0 1	松　江	〒 690-0841　松江市向島町 134 番 10 松江地方合同庁舎 0852-31-1165	松江市、安来市、 雲南市（大東町、加茂町、木次町、仁多郡、隠岐郡）
0 2	出　雲	〒 693-0028　出雲市塩冶善行町 13-3 出雲地方合同庁舎 0853-21-1240	出雲市、大田市、 雲南市（三刀屋町、吉田町、掛合町）、飯石郡
0 3	浜　田	〒 697-0026　浜田市田町 116-9 0855-22-1840	浜田市、江津市、邑智郡
0 4	益　田	〒 698-0027　益田市あけぼの東町 4-6 益田地方合同庁舎 0856-22-2351	益田市、鹿足郡
岡 山			
0 1	岡　山	〒 700-0913　岡山市北区大供 2-11-20 086-225-0591	岡山市、玉野市、瀬戸内市、 吉備中央町（旧加茂川町地域）
0 2	倉　敷	〒 710-0047　倉敷市大島 407-1 086-422-8177	倉敷市、総社市、早島町
0 4	津　山	〒 708-0022　津山市山下 9-6 0868-22-7157	津山市、真庭市、美作市、久米南町、美咲町、勝央町、 奈義町、鏡野町、西粟倉村、新庄村
0 5	笠　岡	〒 714-0081　笠岡市笠岡 5891 0865-62-4196	笠岡市、井原市、浅口市、里庄町、矢掛町
0 6	和　気	〒 709-0442　和気郡和気町福富 313 0869-93-1358	備前市、赤磐市、和気町
0 7	新　見	〒 718-0011　新見市新見 811-1 0867-72-1136	新見市、高梁市、 吉備中央町（旧賀陽町地域）
広 島			
0 1	広島中央	〒 730-8528　広島市中区上八丁堀 6-30 広島合同庁舎第 2 号館 1F 082-221-2460	広島市（中区、東区、南区、西区、安芸区） 東広島市（呉労働基準監督署、三原労働基準監督署の 管轄区域を除く）、安芸郡
0 2	呉	〒 737-0051　呉市中央 3-9-15 呉地方合同庁舎 5F 0823-22-0005	呉市、江田島市、 東広島市（黒瀬町、黒瀬学園台、黒瀬春日野、黒瀬切 田が丘、黒瀬桜が丘、黒瀬松ヶ丘、黒瀬楢原北、黒瀬 楢原東、黒瀬楢原西）

0 3	福　　山	〒 720-8503 福山市旭町 1-7 084-923-0005	福山市、府中市、神石郡（神石高原町）
0 4	三　　原	〒 723-0016 三原市宮沖 2-13-20 0848-63-3939	三原市、竹原市、豊田郡、東広島市（安芸津町、河内町、福富町、豊栄町）
0 5	尾　　道	〒 722-0002 尾道市古浜町 27-13 0848-22-4158	尾道市、世羅郡
0 6	三　　次	〒 728-0013 三次市十日市東 1-9-9 0824-62-2104	三次市、安芸高田市、庄原市
0 7	広 島 北	〒 731-0223 広島市安佐北区可部南 3-3-28 082-812-2115	広島市のうち安佐南区、安佐北区、山県郡
0 9	廿 日 市	〒 738-0024 廿日市市新宮 1-15-40 廿日市地方合同庁舎 0829-32-1155	廿日市市、大竹市、広島市（佐伯区）

山　口

0 1	下　　関	〒 750-8522 下関市東大和町 2-5-15 083-266-5476	下関市
0 2	宇　　部	〒 755-0044 宇部市新町 10-33 宇部地方合同庁舎 0836-31-4500	宇部市、山陽小野田市、美祢市（秋芳町、美東町を除く）
0 3	徳　　山	〒 745-0844 周南市速玉町 3-41 0834-21-1788	周南市（下松労働基準監督署の管轄区域を除く）
0 4	下　　松	〒 744-0078 下松市西市 2-10-25 0833-41-1780	下松市、光市、柳井市（大畠、神代、遠崎を除く）、周南市の旧熊毛町地域（大河内、奥関屋、勝間原、小松原、御所尾原、幸ヶ丘、新清光台、自由ヶ丘、清尾、鶴見台、中村、原、樋口、緑が丘、八代、安田、夢ヶ丘、呼坂、清光台町、高水原、呼坂本町、熊毛中央町、勝間ヶ丘、藤ヶ台）、熊毛郡
0 5	岩　　国	〒 740-0027 岩国市中津町 2-15-10 0827-24-1133	岩国市、柳井市大畠、柳井市神代、柳井市遠崎、大島郡、玖珂郡
0 8	山　　口	〒 753-0088 山口市中河原町 6-16 山口地方合同庁舎 1 号館 083-922-1238	山口市、防府市、美祢市（秋芳町、美東町）
0 9	萩	〒 758-0074 萩市大字平安古町 599-3 萩地方合同庁舎 0838-22-0750	萩市、長門市、阿武郡

徳　島

0 1	徳　　島	〒 770-8533 徳島市万代町 3-5 徳島第 2 地方合同庁舎 088-622-8138	徳島市、小松島市、吉野川市、名東郡、名西郡、勝浦郡
0 2	鳴　　門	〒 772-0003 鳴門市撫養町南浜字馬目木 119-6 088-686-5164	鳴門市、阿波市、板野郡
0 3	三　　好	〒 778-0002 三好市池田町マチ 2429-12 0883-72-1105	美馬市、三好市、美馬郡、三好郡

0 4	阿　　南	〒 774-0011 阿南市領家町本荘ヶ内 120-6 0884-22-0890	阿南市、那賀郡、海部郡
香　川			
0 1	高　　松	〒 760-0019 高松市サンポート 3 番 33 号 高松サンポート合同庁舎 2 階 087-811-8945	高松市（国分寺町を除く）、香川郡、木田郡、小豆郡
0 2	丸　　亀	〒 763-0034 丸亀市大手町 3-1-2 0877-22-6244	丸亀市（飯山町、綾歌町を除く）、善通寺市、仲多度郡
0 3	坂　　出	〒 762-0003 坂出市久米町 1-15-55 0877-46-3196	坂出市、綾歌郡、 高松市（国分寺町）、丸亀市（飯山町、綾歌町）
0 4	観 音 寺	〒 768-0060 観音寺市観音寺町甲 3167-1 0875-25-2138	観音寺市、三豊市
0 5	東かがわ	〒 769-2601 東かがわ市三本松 591-1 大内地方合同庁舎 0879-25-3137	さぬき市、東かがわ市
愛　媛			
0 1	松　　山	〒 791-8523 松山市六軒家町 3-27 松山労働総合庁舎 4F 089-917-5250	松山市、伊予市、東温市、伊予郡、上浮穴郡
0 2	新 居 浜	〒 792-0025 新居浜市一宮町 1-5-3 0897-37-0151	新居浜市、西条市、四国中央市、 今治市（宮窪町四阪島）
0 3	今　　治	〒 794-0042 今治市旭町 1-3-1 0898-32-4560	今治市（新居浜労働基準監督署の管轄区域を除く）、 越智郡
0 4	八 幡 浜	〒 796-0031 八幡浜市江戸岡 1-1-10 0894-22-1750	八幡浜市、大洲市、西予市、西宇和郡、喜多郡
0 5	宇 和 島	〒 798-0036 宇和島市天神町 4-40 宇和島地方合同庁舎 3 階 0895-22-4655	宇和島市、北宇和郡、南宇和郡
高　知			
0 1	高　　知	〒 781-9526 高知市南金田 1 番 39 088-885-6031	高知市、南国市、香美市、長岡郡、土佐郡、吾川郡 （仁淀川町を除く）
0 2	須　　崎	〒 785-8511 須崎市緑町 7-11 0889-42-1866	土佐市、須崎市、 吾川郡（仁淀川町、高岡郡）
0 3	四 万 十	〒 787-0012 四万十市右山五月町 3-12 中村地方合同庁舎 0880-35-3148	宿毛市、土佐清水市、四万十市、幡多郡
0 4	安　　芸	〒 784-0001 安芸市矢ノ丸 2-1-6 安芸地方合同庁舎 0887-35-2128	室戸市、安芸市、香南市、安芸郡

福　岡

０１	福岡中央	〒810-8605 福岡市中央区長浜 2-1-1 労働条件等監督関係　　092-761-5607 安全衛生課　　　　　　092-761-5608 労災課　　　　　　　　092-761-5604 総合労働相談コーナー　092-761-5600	福岡市 (東区を除く) 春日市、大野城市、筑紫野市、太宰府市、糸島市、那珂川市
１３	福岡東	〒813-0016 福岡市東区香椎浜 1-3-26 092-661-3770	福岡市（東区、宗像市、古賀市、福津市、糟屋郡）
０２	大牟田	〒836-8502 大牟田市小浜町 24-13 0944-53-3987	大牟田市、柳川市、みやま市
０３	久留米	〒830-0037 久留米市諏訪野町 2401 0942-33-7251	久留米市、大川市、小郡市、うきは市、朝倉市、朝倉郡、三井郡、三潴郡
０４	飯　塚	〒820-0018 飯塚市芳雄町 13-6 飯塚合同庁舎　0948-22-3200	飯塚市、嘉麻市、嘉穂郡
０６	北九州西	〒806-8540 北九州市八幡西区岸の浦 1-5-10　　　093-622-6550	北九州市（八幡西区、若松区、戸畑区、八幡東区、中間市、遠賀郡）
０７	北九州東	〒803-0814 北九州市小倉北区大手町 13-26　　　093-561-0881	北九州市（小倉北区、小倉南区）
	北九州東 門司支署	〒800-0004 北九州市門司区北川町 1-18 093-381-5361	北九州市（門司区）
０９	田　川	〒825-0013 田川市中央町 4-12 0947-42-0380	田川市、田川郡
１０	直　方	〒822-0017 直方市殿町 9-17 0949-22-0544	直方市、宮若市、鞍手郡
１１	行　橋	〒824-0005 行橋市中央 1-12-35 0930-23-0454	行橋市、豊前市、京都郡、築上郡
１２	八　女	〒834-0047 八女市稲富 132 0943-23-2121	八女市、筑後市、八女郡

佐　賀

０１	佐　賀	〒840-0801 佐賀市駅前中央 3-3-20 佐賀第 2 合同庁舎 3F 0952-32-7133	佐賀市、鳥栖市、多久市、小城市、神埼市、神埼郡、三養基郡
０２	唐　津	〒847-0861 唐津市二タ子 3-214-6 唐津港湾合同庁舎 1F 0955-73-2179	唐津市、東松浦郡
０３	武　雄	〒843-0023 武雄市武雄町昭和 758 0954-22-2165	武雄市、鹿島市、嬉野市、杵島郡、藤津郡
０４	伊万里	〒848-0027 伊万里市立花町大尾 1891-64 0955-23-4155	伊万里市、西松浦郡

長　崎

０１	長　崎	〒852-8542 長崎市岩川町 16-16 長崎合同庁舎 2F 095-846-6353	長崎市、五島市、西海市、西彼杵郡、南松浦郡

0 2	佐 世 保	〒 857-0041 佐世保市木場田町 2-19 佐世保合同庁舎 3F 0956-24-4161	佐佐世保市（江迎町、鹿町町を除く） 東彼杵郡（川棚町、波佐見町） 北松浦郡（小値賀町）
0 3	江 迎	〒 859-6101 佐世保市江迎町長坂 123-19 0956-65-2141	佐世保市（江迎町、鹿町町、平戸市、松浦市） 北松浦郡（佐々町）
0 4	島 原	〒 855-0033 島原市新馬場町 905-1 0957-62-5145	島原市、雲仙市、南島原市
0 5	諫 早	〒 854-0081 諫早市栄田町 47-37 0957-26-3310	諫早市、大村市 東彼杵郡（東彼杵町）
0 6	対 馬	〒 817-0016 対馬市厳原町東里 341-42 厳原地方合同庁舎 0920-52-0234	対馬市、壱岐市

熊 本

0 1	熊 本	〒 862-8688 熊本市中央区大江 3-1-53 熊本第 2 合同庁舎 096-362-7100	熊本市（旧植木町を除く） 宇土市、宇城市、下益城郡、上益城郡
0 2	八 代	〒 866-0852 八代市大手町 2-3-11 0965-32-3151	八代市、水俣市、八代郡、葦北郡
0 3	玉 名	〒 865-0016 玉名市岩崎 273 玉名合同庁舎 0968-73-4411	玉名市、荒尾市、玉名郡
0 4	人 吉	〒 868-0014 人吉市下薩摩瀬町 1602-1 0966-22-5151	人吉市、球磨郡
0 5	天 草	〒 863-0050 天草市丸尾町 16 番 48 号 0969-23-2266	天草市、上天草市、天草郡
0 6	菊 池	〒 861-1306 菊池市大琳寺 236-4 0968-25-3136	菊池市、山鹿市、合志市、菊池郡、阿蘇市、阿蘇郡 熊本市（旧植木町）

大 分

0 1	大 分	〒 870-0016 大分市新川町 2-1-36 大分合同庁舎 2F 097-535-1511	大分市、別府市、杵築市、由布市、国東市、東国東郡 姫島村、速見郡日出町
0 2	中 津	〒 871-0031 中津市大字中殿 550 番地 20 中津合同庁舎 2F 0979-22-2720	中津市、豊後高田市、宇佐市
0 3	佐 伯	〒 876-0811 佐伯市鶴谷町 1-3-28 佐伯労働総合庁舎 3F 0972-22-3421	佐伯市、臼杵市、津久見市
0 4	日 田	〒 877-0012 日田市淡窓 1-1-61 0973-22-6191	日田市、玖珠郡玖珠町、玖珠郡九重町
0 5	豊後大野	〒 879-7131 豊後大野市三重町市場 1225-9 三重合同庁舎 4F 0974-22-0153	竹田市、豊後大野市

宮　崎

０１	宮　　崎	〒 880-0813 宮崎市丸島町 1-15 0985-29-6000	宮崎市、西都市、東諸県郡、児湯郡
０２	延　　岡	〒 882-0803 延岡市大貫町 1-2885-1 0982-34-3331	延岡市、日向市、東臼杵郡、西臼杵郡
０３	都　　城	〒 885-0072 都城市上町 2 街区 11 号 都城合同庁舎 6F 0986-23-0192	都城市、小林市、えびの市、北諸県郡、西諸県郡
０４	日　　南	〒 887-0031 日南市戸高 1-3-17 0987-23-5277	日南市、串間市

鹿児島

０１	鹿 児 島	〒 890-8545 鹿児島市薬師 1-6-3 099-214-9175	鹿児島市、枕崎市、指宿市、西之表市、日置市、いちき串木野市、南さつま市、南九州市、鹿児島郡、熊毛郡
０２	川　　内	〒 895-0063 薩摩川内市若葉町 4-24 川内地方合同庁舎 0996-22-3225	薩摩川内市、阿久根市、出水市、薩摩郡、出水郡
	鹿　　屋	〒 893-0064 鹿屋市西原 4-5-1 0994-43-3385	鹿屋市、垂水市、曽於市、志布志市、曽於郡、肝属郡
	加 治 木	〒 899-5211 姶良市加治木町新富町 98-6 0995-63-2035	霧島市、姶良市、伊佐市、姶良郡
０７	名　　瀬	〒 894-0036 奄美市名瀬長浜町 1-1 0997-52-0574	奄美市、大島郡

沖　縄

０１	那　　覇	〒 900-0006 那覇市おもろまち 2-1-1 那覇第 2 地方合同庁舎 2F 098-868-8033	那覇市、浦添市、豊見城市、西原町、与那原町、南風原町、南城市、八重瀬町、糸満市、座間味村、渡嘉敷村、久米島町、粟国村、渡名喜村、北大東村、南大東村
０２	沖　　縄	〒 904-0003 沖縄市住吉 1-23-1 沖縄労働総合庁舎 3F 098-982-1263	沖縄市、、宜野湾市、うるま市、恩納村、宜野座村、嘉手納町、北谷町、金武町、読谷村、北中城村、中城村村
０３	名　　護	〒 905-0011 名護市字宮里 452-3 名護地方合同庁舎 1F 0980-52-2691	名護市、国頭村、大宜味村、東村、今帰仁村、本部町、伊平屋村、伊是名村、伊江村
０４	宮　　古	〒 906-0013 宮古島市平良字下里 1016 平良地方合同庁舎 1F 0980-72-2303	宮古島市、多良間村
０５	八 重 山	〒 907-0004 石垣市登野城 55-4 石垣地方合同庁舎 2F 0980-82-2344	石垣市、竹富町、与那国町

公共職業安定所・所在地・管轄区域一覧

公共職業安定所	所在地及び電話番号	管轄区域
北海道		
0101 札　幌	〒064-8609 札幌市中央区南十条西 14 丁目 011-562-0101	札幌市（中央区、南区、西区、手稲区）
ハローワークプラザ札幌	〒060-0004 札幌市中央区北四条西 5 丁目 1-4 大樹生命札幌共同ビル 5 階 011-242-8689	
0102 函　館	〒040-8609 函館市新川町 26-6 函館地方合同庁舎分庁舎 0138-26-0735	函館市、北斗市、松前町、福島町、木古内町、知内町、七飯町、鹿部町、森町
ハローワークプラザ函館	〒041-0806 函館市美原 1-4-3 エスポワール石沢ビル 0138-45-8609	
八雲（出）	〒049-3113 二海郡八雲町相生町 108-8 八雲地方合同庁舎 0137-62-2509	八雲町（熊石を除く）、長万部町、今金町、せたな町北檜山区、せたな町瀬棚区
江差（出）	〒043-8609 檜山郡江差町宇姥神町 167 江差地方合同庁舎 0139-52-0178	江差町、上ノ国町、厚沢部町、乙部町、せたな町大成区、八雲町熊石、奥尻町
0103 旭　川	〒070-0902 旭川市春光町 10-58 0166-51-0176	旭川市、鷹栖町、東神楽町、当麻町、比布町、愛別町、上川町、東川町、美瑛町、雨竜郡（幌加内町）
富良野（出）	〒076-8609 富良野市緑町 9-1 0167-23-4121	富良野市、上富良野町、中富良野町、南富良野町、占冠村
0104 帯　広	〒080-8609 帯広市西 5 条南 5-2 0155-23-8296	帯広市、芽室町、更別村、中札内村、新得町、清水町、音更町、上士幌町、鹿追町、士幌町、幕別町、大樹町、広尾町
しごとプラザ帯広	〒080-0012 帯広市西 2 条南 12-4 エスタ帯広東館 2 階 0155-26-1810	
池田（分）	〒083-0022 中川郡池田町西 2 条 2-10 015-572-2561	池田町、豊頃町、本別町、浦幌町、足寄町、陸別町
0105 北　見	〒090-0018 北見市青葉町 6-8 北見地方合同庁舎 0157-23-6251	北見市（常呂町を除く）、置戸町、訓子府町
美幌（分）	〒092-0004 網走郡美幌町仲町 1-44 0152-73-3555	美幌町、津別町
遠軽（出）	〒099-0403 紋別郡遠軽町 1 条通北 4 0158-42-2779	遠軽町、湧別町、佐呂間町
0106 紋　別	〒094-8609 紋別市南が丘町 7-45-33 0158-23-5291	紋別市、雄武町、興部町、滝上町、西興部村

0107	小 樽		〒 047-8609 小樽市色内 1-10-15 0134-32-8689	小樽市
		余市（分）	〒 046-0004 余市郡余市町大川町 2-26 0135-22-3288	余市町、仁木町、赤井川村、積丹町、古平町
0108	滝 川		〒 073-0023 滝川市緑町 2-5-1 0125-22-3416	滝川市、芦別市、赤平市、新十津川町、石狩 市浜益区
		深川（分）	〒 074-0001 深川市 1 条 18-10 0164-23-2148	深川市、妹背牛町、秩父別町、沼田町、北竜町、 雨竜町
		砂川（出）	〒 073-0166 砂川市西 6 条北 5-1 0125-54-3147	砂川市、歌志内市、上砂川町、奈井江町
0109	釧 路		〒 085-0832 釧路市富士見 3-2-3 0154-41-1201	釧路市、釧路町、厚岸町、浜中町、標茶町、 弟子屈町、鶴居村、白糠町
	ハローワークプラ ザ釧路		〒 085-0016 釧路市錦町 2-4 釧路フィッシャーマンズワー フ MOO 2 階　0154-23-8609	
0110	室 蘭		〒 051-0022 室蘭市海岸町 1-20-28 0143-22-8689	室蘭市、登別市
	ハローワークプラ ザ中島		〒 050-0074 室蘭市中島 2-24-1 栗林中島ビル 1 階 0143-47-8103	
		伊達（分）	〒 052-0025 伊達市網代町 5-4 0142-23-2034	伊達市、豊浦町、洞爺湖町、壮瞥町
0111	岩見沢		〒 068-8609 岩見沢市 5 条東 15 岩見沢地方合同庁舎 0126-22-3450	岩見沢市、美唄市、三笠市、南幌町、浦臼町、 月形町
0112	稚 内		〒 097-8609 稚内市末広 4-1-25 0162-34-1120	稚内市、猿払村、天塩町、遠別町、豊富町、 幌延町、利尻町、利尻富士町、礼文町
0113	岩 内		〒 045-8609 岩内郡岩内町字相生 199-1 0135-62-1262	岩内町、共和町、蘭越町、黒松内町、寿都町、 島牧村、神恵内村、泊村
		倶知安（分）	〒 044-0011 虻田郡倶知安町南 1 条東 3 丁 目 1 番地 倶知安地方合同庁舎 0136-22-0248	倶知安町、京極町、喜茂別町、留寿都村、ニ セコ町、真狩村
0114	留 萌		〒 077-0048 留萌市大町 2-12 留萌地方合同庁舎 0164-42-0388	留萌市、小平町、増毛町、苫前町、羽幌町、 初山別村
0115	名 寄		〒 096-8609 名寄市西 5 条南 10 丁目 01654-2-4326	名寄市、下川町、美深町、音威子府村、中川町、 枝幸町、中頓別町、浜頓別町
		士別（出）	〒 095-8609 士別市東 4 条 3 丁目 0165-23-3138	士別市、和寒町、剣淵町
0116	浦 河		〒 057-0033 浦河郡浦河町堺町東 1-5-21 0146-22-3036	浦河町、様似町、えりも町、新ひだか町三石

		静内（分）	〒056-0017 日高郡新ひだか町静内御幸町 2丁目1-40 ショッピングセンターピュア 3階　　　0146-42-1734	新ひだか町静内、新冠町
0118	網　走		〒093-8609 網走市大曲1丁目1-3 　　　0152-44-6287	網走市、北見市常呂町、大空町、清里町、小清水町、斜里町
0119	苫小牧		〒053-8609 苫小牧市港町1-6-15 苫小牧港湾合同庁舎 　　　0144-32-5221	苫小牧市、安平町、むかわ町、厚真町、白老町、日高町、平取町
		ワークプラザとまこまい	〒053-0022 苫小牧市表町5-11-5 ふれんどビル3階 　　　0144-35-8689	
0120	根　室		〒087-8609 根室市弥栄町1丁目18 根室地方合同庁舎4階 　　　0153-23-2161	根室市、別海町
		中標津（分）	〒086-1002 標津郡中標津町東2条南2-1-1 中標津経済センタービル 　　　0153-72-2544	中標津町、標津町、羅臼町
0123	札幌東		〒062-8609 札幌市豊平区月寒東1条3丁目 2-10 　　　011-853-0101	札幌市（白石区、厚別区、豊平区、清田区、北広島市）
		江別（出）	〒067-0014 江別市4条1丁目 　　　011-382-2377	江別市、新篠津村
0124	札幌北		〒065-8609 札幌市東区北16条東4丁目3-1 　　　011-743-8609	札幌市のうち北区、東区、石狩市（浜益区を除く）、当別町
		ハローワークプラザ北24	〒001-0024 札幌市北区北24条西5丁目 札幌サンプラザ1階 　　　011-738-3163	
0125	千　歳		〒066-8609 千歳市東雲町4-2-6 　　　0123-24-2177	千歳市、恵庭市
		夕張（出）	〒068-0403 夕張市本町5-5 　　　0123-52-4411	夕張市、長沼町、栗山町、由仁町
青　森				
0201	青　森		〒030-0822 青森市中央2-10-10 　　　017-776-1561	青森市（浪岡を除く）東津軽郡
0202	八　戸		〒031-0071 八戸市沼館4-7-120 　　　0178-22-8609	八戸市、三戸郡
0203	弘　前		〒036-8502 弘前市大字南富田町5-1 　　　0172-38-8609	弘前市 平川市（管轄区域） 南津軽郡（大鰐町、藤崎町） 中津軽郡 北津軽郡（板柳町）
0204	む　つ		〒035-0063 むつ市若松町10-3 　　　0175-22-1331	むつ市、下北郡

0205	野 辺 地	〒 039-3128 上北郡野辺地町字昼場 12-1 0175-64-8609	上北郡（七戸町、東北町、野辺地町、横浜町、六ヶ所村）
0206	五所川原	〒 037-0067 五所川原市敷島町 37-6 0173-34-3171	五所川原市、つがる市、西津軽郡 北津軽郡（鶴田町、中泊町）
0208	三　　沢	〒 033-0031 三沢市桜町 3-1-22 0176-53-4178	三沢市、上北郡（おいらせ町、六戸町）
0208	十和田（出）	〒 034-0082 十和田市西二番町 14-12 十和田奥入瀬合同庁舎 0176-23-5361	十和田市
0209	黒　　石	〒 036-0383 黒石市緑町 2-214 0172-53-8609	黒石市 平川市（管轄区域） 南津軽郡（田舎館村） 青森市（浪岡）
岩　手			
0301	盛　　岡	〒 020-0885 盛岡市紺屋町 7-26 019-624-8902 〜 8	盛岡市、八幡平市、滝沢市、紫波郡、岩手郡
0351	沼宮内（出）	〒 028-4301 岩手郡岩手町大字沼宮内 7-11-3　　0195-62-2139	岩手郡（岩手町、葛巻町）
0302	釜　　石	〒 026-0043 釜石市新町 6-55 0193-23-8609	釜石市、遠野市、上閉伊郡
0352	遠野（出）	〒 028-0524 遠野市新町 2-7 0198-62-2842	遠野市
0303	宮　　古	〒 027-0038 宮古市小山田 1-1-1 宮古合同庁舎 0193-63-8609	宮古市、下閉伊郡（普代村を除く）
0304	花　　巻	〒 025-0076 花巻市城内 9-27 花巻合同庁舎 1 階 0198-23-5118	花巻市
0305	一　　関	〒 021-0026 一関市山目字前田 13-3 0191-23-4135	一関市、西磐井郡
0306	水　　沢	〒 023-8502 奥州市水沢区東中通り 1-5-35 0197-24-8609	奥州市、胆沢郡
0307	北　　上	〒 024-0091 北上市大曲町 5-17 0197-63-3314	北上市、和賀郡
0308	大 船 渡	〒 022-0002 大船渡市大船渡町字赤沢 17-3 大船渡合同庁舎 0192-27-4165	大船渡市、陸前高田市、気仙郡
0309	二　　戸	〒 028-6103 二戸市石切所字荷渡 6-1 二戸合同庁舎　0195-23-3341	二戸市、二戸郡 九戸郡（軽米町、九戸村）
0310	久　　慈	〒 028-0051 久慈市川崎町 2-15 0194-53-3374	久慈市 九戸郡（軽米町、九戸村を除く） 下閉伊郡（普代村）

宮 城			
0401	仙　　台	〒983-0852 仙台市宮城野区榴岡 4-2-3 仙台ＭＴビル 3 階，4 階，5 階 022-299-8811	仙台市、名取市、岩沼市、亘理町、山元町
	ハローワークプラ ザ青葉	〒980-0021 仙台市青葉区中央 2-11-1 オルタス仙台ビル 4 階 022-266-8609	
	ハローワークプラ ザ泉	〒981-3133 仙台市泉区泉中央 1-7-1 地下鉄泉中央駅ビル 4 階 022-771-1217	
	大　　和	〒981-3626 黒川郡大和町吉岡南 2 丁目 3-15　　　　022-345-2350	富谷市、大和町、大衡村
0402	石　　巻	〒986-0832 石巻市泉町 4-1-18 0225-95-0158	石巻市、東松島市、女川町
0403	塩　　釜	〒985-0016 塩釜市港町 1-4-1 022-362-3361	塩釜市、多賀城市、大郷町、松島町、七ヶ浜町、 利府町
0404	古　　川	〒989-6143 大崎市古川中里 6-7-10 古川合同庁舎 0229-22-2305	大崎市、加美町、色麻町、涌谷町、美里町
0405	大 河 原	〒989-1201 柴田郡大河原町字町向 126-4 オーガ（orga）1 階 0224-53-1042	角田市、川崎町、村田町、大河原町、柴田町、 丸森町
0409	白　　石	〒989-0229 白石市字銚子ヶ森 37-8 0224-25-3107	白石市、蔵王町、七ヶ宿町
0406	築　　館	〒987-2252 栗原市築館薬師 2-2-1 築館合同庁舎 0228-22-2531	栗原市
0407	迫	〒987-0511 登米市迫町佐沼字内町 42-10 0220-22-8609	登米市
0408	気 仙 沼	〒988-0077 気仙沼市古町 3-3-8 気仙沼駅前プラザ 2 階 0226-24-1716	気仙沼市、南三陸町
秋 田			
0501	秋　　田	〒010-0065 秋田市茨島 1-12-16 018-864-4111	秋田市、潟上市、南秋田郡
	ハローワークプラ ザアトリオン （マザーズ、コーナー秋 田）	〒010-0001 秋田市中通 2-3-8 アトリオンビル 3 階 018-836-7820	
	ハローワークプラ ザ御所野 （秋田新卒応援ハロー ワーク）	〒010-1413 秋田市御所野地蔵田 3-1-1 秋田テルサ 3 階 018-889-8609	

0509	男鹿（出）	〒010-0511 男鹿市船川港船川字新浜町 1-3　　0185-23-2411~2	男鹿市
0502	能　代	〒016-0851 能代市緑町 5-29 0185-54-7311	能代市、山本郡
0503	大　館	〒017-0046 大館市清水 1-5-20 0186-42-2531	大館市
0551	鷹巣（出）	〒018-3331 北秋田市鷹巣字東中岱 26-1 0186-60-1586	北秋田市、北秋田郡
0504	大　曲	〒014-0034 大仙市大曲住吉町 33-3 0187-63-0335	大仙市、仙北郡
0552	角館（出）	〒014-0372 仙北市角館町小館 32-3 0187-54-2434	仙北市
0505	本　荘	〒015-0013 由利本荘市石脇字田尻野 18-1 0184-22-3421	由利本荘市、にかほ市
0506	横　手	〒013-0033 横手市旭川 1-2-26 0182-32-1165	横手市
0507	湯　沢	〒012-0033 湯沢市清水町 4-4-3 0183-73-6117	湯沢市、雄勝郡
0508	鹿　角	〒018-5201 鹿角市花輪字荒田 82-4 0186-23-2173	鹿角市、鹿角郡
山　形			
0601	山　形	〒990-0813 山形市桧町 2-6-13 023-684-1521	山形市、天童市、上山市、山辺町、中山町
	ハローワークプラザ やまがた	〒990-0828 山形市双葉町 1-2-3 山形テルサ 1F 023-646-7360	
	ハローワークやま がた天童ワークプ ラザ	〒994-0034 天童市本町 1-1-2 パルテ 1F 023-654-5848	
0602	米　沢	〒992-0012 米沢市金池 3-1-39 米沢地方合同庁舎 0238-22-8155	米沢市、南陽市、川西町、高畠町
0603	酒　田	〒998-8555 酒田市上安町 1-6-6 0234-27-3111	酒田市、庄内町、遊佐町
	ハローワークプラ ザさかた	〒998-0044 酒田市中町 1-4-10 酒田市役所中町庁舎 2F 0234-24-6611	
0604	鶴　岡	〒997-0035 鶴岡市馬場町 2-12 鶴岡第 2 地方合同庁舎 1F 0235-25-2501	鶴岡市、三川町
0605	新　庄	〒996-0011 新庄市東谷地田町 6-4 新庄合同庁舎内 0233-22-8609	新庄市、舟形町、真室川町、金山町、最上町、 鮭川村、大蔵村、戸沢村

0606	長　井	〒 993-0051 長井市幸町 15-5 0238-84-8609	長井市、白鷹町、飯豊町、小国町
0607	村　山	〒 995-0034 村山市楯岡五日町 14-30 0237-55-8609	村山市、東根市、尾花沢市、大石田町
0608	寒 河 江	〒 991-8505 寒河江市大字西根字石川西 340　　0237-86-4221	寒河江市、大江町、朝日町、西川町、河北町

福　島

0701	福　島	〒 960-8589 福島市狐塚 17-40 024-534-4121	福島市、伊達市、伊達郡
0702	いわき	〒 970-8026 いわき市平字堂根町 4-11 いわき地方合同庁舎 0246-23-1421	いわき市（小名浜・勿来出張所の管轄区域を除く）
	小名浜	〒 971-8111 いわき市小名浜大原字六反田 65-3　　0246-54-6666	いわき市（江名, 折戸, 中之作, 永崎, 小名浜, 鹿島町, 泉町, 渡辺町, 洋向台, 泉ヶ丘, 泉玉露, 湘南台）
	勿来	〒 974-8212 いわき市東田町 1-28-3 0246-63-3171	いわき市（植田町、後田町、中岡町、仁井田町、高倉町、江畑町、添野町、石塚町、東田町、佐糠町、岩間町、金山町、小浜町、錦町、勿来町、川部町、沼部町、瀬戸町、三沢町、山玉町、山田町、富津町、遠野町、田人町）
0703	会津若松	〒 965-0877 会津若松市西栄町 2-23 0242-26-3333	会津若松市、大沼郡、耶麻郡のうち磐梯町、猪苗代町、河沼郡
	南会津	〒 967-0004 南会津郡南会津町田島字行司 12 0241-62-1101	南会津郡
	喜多方	〒 966-0853 喜多方市字千苅 8374 0241-22-4111	喜多方市、耶麻郡のうち西会津町、北塩原村
0704	郡　山	〒 963-8609 郡山市方八町 2-1-26 024-942-8609	郡山市、田村市、田村郡
0705	白　河	〒 961-0074 白河市字郭内 1-136 白河小峰城合同庁舎 0248-24-1256	白河市、西白河郡、東白川郡
0706	須 賀 川	〒 962-0865 須賀川市妙見 121-1 0248-76-8609	須賀川市、岩瀬郡、石川郡
	相　双	〒 975-0032 南相馬市原町区桜井町 1-127 0244-24-3531	南相馬市、相馬郡のうち飯舘村
	相　馬	〒 976-0042 相馬市中村 1-12-1 0244-36-0211	相馬市、相馬郡のうち新地町
	富　岡	〒 979-1111 双葉郡富岡町大字小浜字大膳 109-1　　0240-22-3121	双葉郡
0708	二 本 松	〒 964-0906 二本松市若宮 2-162-5 0243-23-0343	二本松市、本宮市、安達郡

茨 城

0801	水　戸	〒 310-8509　水戸市水府町 1573-1 029-231-6221	水戸市、ひたちなか市、那珂市、茨城町、大洗町、城里町、東海村
	笠間（出）	〒 309-1613　笠間市石井 2026-1 0296-72-0252	笠間市
0802	日　立	〒 317-0063　日立市若葉町 2-6-2 0294-21-6441	日立市
0803	筑　西	〒 308-0821　筑西市成田 628-1 0296-22-2188	結城市、下妻市、筑西市、桜川市、結城郡
	下妻（出）	〒 304-0067　下妻市下妻乙 124-2 下妻地方合同庁舎 0296-43-3737	下妻市、結城郡
0804	土　浦	〒 300-0805　土浦市宍塚 1838 029-822-5124	土浦市、つくば市、かすみがうら市、阿見町
0805	古　河	〒 306-0011　古河市東 3-7-23 0280-32-0461	古河市、猿島郡
0806	常　総	〒 303-0034　常総市水海道天満町 4798 0297-22-8609	守谷市、坂東市、常総市、つくばみらい市
0808	石　岡	〒 315-0037　石岡市東石岡 5-7-40 0299-26-8141	石岡市、小美玉市
0809	常陸大宮	〒 319-2255　常陸大宮市野中町 3083-1 0295-52-3185	常陸太田市、常陸大宮市、大子町
0810	龍 ヶ 崎	〒 301-0041　龍ヶ崎市若柴町 1229-1 0297-60-2727	龍ヶ崎市　取手市　牛久市、稲敷市、稲敷郡（土浦安定所の管轄区域を除く）、北相馬郡
0811	高　萩	〒 318-0033　高萩市本町 4-8-5 0293-22-2549	高萩市、北茨城市
0812	常陸鹿嶋	〒 314-0031　鹿嶋市宮中 1995-1 鹿嶋労働総合庁舎 0299-83-2318	鹿嶋市、潮来市、神栖市、行方市、鉾田市

栃 木

0901	宇 都 宮	〒 320-0845　宇都宮市明保野町 1-4 宇都宮第 2 地方合同庁舎 028-638-0369	宇都宮市、那須烏山市、河内郡、塩谷郡（矢板公共職業安定所の管轄区域を除く）、那須郡（黒磯公共職業安定所の管轄区域を除く）
0910	那須烏山（出）	〒 321-0622　那須烏山市城東 4-18 0287-82-2213	那須烏山市、那須郡のうち那珂川町
	ハローワーク宇都宮駅前プラザ	〒 321-0964　宇都宮市駅前通り 1-3-1 ＫＤＸ宇都宮ビル 2F 028-623-8609	
0902	鹿　沼	〒 322-0031　鹿沼市睦町 287-20 0289-62-5125	鹿沼市

0903	栃　　木	〒 328-0041　栃木市河合町 1-29 栃木地方合同庁舎 1 F 0282-22-4135	栃木市、下都賀郡（小山公共職業安定所の管轄区域を除く）
0904	佐　　野	〒 327-0014　佐野市天明町 2553 0283-22-6260	佐野市
0905	足　　利	〒 326-0057　足利市丸山町 688-14 0284-41-3178	足利市
0906	真　　岡	〒 321-4305　真岡市荒町 5101 0285-82-8655	真岡市、芳賀郡
0907	矢　　板	〒 329-2162　矢板市末広町 3-2 0287-43-0121	矢板市、さくら市、塩谷郡のうち塩谷町
0908	大 田 原	〒 324-0058　大田原市紫塚 1-14-2 0287-22-2268	大田原市、那須塩原市（黒磯公共職業安定所の管轄区域を除く）
0909	小　　山	〒 323-0014　小山市喜沢 1475 おやまゆうえんハーヴェスト ウォーク内 0285-22-1524	小山市、下野市、野木町
0911	日　　光	〒 321-1272　日光市今市本町 32-1 0288-22-0353	日光市
0912	黒　　磯	〒 325-0027　那須塩原市共墾社 119-1 0287-62-0144	那須塩原市（旧黒磯市全域） 那須町
群 馬			
1001	前　　橋	〒 379-2154　前橋市天川大島町 130-1 027-290-2111	前橋市
1002	高　　崎	〒 370-0842　高崎市北双葉町 5-17 027-327-8609	高崎市（藤岡公共職業安定所の管轄区域を除く）、安中市
	安中（出）	〒 379-0116　安中市安中 1-1-26 027-382-8609	安中市
1003	桐　　生	〒 376-0023　桐生市錦町 2-11-14 0277-22-8609	桐生市、みどり市
1004	伊 勢 崎	〒 372-0006　伊勢崎市太田町 554-10 0270-23-8609	伊勢崎市、佐波郡
1005	太　　田	〒 373-0851　太田市飯田町 893 0276-46-8609	太田市
1006	館　　林	〒 374-0066　館林市大街道 1-3-37 0276-75-8609	館林市、邑楽郡
1007	沼　　田	〒 378-0044　沼田市下之町 888 テラス沼田 5F 0278-22-8609	沼田市、利根郡
1008	群馬富岡	〒 370-2316　富岡市富岡 1414-14 0274-62-8609	富岡市、甘楽郡

1009	藤　　岡	〒 375-0054 藤岡市上大塚 368-1 0274-22-8609	藤岡市、多野郡、高崎市のうち新町、吉井町
1010	渋　　川	〒 377-0008 渋川市渋川 1696-15 0279-22-2636	渋川市、北群馬郡、吾妻郡
1010	中之条（出）	〒 377-0425 吾妻郡中之条町大字西中之条 207　　0279-75-2227	吾妻郡

埼　玉

1101	川　　口	〒 332-0031 川口市青木 3-2-7 048-251-2901	川口市、蕨市、戸田市
	ハローワークプラザ川口	〒 332-0015 川口市 3-2-2 リプレ川口一番街 2 号棟 1F 048-255-8070	
1102	熊　　谷	〒 360-0014 熊谷市箱田 5-6-2 048-522-5656	熊谷市、深谷市、寄居町
	本庄（出）	〒 367-0053 本庄市中央 2-5-1 0495-22-2448	本庄市、上里町、美里町、神川町
1103	大　　宮	〒 330-0852 さいたま市大宮区大成町 1-525 048-667-8609	さいたま市のうち西区、北区、大宮区、見沼区、岩槻区、鴻巣市（旧吹上町、旧川里町を除く）、上尾市、桶川市、北本市、蓮田市、伊奈町
	ハローワークプラザ大宮	〒 330-0854 さいたま市大宮区桜木町 1-9-4 エクセレント大宮ビル 4F 048-658-1145	
1104	川　　越	〒 350-1118 川越市豊田本 1-19-8 川越合同庁舎　049-242-0197	川越市、富士見市、ふじみ野市、坂戸市、鶴ヶ島市
	東松山（出）	〒 355-0073 東松山市上野本 1088-4 0493-22-0240	東松山市、小川町、嵐山町、川島町、吉見町、滑川町、鳩山町、ときがわ町、東秩父村
1105	浦　　和	〒 330-0061 さいたま市浦和区常盤 5-8-40 048-832-2461	さいたま市のうち中央区、桜区、浦和区、南区、緑区
	所　　沢	〒 359-0042 所沢市並木 6-1-3 所沢合同庁舎 04-2992-8609	所沢市、狭山市、入間市（仏子、野田、新光を除く）、三芳町
	ハローワークプラザ所沢	〒 359-0042 所沢市並木 2-4-1 所沢 航空公園駅ビル 2F 04-2993-5334	
	飯能（出）	〒 357-0021 飯能市双柳 94-15 飯能合同庁舎 042-974-2345	飯能市、入間市（仏子、野田、新光），日高市，毛呂山町，越生町
1107	秩　　父	〒 369-1871 秩父市下影森 1002-1 0494-22-3215	秩父市、秩父郡（皆野町、長瀞町、小鹿野町、横瀬町）
1108	春 日 部	〒 344-0036 春日部市下大増新田 61-3 048-736-7611	春日部市、久喜市、幸手市、白岡市、北葛飾郡杉戸町、南埼玉郡宮代町
1109	行　　田	〒 361-0023 行田市長野 943 048-556-3151	行田市、加須市、羽生市、鴻巣市のうち旧吹上町、旧川里町

1110	草　加	〒340-8509　草加市弁天 4-10-7 048-931-6111	草加市、三郷市、八潮市
1111	朝　霞	〒351-0011　朝霞市本町 1-1-37 048-463-2233	朝霞市、志木市、和光市、新座市
1112	越　谷	〒343-0023　越谷市東越谷 1-5-6 048-969-8609	越谷市、吉川市、北葛飾郡松伏町

千　葉

1201	千　葉	〒261-0001　千葉市美浜区幸町 1-1-3 043-242-1181	千葉市のうち中央区（千葉南公共職業安定所の管轄区域を除く）、花見川区、美浜区、稲毛区、若葉区、四街道市、八街市、山武市、山武郡のうち横芝光町
	ハローワークプラザちば	〒260-0028　千葉市中央区新町 3-13 千葉 TN ビル 1 階 043-238-8300	
1202	市　川	〒272-8543　市川市南八幡 5-11-21 047-370-8609	市川市、浦安市
1203	銚　子	〒288-0041　銚子市中央区 8-16 0479-22-7406	銚子市、匝瑳市、旭市
1204	館　山	〒294-0047　館山市八幡 815-2 0470-22-2236	館山市、鴨川市、南房総市、安房郡
1205	木更津	〒292-0831　木更津市富士見 1-2-1 アクア木更津ビル 5F 0438-25-8609	木更津市、君津市、富津市、袖ヶ浦市
1206	佐　原	〒287-0002　香取市北 1-3-2 0478-55-1132	香取市、香取郡
1207	茂　原	〒297-0078　茂原市高師台 1-5-1 茂原地方合同庁舎 1F 0475-25-8609	茂原市、勝浦市、いすみ市、長生郡、夷隅郡
	いすみ（出）	〒298-0004　いすみ市大原 8000-1 0470-62-3551	いすみ市、勝浦市、夷隅郡
	松　戸	〒271-0092　松戸市松戸 1307-1 松戸ビル 3F　　047-367-8609	松戸市、柏市、流山市、我孫子市
	ハローワークプラザ柏	〒277-0005　柏市柏 4-8-1 柏東口金子ビル 3F 04-7166-8609	
	野田（出）	〒278-0027　野田市みずき 2-6-1 04-7124-4181	野田市
1209	船橋（第一庁舎）	〒273-0011　船橋市湊町 2-10-17 047-431-8287	船橋市、習志野市、八千代市、鎌ヶ谷市、白井市
	（第二庁舎）	〒273-0005　船橋市本町 2-1-1 船橋スクエア 21 ビル 047-420-8609	

1210	成　田	〒286-0036　成田市加良部 3-4-2 0476-27-8609	成田市、佐倉市、印西市、富里市、印旛郡、山武郡のうち芝山町
	（駅前庁舎）	〒286-0033　成田市花崎町 828-11 スカイタウン成田 3F 0476-89-1700	
1211	千葉南	〒260-0842　千葉市中央区南町 2-16-3 海気館蘇我駅前ビル 3F・4F 043-300-8609	千葉市のうち中央区（赤井町、今井、今井町、鵜の森町、大森町、生実町、川崎町、川戸町、塩田町、白旗、蘇我、蘇我町、大巌寺町、新浜町、仁戸名町、花輪町、浜野町、星久喜町、松ヶ丘町、南生実町、南町、宮崎、宮崎町、村田町、若草）、緑区、市原市、東金市、大網白里市、山武郡のうち九十九里町
	ハローワークプラザ市原	〒290-0050　市原市更級 5-1-18 市原市勤労会館（you ホール）1F 0436-23-6941	

東　京

1301 〜2	飯田橋（本庁舎）	〒112-8577　文京区後楽 1-9-20 飯田橋合同庁舎内 1〜5F 03-3812-8609	千代田区、中央区、文京区、大島町、八丈町、利島村、新島村、神津島村、三宅村、御蔵島村、青ヶ島村
1303	上　野	〒110-8609　台東区東上野 4-1-2 03-3847-8609	台東区
	玉姫労働（出）	〒111-0022　台東区清川 2-23-2 03-3876-3347	
1304	品　川	〒108-0014　港区芝 5-35-3 03-5419-8609	港区、品川区
1306	大　森	〒143-8588　大田区大森北 4-16-7 03-5493-8609	大田区
	ハローワークプラザ蒲田	〒144-0052　大田区蒲田 5-15-8 蒲田月村ビル 4F 03-5711-8609	
1307	渋　谷	〒150-0041　渋谷区神南 1-3-5 03-3476-8609	目黒区、世田谷区、渋谷区
1308	新宿（歌舞伎町庁舎）	〒160-8489　新宿区歌舞伎町 2-42-10 03-3200-8609	中野区、杉並区、新宿区
	（西新宿庁舎）	〒163-1523　新宿区西新宿 1-6-1 新宿エルタワービル 23F 03-5325-9593	
1309	池袋（本庁舎）	〒170-8409　豊島区東池袋 3-5-13 03-3987-8609	豊島区、板橋区、練馬区
	（サンシャイン庁舎）	〒170-6003　豊島区東池袋 3-1-1 サンシャイン 60 ビル 3F 雇用保険給付課　　　03-5958-8609 職業相談　　　　　　03-5911-8609	

	ハローワークプラザ成増	〒 175-0094 板橋区成増 3-13-1 アリエス 2F 03-5968-8609	
1310	王　子	〒 114-0002 北区王子 6-1-17 03-5390-8609	北区
1311	足　立	〒 120-8530 足立区千住 1-4-1 03-3870-8609	足立区、荒川区
	ハローワークプラザ足立	〒 120-8510 足立区中央本町 1-17-1 足立区役所北館 2F 03-3880-0957	
	河原町労働（出）	〒 120-0037 足立区千住河原町 19-3 03-3882-1601	
1312	墨　田	〒 130-8609 墨田区江東橋 2-19-12 03-5669-8609	墨田区、葛飾区
	かつしかワークプラザ	〒 124-0003 葛飾区お花茶屋 1-19-18 ダイアパレスステーションプラザお花茶屋 2F 03-3604-8609	
1313	木　場	〒 135-8609 江東区木場 2-13-19 03-643-8609	江戸川区、江東区
	ハローワークプラザ船堀	〒 134-0091 江戸川区船堀 3-7-17 第 5 トヨタビル 6F 03-5659-8609	
1314	八 王 子	〒 192-0904 八王子市子安町 1-13-1 042-648-8609	八王子市、日野市
1315	立　川	〒 190-8509 立川市緑町 4-2 立川地方合同庁舎 1~3F 042-525-8609	立川市、昭島市、小金井市、小平市、東村山市、国分寺市、国立市、東大和市、武蔵村山市
	ワークプラザ立川南	〒 190-0023 立川市芝崎町 3-9-2 立川駅南口 東京都・立川市合同施設 042-523-1509	
1316	青　梅 （本庁舎）	〒 198-0042 青梅市東青梅 3-12-16 0428-24-8609	青梅市、福生市、羽村市、あきる野市、西多摩郡
1317	三　鷹	〒 181-8517 三鷹市下連雀 4-15-18 0422-47-8609	三鷹市、武蔵野市、清瀬市、東久留米市、西東京市
1319	町　田	〒 194-0022 町田市森野 2-28-14 町田合同庁舎 1 F 042-732-8609	町田市
1320	府　中	〒 183-0045 府中市美好町 1-3-1 042-336-8609	府中市、調布市、狛江市、多摩市、稲城市
	永山ワークプラザ	〒 206-0025 多摩市永山 1-5 ベルブ守永山 4F 042-375-0951	

	ハローワークプラザ調布国領	〒182-0022 調布市国領町 2-5-15 コクティー 2F 042-480-8103	

神奈川

1401	横 浜 (本庁舎)	〒231-0001 横浜市中区新港 1-6-1 よこはま新港合同庁舎 1F・2F 045-663-8609	横浜市 (神奈川区、西区、中区、南区、保土ヶ谷区、磯子区、港南区、旭区)
	横 浜 (分庁舎)	〒220-0004 横浜市西区北幸 1-11-15 横浜ST ビル 4 F 045-663-8609	
1413	横浜港労働 (出)	〒231-0002 横浜市中区海岸通 4-23 045-201-2031	
	ハローワークプラザよこはま	〒220-0004 横浜市西区北幸 1-11-15 横浜ST ビル 045-410-1010	
1403	戸 塚	〒244-8560 横浜市戸塚区戸塚町 3722 045-864-8609	横浜市 (戸塚区、瀬谷区、栄区、泉区)
1404	川 崎	〒210-0015 川崎市川崎区南町 17-2 044-244-8609	川崎市のうち川崎区、幸区横浜市のうち鶴見区
1405	横 須 賀	〒238-0013 横須賀市平成町 2-14-19 046-824-8609	横須賀市 (横浜南公共職業安定所の管轄区域を除く)、三浦市
1406	平 塚	〒254-0041 平塚市浅間町 10-22 平塚地方合同庁舎 1・2F 0463-24-8609	平塚市、伊勢原市、中郡
1407	小 田 原	〒250-0011 小田原市栄町 1-1-15 ミナカ小田原 9F 0465-23-8609	小田原市、足柄下郡
1408	藤 沢	〒251-0054 藤沢市朝日町 5-12 藤沢労働総合庁舎 1・2F 0466-23-8609	藤沢市、鎌倉市、茅ヶ崎市、高座郡
	ハローワークプラザ湘南	〒252-0804 藤沢市湘南台 1-4-2 ピノスビル 6F 0466-42-1616	
1409	相 模 原	〒252-0236 相模原市中央区富士見 6-10-10 相模原地方合同庁舎 1 階 042-776-8609	相模原市南区、相模原市中央区、相模原市緑区
1410	厚 木	〒243-0003 厚木市寿町 3-7-10 046-296-8609	厚木市、海老名市、座間市、愛甲郡
1411	松 田	〒258-0003 足柄上郡松田町松田惣領 2037 0465-82-8609	秦野市、南足柄市、足柄上郡

1412	横 浜 南	〒 236-8609 横浜市金沢区寺前 1-9-6 045-788-8609	横横浜市のうち金沢区、横須賀市のうち船越町、田浦港町、田浦町、港が丘、田浦大作町、田浦泉町、長浦町、箱崎町、鷹取町、湘南鷹取、追浜本町、夏島町、浦郷町、追浜東町、追浜町、浜見台、追浜南町、逗子市、三浦郡
1414	川崎北（本庁舎）	〒 213-8573 川崎市高津区千年 698-1 044-777-8609	川崎市のうち中原区、高津区、多摩区、宮前区、麻生区
	（溝ノ口庁舎）	〒 213-0011 川崎市高津区久本 3-5-7 新溝ノ口ビル 4F 044-777-8609	
	ハローワークプラザ新百合ヶ丘	〒 215-0004 川崎市麻生区万福寺 1-2-2 新百合トウェンティワン1階 044-969-8615	
1415	港 北	〒 222-0033 横浜市港北区新横浜 3-24-6 横浜港北地方合同庁舎 045-474-1221	横浜市のうち港北区、緑区、青葉区、都筑区
1416	大 和	〒 242-0018 大和市深見西 3-3-21 046-260-8609	大和市、綾瀬市

新 潟

1501	新 潟	〒 950-8532 新潟市中央区美咲町 1-2-1 新潟美咲合同庁舎 2 号館 025-280-8609	新潟市（新津及び巻公共職業安定所の管轄区域を除く）
	ハローワークプラザ新潟 ときめきしごと館 若者しごと館	〒 950-0901 新潟市中央区弁天 2-2-18 新潟 KS ビル 025-240-4510	
1502	長 岡	〒 940-8609 長岡市千歳 1-3-88 長岡地方合同庁舎 0258-32-1181	長岡市（小千谷出張所の管轄区域を除く）
	ハローワークプラザ長岡	〒 940-0062 長岡市大手通 2-2-6 ながおか市民センター 3F 0258-34-8010	
	小千谷（出）	〒 947-0028 小千谷市城内 2-6-5 0258-82-2441	小千谷市、長岡市（川口相川、川口荒谷、川口牛ヶ島、東川口、川口木沢、川口田麦山、川口峠、川口中山、西川口、川口武道窪、川口和南津、小千谷市）
1503	上 越	〒 943-0803 上越市春日野 1-5-22 上越地方合同庁舎 025-523-6121	上越市（妙高市、上越市）
	ハローワークプラザ上越	〒 943-0832 上越市本町 3-4-1 チャレンジショップ CEN-VAN2F 025-523-0453	
	妙高（出）	〒 944-0048 妙高市下町 9-3 0255-73-7611	妙高市、上越市（板倉区、中郷区）
1504	三 条	〒 955-0053 三条市北入蔵 1-3-10 0256-38-5431	三条市、加茂市、見附市、田上町

1505	柏　崎	〒945-8501 柏崎市田中 26-23 柏崎地方合同庁舎 0257-23-2140	柏崎市、刈羽村、出雲崎町
1506	新 発 田	〒957-8506 新発田市日渡 96 新発田地方合同庁舎 0254-27-6677	新発田市、、阿賀野市、胎内市、北蒲原郡
1507	新　津	〒956-0864 新潟市秋葉区新津本町 4-18-8 新津労働総合庁舎 0250-22-2233	新潟市（秋葉区・南区、五泉市、東蒲原郡）
1508	十 日 町	〒948-0004 十日町市下川原町 43 025-757-2407	十日町市、中魚沼郡
1510	糸 魚 川	〒941-0067 糸魚川市横町 5-9-50 025-552-0333	糸魚川市
1511	巻	〒953-0041 新潟市西蒲区巻甲 4087 0256-72-3155	新潟市（西蒲区、燕市、西蒲原郡）
1512	南 魚 沼	〒949-6609 南魚沼市八幡 20-1 025-772-3157	魚沼市、南魚沼市、南魚沼郡
	小出（出）	〒946-0021 魚沼市佐梨 682-2 025-792-8609	魚沼市
1513	佐　渡	〒952-0011 佐渡市両津夷 269-8 0259-27-2248	佐渡市
1514	村　上	〒958-0033 村上市緑町 1-6-8 0254-53-4141	村上市、岩船郡

富　山

1601	富　山	〒930-0857 富山市奥田新町 45 076-431-8609	富山市
1602	高　岡	〒933-0902 高岡市向野町 3-43-4 0766-21-1515	高岡市、射水市
1604	魚　津	〒937-0801 魚津市新金屋 1-12-31 魚津合同庁舎 1F 0765-24-0365	魚津市、黒部市、下新川郡
1605	砺　波	〒939-1363 砺波市太郎丸 1-2-5 0763-32-2914	砺波市、小矢部市、南砺市
1608	小矢部（出）	〒932-8508 小矢部市綾子 5185 0766-67-0310	小矢部市
1606	氷　見	〒935-0023 氷見市朝日丘 9-17 0766-74-0445	氷見市
1607	滑　川	〒936-0024 滑川市辰野 11-6 076-475-0324	滑川市、中新川郡

石　川

1701	金　沢	〒920-8609 金沢市鳴和 1-18-42 076-253-3030	金沢市

	津幡（分）	〒 929-0326 河北郡津幡町字清水ア 66-4 076-289-2530	かほく市、津幡町、内灘町	
1702	小　松	〒 923-8609 小松市日の出町 1-120 小松日の出合同庁舎 2F 0761-24-8609	小松市、能美市、川北町	
1703	七　尾	〒 926-8609 七尾市小島町西部 2 七尾地方合同庁舎 1F 0767-52-3255	七尾市、中能登町	
1706	羽咋（出）	〒 925-8609 羽咋市南中央町キ 105-6 0767-22-1241	羽咋市、志賀町、宝達志水町	
1705	加　賀	〒 922-8609 加賀市大聖寺菅生イ 78-3 0761-72-8609	加賀市	
	白　山	〒 924-0871 白山市西新町 235 076-275-8533	白山市、野々市市	
	輪　島	〒 928-8609 輪島市鳳至町畠田 99-3 輪島地方合同庁舎 1F 0768-22-0325	輪島市、穴水町	
	能登（出）	〒 927-0435 鳳珠郡能登町宇出津新港 3-2-2 0768-62-1242	珠洲市、能登町	

福　井

1801	福　井	〒 910-8509 福井市開発 1-121-1 0776-52-8150	福井市、永平寺町、坂井市（春江町）	
1802	武　生	〒 915-0071 越前市府中 1 丁目 11-2 平和堂アル・プラザ武生 4 階 0778-22-4078	越前市、鯖江市、池田町、南越前町、越前町	
	ハローワークプラザさばえ	〒 916-0027 鯖江市桜町 2-7-1 響陽会館 1 階　0778-51-8800		
1803	大　野	〒 912-0087 大野市城町 8-5 0779-66-2408	大野市、勝山市	
1804	三　国	〒 913-0041 坂井市三国町覚善 69-1 0776-81-3262	あわら市、坂井市（福井公共職業安定所の管轄区域を除く）	
1805	敦　賀	〒 914-0055 敦賀市鉄輪町 1-7-3 敦賀駅前合同庁舎 1F 0770-22-4220	敦賀市、三方郡、三方上中郡若狭町のうち倉見、白屋、成願寺、上野、能登野、横渡、井崎、岩屋、田上、東黒田、相田、藤井、南前川、北前川、佐古、田名、向笠、鳥浜、中央、館川、三方、生倉、気山、上瀬、成出、田井、島の内、海山、世久見、塩坂越、遊子、小川、神子、常神	
1806	小　浜	〒 917-8544 小浜市後瀬町 7-10 小浜地方合同庁舎 1 階 0770-52-1260	小浜市、大飯郡、三方上中郡（敦賀公職業安定所の管轄区域を除く）	

山 梨

1901	甲　府	〒 400-0851 甲府市住吉 1-17-5 055-232-6060	甲府市、南アルプス市、甲斐市、笛吹市、中央市、中巨摩郡
1907	富士吉田	〒 403-0014 富士吉田市竜ヶ丘 2-4-3 0555-23-8609	富士吉田市、南都留郡（忍野村、山中湖村、鳴沢村、富士河口湖町）
	大月（出）	〒 401-0013 大月市大月 3-2-17 0554-22-8609	大月市、上野原市、北都留郡
	都留（出）	〒 402-0051 都留市下谷 3-7-31 0554-43-5141	都留市、南都留郡（西桂町、道志村）
1903	塩　山	〒 404-0042 甲州市塩山上於曽 1777-1 0553-33-8609	山梨市、甲州市
1904	韮　崎	〒 407-0015 韮崎市若宮 1-10-41 0551-22-1331	韮崎市、北杜市
1905	鰍　沢	〒 400-0601 南巨摩郡富士川町鰍沢 1760-1 富士川地方合同庁舎 2F 0556-22-8689	南巨摩郡、西八代郡

長 野

2001	長　野	〒 380-0935 長野市中御所 3-2-3 026-228-1300	長野市（篠ノ井公共職業安定所及び須坂公共職業安定所の管轄区域を除く）、上水内郡
2002	松　本	〒 390-0828 松本市庄内 3-6-21 0263-27-0111	松本市、塩尻市（木曽福島公共職業安定所の管轄区域を除く）、安曇野市、東筑摩郡
2003	岡谷（出）	〒 394-0027 岡谷市中央町 1-8-4 0266-23-8609	岡谷市、諏訪郡（下諏訪町）
2004	上　田	〒 386-8609 上田市天神 2-4-70 0268-23-8609	上田市、東御市、小県郡
2005	飯　田	〒 395-8609 飯田市大久保町 2637-3 0265-24-8609	飯田市、下伊那郡
2006	伊　那	〒 396-8609 伊那市狐島 4098-3 0265-73-8609	伊那市、駒ヶ根市、上伊那郡
2007	篠ノ井	〒 388-8007 長野市篠ノ井布施高田 826-1 026-293-8609	長野市（篠ノ井、松代町、川中島町、稲里町、真島町、小島田町、青木島町、丹波島、三本柳、信更町、大岡の各地域）、千曲市、埴科郡
2008	飯　山	〒 389-2253 飯山市飯山 186-4 0269-62-8609	中野市、飯山市、下水内郡、下高井郡
2009	小諸（出）	〒 384-8609 小諸市御幸町 2-3-18 0267-23-8609	小諸市、北佐久郡（立科町を除く）
2010	木曽福島	〒 397-8609 木曽郡木曽町福島 5056-1 0264-22-2233	木曽郡、塩尻市（贄川・木曽平沢・奈良井）
2011	佐　久	〒 385-8609 佐久市大字原 565-1 0267-62-8609	佐久市、南佐久郡、北佐久郡立科町
2012	大　町	〒 398-0002 大町市大町 2715-4 0261-22-0340	大町市、北安曇郡

2013	須坂	〒382-0099 須坂市墨坂 2-2-17 026-248-8609	須坂市、長野市（若穂綿内、若穂川田、若穂牛島、若穂保科、上高井郡）
2014	諏訪	〒392-0021 諏訪市上川 3-2503-1 0266-58-8609	諏訪市、茅野市、諏訪郡（下諏訪町を除く）

岐阜

2101	岐阜	〒500-8719 岐阜市五坪 1-9-1 岐阜労働総合庁舎内 058-247-3211	岐阜市、羽島市、各務原市、山県市、瑞穂市、本巣市、羽島郡、本巣郡
2102	大垣	〒503-0893 大垣市藤江町 1-1-8 0584-73-8609	大垣市、海津市、養老郡、不破郡、安八郡
	揖斐（出）	〒501-0605 揖斐郡揖斐川町極楽寺字村前 95-1　　　0585-22-0149	揖斐郡
2103	多治見	〒507-0037 多治見市音羽町 5-39-1 多治見労働総合庁舎内 0572-22-3381	多治見市、瑞浪市、土岐市、可児市、可児郡
	ハローワークプラザ 可児	〒509-0214 可児市広見 1 丁目 5 番地 可児市総合会館 1F 0574-60-5585	
2104	高山	〒506-0053 高山市昭和町 2-220 高山合同庁舎 1F 0577-32-1144	高山市、飛騨市、下呂市（美濃加茂公共職業安定所の管轄区域を除く）、大野郡
2105	恵那	〒509-7203 恵那市長島町正家 1-3-12 恵那合同庁舎 1F 0573-26-1341	恵那市
2106	関	〒501-3803 関市西本郷通 4-6-10 0575-22-3223	関市、美濃市
	岐阜八幡（出）	〒501-4235 郡上市八幡町有坂 1209-2 郡上八幡地方合同庁舎 1F 0575-65-3108	郡上市
2107	美濃加茂	〒505-0043 美濃加茂市深田町 1-206-9 0574-25-2178	美濃加茂市、下呂市のうち金山町、加茂郡
2109	中津川	〒508-0045 中津川市かやの木町 4-3 中津川合同庁舎 1F 0573-66-1337	中津川市

静岡

	静岡	〒422-8045 静岡市駿河区西島 235-1 054-238-8609	静岡市（清水公共職業安定所の管轄区域を除く）
	ハローワークプラザ静岡	〒420-0853 静岡市葵区追手町 5-4 アーバンネット静岡追手町ビル 1F 054-250-8609	
	浜松	〒432-8537 浜松市中区浅田町 50-2 053-541-8609	浜松市、湖西市

	ハローワーク浜松 アクトタワー庁舎	〒430-7707 浜松市中区板屋町 111-2 アクトタワー7F 053-457-5160	
	細江（出）	〒431-1302 浜松市北区細江町広岡 312-3 053-522-0165	浜松市（北区）
	浜北（出）	〒434-0037 浜松市浜北区沼 269-1 053-584-2233	浜松市（天竜区、浜北区）
2203	沼　　津	〒410-0831 沼津市市場町 9-1 沼津合同庁舎 1F 055-931-0145	沼津市、御殿場市、裾野市、駿東郡
	御殿場（出）	〒412-0039 御殿場市竃字水道 1111 0550-82-0540	御殿場市、駿東郡（小山町）
	ハローワークプラ ザ裾野	〒410-1118 裾野市佐野 1039 ベルシティー裾野 3F ベルホール内　055-993-8631	
2204	清　　水	〒424-0825 静岡市清水区松原町 2-15 清水合同庁舎 1F 054-351-8609	静岡市（清水区）
2205	三　　島	〒411-0033 三島市文教町 1-3-112 三島労働総合庁舎 1F 055-980-1300	熱海市、三島市、伊豆市、伊豆の国市、田方郡
	伊東（出）	〒414-0046 伊東市大原 1-5-15 0557-37-2605	伊東市
2206	掛　　川	〒436-0073 掛川市金城 71 0537-22-4185	掛川市、御前崎市、菊川市
2207	富 士 宮	〒418-0031 富士宮市神田川町 14-3 0544-26-3128	富士宮市
2208	島　　田	〒427-8509 島田市本通 1 丁目 4677-4 島田労働総合庁舎 1F 0547-36-8609	島田市、榛原郡、牧之原市
	榛原（出）	〒421-0421 牧之原市細江 4138-1 0548-22-0148	牧之原市、榛原郡（吉田町）
2209	磐　　田	〒438-0086 磐田市見付 3599-6 磐田地方合同庁舎 1F 0538-32-6181	磐田市、袋井市、周智郡
	ハローワークプラ ザ袋井	〒437-0125 袋井市上山梨 4-1-2 パティオ1F 0538-49-4400	磐田市・袋井市・森町
2210	富　　士	〒417-8609 富士市南町 1-4 0545-51-2151	富士市
2211	下　　田	〒415-8509 下田市 4-5-26 0558-22-0288	下田市、賀茂郡
2212	焼　　津	〒425-0028 焼津市駅北 1-6-22 054-628-5155	焼津市、藤枝市

	ハローワークプラザ藤枝	〒 426-0067 藤枝市前島 1-7-10 「Bivi 藤枝」2F 054-636-2126	焼津市・藤枝市

愛 知

2301	名古屋東	〒 465-8609 名古屋市名東区平和が丘 1-2 052-774-1115	名古屋市のうち千種区、東区、昭和区、守山区、名東区、天白区、日進市、長久手市、愛知郡（東郷町）
2302	名古屋中	〒 450-0003 名古屋市中区錦 2-14-25 ヤマイチビル 052-855-3740	名古屋市のうち北区、西区、中村区、中区、中川区、清須市、北名古屋市、西春日井郡
	名古屋人材銀行	〒 450-0003 名古屋市中村区名駅南 2-14-19 住友生命名古屋ビル 23F 052-581-0821	
2303	名古屋南	〒 456-8503 名古屋市熱田区旗屋 2-22-21 052-681-1211	名古屋市のうち瑞穂区、熱田区、港区、南区、緑区、豊明市
	ハローワークプラザなるみ	〒 458-0831 名古屋市緑区鳴海町字向田 1-3 名鉄鳴海駅 2F 052-629-4151	
2304	豊　橋	〒 440-8507 豊橋市大国町 111 豊橋地方合同庁舎内 0532-52-7191	豊橋市、田原市
	豊橋外国人職業相談センター	〒 440-8506 豊橋市大国町 73 大国ビル庁舎 2F 0532-57-1356	
2305	岡　崎	〒 444-0813 岡崎市羽根町字北乾地 50-1 岡崎合同庁舎内 0564-52-8609	岡崎市、額田郡
2306	一　宮	〒 491-8509 一宮市八幡 4-8-7 一宮労働総合庁舎 0586-45-2048	一宮市、稲沢市（津島公共職業安定所の管轄区域を除く）
2307	半　田	〒 475-8502 半田市宮路町 200-4 半田地方合同庁舎 0569-21-0023	半田市、常滑市、東海市、知多市、知多郡
2308	瀬　戸	〒 489-0871 瀬戸市東長根町 86 0561-82-5123	瀬戸市、尾張旭市
2309	豊　田	〒 471-8609 豊田市常盤町 3-25-7 0565-31-1400	豊田市、みよし市
2310	津　島	〒 496-0042 津島市寺前町 2-3 0567-26-3158	津島市、稲沢市のうち平和町、愛西市、弥富市、海部郡、あま市
2311	刈　谷	〒 448-8609 刈谷市若松町 1-46-3 0566-21-5001	刈谷市、安城市、知立市、高浜市、大府市
	碧南（出）	〒 447-0865 碧南市浅間町 1-41-4 0566-41-0327	碧南市

2312	西　　尾	〒 445-0071　西尾市熊味町小松島 41-1 0563-56-3622	西尾市
2313	犬　　山	〒 484-8609　犬山市松本町 2-10 0568-61-2185	犬山市、江南市、岩倉市、丹羽郡
2314	豊　　川	〒 442-0888　豊川市千歳通 1-34 0533-86-3178	豊川市
2318	蒲郡（出）	〒 443-0034　蒲郡市港町 16-9 0533-67-8609	蒲郡市
2315	新　　城	〒 441-1384　新城市西入船 24-1 0536-22-1160	新城市、北設楽郡
2317	春 日 井	〒 486-0841　春日井市南下原町 2 丁目 14-6 0568-81-5135	春日井市、小牧市
三　重			
2401	四 日 市	〒 510-0093　四日市市本町 3-95 059-353-5566	四日市市、三重郡（桑名公共職業安定所の管轄区域を除く）
2402	伊　　勢	〒 516-8543　伊勢市宮後 1 丁目 1 番 35 号 MiraISE 8 F 0596-27-8609	伊勢市、鳥羽市、志摩市、度会郡（尾鷲公共職業安定所の管轄区域を除く）
2403	津	〒 514-8521　津市島崎町 327-1 059-228-9161	津市
2404	松　　阪	〒 515-8509　松阪市高町 493-6 松阪合同庁舎 1F 0598-51-0860	松阪市、多気郡
2405	桑　　名	〒 511-0078　桑名市桑栄町 1-2 サンファーレ北館 1 F 0594-22-5141	桑名市、いなべ市、桑名郡、員弁郡、三重郡のうち朝日町
2406	伊　　賀	〒 518-0823　伊賀市四十九町 3074-2 0595-21-3221	伊賀市、名張市
	ハローワークプラザ名張	〒 518-0718　名張市丸の内 79 名張市総合福祉センターふれあい 1 階　　0595-63-0900	
	熊野（出）	〒 519-4324　熊野市井戸町赤坂 739-3 0597-89-5351	熊野市、南牟婁郡
2408	尾　　鷲	〒 519-3612　尾鷲市林町 2-35 0597-22-0327	尾鷲市、北牟婁郡、度会郡のうち大紀町錦
2409	鈴　　鹿	〒 513-8609　鈴鹿市神戸 9-13-3 059-382-8609	鈴鹿市、亀山市
滋　賀			
2501	大　　津	〒 520-0806　大津市打出浜 14-15 滋賀労働総合庁舎 1・2 F 077-522-3773	大津市、高島市

2501	高島（出）	〒520-1214 高島市安曇川町末広 4-37 0740-32-0047	高島市
2502	長　浜	〒526-0032 長浜市南高田町辻村 110 0749-62-2030	長浜市、米原市
2503	彦　根	〒522-0054 彦根市西今町 58-3 彦根地方合同庁舎 1F 0749-22-2500	彦根市、愛知郡、犬上郡
2504	東 近 江	〒527-0023 東近江市八日市緑町 11-19 0748-22-1020	近江八幡市、東近江市、蒲生郡
2505	甲　賀	〒528-0031 甲賀市水口町本町 3-1-16 0748-62-0651	甲賀市、湖南市
2506	草　津	〒525-0027 草津市野村 5-17-1 077-562-3720	草津市、守山市、栗東市、野洲市
京　都			
2601	京都西陣	〒602-8258 京都市上京区大宮通中立売下 ル和水町 439-1 075-451-8609	京都市のうち上京区、北区、左京区、中京区、右京区、西京区、亀岡市、南丹市、船井郡
2601	園部（出）	〒622-0001 南丹市園部町宮町 71 0771-62-0246	亀岡市，船井郡，南丹市，京都市右京区のうち京北
	ハローワーク烏丸御池	〒604-0845 京都市中京区烏丸御池上ル北西角 明治安田生命京都ビル 1F 075-255-1161	
	ハローワークプラザかめおか	〒621-0805 亀岡市安町中畠 100 スカイビル 5F 0771-24-6010	
2602	京都七条	〒600-8235 京都市下京区西洞院通塩小路 下ル東油小路町 803 075-341-8609	京都市のうち下京区、南区、東山区、山科区、長岡京市、向日市、乙訓郡
	京都七条　労働課	〒600-8841 京都市下京区朱雀正会町 1 075-284-0221	
	ハローワークプラザ山科	〒607-8145 京都市山科区東野八反畑町 22-8　豊栄ビル 2F 075-595-2699	
2603	伏　見	〒612-8058 京都市伏見区風呂屋町 232 075-602-8609	京都市のうち伏見区、八幡市
2604	京都田辺	〒610-0334 京田辺市田辺中央 2-1-23 0774-65-8609	京田辺市、綴喜郡のうち井手町、相楽郡、木津川市
2604	木津（出）	〒619-0214 木津川市木津駅前 1-50 木津地方合同庁舎 1 階 0774-73-8609	木津川市、相楽郡のうち笠置町、和束町、南山城村
2605	福 知 山	〒620-0933 福知山市東羽合町 37 0773-23-8609	福知山市、綾部市

	綾部（出）	〒 623-0053　綾部市宮代町宮ノ下 23 0773-42-8609	綾部市
2606	舞　　鶴	〒 624-0937　舞鶴市字西小字西町 107-4 0773-75-8609	舞鶴市
2607	峰　　山	〒 627-0012　京丹後市峰山町杉谷 147-13 0772-62-8609	宮津市、京丹後市、与謝郡
	宮津（出）	〒 626-0046　宮津市宇中ノ丁 2534 宮津地方合同庁舎 0772-22-8609	宮津市、与謝郡
2608	宇　　治	〒 611-0021　宇治市宇治池森 16-4 0774-20-8609	宇治市、城陽市、久世郡、綴喜郡のうち宇治田原町
	ハローワークプラザ城南	〒 611-0033　宇治市大久保町上ノ山 43-1 藤和ライブタウン宇治大久保 1 F　　　0774-46-4010	
大　阪			
2701	大 阪 東	〒 540-0011　大阪市中央区農人橋 2-1-36 ピップビル 1F ～ 3F 06-6942-4771	大阪市のうち中央区（大阪西公共職業安定所の管轄区域を除く）、天王寺区、東成区、生野区、城東区、鶴見区
2702	梅　　田	〒 530-0001　大阪市北区梅田 1-2-2 大阪駅前第 2 ビル 16F 06-6344-8609	大阪市のうち北区、都島区、福島区、此花区、西淀川区、旭区
	大阪新卒応援ハローワーク	〒 530-0017　大阪市北区角田町 8-47 阪急グランドビル 18F 06-7709-9455	
	大阪わかものハローワーク	〒 530-0017　大阪市北区角田町 8-47 阪急グランドビル 18F 06-7709-9470	
2703	大 阪 西	〒 552-0011　大阪市港区南市岡 1-2-34 06-6582-5271	大阪市中央区のうち安堂寺町、上本町西、東平、上汐、中寺、松屋町、瓦屋町、高津、南船場、島之内、道頓堀、千日前、難波千日前、難波、日本橋、東心斎橋、心斎橋筋、西心斎橋、宗右衛門町、谷町六丁目、谷町七丁目、谷町八丁目、谷町九丁目、西区、港区、大正区、浪速区
	大阪マザーズハローワーク	〒 542-0076　大阪市中央区難波 2-2-3 御堂筋 グランドビル 4 階 06-7653-1098	
	ハローワークプラザ難波	〒 542-0076　大阪市中央区難波 2-2-3 御堂筋グランドビル 4 階 06-6214-9200	
2717	大阪港労働 (港湾事業所及び日雇い労働者専門のハローワーク)	〒 552-0021　大阪市港区築港 1-12-18 06-6572-5191	（取扱い内容により管轄が異なります。詳細については、直接お問い合わせください。）

2704	阿 倍 野	〒 545-0004 大阪市阿倍野区文の里 1 丁目 4-2　　　　　　06-4399-6007	大阪市のうち住之江区、住吉区、西成区、阿倍野区、東住吉区、平野区
	職 業 紹 介 コ ー ナ ー（ルシアス庁舎）	〒 545-0052 大阪市阿倍野区阿倍野筋 1-5-1 あべのルシアスオフィス棟 8F 06-6631-1675	
2719	あいりん労働	〒 557-0004 大阪市西成区萩之茶屋 1-11-18 （南海線高架下） 06-6649-1491	（取扱い内容により管轄が異なります、詳細については、直接お問い合わせください。）
2706	淀 川	〒 532-0024 大阪市淀川区十三本町 3-4-11 06-6302-4771	大阪市のうち淀川区、東淀川区、吹田市
2707	布 施	〒 577-0056 東大阪市長堂 1-8-37 イオン布施駅前店 4 F 06-6782-4221	東大阪市、八尾市
2708	堺	〒 590-0078 堺市堺区南瓦町 2-29 堺地方合同庁舎 1 ～ 3 F 072-238-8301	堺市
	堺東駅前庁舎	〒 590-0028 堺市堺区三国ヶ丘御幸通 59 高島屋堺店 9 F 072-340-0944	
	ハローワークプラザ泉北	〒 590-0115 堺市南区茶山台 1-3-1 パンジョ 4 F 072-291-0606	
2709	岸 和 田	〒 596-0826 岸和田市作才町 1264 072-431-5541	岸和田市、貝塚市
2710	池 田	〒 563-0058 池田市栄本町 12-9 072-751-2595	池田市、豊中市、箕面市、豊能郡
	ハローワークプラザ千里	〒 560-0082 豊中市新千里東町 1-4-1 阪急千里中央ビル 10F 06-6833-7811	
2711	泉 大 津	〒 595-0025 泉大津市旭町 22-45 テクスピア大阪 2 F 0725-32-5181	泉大津市、和泉市、高石市、泉北郡
2712	藤 井 寺	〒 583-0027 藤井寺市岡 2-10-18 ＤＨ藤井寺駅前ビル 3 F 072-955-2570	柏原市、松原市、羽曳野市、藤井寺市
2713	枚 方	〒 573-0031 枚方市岡本町 7-1 ビオルネ 6 階 072-841-3363	枚方市、寝屋川市、交野市
2714	泉 佐 野	〒 598-0007 泉佐野市上町 2-1-20 072-463-0565	泉佐野市、泉南市、阪南市、泉南郡
2715	茨 木	〒 567-0885 茨木市東中条町 1-12 072-623-2551	茨木市、高槻市、摂津市、三島郡島本町

2716	河内長野	〒 586-0025 河内長野市昭栄町 7-2 0721-53-3081	河内長野市、富田林市、大阪狭山市 南河内郡
2718	門　真	〒 571-0045 門真市殿島町 6-4 守口門真商工会館 2 F 06-6906-6831	守口市、大東市、門真市、四條畷市

兵　庫

2801	神　戸	〒 650-0025 神戸市中央区相生町 1-3-1 078-362-8609	神戸市（灘公共職業安定所、明石公共職業安定所及び西神公共職業安定所の管轄区域を除く）、三田市
	（学卒部門）	〒 650-0025 神戸市中央区東川崎町 1-1-3 神戸クリスタルタワー 12F 078-362-4581	
280-3	神戸港労働（出）	〒 650-0042 神戸市中央区波止場町 6-11 078-351-1671	
280-2	三田（出）	〒 669-1531 三田市天神 1-5-25 079-563-8609	神戸市北区のうち有野台，有野町，有野中町，唐櫃六甲台，有馬町，淡河町，大沢町，赤松台，鹿の子台北町，鹿の子台南町，唐櫃台，京地，菖蒲が丘，道場町，長尾町，上津台，西山，八多町，東有野台，東大池，藤原台北町，藤原台中町，藤原台南町，三田市
2802	灘	〒 657-0833 神戸市灘区大内通 5-2-2 078-861-8609	神戸市のうち東灘区、灘区、中央区のうち旭通、吾妻通、生田町、磯上通、磯辺通、小野柄通、小野浜町、籠池通、上筒井通、神若通、北本町通、国香通、雲井通、熊内町、熊内橋通、御幸通、琴ノ緒町、坂口通、東雲通、神仙寺通、大日通、筒井町、中尾町、中島通、二宮町、布引町、野崎通、旗塚通、八幡通、浜辺通、日暮通、葺合町、真砂通、南本町通、宮本通、八雲通、若菜通、脇浜海岸通、脇浜町、割塚通
	ハローワークプラザ三宮	〒 651-0088 神戸市中央区小野柄通 7-1-1 日本生命三宮駅前ビル 1 F 078-231-8609	
2803	尼　崎	〒 660-0827 尼崎市西大物町 12-41 アマゴッタ 2 F 06-7664-8609	尼崎市
2804	西　宮	〒 662-0911 西宮市池田町 13-3 JR 西宮駅南庁舎 0798-22-8600	西宮市、芦屋市、宝塚市
2805	姫　路	〒 670-0947 姫路市北条宇中道 250 079-222-8609	姫路市（龍野公共職業安定所の管轄区域を除く）、神崎郡、揖保郡
	ハローワークステーション姫路	〒 670-0927 姫路市駅前町 265 番地 姫路 KT ビル 3 F 079-285-1186	
2806	加古川	〒 675-0017 加古川市野口町良野 1742 079-421-8609	加古川市、高砂市、加古郡

2807	伊　丹		〒 664-0881 伊丹市昆陽 1-1-6 伊丹労働総合庁舎 072-772-8609	伊丹市、川西市、川辺郡
2808	明　石		〒 673-0891 明石市大明石町 2-3-37 078-912-2277	神戸市西区のうち曙町、天が岡、伊川谷町有瀬、伊川谷町上脇、伊川谷町潤和、伊川谷町長坂、伊川谷町別府、池上、今寺、岩岡町、枝吉、王塚台、大沢、大津和、上新地、北別府、小山、白水、玉津町、天王山、中野、長畑町、福吉台、二ツ屋、丸塚、水谷、南別府、宮下、持子、森友、竜が岡、和井取、明石市
2809	豊　岡		〒 668-0024 豊岡市寿町 8-4 豊岡地方合同庁舎 0796-23-3101	豊岡市、美方郡
		香住（出）	〒 669-6544 美方郡香美町香住区香住 844-1 0796-36-0136	美方郡
2817		八鹿（出）	〒 667-0021 養父市八鹿町八鹿 1121-1 079-662-2217	養父市、朝来市
		和田山（分）	〒 669-5202 朝来市和田山町東谷 105-2 079-672-2116	朝来市
2810	西　脇		〒 677-0015 西脇市西脇 885-30 西脇地方合同庁舎 0795-22-3181	西脇市、小野市、加西市、加東市、多可郡
2811	洲　本		〒 656-0021 洲本市塩屋 2-4-5 兵庫県洲本総合庁舎 0799-22-0620	洲本市、南あわじ市、淡路市
2813	柏　原		〒 669-3309 丹波市柏原町柏原字八之坪 1569 0795-72-1070	篠山市、丹波市
		篠山（出）	〒 669-2341 篠山市郡家 403-11 079-552-0092	篠山市
2820	西　神		〒 651-2273 神戸市西区糀台 5-3-8 078-991-1100	神戸市のうち西区（明石公共職業安定所の管轄区域を除く）、三木市
2814	龍　野		〒 679-4167 たつの市龍野町富永 1005-48 0791-62-0981	姫路市のうち安富町、宍粟市、たつの市、佐用郡
2815		相生（出）	〒 678-0031 相生市旭 1-3-18 相生地方合同庁舎 0791-22-0920	相生市、赤穂市、赤穂郡
		赤穂（出）	〒 678-0232 赤穂市中広字北 907-8 0791-42-2376	赤穂市（西有年, 東有年, 有年横尾, 有年楢原, 有年原, 有年牟礼を除く）
奈　良				
2901	奈　良		〒 630-8113 奈良市法蓮町 387 奈良第 3 地方合同庁舎 0742-36-1601	奈良市、天理市、生駒市、山辺郡

2902	大和高田	〒 635-8585 大和高田市池田 574-6 0745-52-5801	大和高田市、橿原市、御所市、香芝市、葛城市、北葛城郡、高市郡
2903	桜　　井	〒 633-0007 桜井市外山 285-4-5 0744-45-0112	桜井市、宇陀市、磯城郡、宇陀郡、吉野郡のうち東吉野村
2904	下　　市	〒 638-0041 吉野郡下市町下市 2772-1 0747-52-3867	五條市、吉野郡（桜井公共職業安定所の管轄区域を除く）
2905	大和郡山	〒 639-1161 大和郡山市観音寺町 168-1 0743-52-4355	大和郡山市、生駒郡
和歌山			
3001	和　歌　山	〒 640-8331 和歌山市美園町 5-4-7 073-425-8609	和歌山市、紀の川市、岩出市
	ワークプラザ 紀ノ川	〒 649-6216 岩出市上野 97 岩出中央ショッピングセンター内 0736-61-3100	
3002	新　　宮	〒 647-0044 新宮市神倉 4-2-4 0735-22-6285	新宮市、田辺市のうち本宮町 東牟婁郡（串本出張所の管轄区域を除く）
3008	串本（出）	〒 649-3503 東牟婁郡串本町串本 2000-9 0735-62-0121	西牟婁郡のうちすさみ町、東牟婁郡のうち串本町、古座川町
3003	田　　辺	〒 646-0027 田辺市朝日ヶ丘 24-6 0739-22-2626	田辺市（新宮公共職業安定所の管轄区域を除く）、西牟婁郡（串本出張所の管轄区域を除く）、日高郡のうちみなべ町
3004	御　　坊	〒 644-0011 御坊市湯川町財部 943 0738-22-3527	御坊市、日高郡（田辺公共職業安定所の管轄区域を除く）
3005	湯　　浅	〒 643-0004 有田郡湯浅町湯浅 2430-81 0737-63-1144	有田市、有田郡
3006	海南	〒 642-0001 海南市船尾 186-85 073-483-8609	海南市、海草郡
3007	橋　　本	〒 648-0072 橋本市東家 5-2-2 橋本地方合同庁舎 1F 0736-33-8609	橋本市、伊都郡
鳥　取			
3101	鳥　　取	〒 680-0845 鳥取市富安 2-89 0857-23-2021	鳥取市、岩美郡、八頭郡
3102	米　　子	〒 683-0043 米子市末広町 311 イオン米子駅前店 4 F 0859-33-3911	米子市、境港市、西伯郡（日吉津村、大山町、南部町、伯耆町）、日野郡（日南町、日野町、江府町）
	根雨（出）	〒 689-4503 日野郡日野町根雨 349-1 0859-72-0065	西伯郡伯耆町のうち二部、畑池、福岡、焼杉、福居、船越、福吉、福島、三部、溝口、谷川、宮原、大倉、白水、根雨原、宇代、中祖、古市、父原、荘、大江、長山、上野、金屋谷、岩立、貴住、栃原、大瀧、大阪、富江、福兼、添谷、大内、日野郡（日南町、日野町、江府町）

3103	倉　　吉	〒 682-0816 倉吉市駄経寺町 2-15 倉吉地方合同庁舎 0858-23-8609	倉吉市、東伯郡

島　根

3201	松　　江	〒 690-0841 松江市向島町 134-10 松江地方合同庁舎 0852-22-8609	松江市
3251	隠岐の島（出）	〒 685-0016 隠岐郡隠岐の島町城北町 55 08512-2-0161	隠岐郡
3252	安来（出）	〒 692-0011 安来市安来町 903-1 0854-22-2545	安来市
3202	浜　　田	〒 697-0027 浜田市殿町 21-6 0855-22-8609	浜田市、江津市、邑智郡
3207	川本（出）	〒 696-0001 邑智郡川本町川本 301-2 0855-72-0385	江津市のうち桜江町、邑智郡
3203	出　　雲	〒 693-0023 出雲市塩治有原町 1-59 0853-21-8609	出雲市
3204	益　　田	〒 698-0027 益田市あけぼの東町 4-6 0856-22-8609	益田市、鹿足郡
3205	雲　　南	〒 699-1311 雲南市木次町里方 514-2 0854-42-0751	雲南市、仁多郡、飯石郡
3206	石見大田	〒 694-0064 大田市大田町大田口 1182-1 0854-82-8609	大田市

岡　山

3301	岡　　山	〒 700-0971 岡山市北区野田 1-1-20 086-241-3222	岡山市（西大寺公共職業安定所の管轄区域を除く）、加賀郡（高梁公共職業安定区域を除く）岡山市（西大寺公共職業安定所の管轄区域を除く）、加賀郡（高梁公共職業安定所の管轄区域を除く）
	ハローワークプラザ岡山	〒 700-0901 岡山市北区本町 6-36 第一セントラルビル7F 086-222-2900	
3302	津　　山	〒 708-8609 津山市山下 9-6 津山労働総合庁舎 0868-22-8341	津山市、真庭市、苫出郡、久米郡、真庭郡
3302-A	美作（出）	〒 707-0041 美作市林野 67-2 0868-72-1351	美作市、英田郡、勝田郡
3303	倉敷中央	〒 710-0834 倉敷市笹沖 1378-1 086-424-3333	倉敷市（総社出張所、児島出張所の管轄区域を除く）、都窪郡

3303-A	総社 （出）	〒719-1131 総社市中央 3-15-111 0866-92-6001	総社市、倉敷市のうち真備町有井、真備町岡田、真備町市場、真備町尾崎、真備町川辺、真備町上二万、真備町下二万、真備町妹、真備町辻田、真備町服部、真備町箭田
3305	児島 （出）	〒711-0912 倉敷市児島小川町 3672-16 086-473-2411	倉敷市のうち児島稗田町、児島柳田町、児島小川町、児島小川一丁目、児島小川二丁目、児島小川三丁目、児島小川四丁目、児島小川五丁目、児島小川六丁目、児島小川七丁目、児島小川八丁目、児島小川九丁目、児島小川十丁目、下津井吹上、下津井田之浦、児島味野、児島味野一丁目、児島味野二丁目、児島味野三丁目、児島味野四丁目、児島味野五丁目、児島味野六丁目、児島味野城一丁目、児島味野城二丁目、児島味野上一丁目、児島味野上二丁目、児島味野山田町、児島味野城山、児島赤崎、児島赤崎一丁目、児島赤崎二丁目、児島赤崎三丁目、児島赤崎四丁目、児島通生、児島唐琴町、児島唐琴一丁目、児島唐琴二丁目、児島唐琴三丁目、児島唐琴四丁目、児島下の町一丁目、児島下の町二丁目、児島下の町三丁目、児島下の町四丁目、児島下の町五丁目、児島下の町六丁目、児島下の町七丁目、児島下の町八丁目、児島下の町九丁目、児島下の町十丁目、児島下の町、児島田の口一丁目、児島田の口二丁目、児島田の口三丁目、児島田の口四丁目、児島田の口五丁目、児島田の口六丁目、児島田の口七丁目、児島田の口、児島上の町、児島上の町一丁目、児島上の町二丁目、児島上の町三丁目、児島上の町四丁目、児島由加、児島白尾、菰池、菰池一丁目、菰池二丁目、菰池三丁目、下津井、下津井一丁目、下津井二丁目、下津井三丁目、下津井四丁目、下津井五丁目、下津井吹上一丁目、下津井吹上二丁目、下津井田之浦一丁目、下津井田之浦二丁目、大畠、大畠一丁目、大畠二丁目、林、串田、木見、尾原、曽原、福江、児島阿津一丁目、児島阿津二丁目、児島阿津三丁目、児島元浜町、児島駅前一丁目、児島駅前二丁目、児島駅前三丁目、児島駅前四丁目
3304	玉　　野	〒706-0002 玉野市築港 2-23-12 0863-31-1555	玉野市
3306	和　　気	〒709-0451 和気郡和気町和気 481-10 0869-93-1191	備前市（三石，八木山，野谷，今崎，岩崎，加賀美，金谷，神根本，笹目，高田，多麻，都留岐，福満，三股，南方，吉永中，和意谷を除く）

3306-A	備前（出）	〒705-0022 備前市東片上 227 0869-64-2340	備前市（三石、八木山、野谷、今崎、岩崎、加賀美、金谷、神根本、笹目、高田、多麻、都留岐、福満、三股、南方、吉永中、和意谷を除く）
3307	高　梁	〒716-0047 高梁市段町 1004-13 0866-22-2291	高梁市、加賀郡吉備中央町のうち上竹、納地、竹荘、豊野、黒土、田土、湯山、吉川（字日ノへ 7518 番、字日ノへ 7519 番、字長坂 7520 番を除く）、黒山、北、岨谷、宮地、西
3307-A	新見（出）	〒718-0003 新見市高尾 2379-1 0867-72-3151	新見市
3308	笠　岡	〒714-0081 笠岡市笠岡 5891 0865-62-2147	笠岡市、井原市、浅口市、小田郡、浅口郡
3311	西 大 寺	〒704-8116 岡山市東区西大寺中 1 丁目 13-35 NTT 西日本 西大寺ビル 086-942-3212	岡山市東区、瀬戸内市

広 島

3401	広　島	〒730-8513 広島市中区上八丁堀 8-2 広島清水ビル 082-223-8609	広島市のうち中区、西区、安佐南区、佐伯区（廿日市公共職業安定所管轄区域を除く）
3402	広島西条	〒739-0041 東広島市西条町寺家 6479-1 082-422-8609	東広島市
3409	竹原（出）	〒725-0026 竹原市中央 5-2-11 0846-22-8609	竹原市、豊田郡
3403	呉	〒737-8609 呉市西中央 1-5-2 0823-25-8609	呉市、東広島市のうち黒瀬学園台、黒瀬春日野一丁目、黒瀬春日野二丁目、黒瀬切田が丘一丁目、黒瀬切田が丘二丁目、黒瀬切田が丘三丁目、黒瀬桜が丘一丁目、黒瀬町、黒瀬松ヶ丘、黒瀬樽原、江田島市
3404	尾　道	〒722-0026 尾道市栗原西 2-7-10 0848-23-8609	尾道市、世羅郡
3405	福　山	〒720-8609 福山市東桜町 3-12 084-923-8609	福山市
3406	三　原	〒723-0004 三原市館町 1-6-10 0848-64-8609	三原市
3407	三　次	〒728-0013 三次市十日市東 3-4-6 0824-62-8609	三次市
	安芸高田（出）	〒731-0501 安芸高田市吉田町吉田 1814-5 0826-42-0605	安芸高田市
3410	庄原（出）	〒727-0012 庄原市中本町 1-20-1 0824-72-1197	庄原市
3408	可　部	〒731-0223 広島市安佐北区可部南 3-3-36 082-815-8609	広島市のうち安佐北区、山県郡

3411	府　　中	〒 726-0005　府中市府中町 188-2 0847-43-8609	府中市、神石郡
3414	広 島 東	〒 732-0051　広島市東区光が丘 13-7 082-264-8609	広島市のうち東区、南区、安芸区、安芸郡
3415	廿 日 市	〒 738-0033　廿日市市串戸 4-9-32 0829-32-8609	廿日市市、広島市佐伯区のうち湯来町、杉並台
	大竹（出）	〒 739-0614　大竹市白石 1-18-16 0827-52-8609	大竹市

山　口

3501	山　　口	〒 753-0064　山口市神田町 1-75 083-922-0043	山口市（防府公共職業安定所の管轄区域を除く）
3502	下　　関	〒 751-0823　下関市貴船町 3-4-1 083-222-4031	下関市
	ハローワークプラザ下関	〒 750-0025　下関市竹崎町 4-3-3 JR 下関駅ビル ripie 2 F 083-231-8189	
3503	宇　　部	〒 755-8609　宇部市北琴芝 2-4-30 0836-31-0164	宇部市、山陽小野田市、美祢市
3505	防　　府	〒 747-0801　防府市駅南町 9-33 0835-22-3855	防府市 山口市（徳地）
3506	萩	〒 758-0074　萩市平安古町 599-3 0838-22-0714	萩市、長門市、阿武郡
	長門（分）	〒 759-4101　長門市東深川 1324-1 0837-22-8609	長門市
3507	徳　　山	〒 745-0866　周南市大字徳山 7510-8 0834-31-1950	周南市（下松公共職業安定所の管轄区域を除く）
3508	下　　松	〒 744-0017　下松市東柳 1-6-1 0833-41-0870	下松市、光市、周南市のうち大字大河内、大字奥関屋、大字小松原、大字清尾、大字中村、大字原、大字樋口、大字八代、大字安田、大字呼坂、勝間ヶ丘一丁目、勝間ヶ丘二丁目、勝間ヶ丘三丁目、熊毛中央町、新清光台一丁目、新清光台二丁目、新清光台三丁目、新清光台四丁目、清光台町、高水原一丁目、高水原二丁目、高水原三丁目、鶴見台一丁目、鶴見台二丁目、鶴見台三丁目、鶴見台四丁目、鶴見台五丁目、鶴見台六丁目、藤ヶ丘一丁目、藤ヶ丘二丁目、呼坂本町
3509	岩　　国	〒 740-0022　岩国市山手町 1-1-21 0827-21-3281	岩国市、玖珂郡
3510	柳　　井	〒 742-0031　柳井市南町 2-7-22 0820-22-2661	柳井市、大島郡、熊毛郡

徳 島

3601	徳　島	〒 770-0823 徳島市出来島本町 1-5 088-622-6305	徳島市、名東郡、名西郡
3602	小松島（出）	〒 773-0001 小松島市小松島町外開 1-11 小松島みなと合同庁舎 1 階 0885-32-3344	小松島市、勝浦郡
3603	三　好	〒 778-0002 三好市池田町マチ 2429-10 0883-72-1221	三好市、三好郡
3604	美　馬	〒 779-3602 美馬市脇町大字猪尻字東分 5 0883-52-8609	美馬市 阿波市（阿波町、美馬郡）
3605	阿　南	〒 774-0011 阿南市領家町本荘ヶ内 120-6 0884-22-2016	阿南市、那賀郡
3608	牟岐（出）	〒 775-0006 海部郡牟岐町大字中村字本村 52-1　　　0884-72-1103	海部郡
3606	吉 野 川	〒 776-0010 吉野川市鴨島町鴨島 388-27 0883-24-2166	吉野川市、阿波市（美馬公共職業安定所の管轄区域を除く）
3607	鳴　門	〒 772-0003 鳴門市撫養町南浜字権現 12 088-685-2270	鳴門市、板野郡（吉野川公共職業安定所の管轄区域を除く）

香 川

3701	高　松	〒 761-8566 高松市花ノ宮町 2-2-3 087-869-8609	高松市、香川郡、木田郡
	ハローワークプラザ高松	〒 760-0029 高松市丸亀町 13-12 087-823-8609	
3702	丸　亀	〒 763-0033 丸亀市中府町 1-6-36 0877-21-8609	丸亀市（坂出公共職業安定所の管轄区域を除く）、善通寺市、仲多度郡
3703	坂　出	〒 762-0001 坂出市京町 2-6-27 坂出合同庁舎 2F 0877-46-5545	丸亀市のうち綾歌町、飯山町、坂出市、綾歌郡
3704	観 音 寺	〒 768-0067 観音寺市坂本町 7-8-6 0875-25-4521	観音寺市、三豊市
3705	さ ぬ き	〒 769-2301 さぬき市長尾東 889-1 0879-52-2595	さぬき市、東かがわ市
	東かがわ（出）	〒 769-2601 東かがわ市三本松 591-1 大内地方合同庁舎 0879-25-3167	東かがわ市
3706	土　庄	〒 761-4104 小豆郡土庄町甲 6195-3 0879-62-1411	小豆郡

愛 媛

3801	松　山	〒 791-8522 松山市六軒家町 3-27 松山労働総合庁舎 089-917-8609	松山市、伊予市、東温市、伊予郡、上浮穴郡

	ハローワークプラ ザ松山	〒790-0011 松山市千舟町 4-4-1 グランディア千舟 2 F 089-913-7401	
3802	今　　治	〒794-0043 今治市南宝来町 2-1-6 0898-32-5020	今治市（新居浜公共職業安定所の管轄区域を 除く）、越智郡
	ハローワークプラ ザ今治	〒794-0027 今治市大門町 1-3-1 新棟 1 F 0898-31-8600	
3803	八 幡 浜	〒796-0010 八幡浜市松柏丙 838-1 0894-22-4033	八幡浜市、西予市、西宇和郡
3804	宇 和 島	〒798-0036 宇和島市天神町 4-7 0895-22-8609	宇和島市、北宇和郡、南宇和郡
3805	新 居 浜	〒792-0025 新居浜市一宮町 1-14-16 0897-34-7100	今治市のうち宮窪町大字四阪島、新居浜市
3806	西　　条	〒793-0030 西条市大町 315-4 0897-56-3015	西条市
3807	四 国 中 央	〒799-0405 四国中央市三島中央 1-16-72 0896-24-5770	四国中央市
3808	大　　洲	〒795-0054 大洲市中村 210-6 0893-24-3191	大洲市、喜多郡
高　知			
3901	高　　知	〒781-8560 高知市大津乙 2536-6 088-878-5320	高知市（いの公共職業安定所の管轄区域を除 く）、南国市、香南市、香美市、長岡郡、土佐郡
	香美（出）	〒782-0033 香美市土佐山田町旭町 1-4-10 0887-53-4171	香南市、香美市
3902	須　　崎	〒785-0012 須崎市西糺町 4-3 0889-42-2566	須崎市、吾川郡のうち仁淀川町、高岡郡（い の公共職業安定所の管轄区域を除く）
3903	四 万 十	〒787-0012 四万十市右山五月町 3-12 中村地方合同庁舎 0880-34-1155	宿毛市、土佐清水市、四万十市、幡多郡
3904	安　　芸	〒784-0001 安芸市矢の丸 4-4-4 0887-34-2111	安芸市、室戸市、安芸郡
3905	い　　の	〒781-2120 吾川郡いの町枝川 1943-1 088-893-1225	高知市のうち春野町、土佐市、吾川郡（須崎 公共職業安定所の管轄区域を除く）、高岡郡の うち日高村
福　岡			
4001	福岡中央	＜職業紹介・求人・雇用保険の給付窓口＞ 〒810-8609 福岡市中央区赤坂 1-6-19 092-712-8609（代）	福岡市のうち博多区、中央区、南区のうち那 の川一丁目、那の川二丁目、城南区、早良区、 糟屋郡のうち宇美町、志免町、須恵町
	福岡中央赤坂駅 前庁舎	＜雇用保険の加入窓口＞ 〒810-0041 福岡市中央区大名 2-4-22 新日本ビル 2F 092-712-6508	

	ハローワークプラザ福岡	〒810-0001 福岡市中央区天神 1-4-2 エルガーラ 12F 092-716-8609	
4002	飯　塚	〒820-8540 飯塚市芳雄町 12-1 0948-24-8609	飯塚市、嘉麻市、嘉穂郡
4003	大牟田	〒836-0047 大牟田市大正町 6-2-3 0944-53-1551	大牟田市、柳川市、みやま市
4004	八　幡	〒806-8509 北九州市八幡西区岸の浦 1-5-10 093-622-5566	北九州市のうち八幡東区、八幡西区、中間市、遠賀郡
	八幡黒崎駅前庁舎（職業紹介・雇用保険の給付窓口）	〒806-0021 北九州市八幡西区黒崎 3-15-3 コムシティ 6F 093-622-5566	
4011	若松（出）	〒808-0034 北九州市若松区本町 1-14-12 093-771-5055	北九州市のうち若松区
	戸畑（分）	〒804-0067 北九州市戸畑区汐井町 1-6 ウエルとばた 8F 093-871-1331	北九州市のうち戸畑区
4005	久留米	〒830-8505 久留米市諏訪野町 2401 0942-35-8609	久留米市（城島町を除く）、小郡市、うきは市、三井郡
	大川（出）	〒831-0041 大川市大字小保 614-6 0944-86-8609	久留米市のうち城島町、大川市、三潴郡
4006	小　倉	〒802-8507 北九州市小倉北区萩崎町 1-11 093-941-8609	北九州市のうち小倉北区、小倉南区
4013	門司（出）	〒800-0004 北九州市門司区北川町 1-18 093-381-8609	北九州市のうち門司区
4008	直　方	〒822-0002 直方市大字頓野 3334-5 0949-22-8609	直方市、宮若市、鞍手郡
4009	田　川	〒826-8609 田川市弓削田 184-1 0947-44-8609	田川市、田川郡
4010	行　橋	〒824-0031 行橋市西宮市 5-2-47 0930-25-8609	行橋市、京都郡、築上郡のうち築上町
	豊前（出）	〒828-0021 豊前市大字八屋 322-70 0979-82-8609	豊前市、築上郡のうち吉富町、上毛町
4012	福岡東	〒813-8609 福岡市東区千早 6-1-1 092-672-8609	福岡市のうち東区、宗像市、古賀市、福津市、糟屋郡のうち篠栗町、新宮町、久山町、粕屋町
4014	八　女	〒834-0023 八女市馬場 514-3 0943-23-6188	八女市、筑後市、八女郡
4015	朝　倉	〒838-0061 朝倉市菩提寺 480-3 0946-22-8609	朝倉市、朝倉郡
4018	福岡南	〒816-8577 春日市春日公園 3-2 092-513-8609	福岡市のうち南区（福岡中央公共職業安定所の管轄区域を除く）、筑紫野市、春日市、大野城市、太宰府市、那珂川市

	福 岡 西	〒 819-8552 福岡市西区姪浜駅南 3-8-10 092-881-8609	福岡市のうち西区、糸島市

佐 賀

4101	佐 賀	〒 840-0826 佐賀市白山 2 丁目 1-15 0952-24-4361	佐賀市、多久市、小城市、神埼市
4102	唐 津	〒 847-0817 唐津市熊原町 3193 0955-72-8609	唐津市、東松浦郡
4103	武 雄	〒 843-0023 武雄市武雄町昭和 39-9 0954-22-4155	武雄市、杵島郡（鹿島公共職業安定所の管轄区域を除く）
4104	伊 万 里	〒 848-0027 伊万里市立花町通谷 1542-25 0955-23-2131	伊万里市、西松浦郡
4105	鳥 栖	〒 841-0035 鳥栖市東町 1 丁目 1073 0942-82-3108	鳥栖市、神埼郡、三養基郡
4106	鹿 島	〒 849-1311 鹿島市高津原二本松 3524-3 0954-62-4168	鹿島市、嬉野市、藤津郡、杵島郡白石町のうち新開、牛屋、坂田、新明、田野上、戸ヶ里、深浦、辺田

長 崎

4201	長 崎	〒 852-8522 長崎市宝栄町 4-25 095-862-8609	長崎市、西彼杵郡（時津町、長与町）
	ハローワークプラザ長崎	〒 850-0877 長崎市築町 3-18 メルカつきまち 3F 095-823-1001	
	西海（出）	〒 857-2303 西海市大瀬戸町瀬戸西浜郷 412 0959-22-0033	西海市
4202	佐 世 保	〒 857-0851 佐世保市稲荷町 2-30 0956-34-8609	佐世保市（江迎公共職業安定所の管轄区域を除く）、北松浦郡
	ハローワークプラザ佐世保	〒 857-0052 佐世保市松浦町 2-28 JA ながさき西海会館 3 F 0956-24-0810	
4203	諫 早	〒 854-0022 諫早市幸町 4-8 0957-21-8609	諫早市、雲仙市
4204	大 村	〒 856-8609 大村市松並 1-213-9 0957-52-8609	大村市、東彼杵郡
4205	島 原	〒 855-0042 島原市片町 633 0957-63-8609	島原市、南島原市
4206	江 迎	〒 859-6101 佐世保市江迎町長坂 182-4 0956-66-3131	佐世保市のうち江迎町、鹿町町、平戸市、松浦市
4207	五 島	〒 853-0007 五島市福江町 7-3 0959-72-3105	五島市、南松浦郡
4208	対 馬	〒 817-0013 対馬市厳原町中村 642-2 0920-52-8609	対馬市、壱岐市

	壱岐（出）	〒811-5133 壱岐市郷ノ浦町本村触620-4 0920-47-0054	壱岐市

熊　本

4301	熊　本	〒862-0971 熊本市中央区大江6-1-38 096-371-8609	熊本市（旧植木町・旧城南町・旧富合町を除く）
	上益城（出）	〒861-3206 上益城郡御船町辺国見395 096-282-0077	上益城郡、阿蘇郡（西原村）
4302	八　代	〒866-0853 八代市清水町1-34 0965-31-8609	八代市、八代郡
4303	菊　池	〒861-1331 菊池市隈府771-1 0968-24-8609	熊本市のうち植木町、菊池市、山鹿市、合志市、菊池郡
4304	玉　名	〒865-0064 玉名市中1334-2 0968-72-8609	玉名市、荒尾市、玉名郡
4306	天　草	〒863-0050 天草市丸尾町16番48号 天草労働総合庁舎1F 0969-22-8609	天草市、上天草市、天草郡
4307	球　磨	〒868-0014 人吉市下薩摩瀬町1602-1 人吉労働総合庁舎1F 0966-24-8609	人吉市、球磨郡
4308	宇　城	〒869-0502 宇城市松橋町松橋266 0964-32-8609	熊本市のうち城南町・富合町、宇土市、宇城市、下益城郡
4309	阿　蘇	〒869-2612 阿蘇市一の宮町宮地2318-3 0967-22-8609	阿蘇市、阿蘇郡（西原村を除く）
4310	水　俣	〒867-0061 水俣市八幡町3-2-1 0966-62-8609	水俣市、葦北郡

大　分

4401	大　分	〒870-8555 大分市都町4-1-20 097-538-8609	大分市、由布市
	OASISひろば21 職業相談窓口	〒870-0029 大分市高砂町2-50 OASISひろば21地下1F 097-538-8622	
4402	別　府	〒874-0902 別府市青山町11-22 0977-23-8609	別府市、杵築市、国東市、東国東郡姫島村、速見郡日出町
4403	中　津	〒871-8609 中津市大字中殿550-21 0979-24-8609	中津市
4404	日　田	〒877-0012 日田市淡窓1-43-1 0973-22-8609	日田市、玖珠郡
4406	佐　伯	〒876-0811 佐伯市鶴谷町1-3-28 佐伯労働総合庁舎 0972-24-8609	佐伯市、臼杵市、津久見市
4407	宇　佐	〒879-0453 宇佐市大字上田1055-1 0978-32-8609	宇佐市、豊後高田市

4408	豊後大野	〒 879-7131 豊後大野市三重町市場 1225-9 0974-22-8609	竹田市、豊後大野市

宮　崎

4501	宮　　崎	〒 880-8533 宮崎市柳丸町 131 0985-23-2245	宮崎市、東諸県郡
	ハローワークプラ ザ宮崎	〒 880-2105 宮崎市大塚台西 1 丁目 1-39 0985-62-4141	
4502	延　　岡	〒 882-0803 延岡市大貫町 1-2885-1 延岡労働総合庁舎 1F 0982-32-5435	延岡市、西臼杵郡
4503	日　　向	〒 883-0041 日向市北町 2-11 0982-52-4131	日向市、東臼杵郡
4504	都　　城	〒 885-0072 都城市上町 2 街区 11 号 都城合同庁舎 1F 0986-22-1745	都城市、北諸県郡
4505	日　　南	〒 889-2536 日南市吾田西 1-7-23 0987-23-8609	日南市、串間市
4506	高　　鍋	〒 884-0006 児湯郡高鍋町大字上江字高月 8340　　　　0983-23-0848	西都市、児湯郡
4507	小　　林	〒 886-0004 小林市大字細野 367-5 0984-23-2171	小林市、えびの市、西諸県郡

鹿児島

4601	鹿 児 島	〒 890-8555 鹿児島市下荒田 1-43-28 099-250-6060	鹿児島市、鹿児島郡
	熊毛（出）	〒 891-3101 西之表市西之表 16314-6 0997-22-1318	西之表市、熊毛郡
	ハローワーク かごしま ワークプラザ 天文館	〒 892-0842 鹿児島市東千石町 1-38 鹿児島商工会議所ビル6F 099-223-8010	
4602	川　　内	〒 895-0063 薩摩川内市若葉町 4-24 川内地方合同庁舎 1F 0996-22-8609	薩摩川内市
	宮之城（出）	〒 895-1803 薩摩郡さつま町宮之城屋地 2035-3　　　　0996-53-0153	薩摩郡
4603	鹿　　屋	〒 893-0007 鹿屋市北田町 3-3-11 鹿屋産業支援センター1F 0994-42-4135	鹿屋市、垂水市、肝属郡
4604	国　　分	〒 899-4332 霧島市国分中央 1-4-35 0995-45-5311	霧島市、姶良市
	大口（出）	〒 895-2511 伊佐市大口里 768-1 0995-22-8609	伊佐市、姶良郡

4605	加世田	〒897-0031 南さつま市加世田東本町35-11 0993-53-5111	枕崎市、南さつま市、南九州市（指宿公共職業安定所の管轄区域を除く）
4606	伊集院	〒899-2521 日置市伊集院町大田825-3 099-273-3161	日置市、いちき串木野市
4608	大　隅	〒899-8102 曽於市大隅町岩川5575-1 099-482-1265	曽於市、志布志市、曽於郡
4609	出　水	〒899-0201 出水市緑町37-5 0996-62-0685	出水市、阿久根市、出水郡
4611	名　瀬	〒894-0036 奄美市名瀬長浜町1-1 0997-52-4611	奄美市、大島郡のうち瀬戸内町、大和村、宇検村、龍郷町、喜界町、和泊町、知名町、与論町
	徳之島（分）	〒891-7101 大島郡徳之島町亀津553-1 0997-82-1438	大島郡のうち徳之島町、天城町、伊仙町
4612	指　宿	〒891-0404 指宿市東方9489-11 0993-22-4135	指宿市、南九州市のうち頴娃町

沖　縄

4701	那　覇	〒900-8601 那覇市おもろまち1-3-25 沖縄職業総合庁舎 098-866-8609	那覇市、浦添市、糸満市、豊見城市、南城市、島尻郡（名護労働基準監督署の管轄区域を除く）、中頭郡のうち西原町
	ハローワークプラザ那覇	〒900-0006 那覇市泉崎1-20-1 カフーナ 旭橋A街区6F 098-867-8010	
4702	沖　縄	〒904-0003 沖縄市住吉1-23-1 沖縄労働総合庁舎1・2F 098-939-3200	沖縄市、宜野湾市、うるま市、中頭郡（那覇公共職業安定所の管轄区域を除く）、国頭郡のうち金武町、宜野座村、恩納村
	ハローワークプラザ沖縄	〒904-0004 沖縄市中央2-28-1 沖縄市雇用促進等施設3F 098-939-8010	
4703	名　護	〒905-0021 名護市東江4-3-12 0980-52-2810	名護市、国頭郡（沖縄公共職業安定所の管轄区域を除く）、島尻郡のうち伊是名村、伊平屋村
4704	宮　古	〒906-0013 宮古島市平良字下里1020 0980-72-3329	宮古島市、宮古郡
4705	八重山	〒907-0004 石垣市字登野城55-4 石垣市合同庁舎1F 0980-82-2327	石垣市、八重山郡

独立行政法人　労働者健康安全機構　労災病院所在地一覧

施 設 名	所 在 地 及 び 電 話 番 号
北海道中央労災病院	〒 068-0004　北海道岩見沢市 4 条東 16-5 0126-22-1300
釧路労災病院	〒 085-8533　北海道釧路市中園町 13-23 0154-22-7191
青森労災病院	〒 031-8551　青森県八戸市白銀町字南ケ丘 1 0178-33-1551
東北労災病院	〒 981-8563　宮城県仙台市青葉区台原 4-3-21 022-275-1111
秋田労災病院	〒 018-5604　秋田県大館市軽井沢字下岱 30 0186-52-3131
福島労災病院	〒 973-8403　福島県いわき市内郷綴町沼尻 3 0246-26-1111
千葉労災病院	〒 290-0003　千葉県市原市辰巳台東 2-16 0436-74-1111
東京労災病院	〒 143-0013　東京都大田区大森南 4-13-21 03-3742-7301
関東労災病院	〒 211-8510　神奈川県川崎市中原区木月住吉町 1-1 044-411-3131
横浜労災病院	〒 222-0036　神奈川県横浜市港北区小机町 3211 045-474-8111
新潟労災病院	〒 942-8502　新潟県上越市東雲町 1-7-12 025-543-3123
富山労災病院	〒 937-0042　富山県魚津市六郎丸 992 0765-22-1280
浜松労災病院	〒 430-8525　静岡県浜松市東区将監町 25 053-462-1211
中部労災病院	〒 455-8530　愛知県名古屋市港区港明 1-10-6 052-652-5511
旭労災病院	〒 488-8585　愛知県尾張旭市平子町北 61 0561-54-3131
大阪労災病院	〒 591-8025　大阪府堺市北区長曽根町 1179-3 072-252-3561

関西労災病院	〒 660-8511	兵庫県尼崎市稲葉荘 3-1-69 06-6416-1221
神戸労災病院	〒 651-0053	兵庫県神戸市中央区籠池通 4-1-23 078-231-5901
和歌山労災病院	〒 640-8505	和歌山県和歌山市木ノ本 93-1 073-451-3181
山陰労災病院	〒 683-8605	鳥取県米子市皆生新田 1-8-1 073-451-3181
岡山労災病院	〒 702-8055	岡山県岡山市南区築港緑町 1-10-25 086-262-0131
中国労災病院	〒 737-0193	広島県呉市広多賀谷 1-5-1 0823-72-7171
山口労災病院	〒 756-0095	山口県山陽小野田市大字小野田 1315-4 0836-83-2881
香川労災病院	〒 756-8502	香川県丸亀市城東町 3-3-1 0877-23-3111
愛媛労災病院	〒 792-8550	愛媛県新居浜市南小松原町 13-27 0897-33-6191
九州労災病院	〒 800-0296	福岡県北九州市小倉南区曽根北町 1-1 093-471-1121
九州労災病院 門司メディカルセンター	〒 801-8502	福岡県北九州市門司区東港町 3-1 093-331-3461
長崎労災病院	〒 857-0134	長崎県佐世保市瀬戸越 2-12-5 0956-49-2191
熊本労災病院	〒 866-8533	熊本県八代市竹原町 1670 0956-33-4151
吉備高原医療 リハビリテーションセンター	〒 716-1241	岡山県加賀郡吉備中央町吉川 7511 0866-56-7141
総合せき損センター	〒 820-8508	福岡県飯塚市伊岐須 550-4 0948-24-7500
北海道せき損センター	〒 072-0015	北海道美唄市東 4 条南 1-3-1 0126-63-2151

ひと目でわかる

労災保険給付の実務　　—令和6年版—

2024年3月27日　初版

編集・発行　　株式会社労働新聞社

〒173-0022　東京都板橋区仲町29-9
TEL：03-5926-6888（出版）03-3956-3151（代表）
FAX：03-5926-3180（出版）03-3956-1611（代表）
https://www.rodo.co.jp　　pub@rodo.co.jp

表　紙　尾﨑　篤史
印　刷　モリモト印刷株式会社

ISBN978-4-89761-976-7

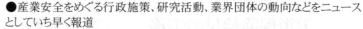